国家职业资格培训教材
技能型人才培训用书

化学检验工（中级）

第2版

国家职业资格培训教材编审委员会　组编

凌昌都　主编

机械工业出版社

本书是依据《国家职业标准 化学检验工》（中级）（国家职业资格四级）的知识要求和技能要求，按照满足岗位培训需要的原则编写的。本书的主要内容包括：化学分析法专业基础知识、仪器分析法专业基础知识、样品交接、检验准备、样品的采集、检验与测定、测后工作、修验仪器设备、实验室安全知识。书后附有与之配套的试题库、模拟试卷样例及其答案，以便于企业培训、考核鉴定和读者自查自测。

本书既可作为企业培训部门和各级职业技能鉴定培训机构的培训教材，又可作为读者考前复习用书，还可作为职业技术院校、技工学校的专业课教材。

图书在版编目（CIP）数据

化学检验工：中级/凌昌都主编．—2版．—北京：机械工业出版社，2014.3（2025.6重印）
国家职业资格培训教材．技能型人才培训用书
ISBN 978-7-111-45857-9

Ⅰ．①化… Ⅱ．①凌… Ⅲ．①化工产品—检验—技术培训—教材 Ⅳ．①TQ075

中国版本图书馆 CIP 数据核字（2014）第 028127 号

机械工业出版社（北京市百万庄大街 22 号 邮政编码 100037）
策划编辑：王华庆 责任编辑：王华庆
版式设计：霍永明 责任校对：申春香
封面设计：饶 薇 责任印制：刘 媛
北京富资园科技发展有限公司印刷
2025 年 6 月第 2 版第 10 次印刷
169mm×239mm・19.75 印张・385 千字
标准书号：ISBN 978-7-111-45857-9
定价：49.80 元

电话服务 网络服务
客服电话：010-88361066 机 工 官 网：www.cmpbook.com
　　　　　010-88379833 机 工 官 博：weibo.com/cmp1952
　　　　　010-68326294 金 书 网：www.golden-book.com
封底无防伪标均为盗版 机工教育服务网：www.cmpedu.com

国家职业资格培训教材(第2版)

编 审 委 员 会

主　　任	王瑞祥
副 主 任	李　奇　郝广发　杨仁江　施　斌
委　　员	(按姓氏笔画排序)
	王兆晶　王昌庚　田力飞　田常礼　刘云龙
	刘书芳　刘亚琴　李双双　李春明　李俊玲
	李家柱　李晓明　李超群　李援瑛　吴茂林
	张安宁　张吉国　张凯良　张敬柱　陈建民
	周新模　杨君伟　杨柳青　周立雪　段书民
	荆宏智　柳吉荣　徐　斌
总 策 划	荆宏智　李俊玲　张敬柱
本书主编	凌昌都
本书参编	孙美侠　刘　辉
本书主审	顾明华

第2版 序

在"十五"末期,为贯彻落实"全国职业教育工作会议"和"全国再就业会议"精神,加快培养一大批高素质的技能型人才,机械工业出版社精心策划了与原劳动和社会保障部《国家职业标准》配套的《国家职业资格培训教材》。这套教材涵盖41个职业工种,共172种,有十几个省、自治区、直辖市相关行业的200多名工程技术人员、教师、技师和高级技师等从事技能培训和鉴定的专家参加编写。教材出版后,以其兼顾岗位培训和鉴定培训需要,理论、技能、题库合一,便于自检自测的特点,受到全国各级培训、鉴定部门和广大技术工人的欢迎,基本满足了培训、鉴定和读者自学的需要,在"十一五"期间为培养技能人才发挥了重要作用,本套教材也因此成为国家职业资格鉴定考证培训及企业员工培训的品牌教材。

2010年,《国家中长期人才发展规划纲要(2010—2020年)》、《国家中长期教育改革和发展规划纲要(2010—2020年)》、《关于加强职业培训促就业的意见》相继颁布和出台,2012年1月,国务院批转了七部委联合制定的《促进就业规划(2011—2015年)》,在这些规划和意见中,都重点阐述了加大职业技能培训力度、加快技能人才培养的重要意义,以及相应的配套政策和措施。为适应这一新形势,同时也鉴于第1版教材所涉及的许多知识、技术、工艺、标准等已发生了变化的实际情况,我们经过深入调研,并在充分听取了广大读者和业界专家意见的基础上,决定对已经出版的《国家职业资格培训教材》进行修订。本次修订,仍以原有的大部分作者为班底,并保持原有的"以技能为主线,理论、技能、题库合一"的编写模式,重点在以下几个方面进行了改进:

1. 新增紧缺职业工种——为满足社会需求,又开发了一批近几年比较紧缺的以及新增的职业工种教材,使本套教材覆盖的职业工种更加广泛。

2. 紧跟国家职业标准——按照最新颁布的《国家职业技能标准》(或《国家职业标准》)规定的工作内容和技能要求重新整合、补充和完善内容,涵盖职业标准中所要求的知识点和技能点。

3. 提炼重点知识技能——在内容的选择上,以"够用"为原则,提炼出应重点掌握的必需专业知识和技能,删减了不必要的理论知识,使内容更加精练。

4. 补充更新技术内容——紧密结合最新技术发展,删除了陈旧过时的内容,补充了新的技术内容。

第2版 序

5. 同步最新技术标准——对原教材中按旧技术标准编写的内容进行更新,所有内容均与最新的技术标准同步。

6. 精选技能鉴定题库——按鉴定要求精选了职业技能鉴定试题,试题贴近教材、贴近国家试题库的考点,更具典型性、代表性、通用性和实用性。

7. 配备免费电子教案——为方便培训教学,我们为本套教材开发配备了配套的电子教案,免费赠送给选用本套教材的机构和教师。

8. 配备操作实景光盘——根据读者需要,部分教材配备了操作实景光盘。

一言概之,经过精心修订,第2版教材在保留了第1版精华的同时,内容更加精练、可靠、实用,针对性更强,更能满足社会需求和读者需要。全套教材既可作为各级职业技能鉴定培训机构、企业培训部门的考前培训教材,又可作为读者考前复习和自测使用的复习用书,也可供职业技能鉴定部门在鉴定命题时参考,还可作为职业技术院校、技工院校、各种短训班的专业课教材。

在本套教材的调研、策划、编写过程中,得到了许多企业、鉴定培训机构有关领导、专家的大力支持和帮助,在此表示衷心的感谢!

虽然我们已经尽了最大努力,但是教材中仍难免存在不足之处,恳请专家和广大读者批评指正。

国家职业资格培训教材第2版编审委员会

第1版 序一

当前和今后一个时期,是我国全面建设小康社会、开创中国特色社会主义事业新局面的重要战略机遇期。建设小康社会需要科技创新,离不开技能人才。"全国人才工作会议"、"全国职教工作会议"都强调要把"提高技术工人素质、培养高技能人才"作为重要任务来抓。当今世界,谁掌握了先进的科学技术并拥有大量技术娴熟、手艺高超的技能人才,谁就能生产出高质量的产品,创出自己的名牌;谁就能在激烈的市场竞争中立于不败之地。我国有近一亿技术工人,他们是社会物质财富的直接创造者。技术工人的劳动,是科技成果转化为生产力的关键环节,是经济发展的重要基础。

科学技术是财富,操作技能也是财富,而且是重要的财富。中华全国总工会始终把提高劳动者素质作为一项重要任务,在职工中开展的"当好主力军,建功'十一五',和谐奔小康"竞赛中,全国各级工会特别是各级工会职工技协组织注重加强职工技能开发,实施群众性经济技术创新工程,坚持从行业和企业实际出发,广泛开展岗位练兵、技术比赛、技术革新、技术协作等活动,不断提高职工的技术技能和操作水平,涌现出一大批掌握高超技能的能工巧匠。他们以自己的勤劳和智慧,在推动企业技术进步,促进产品更新换代和升级中发挥了积极的作用。

欣闻机械工业出版社配合新的《国家职业标准》为技术工人编写了这套涵盖41个职业的172种"国家职业资格培训教材"。这套教材由全国各地技能培训和考评专家编写,具有权威性和代表性;将理论与技能有机结合,并紧紧围绕《国家职业标准》的知识点和技能鉴定点编写,实用性、针对性强,既有必备的理论和技能知识,又有考核鉴定的理论和技能题库及答案,编排科学,便于培训和检测。

这套教材的出版非常及时,为培养技能型人才做了一件大好事,我相信这套教材一定会为我们培养更多更好的高技能人才做出贡献!

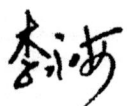

(李永安 中国职工技术协会常务副会长)

第1版 序二

为贯彻"全国职业教育工作会议"和"全国再就业会议"精神，全面推进技能振兴计划和高技能人才培养工程，加快培养一大批高素质的技能型人才，我们精心策划了这套与劳动和社会保障部最新颁布的《国家职业标准》配套的《国家职业资格培训教材》。

进入21世纪，我国制造业在世界上所占的比重越来越大，随着我国逐渐成为"世界制造业中心"进程的加快，制造业的主力军——技能人才，尤其是高级技能人才的严重缺乏已成为制约我国制造业快速发展的瓶颈，高级蓝领出现断层的消息屡屡见诸报端。据统计，我国技术工人中高级以上技工只占3.5%，与发达国家40%的比例相去甚远。为此，国务院先后召开了"全国职业教育工作会议"和"全国再就业会议"，提出了"三年50万新技师的培养计划"，强调各地、各行业、各企业、各职业院校等要大力开展职业技术培训，以培训促就业，全面提高技术工人的素质。

技术工人密集的机械行业历来高度重视技术工人的职业技能培训工作，尤其是技术工人培训教材的基础建设工作，并在几十年的实践中积累了丰富的教材建设经验。作为机械行业的专业出版社，机械工业出版社在"七五"、"八五"、"九五"期间，先后组织编写出版了"机械工人技术理论培训教材"149种，"机械工人操作技能培训教材"85种，"机械工人职业技能培训教材"66种，"机械工业技师考评培训教材"22种，以及配套的习题集、试题库和各种辅导性教材约800种，基本满足了机械行业技术工人培训的需要。这些教材以其针对性、实用性强，覆盖面广，层次齐备，成龙配套等特点，受到全国各级培训、鉴定和考工部门和技术工人的欢迎。

2000年以来，我国相继颁布了《中华人民共和国职业分类大典》和新的《国家职业标准》，其中对我国职业技术工人的工种、等级、职业的活动范围、工作内容、技能要求和知识水平等根据实际需要进行了重新界定，将国家职业资格分为5个等级：初级（5级）、中级（4级）、高级（3级）、技师（2级）、高级技师（1级）。为与新的《国家职业标准》配套，更好地满足当前各级职业培训和技术工人考工取证的需要，我们精心策划编写了这套《国家职业资格培训教材》。

这套教材是依据劳动和社会保障部最新颁布的《国家职业标准》编写的，

为满足各级培训考工部门和广大读者的需要，这次共编写了41个职业的172种教材。在职业选择上，除机电行业通用职业外，还选择了建筑、汽车、家电等其他相近行业的热门职业。每个职业按《国家职业标准》规定的工作内容和技能要求编写初级、中级、高级、技师（含高级技师）四本教材，各等级合理衔接、步步提升，为高技能人才培养搭建了科学的阶梯型培训架构。为满足实际培训的需要，对多工种共同需求的基础知识我们还分别编写了《机械制图》、《机械基础》、《电工常识》、《电工基础》、《建筑装饰识图》等近20种公共基础教材。

在编写原则上，依据《国家职业标准》又不拘泥于《国家职业标准》是我们这套教材的创新。为满足沿海制造业发达地区对技能人才细分市场的需要，我们对模具、制冷、电梯等社会需求量大又已单独培训和考核的职业，从相应的职业标准中剥离出来单独编写了针对性较强的培训教材。

为满足培训、鉴定、考工和读者自学的需要，在编写时我们考虑了教材的配套性。教材的章首有培训要点、章末配复习思考题，书末有与之配套的试题库和答案，以及便于自检自测的理论和技能模拟试卷，同时还根据需求为20多种教材配制了VCD光盘。

为扩大教材的覆盖面和体现教材的权威性，我们组织了上海、江苏、广东、广西、北京、山东、吉林、河北、四川、内蒙古等地相关行业从事技能培训和考工的200多名专家、工程技术人员、教师、技师和高级技师参加编写。

这套教材在编写过程中力求突出"新"字，做到"知识新、工艺新、技术新、设备新、标准新"；增强实用性，重在教会读者掌握必需的专业知识和技能，是企业培训部门、各级职业技能鉴定培训机构、再就业和农民工培训机构的理想教材，也可作为技工学校、职业高中、各种短训班的专业课教材。

在这套教材的调研、策划、编写过程中，曾经得到广东省职业技能鉴定中心、上海市职业技能鉴定中心、江苏省机械工业联合会、中国第一汽车集团公司以及北京、上海、广东、广西、江苏、山东、河北、内蒙古等地许多企业和技工学校的有关领导、专家、工程技术人员、教师、技师和高级技师的大力支持和帮助，在此谨向为本套教材的策划、编写和出版付出艰辛劳动的全体人员表示衷心的感谢！

教材中难免存在不足之处，诚恳希望从事职业教育的专家和广大读者不吝赐教，批评指正。我们真诚希望与您携手，共同打造职业培训教材的精品。

国家职业资格培训教材编审委员会

前言

本书第1版自出版以来,已重印多次,得到了广大读者的认可与好评。但近几年化学检验技术发展较快,本书第1版所涉及的技术、工艺、标准、名词术语等有些已发生了变化,因此我们对第1版进行了修订,以使其能更好地满足读者的需求。

本书在修订过程中,以满足岗位培训需要为宗旨,以实用、够用为原则,以技能为主线,使理论为技能服务,并将理论知识和操作技能结合起来,有机地融于一体。本书的主要特点是:

(1) 内容先进 本书在内容编排上力求结合化工生产实际,充分重视内容的先进性,尽可能反映与本职业相关联的新技术、新工艺、新设备,并采用法定计量单位和最新名词术语,以充分满足国家职业资格培训的需要。

(2) 最大限度地体现技能培训特色 本书以最新《国家职业标准 化学检验工》(中级)为依据,以职业技能鉴定要求为尺度,以满足本职业对从业人员的要求为目标,以岗位技能需求为出发点,确定核心技能模块,编写每一个技能训练。

(3) 配套资源丰富 本书配有电子课件,书后附有试题库、模拟试卷样例及其答案,以便于教学、培训和读者自查自测。

(4) 服务目标明确 本书既可作为企业培训部门和各级职业技能鉴定培训机构的培训教材,又可作为读者考前复习用书,还可作为职业技术院校、技工学校的专业课教材。

本书由凌昌都主编,孙美侠、刘辉参加编写。其中,凌昌都编写了第一、二、三、九章,以及第六章的第四节和附录,并对全书进行了统稿;孙美侠编写了第四章和第六章的第一、二、五、六节及试题库;刘辉编写了第五、七、八章以及第六章的第三节。本书由徐州工业职业技术学院顾明华主审。

在本书的编写过程中,得到了徐州工业职业技术学院领导、同事的支持和帮助,在此表示衷心的感谢!在本书的编写过程中,参阅了有关文献资料,在此向这些文献资料的作者表示衷心的感谢!

由于编者水平有限,书中难免存在缺点和不足之处,恳请广大读者批评指正!

编 者

目 录

第 2 版序
第 1 版序一
第 1 版序二
前言

第一章 化学分析法专业基础知识 ………………………………………………… 1
第一节 酸碱滴定法 …………………………………………………………… 1
一、酸度和酸的浓度 …………………………………………………………… 1
二、酸碱溶液 pH 值的计算 …………………………………………………… 1
三、缓冲溶液 …………………………………………………………………… 2
四、酸碱指示剂 ………………………………………………………………… 3
五、酸碱滴定法的基本原理 …………………………………………………… 6
六、酸碱滴定法在分析中的应用 …………………………………………… 10
七、酸碱标准滴定溶液的制备 ……………………………………………… 11

第二节 配位滴定法 …………………………………………………………… 11
一、EDTA 及其配位化合物 ………………………………………………… 12
二、配位化合物在水溶液中的离解平衡 …………………………………… 13
三、配位滴定的基本原理 …………………………………………………… 15
四、金属离子指示剂 ………………………………………………………… 17
五、提高配位滴定选择性的方法 …………………………………………… 18
六、EDTA 标准滴定溶液的制备 …………………………………………… 19
七、配位滴定在无机物定量分析中的应用 ………………………………… 19

第三节 氧化还原滴定法 ……………………………………………………… 21
一、氧化还原平衡 …………………………………………………………… 21
二、氧化还原滴定的基本原理 ……………………………………………… 22
三、常用的氧化还原滴定法 ………………………………………………… 24

第四节 沉淀滴定法 …………………………………………………………… 29
一、沉淀滴定法概述 ………………………………………………………… 29
二、沉淀滴定法标准滴定溶液的制备 ……………………………………… 32

三、沉淀滴定法的应用 33

第五节　重量分析法 34
　　一、重量分析法概述 34
　　二、沉淀条件和沉淀剂的选择 35
　　三、重量分析法的基本操作 35
　　四、重量分析法的应用 36

第六节　化学分离法 37
　　一、化学分离法概述 37
　　二、沉淀分离法 39
　　三、溶剂萃取分离法 42
　　四、离子交换分离法 45
　　五、色谱分离法 49
　　六、蒸馏分离法 52

复习思考题 53

第二章　仪器分析法专业基础知识

第一节　电位分析法 60
　　一、电位分析法的分类和特点 60
　　二、电位分析法原理 61
　　三、参比电极 61
　　四、指示电极 63
　　五、直接电位法 66
　　六、电位滴定法 68

第二节　分光光度法 71
　　一、光的性质 71
　　二、物质对光的选择性吸收 72
　　三、紫外-可见吸收光谱与有机分子结构的关系 73
　　四、光吸收基本定律——朗伯-比尔定律 74
　　五、吸光系数 74
　　六、引起偏离朗伯-比尔定律的因素 75
　　七、分光光度计 76
　　八、定性及定量分析方法 77
　　九、光度法显色反应条件和测量条件的选择 79
　　十、紫外-可见吸收光谱法的应用 82

复习思考题 83

XI

第三章 样品交接 ………………………………………………………… 86
第一节 化验室采样、留样及样品室管理制度 …………………………… 86
一、采样管理要求 ……………………………………………………… 86
二、留样管理要求 ……………………………………………………… 87
三、留样间管理要求 …………………………………………………… 88
第二节 检验样品交接的基本常识 ………………………………………… 88
第三节 实验室计量认证 …………………………………………………… 89
一、实验室计量认证概述 ……………………………………………… 89
二、计量认证的申请 …………………………………………………… 90
三、计量认证/审查认可工作的有关规定 …………………………… 90
四、实验室计量认证/审查认可标志 ………………………………… 90
五、产品质量检验机构计量认证技术考核规范 ……………………… 91
第四节 产品质量认证 ……………………………………………………… 92
一、产品质量认证概述 ………………………………………………… 92
二、强制性产品认证管理规定 ………………………………………… 93
复习思考题 …………………………………………………………………… 93

第四章 检验准备 ………………………………………………………… 94
第一节 明确检验方案 ……………………………………………………… 94
一、较复杂物质分析的国家标准实例解析 …………………………… 94
二、制订试验方案 ……………………………………………………… 96
第二节 试验准备 …………………………………………………………… 97
一、实验室用水及储存方法 …………………………………………… 97
二、常用各类化学试剂与各种标准物质 ……………………………… 98
三、标准溶液的配制与标定 …………………………………………… 102
四、缓冲溶液的配制 …………………………………………………… 108
第三节 试验用水的检验 …………………………………………………… 109
一、标准检验方法 ……………………………………………………… 109
二、一般常用检验方法 ………………………………………………… 111
第四节 试验仪器的准备 …………………………………………………… 112
一、玻璃量器的选择与校正 …………………………………………… 112
二、分光光度计的选择及正确使用 …………………………………… 116
第五节 检验准备技能训练 ………………………………………………… 122
训练1 滴定管的绝对校正 …………………………………………… 122

训练 2	移液管和容量瓶的相对校正	123
训练 3	缓冲溶液的配制	123
训练 4	EDTA 标准溶液的配制与标定	123
训练 5	$KMnO_4$ 标准溶液的配制与标定	124

复习思考题 …… 125

第五章 样品的采集 …… 126
第一节 采样方案的制订 …… 126
一、样品数和样品量 …… 126
二、采样安全要求 …… 127
第二节 采样难度较大的样品的采集 …… 128
一、采集和处理固体样品 …… 128
二、采集和处理液体样品 …… 133
三、采集和处理气体样品 …… 138

复习思考题 …… 142

第六章 检验与测定 …… 143
第一节 试样的分解、分离与富集 …… 143
一、液-液萃取分离试样 …… 143
二、薄层层析分离试样 …… 143
三、减压浓缩分离富集待测组分 …… 144
四、其他方法分解试样 …… 144
第二节 化学分析 …… 148
一、化学分析专业知识 …… 148
二、化学分析专项检测方法和原理 …… 148
三、化学分析技能训练 …… 149

训练 1	用沉淀法测定化学试剂中氯的含量	149
训练 2	化肥中钾含量的测定	150
训练 3	水泥中三氧化二铁的测定	152
训练 4	用沉淀滴定法测定肥皂中氯化物的含量	154
训练 5	用薄层 – 溴化法测定氧乐果的含量	155
训练 6	用分光光度法测定水性涂料中铬（Ⅵ）的含量	157
训练 7	甲苯不溶物含量的测定	159

第三节 仪器分析 …… 161
一、仪器分析专业知识 …… 161

二、仪器分析专项检测方法和原理 …………………………………………… 162
　　三、仪器分析技能训练 ……………………………………………………… 163
　　　训练1　用冷原子吸收法测定化妆品中汞的含量 …………………………… 163
　　　训练2　用电位滴定法测定过磷酸钙中游离酸的含量 ……………………… 165
　　　训练3　用卡尔·费休法测定化学试剂中水分的含量 ……………………… 166
　　　训练4　用分光光度法测定尿素中缩二脲的含量 …………………………… 168
　　　训练5　用卡尔·费休法测定农药中水分的含量 …………………………… 170
　　　训练6　用库仑滴定法测定煤炭中硫的含量 ………………………………… 172
　　　训练7　用分光光度法测定化工产品中铁的含量 …………………………… 174
　　　训练8　用分光光度法测定洗涤剂中各种磷酸盐的含量 …………………… 175
　第四节　性能测试专项检测 ………………………………………………………… 176
　　一、性能测试的工作原理 …………………………………………………… 176
　　二、性能测试技能训练 ……………………………………………………… 182
　　　训练1　折光率的测定 ……………………………………………………… 182
　　　训练2　比旋光本领的测定 ………………………………………………… 183
　　　训练3　闪点的测定 ………………………………………………………… 183
　　　训练4　化肥颗粒平均抗压力的测定 ……………………………………… 187
　　　训练5　农药乳液稳定性的测定 …………………………………………… 187
　　　训练6　光泽度的测定 ……………………………………………………… 189
　　　训练7　涂膜附着力的测定 ………………………………………………… 189
　　　训练8　洗涤剂去污力的测定 ……………………………………………… 191
　第五节　微生物专项检测 …………………………………………………………… 194
　　一、工作原理 ………………………………………………………………… 194
　　二、技能训练 ………………………………………………………………… 195
　　　训练1　化妆品中粪大肠菌群的测定 ……………………………………… 195
　　　训练2　化妆品中金黄色葡萄球菌的测定 ………………………………… 197
　　　训练3　化妆品中绿脓杆菌的测定 ………………………………………… 199
　第六节　对照试验和空白试验 ……………………………………………………… 202
　　一、对照试验 ………………………………………………………………… 202
　　二、空白试验 ………………………………………………………………… 202
　复习思考题 …………………………………………………………………………… 203

第七章　测后工作 …………………………………………………………………… 204
　第一节　测试报告数据处理知识 …………………………………………………… 204
　　一、对照试验结果计算校正系数 …………………………………………… 204

二、分析结果的判断 ………………………………………………………… 210
第二节 检验报告的填写、检查及复核 …………………………………… 211
　一、对原始记录的要求 …………………………………………………… 211
　二、对检验方法的验证 …………………………………………………… 212
　三、检验报告的内容 ……………………………………………………… 213
复习思考题 …………………………………………………………………… 215

第八章 修验仪器设备 …………………………………………………… 217
第一节 仪器设备故障的排除 ……………………………………………… 217
　一、自动电位滴定仪的常见故障及排除方法 …………………………… 217
　二、分光光度计的常见故障及排除方法 ………………………………… 218
第二节 仪器的使用及维护 ………………………………………………… 225
　一、性能测试设备的使用及维护 ………………………………………… 225
　二、自动电位滴定仪的使用及维护 ……………………………………… 227
　三、分光光度计的使用及维护 …………………………………………… 229
复习思考题 …………………………………………………………………… 230

第九章 实验室安全知识 ………………………………………………… 231
第一节 实验室常规安全问题 ……………………………………………… 231
　一、实验室一般安全守则 ………………………………………………… 231
　二、实验室安全必备用品 ………………………………………………… 232
　三、化学试剂管理办法 …………………………………………………… 232
　四、剧毒品的保管、发放、使用、处理管理制度 ……………………… 233
　五、气瓶的安全使用 ……………………………………………………… 234
第二节 烧伤、灼伤的急救知识 …………………………………………… 235
　一、一般烧伤的急救知识 ………………………………………………… 235
　二、化学灼伤的急救知识 ………………………………………………… 236
第三节 触电的急救知识 …………………………………………………… 236
　一、电击伤知识 …………………………………………………………… 236
　二、触电的急救原则 ……………………………………………………… 236
　三、用电基本知识 ………………………………………………………… 236
　四、静电防护 ……………………………………………………………… 237
第四节 机械伤的急救知识 ………………………………………………… 237
　一、伤害急救的基本要点 ………………………………………………… 238
　二、现场急救技术 ………………………………………………………… 239

第五节　化学中毒急救知识 …………………………………………………… 240
　　一、中毒与毒物分级 ……………………………………………………… 240
　　二、急救措施 ……………………………………………………………… 241
第六节　化验室防火、防爆与灭火常识 ………………………………………… 242
　　一、防火常识 ……………………………………………………………… 242
　　二、防爆常识 ……………………………………………………………… 243
　　三、灭火常识 ……………………………………………………………… 243
复习思考题 ………………………………………………………………………… 245

试题库 ……………………………………………………………………………… 246
知识要求试题 ……………………………………………………………………… 246
　　一、判断题　　试题（246）　　答案（278）
　　二、选择题　　试题（250）　　答案（278）
　　三、计算题　　试题（253）　　答案（278）
　　四、简答题　　试题（256）　　答案（286）
技能要求试题 ……………………………………………………………………… 258
　　一、用邻二氮菲分光光度法测定石灰石中微量的铁 ………………………… 258
　　二、镍盐中镍含量的测定 ………………………………………………… 261
　　三、过氧化氢含量的测定 ………………………………………………… 263
　　四、水中氯含量的测定 …………………………………………………… 264
　　五、工业废水中微量挥发酚的测定 ……………………………………… 266
　　六、用电位滴定法测定过磷酸钙中的游离酸 …………………………… 268
　　七、化学试剂中折光率的测定 …………………………………………… 269
　　八、化学试剂比旋光本领的测定 ………………………………………… 270
　　九、化妆品中粪大肠菌群的测定 ………………………………………… 271
模拟试卷样例 ……………………………………………………………………… 274
　　一、选择题　　试题（274）　　答案（288）
　　二、填空题　　试题（275）　　答案（288）
　　三、判断题　　试题（276）　　答案（288）
　　四、简答题　　试题（276）　　答案（288）
　　五、计算题　　试题（277）　　答案（289）

附录 ………………………………………………………………………………… 290
附录A　常用缓冲溶液的配制方法 ……………………………………………… 290
附录B　不同温度下标准滴定溶液体积的补正值 ……………………………… 291

参考文献 …………………………………………………………………………… 293

第一章

化学分析法专业基础知识

培训学习目标 通过本章的学习,应掌握酸碱滴定法、氧化还原滴定法、配位滴定法、沉淀滴定法及重量分析法的基本原理并能应用,熟悉化学分离法的原理并能应用。

◆◆◆ 第一节 酸碱滴定法

一、酸度和酸的浓度

对于酸碱滴定,最重要的是要了解滴定过程中溶液 pH 值的变化规律,并根据 pH 值的变化规律选择合适的指示剂来确定滴定终点,然后通过计算求出待测组分的含量。为此,下面讨论酸碱平衡中有关 H^+ 浓度的计算方法。

酸的浓度和酸度是两个不同的概念。酸度是指溶液中 H^+ 的浓度(准确地说是 H^+ 的活度),常用 pH 值来表示。酸的浓度又叫酸的分析浓度,是指 1L 溶液中所含某种酸的物质的量,即总浓度,它包括未离解和已离解酸的浓度。

二、酸碱溶液 pH 值的计算

1. 强酸或强碱溶液

强酸或强碱在水溶液中全部离解,故在一般情况下,其酸碱度的计算比较简单。一元强酸溶液中氢离子的浓度等于该酸溶液的浓度;一元强碱溶液中氢氧根离子的浓度等于该碱溶液的浓度。

2. 一元弱酸(碱)溶液

设一元弱酸 HA 溶液的浓度为 c(单位为 mol/L),它在水溶液中存在离解平

衡，即

$$HA \rightleftharpoons H^+ + A^-$$

HA 溶液中的 H^+ 浓度可以根据溶液的浓度 c 和离解常数 K_a 计算求得，即

$$c(H^+) = \sqrt{cK_a} \tag{1-1}$$

这是计算一元弱酸溶液中 H^+ 浓度的最简式。

一元弱碱溶液中计算 OH^- 浓度的最简式为

$$c(OH^-) = \sqrt{cK_b} \tag{1-2}$$

3. 多元弱酸（碱）溶液

有许多弱酸是多元弱酸，如 H_2S、H_3PO_4、H_2CO_3 等。多元弱酸的相对强弱通常用它的第一级离解常数来衡量，溶液中的 H^+ 浓度可按一元弱酸中 H^+ 浓度的计算公式来处理。当 $c/K_a \geq 500$ 时，多元弱酸中 H^+ 浓度的计算公式为

$$c(H^+) = \sqrt{cK_a}$$

多元弱碱溶液 pH 值的计算与此类似。

三、缓冲溶液

1. 缓冲溶液

缓冲溶液是一种能对溶液的酸度起稳定作用的溶液，也就是使溶液的 pH 值不因外加少量酸、碱或被稀释而发生显著变化。

缓冲溶液一般由弱酸及其共轭碱（如 HAc + NaAc）、弱碱及其共轭酸（如 $NH_3 + NH_4Cl$）以及两性物质（如 $Na_2HPO_4 + NaH_2PO_4$）等组成。在高浓度的强酸或强碱溶液中，由于 H^+ 或 OH^- 的浓度本来就很大，因此外加少量酸或碱时也不会对溶液的酸碱度产生多大的影响，在这种情况下，强酸或强碱也是缓冲溶液。

2. 缓冲容量和缓冲范围

缓冲溶液的缓冲作用是有一定限度的，当加入酸或碱量较大时，缓冲溶液就失去缓冲能力。所以，每一种缓冲溶液只具有一定的缓冲能力，通常用缓冲容量来衡量缓冲溶液的缓冲能力。

缓冲容量与缓冲溶液的总浓度及其组分比有关。缓冲剂的浓度越大，其缓冲容量也就越大。缓冲溶液的总浓度一定，缓冲组分比等于 1 时，缓冲容量最大，缓冲能力最强。通常将两组分的浓度比控制在 0.1~10 之间比较合适。

缓冲溶液所能控制的 pH 值范围称为缓冲溶液的缓冲范围。对于酸式缓冲溶液，其缓冲范围为 pK_a 两侧各一个 pH 单位，即

$$pH = pK_a \pm 1$$

例如，HAc-NaAc 缓冲体系，$pK_a = 4.74$，其缓冲范围为 3.74~5.74。对于

碱式缓冲溶液,其缓冲范围为 pK_b 两侧各一个 pH 单位,即

$$pOH = pK_b \pm 1$$

$$pH = (14 - pOH) = (14 - pK_b) \pm 1$$

例如,$NH_3 \cdot H_2O\text{-}NH_4Cl$ 缓冲体系,$pK_b = 4.74$,其缓冲范围为 8.26~10.26。

一些常用缓冲溶液的配制方法见表 1-1。

表 1-1 常用缓冲溶液的配制方法

pH 值	缓冲溶液	配制方法
0	强酸	1mol/L HCl 溶液
1	强酸	0.1 mol/L HCl 溶液
2	强酸	0.01 mol/L HCl 溶液
3	HAc-NaAc	将 0.8g $NaAc \cdot 3H_2O$ 溶于水,加入 5.4mL 冰乙酸,稀释至 1000mL
4	HAc-NaAc	将 54.4g $NaAc \cdot 3H_2O$ 溶于水,加入 92mL 冰乙酸,稀释至 1000mL
4~5	HAc-NaAc	将 68.0g $NaAc \cdot 3H_2O$ 溶于水,加入 2.86mL 冰乙酸,稀释至 1000mL
6	HAc-NaAc	将 100g $NaAc \cdot 3H_2O$ 溶于水,加入 5.7mL 冰乙酸,稀释至 1000mL
7	NH_4Ac	将 154g NH_4Ac 溶于水,稀释至 1000mL
8	$NH_3 \cdot H_2O\text{-}NH_4Cl$	将 100g NH_4Cl 溶于水,加 7mL 浓氨水,稀释至 1000mL
9	$NH_3 \cdot H_2O\text{-}NH_4Cl$	将 70g NH_4Cl 溶于水,加 48mL 浓氨水,稀释至 1000mL
10	$NH_3 \cdot H_2O\text{-}NH_4Cl$	将 54g NH_4Cl 溶于水,加 350mL 浓氨水,稀释至 1000mL
11	$NH_3 \cdot H_2O\text{-}NH_4Cl$	将 26g NH_4Cl 溶于水,加 414mL 浓氨水,稀释至 1000mL
12	强碱	0.01mol/L NaOH 溶液
13	强碱	0.1 mol/L NaOH 溶液

四、酸碱指示剂

用酸碱滴定法测定物质的含量时,滴定过程中发生的化学反应外观上一般是没有变化的,通常需要利用酸碱指示剂颜色的改变来指示滴定终点的到达。

1. 酸碱指示剂的变色原理及变色范围

(1) 指示剂的变色原理 酸碱指示剂一般是弱的有机酸或有机碱,它们在溶液中或多或少地离解成离子,由于分子和离子具有不同的结构,因此在溶液中呈现不同的颜色。例如,酚酞是一种有机弱酸,它们在溶液中存在以下离解平衡:

$$HIn \rightleftharpoons H^+ + In^-$$

(无色分子)　　(红色离子)

随着溶液中 H⁺ 浓度的不断改变,上述离解平衡不断被破坏。当加入酸时,平衡向左移动,生成无色的酚酞分子,使溶液呈现无色。当加入碱时,碱中的 OH⁻ 与 H⁺ 结合生成水,使 H⁺ 的浓度减小,平衡向右移动,红色醌式结构的酚酞离子增多,使溶液呈现粉红色。酚酞的离解过程可表示如下:

又如甲基橙是一种两性物质,它在溶液中存在如下平衡:

$$Na^{+-}O_3S-\!\!\!\!\bigcirc\!\!\!\!-N=N-\!\!\!\!\bigcirc\!\!\!\!-N(CH_3)_2 + H_3O^+ \rightleftharpoons$$

(黄色分子,偶氮结构,碱式)

$$Na^{+-}O_3S-\!\!\!\!\bigcirc\!\!\!\!-\overset{H}{N}-N=\!\!\!\!\bigcirc\!\!\!\!=N^+(CH_3)_2 + H_2O$$

(红色离子,醌式结构,酸式)

(2) 指示剂的变色范围 为了说明指示剂颜色的变化与酸度的关系,现以 HIn 代表指示剂的酸式色型,In⁻ 代表指示剂的碱式色型,在溶液中存在如下平衡:

$$HIn \rightleftharpoons H^+ + In^-$$

(酸式色型)　　(碱式色型)

$$K_{HIn} = \frac{c(H^+)\ c(In^-)}{c(HIn)} \tag{1-3}$$

K_{HIn}是指示剂的离解常数,也称为酸碱指示剂常数,其数值取决于指示剂的性质和溶液的温度。式(1-3)可改写为

$$c(H^+) = K_{HIn}\frac{c(HIn)}{c(In^-)}$$

$$pH = pK_{HIn} - \lg\frac{c(HIn)}{c(In^-)} \tag{1-4}$$

由式(1-4)可知,酸碱指示剂颜色的变化是由$c(HIn)/c(In^-)$决定的。只有当溶液的pH值由$pK_{HIn}-1$变化到$pK_{HIn}+1$时,溶液的颜色才由酸式色变为碱式色,这时候人的眼睛才能明显看出指示剂颜色的变化。能明显看出指示剂由一种颜色变成另一种颜色的pH范围称为指示剂的变色范围。

(3) 常用的酸碱指示剂及其配制方法 常用的酸碱指示剂的变色范围及其配制方法见表1-2。大多数指示剂的变色范围为1.6~1.8个pH单位。

表1-2 几种常用的酸碱指示剂的变色范围及其配制方法

指示剂	变色范围 pH值	颜色		pK_{HIn}	配制浓度①
		酸色	碱色		
百里酚(第一变色点)	1.2~2.8	红	黄	1.65	1g/L 酒精溶液
甲基黄	2.9~4.0	红	黄	3.25	1g/L 体积分数为90%的酒精溶液
甲基橙	3.1~4.4	红	黄	3.45	1g/L 水溶液(用加热至70℃的水配制)
溴酚蓝	3.0~4.6	黄	紫	4.1	0.4g/L 酒精溶液或其钠盐的水溶液
溴甲酚绿	3.8~5.4	黄	蓝	4.7	1g/L 酒精溶液或1g/L 水溶液加2.9mL 0.05mol/L NaOH 溶液
甲基红	4.4~6.2	红	黄	5.0	1g/L 酒精溶液或1g/L 水溶液
溴百里酚蓝	6.2~7.6	黄	蓝	7.3	1g/L 体积分数为20%的酒精溶液或其钠盐的水溶液
中性红	6.8~8.0	红	黄	7.4	1g/L 体积分数为60%的酒精溶液
酚红	6.8~8.0	黄	红	8.0	1g/L 体积分数为60%的酒精溶液或其钠盐的水溶液
酚酞	8.0~10	无	红	9.1	10g/L 酒精溶液
百里酚酞	9.4~10.6	无	蓝	10.0	1g/L 酒精溶液

① 质量浓度ρ,单位为g/L。

2. 混合指示剂

单一指示剂的变色范围都较宽,其中有些指示剂(如甲基橙)的变色过程中有过渡色,不易辨别。混合指示剂具有变色范围窄、变色明显等优点。

常用混合指示剂及其配制方法见表1-3。

表 1-3 常用混合指示剂及其配制方法

指示剂组成	配制比例（体积比）	变色点 pH 值	颜色 酸色	颜色 碱色	备注
1 g/L 甲基黄酒精溶液 1 g/L 次甲基蓝酒精溶液	1:1	3.25	蓝紫	绿	pH = 3.4 时呈绿色，pH = 3.2 时呈蓝紫色
1 g/L 甲基橙水溶液 2.5 g/L 靛蓝二磺酸水溶液	1:1	4.1	紫	黄绿	—
1 g/L 溴甲酚绿酒精溶液 2 g/L 甲基红酒精溶液	3:1	5.1	酒红	绿	—
1 g/L 甲基红酒精溶液 1 g/L 次甲基蓝酒精溶液	2:1	5.4	红紫	绿	pH = 5.2 时呈红紫色，pH = 5.4 时呈暗蓝色，pH = 5.6 时呈绿色
1 g/L 溴甲酚绿钠盐水溶液 1 g/L 氯酚红钠盐水溶液	1:1	6.1	黄绿	蓝紫	pH = 5.4 时呈蓝绿色，pH = 5.8 时呈蓝色 pH = 6.0 时呈蓝带紫色，pH = 6.2 时呈蓝紫色
1 g/L 中性红酒精溶液 1 g/L 次甲基蓝酒精溶液	1:1	7.0	蓝紫	绿	pH = 7.0 时呈紫蓝色
1 g/L 百里酚蓝 50% 酒精溶液 1 g/L 酚酞 50% 酒精溶液	1:3	9.0	黄	紫	由黄到绿再到紫色

五、酸碱滴定法的基本原理

要想在滴定中正确地选择适宜的指示剂，就必须了解酸碱滴定过程中溶液 pH 值的变化规律。在滴定过程中，溶液 pH 值随着标准滴定溶液用量的变化而改变的曲线称为滴定曲线。

下面讨论几种类型的滴定曲线以及指示剂的选择问题。

1. 强碱（酸）滴定强酸（碱）

强碱强酸在溶液中是完全离解的，酸以 H^+ 形式存在，碱以 OH^- 形式存在。滴定的基本反应为

$$H^+ + OH^- = H_2O$$

例如，以 0.1000 mol/L 的 NaOH 标准滴定溶液滴定 0.1000 mol/L 的 HCl 溶液，下面来介绍一下滴定过程中溶液 pH 值的变化情况。

可将每个滴定溶液体积所对应的溶液 pH 值计算出来。如果以 NaOH 溶液的加入量为横坐标，以 pH 值为纵坐标来绘制曲线，就得到酸碱滴定曲线，如图 1-1

所示。

图 1-1 表示了滴定过程中溶液的 pH 值随着标准滴定溶液用量变化而改变的规律。从图 1-1 中可以看出，在远离化学计量点时，随着 NaOH 溶液的加入，溶液的 pH 值变化非常缓慢；在化学计量点附近，NaOH 溶液的加入量对 pH 值的影响非常明显，从中和剩余 0.02mL HCl 到过量 0.02mL NaOH 溶液，即滴定由不足 0.1% 到过量 0.1%，总共才加入 0.04mL（1 滴）NaOH 溶液，但是溶液的 pH 值却从 4.30 增加到 9.70，变化了 5.4 个 pH 单位，形成滴定曲线的突跃部分，指示剂的选择主要以此为依据。

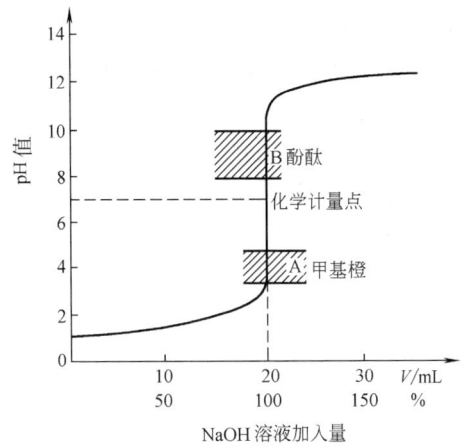

图 1-1 用 0.1000mol/L 的 NaOH 溶液滴定 20.00mL 0.1000mol/L 的 HCl 溶液的滴定曲线

理想的指示剂应恰好在滴定的化学计量点时变色。但实际上，凡是在突跃范围（pH = 4.30 ~ 9.70）内变色的指示剂（即指示剂的变色范围全部或大部分落在滴定突跃范围内），都可以保证测定有足够的准确度。

必须指出，滴定突跃范围与滴定剂及待测组分的浓度有关。用不同浓度的 NaOH 溶液滴定不同浓度的 HCl 溶液时的滴定曲线如图 1-2 所示。当酸或碱的浓

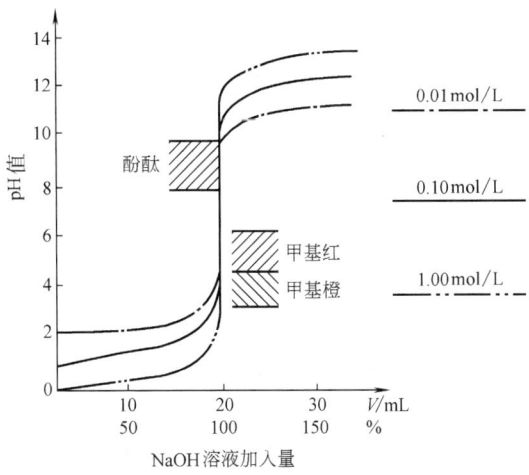

图 1-2 用不同浓度的 NaOH 溶液滴定不同浓度的 HCl 溶液时的滴定曲线

度增大10倍时，突跃范围增加2个pH单位；当酸或碱的浓度降低到原浓度的1/10时，突跃范围减小2个pH单位。显然，溶液越浓，突跃范围越大，可供选择的指示剂越多。

同样，用强酸滴定强碱时也可得到类似的滴定曲线。

2. 强碱（酸）滴定一元弱酸（碱）

以0.1000 mol/L的NaOH溶液滴定0.1000 mol/L的HAc溶液为例，经计算后可得到图1-3所示的曲线，其中的虚线为0.1000 mol/L的NaOH溶液滴定20.00mL HCl溶液的前半部分。

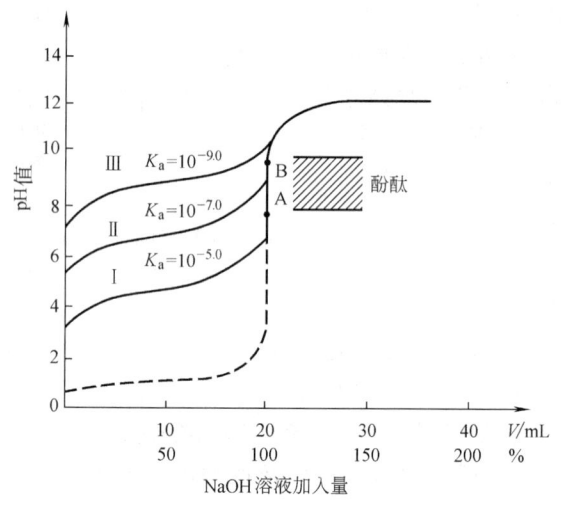

图1-3 用NaOH溶液滴定不同强度的
弱酸溶液的滴定曲线

比较图1-3中的曲线Ⅰ与虚线，可以看出，这一滴定过程的pH值突跃范围为7.74~9.70，比强碱滴定强酸时小得多，而且落在碱性范围，因此可以选择在碱性范围内变色的指示剂，如酚酞、百里酚酞或百里酚蓝等，而在酸性范围内变色的指示剂（如甲基橙、甲基红）则不合适。

如果用强碱溶液滴定浓度相同但强度不同的一元弱酸，则可得到图1-3所示的Ⅰ、Ⅱ、Ⅲ三条滴定曲线。由图1-3可知：K_a值越大，即酸越强，滴定突跃范围越大；K_a值越小，酸越弱，滴定的突跃范围越小。当$K_a < 10^{-9.0}$时已无明显的突跃，用一般的酸碱指示剂就无法指示滴定终点。

另一方面，当酸的强度一定时，酸溶液的浓度越大，突跃范围也就越大。综合考虑溶液浓度和酸的强度两个因素对滴定突跃范围大小的影响，得到用指示剂法进行强碱滴定弱酸的条件为

$$cK_a \geq 10^{-8}$$

强酸滴定弱碱情况与此类似,弱碱被准确滴定的条件为
$$cK_b \geqslant 10^{-8}$$

3. 多元酸（碱）的滴定

（1）多元酸的分步滴定　多元酸多数是弱酸,它们在溶液中分级离解。二元弱酸能否分步滴定,可按下列原则进行大致判断：

若 $cK_{a1} \geqslant 10^{-8}$,且 $K_{a1}/K_{a2} \geqslant 10^{4}$,则可分步滴定至第一终点；若 $cK_{a1} \geqslant 10^{-8}$, $K_{a1}/K_{a2} \geqslant 10^{4}$,且 $cK_{a2} \geqslant 10^{-8}$,则可继续滴定至第二终点；若 cK_{a1} 和 cK_{a2} 都大于 10^{-8},但 $K_{a1}/K_{a2} < 10^{4}$,则只能滴定到第二终点。

例如,用 NaOH 溶液滴定 0.1 mol/L 的 H_3PO_4 溶液的滴定曲线如图 1-4 所示,可分别选用甲基橙和酚酞作指示剂,如果改用溴甲酚绿和甲基橙或酚酞和百里酚酞混合指示剂,则终点变色明显。

（2）多元碱的滴定　无机多元碱一般是指多元酸与强碱作用生成的盐,如 Na_2CO_3、$Na_2B_4O_7$ 等。强酸滴定多元碱的情况与强碱滴定多元酸的情况相似,只要将计算公式中的 K_a 换成 K_b 即可。例如,图 1-5 所示为用 HCl 溶液滴定 Na_2CO_3 溶液的滴定曲线,按照计量点时溶液的 pH 值,可分别选用酚酞、甲基橙作指示剂。由于 K_{a2} 不够大,在第二计量点处 pH 值突跃范围较小,用甲基橙作指示剂时终点变色不太明显,另外,CO_2 易形成过饱和溶液,使酸度增大而导致终点过早出现,因此在滴定接近终点时,应剧烈地摇动或加热溶液,以除去过量的 CO_2,待冷却后再滴定。

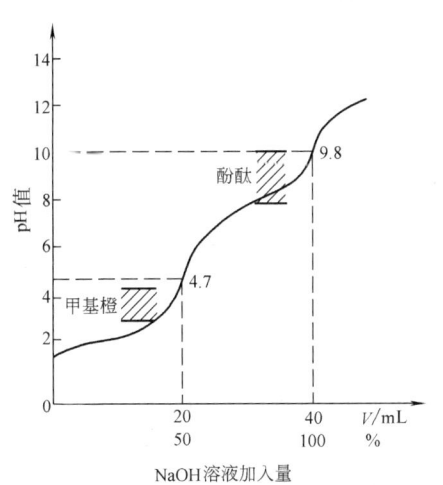

图 1-4　用 NaOH 溶液滴定 H_3PO_4 溶液的滴定曲线

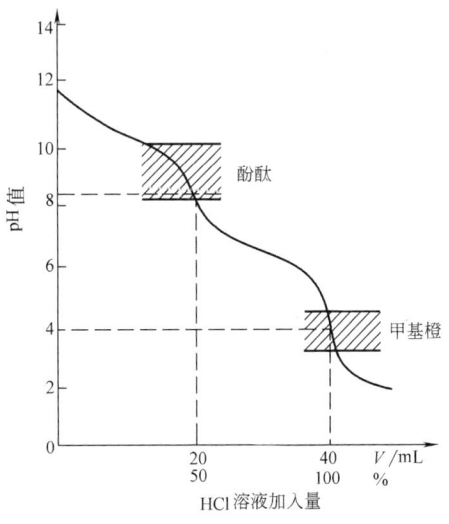

图 1-5　用 HCl 溶液滴定 Na_2CO_3 溶液的滴定曲线

六、酸碱滴定法在分析中的应用

酸碱滴定法是滴定分析中应用最广的方法之一,也是无机物定量分析中最基本的方法。例如,食醋中总酸量的测定、工业硫酸纯度的测定、氨水中氨含量的测定、纯碱总碱度的测定、烧碱中 NaOH 和 Na_2CO_3 含量的测定、天然水中总碱度的测定,以及土壤、肥料中氮与磷含量的测定等,都可采用酸碱滴定法。

1. 工业硫酸纯度的测定(GB/T 534—2002)

浓硫酸是一种无色透明的油状黏稠液体,其密度比水的密度几乎大一倍。它的纯度常用硫酸的质量分数 $w(H_2SO_4)$ 表示。

(1) 测定原理 硫酸是强酸,可用 NaOH 标准滴定溶液滴定,其反应式为

$$H_2SO_4 + 2NaOH = Na_2SO_4 + 2H_2O$$

根据反应式可知,H_2SO_4 的基本单元为 $\frac{1}{2}H_2SO_4$。此反应属于强碱滴定强酸类型,化学计量点时溶液的 pH = 7,可选用甲基橙、甲基红等指示剂指示终点。国家标准 GB/T 534—2002 中规定使用甲基红-亚甲基蓝混合指示剂指示终点。

$$w(H_2SO_4) = \frac{c(NaOH)V(NaOH)M(\frac{1}{2}H_2SO_4) \times 10^{-3}}{m} \times 100\%$$

(1-5)

式中 $c(NaOH)$ ——氢氧化钠标准滴定溶液的浓度(mol/L);

$V(NaOH)$ ——滴定时耗用氢氧化钠标准溶定溶液的体积(mL);

$M(\frac{1}{2}H_2SO_4)$ —— $\frac{1}{2}H_2SO_4$ 的摩尔质量(g/mol);

m ——硫酸溶液质量(g)。

(2) 注意事项

1) 硫酸具有强腐蚀性,在使用和称取时严禁溅出。

2) 硫酸稀释时会放出大量热,需冷却后再滴定或转移至容量瓶中稀释。

2. 混合碱的分析

NaOH 俗称烧碱,在生产和储藏过程中,因吸收空气中的 CO_2 而产生部分 Na_2CO_3。测定烧碱中的 NaOH 和 Na_2CO_3 含量,可采用双指示剂法。

准确称取一定质量的试样,溶于水后,先以酚酞为指示剂,用 HCl 标准滴定溶液滴定至终点(由红色恰好变为无色),记录消耗 HCl 溶液的体积 V_1(mL)。此时溶液中的 NaOH 全部被中和,Na_2CO_3 被中和至 $NaHCO_3$,反应式为

$$NaOH + HCl = NaCl + H_2O$$
$$Na_2CO_3 + HCl = NaHCO_3 + NaCl$$

然后加入甲基橙指示剂,继续用 HCl 标准滴定溶液滴定,使溶液由黄色转

变为橙色即为终点,记录消耗 HCl 溶液的体积 V_2(mL)。此时溶液中的 $NaHCO_3$ 被中和至 H_2CO_3(分解为 $H_2O + CO_2$),反应式为

$$NaHCO_3 + HCl = NaCl + H_2O + CO_2\uparrow$$

滴定过程为

$$CO_3^{2-} \xrightarrow[V_1]{OH^- \ H^+ \ H_2O} HCO_3^- \xrightarrow[V_2]{H^+} H_2CO_3 \ (H_2O + CO_2)$$

(酚酞终点)　　(甲基橙终点)

显然,试样中的 Na_2CO_3 总共消耗 HCl 标准滴定溶液的体积为 $2V_2$,NaOH 消耗 HCl 标准滴定溶液的体积为 $V_1 - V_2$。

七、酸碱标准滴定溶液的制备

酸碱滴定中最常用的酸标准滴定溶液是 HCl 溶液,当需要加热或在温度较高的情况下使用时宜用 H_2SO_4 溶液,而 HNO_3 有氧化性,本身稳定性又差,一般不用。一般用 NaOH 溶液作碱标准滴定溶液,有时也用 KOH 溶液。

标准滴定溶液的浓度一般配成 0.1mol/L,有时也需 1mol/L、0.5mol/L 和 0.01mol/L。

在实际工作中应根据需要配制合适的标准滴定溶液。配制方法一般不用直接法,而使用标定法。

1) NaOH 标准滴定溶液的配制和标定(详见第四章第二节)。
2) HCl 标准滴定溶液的配制和标定(详见第四章第二节)。

❖❖❖ 第二节　配位滴定法

配位滴定法是以形成配位化合物的反应为基础的滴定分析方法。配位反应的实质可以用以下通式来表示:

$$M + L \rightleftharpoons ML$$

(金属离子)(配位剂)(配位化合物)

大多数金属离子都能与多种配位剂形成稳定性不同的配位化合物,但不是所有的配位反应都能用于配位滴定。能用于配位滴定的反应除必须满足滴定分析的基本条件外,还必须能生成稳定的、中心离子与配位体比例恒定的配位化合物,而且最好能溶于水。

无机配位反应中能用于滴定分析的很少,目前应用最广的是一种有机配位剂是乙二胺四乙酸,简称 EDTA。EDTA 能与大多数金属离子形成稳定的配位化合物,广泛应用于无机物的定量分析中。

一、EDTA 及其配位化合物

1. EDTA 的性质

EDTA 的化学式常用 H_4Y 表示。其结构式为

$$\begin{array}{c} HOOCH_2C \\ \\ HOOCH_2C \end{array} \!\!\!\! N\!\!-\!\!CH_2\!\!-\!\!CH_2\!\!-\!\!N \!\!\!\! \begin{array}{c} CH_2COOH \\ \\ CH_2COOH \end{array}$$

由于它在水中的溶解度小（298K 时，每 100mL 水溶解 0.02g），通常用它的二钠盐 $Na_2H_2Y \cdot 2H_2O$，也称为 EDTA 二钠。

EDTA 溶解于酸性很强的溶液中时，可生成 H_6Y^{2+}，这样 EDTA 就相当于六元酸，有六个离解常数。

$$H_6Y^{2+} \rightleftharpoons H_5Y^+ + H^+ \qquad K_{a1} = \frac{c(H^+)c(H_5Y^+)}{c(H_6Y^{2+})} = 10^{-0.9}$$

$$H_5Y^+ \rightleftharpoons H_4Y + H^+ \qquad K_{a2} = \frac{c(H^+)c(H_4Y)}{c(H_5Y^+)} = 10^{-1.6}$$

$$H_4Y \rightleftharpoons H_3Y^- + H^+ \qquad K_{a3} = \frac{c(H^+)c(H_3Y^-)}{c(H_4Y)} = 10^{-2.0}$$

$$H_3Y^- \rightleftharpoons H_2Y^{2-} + H^+ \qquad K_{a4} = \frac{c(H^+)c(H_2Y^{2-})}{c(H_3Y^-)} = 10^{-2.67}$$

$$H_2Y^{2-} \rightleftharpoons HY^{3-} + H^+ \qquad K_{a5} = \frac{c(H^+)c(HY^{3-})}{c(H_2Y^{2-})} = 10^{-6.46}$$

$$HY^{3-} \rightleftharpoons Y^{4-} + H^+ \qquad K_{a6} = \frac{c(H^+)c(Y^{4-})}{c(HY^{3-})} = 10^{-10.26}$$

在水溶液中，EDTA 以七种型体存在。在不同 pH 值的溶液中 EDTA 的主要存在型体不同，见表 1-4。

表 1-4　不同 pH 值时 EDTA 的主要存在型体

pH 值	< 0.9	0.9~1.6	1.6~2.0	2.0~2.67	2.67~6.16	6.16~10.26	>10.26
主要存在型体	H_6Y^{2+}	H_5Y^+	H_4Y	H_3Y^-	H_2Y^{2-}	HY^{3-}	Y^{4-}

可见，只有在溶液的 pH > 10.26 时，EDTA 才主要以 Y^{4-} 型体存在。因此，溶液的酸度是影响 EDTA 金属离子配位化合物稳定性的重要因素。

2. EDTA 与金属离子形成的配位化合物

EDTA 分子中含有两个氨氮和四个羧氧，一共有六个结合能力很强的配位原子，能和大多数金属离子形成稳定的配位化合物。EDTA 与金属离子的配位反应有以下特点：

1) EDTA 与不同价态的金属离子形成配位化合物时，一般情况下配合比是 1:1，化学计量关系简单。

2) 配位化合物的稳定性高。EDTA 与大多数金属离子形成多个五圆环的螯合物，具有较高的稳定性。

3) 大多数金属离子与 EDTA 形成配位化合物的反应速度很快（瞬间生成），符合滴定要求。

4) EDTA 的金属配位化合物易溶于水，与无色金属离子所形成的配位化合物都是无色的，与有色金属离子则形成颜色更深的配位化合物。

二、配位化合物在水溶液中的离解平衡

1. 配位化合物的稳定常数

在配位反应中，配位化合物的形成和离解同处于相对的平衡状态中，其平衡常数可以用稳定常数或不稳定常数（即离解常数）来表示，习惯上用稳定常数 $K_{稳}$ 表示。

EDTA 与金属离子形成 1:1 型配位化合物的通式可简写为

$$M + Y \rightleftharpoons MY$$

$$K_{MY} = \frac{c(MY)}{c(M) \, c(Y)} \tag{1-6}$$

对于具有相同配位数的配位化合物或配离子，$K_{稳}$ 或 $\lg K_{稳}$ 值越大，说明配位化合物越稳定，反之，则不稳定。

K_{MY} 也称为 MY 的形成常数。一些常见金属离子与 EDTA 形成的配位化合物 MY 的稳定常数见表 1-5。由表中数据可知，绝大多数金属离子与 EDTA 形成的配位化合物都相当稳定。

表 1-5　一些金属离子与 EDTA 形成的配位化合物的稳定常数（$I = 0.1$，293~298K）

离子	$\lg K_{MY}$	离子	$\lg K_{MY}$	离子	$\lg K_{MY}$
Ag^+	7.32	Cu^{2+}	18.80	Ni^{2+}	18.62
Al^{3+}	16.3	Fe^{2+}	14.32	Pb^{2+}	18.04
Ba^{2+}	7.86	Fe^{3+}	25.1	Sn^{2+}	22.11
Be^{2+}	9.3	Hg^{2+}	21.7	Sr^{2+}	8.73
Bi^{3+}	27.94	In^{3+}	25.0	Th^{4+}	23.2
Ca^{2+}	10.69	Mg^{2+}	8.7	Ti^{3+}	21.3
Cd^{2+}	16.46	Mn^{2+}	13.87	Tl^{3+}	37.8
Co^{2+}	16.31	Mo^{2+}	28	Zn^{2+}	16.50
Cr^{3+}	23.4	Na^+	1.66	ZrO^{2+}	29.5

2. 酸效应和酸效应曲线

当滴定体系中有 H^+ 存在时，H^+ 与 EDTA 之间发生反应，使参与主反应的 EDTA 浓度减小，主反应的化学平衡向左移动，配位反应完成的程度降低，这种现象称为 EDTA 的酸效应。

酸效应的大小可用酸效应系数来衡量。它是指 EDTA 各种存在型体的总浓度 $c(Y')$ 与能直接参与主反应的 Y^{4-} 的平衡浓度之比，用符号 $\alpha_{Y(H)}$ 表示，即

$$\alpha_{Y(H)} = \frac{c(Y')}{c(Y^{4-})} \tag{1-7}$$

表1-6 给出了不同 pH 值下的 $\lg\alpha$ 值。由表1-6 可知，随着溶液的酸度增大，$\lg\alpha$ 值增大，即酸效应显著。显然，当 $c(Y')$ 值一定时，溶液的酸度越大，$\lg\alpha$ 值就越大，$c(Y^{4-})$ 值则越小，也就是 EDTA 参与配位反应的能力显著降低。当 pH 值大于 12 时，可忽略 EDTA 酸效应的影响。

表1-6 EDTA 的酸效应系数（$\lg\alpha$）

pH 值	$\lg\alpha$	pH 值	$\lg\alpha$	pH 值	$\lg\alpha$
0.0	21.38	3.4	9.71	6.8	3.55
0.4	19.59	3.8	8.86	7.0	3.32
0.8	18.01	4.0	8.44	7.5	2.78
1.0	17.20	4.4	7.64	8.0	2.26
1.4	15.68	4.8	6.84	8.5	1.77
1.8	14.21	5.0	6.45	9.0	1.29
2.0	13.51	5.4	5.69	9.5	0.83
2.4	12.24	5.8	4.98	10.0	0.45
2.8	11.13	6.0	4.65	11.0	0.07
3.0	10.63	6.4	4.06	12.0	0.00

以 pH 值对 $\lg\alpha$ 作图，即得 EDTA 的酸效应曲线（见图1-6），从酸效应曲线上也可查得不同 pH 值下的 $\lg\alpha$ 值。

3. EDTA 配位化合物的条件稳定常数

前面已经讨论了 EDTA 与金属离子所形成配位化合物的稳定常数 K_{MY} 越大，表示配位反应进行完全的趋势越大，生成的配位化合物 MY 就越稳定。由于有副反应存在，主反应的平衡要发生移动，因此配位化合物的稳定性降低，这时采用 K_{MY} 就不能很好地衡量配位化合物的实际稳定性了，而应该用配位化合物的条件稳定常数 K'_{MY}。它表示在一定条件下 MY 的实际稳定程度，因此，K'_{MY} 是用副反应校正后的实际稳定常数。

由于 $c(Y^{4-})$ 与 $c(Y)$ 相等，因此将式（1-7）代入式（1-6）得

$$K_{MY} = \frac{c(MY)}{c(M)c(Y^{4-})} = \frac{c(MY)\,\alpha_{Y(H)}}{c(M)c(Y')}$$

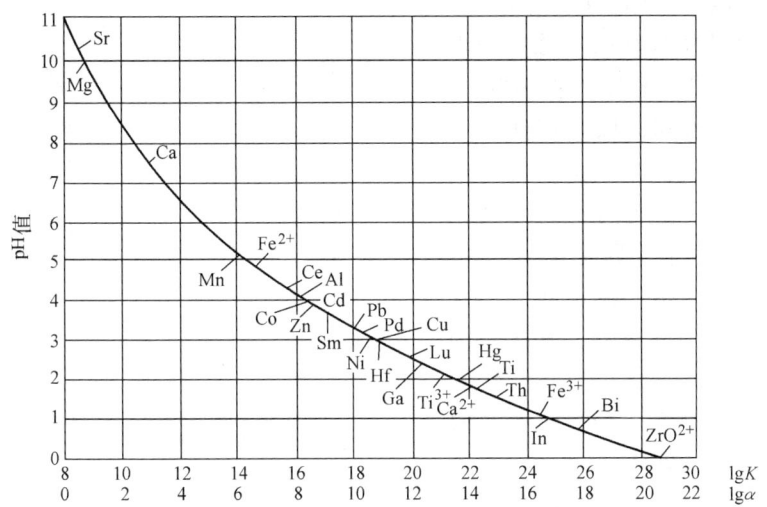

图 1-6　EDTA 的酸效应曲线

$$\frac{c(MY)}{c(M)\,c(Y')} = \frac{K_{MY}}{\alpha_{Y(H)}} = K'_{MY} \tag{1-8}$$

等式两边取对数得

$$\lg K'_{MY} = \lg K_{MY} - \lg \alpha_{Y(H)} \tag{1-9}$$

由此可见，溶液的 pH 值越大，$\lg \alpha_{Y(H)}$ 值越小，K'_{MY} 值就越大，配位反应越完全，对配位滴定越有利。

必须指出：在配位滴定中，要全面考虑酸度对配位滴定的影响。过高的 pH 值会使某些金属离子水解生成氢氧化物沉淀而降低金属离子的浓度。例如，滴定 Mg^{2+} 时要求溶液的 pH < 12，否则会产生 $Mg(OH)_2$ 沉淀。任何金属离子的配位滴定都要求在一定酸度范围内进行。此外，配位反应本身会释放出 H^+，使溶液的酸度升高，为此在配位滴定时，总要加入一定量的 pH 值缓冲溶液，以保持溶液的酸度基本稳定不变。

三、配位滴定的基本原理

1. 配位滴定曲线

在滴定过程中，随着 EDTA 标准滴定溶液的滴入，溶液中金属离子的浓度不断减小。由于金属离子浓度一般较小（10^{-2} mol/L），常用 pM［$pM = -\lg c(M)$］来表示，滴定到达化学计量点时，pM 将发生突变，可利用适当方法指示。利用滴定过程中 pM 随着滴定剂 EDTA 滴入量的变化而变化的关系来绘制曲线，该曲线称为配位滴定曲线。图 1-7 所示为在不同 pH 值下，用 0.01mol/L 的 EDTA 标准滴定溶液滴定 0.01 mol/L 的 Ca^{2+} 溶液时,滴定过程中 Ca^{2+} 浓度随着 EDTA 加入量的变化而变化的情况。

由图 1-7 可知,该滴定曲线与酸碱滴定曲线相似,随着滴定剂 EDTA 的加入,金属离子的浓度在化学计量点附近有突跃变化。

讨论配位滴定的滴定曲线主要是为了选择适当的条件,其次是为选择指示剂提供一个大概的范围。

2. 单一金属离子滴定可行性的判断和酸度的选择

(1) 可行性判断 在配位滴定中,通常采用指示剂来指示滴定终

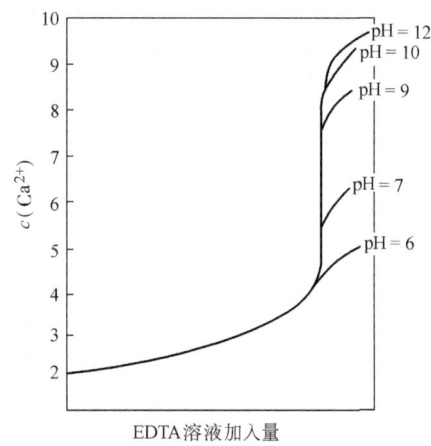

图 1-7 不同 pH 值时用 0.01 mol/L 的 EDTA 溶液滴定 0.01 mol/L 的 Ca^{2+} 溶液的滴定曲线

点。配位滴定一般要求滴定的相对误差不超过 ±0.1%,根据终点误差理论,此时要求被滴定金属离子的浓度 $c(M)$ 与其配位化合物的稳定常数 K_{MY}' 的乘积大于或等于 10^6,即

$$\lg [c(M) K_{MY}'] \geq 6 \quad (1-10)$$

因此,通常情况下用 $\lg c(M) K_{MY}' \geq 6$ 作为配位滴定中判断能否准确滴定单一金属离子的依据。由此也可知道当金属离子浓度为 10^{-2} mol/L 时,要求

$$\lg K_{MY}' \geq 8$$

(2) 溶液酸度的选择 在滴定金属离子时,溶液的酸度是有一个上限的,超过此值就会引起较大的滴定误差(>0.1%)。这一允许的最高酸度就是滴定该金属离子的最高允许酸度,与之相应的溶液的 pH 值称为最低允许 pH 值。滴定不同的金属离子有不同的最高允许酸度。部分金属离子被 EDTA 溶液滴定的最低 pH 值见表 1-7。

表 1-7 部分金属离子被 EDTA 溶液滴定的最低 pH 值

金属离子	$\lg K_{MY}$	最低 pH 值	金属离子	$\lg K_{MY}$	最低 pH 值
Mg^{2+}	8.7	≈9.7	Pb^{2+}	18.04	≈3.2
Ca^{2+}	10.96	≈7.5	Ni^{2+}	18.62	≈3.0
Mn^{2+}	13.87	≈5.2	Cu^{2+}	18.80	≈2.9
Fe^{2+}	14.32	≈5.0	Hg^{2+}	21.80	≈1.9
Al^{3+}	16.30	≈4.2	Sn^{2+}	22.12	≈1.7
Co^{3+}	16.31	≈4.0	Cr^{3+}	23.40	≈1.4
Cd^{2+}	16.46	≈3.9	Fe^{3+}	25.10	≈1.0
Zn^{2+}	16.50	≈3.9	ZrO^{2+}	29.50	≈0.4

也可将滴定各种金属离子时的最低 pH 值标注在 EDTA 的酸效应曲线上，供实际工作时参考。这种曲线通常称为 Ringbom（林邦）曲线。

四、金属离子指示剂

在配位滴定中，通常利用一种能与金属离子生成有色配位化合物的显色剂来指示滴定终点，这种显色剂称为金属离子指示剂，简称金属指示剂。

1. 金属指示剂的变色原理

金属指示剂本身常常是一种配位剂，能和金属离子 M 生成与其本身颜色（A 色）不同的有色（B 色）配位化合物，即

$$In + M \rightleftharpoons MIn$$

（指示剂）　　（指示剂-金属配位化合物）
（A 色）　　　　　（B 色）

当滴定达到化学计量点时，EDTA 就夺取 MIn（B 色）中的 M 形成 MY 而置换出 In，使溶液呈现 In 本身的颜色（A 色），即

$$MIn + Y \rightleftharpoons MY + In$$

（B 色）　　　　　　（A 色）

2. 常用的金属离子指示剂及其配制方法

常用的金属离子指示剂及其配制方法见表 1-8。

表 1-8　常用的金属离子指示剂及其配制方法

指示剂	使用范围（pH 值）	颜色变化		直接滴定离子	配制方法
		In	MIn		
铬黑 T（EBT）	8～10	蓝	红	pH = 10，Mg^{2+}、Zn^{2+}、Cd^{2+}、Pb^{2+}、Mn^{2+}	1g 铬黑 T 与 100g NaCl 混合研细 5g/L 醇溶液加 20g 盐酸羟胺
二甲酚橙（XO）	<6	黄	红紫	pH = 1～3，Bi^{3+} pH = 5～6，Zn^{2+}、Cd^{2+}、Pb^{2+}	2 g/L 水溶液
钙指示剂（NN）	12～13	蓝	红	pH = 12～13，Ca^{2+}	1g 钙指示剂与 100g NaCl 混合研细
磺基水杨酸钠	1.5～2.5	淡黄	紫红	pH = 1.5～3，Fe^{3+}	100 g/L 水溶液
K-B 指示剂	8～13	蓝	红	pH = 10，Mg^{2+}、Zn^{2+} pH = 13，Ca^{2+}	100 g 酸性铬蓝 K 与 2.5g 萘酚绿 B 和 50g KNO_3 混合研细
PAN	2～12	黄	红	pH = 2～3，Bi^{3+} pH = 4～5，Cu^{2+}、Ni^{2+} pH = 5～6，Cu^{2+}、Cd^{2+}、Pb^{2+}、Zn^{2+}、Sn^{2+} pH = 10，Cu^{2+}、Zn^{2+}	1 g/L 或 2 g/L 乙醇溶液

五、提高配位滴定选择性的方法

既然 EDTA 能与许多金属离子形成稳定的配位化合物,那么如何来提高配位滴定的选择性,避免干扰,分别滴定某一种或几种离子呢?提高配位滴定选择性的途径主要是:设法降低干扰离子的浓度或降低干扰离子与 EDTA 配位化合物的稳定性,实质上就是减小干扰离子与 EDTA 配位化合物的条件稳定常数。常用的方法有:

1. 控制溶液的酸度

前面已经介绍过不同金属离子的 EDTA 配位化合物的稳定常数是不同的,因而在滴定时允许的最低 pH 值也不同。若溶液中同时有两种或两种以上的金属离子,控制溶液的酸度,使其只能满足某一种离子的最低 pH 值,则此时只要能有一种离子形成稳定的配位化合物而被滴定,其他离子不容易被配合,这样就可避免干扰。

2. 掩蔽和解蔽

(1) 常用的掩蔽法

1) 配位掩蔽法:利用配位反应降低干扰离子浓度的方法称为配位掩蔽法。例如,溶液中有 Al^{3+} 和 Zn^{2+} 时,在 pH = 5.5 的酸性溶液中,可用 NH_4F 掩蔽 Al^{3+} 以滴定 Zn^{2+}。

2) 氧化还原掩蔽法:利用氧化还原反应,改变干扰离子的价态,以消除干扰的方法,称为氧化还原掩蔽法。例如,在滴定 Bi^{3+} 时,为防止 Fe^{3+} 的干扰,可加入抗坏血酸或盐酸羟胺等,将 Fe^{3+} 还原为 Fe^{2+},由于 Fe^{2+} 的 EDTA 配位化合物稳定常数($10^{14.33}$)比 Fe^{3+} 的 EDTA 配位化合物稳定常数($10^{25.1}$)小得多,因此完全可以避免 Fe^{3+} 的干扰。

3) 沉淀掩蔽法:利用沉淀反应降低干扰离子的浓度,以消除干扰的方法,称为沉淀掩蔽法。例如,在 pH≥12 的溶液中,当用 EDTA 滴定 Ca^{2+} 时,Mg^{2+} 生成了 $Mg(OH)_2$ 沉淀,此时可采用钙指示剂用 EDTA 滴定 Ca^{2+}。

(2) 解蔽 将干扰离子掩蔽起来,在滴定被测离子后,再加入一种试剂,使已经被掩蔽剂结合的干扰离子重新释放出来,然后再进行滴定的方法称为解蔽。

例如,用配位滴定法测定 Zn^{2+} 和 Pb^{2+} 时,可在氨性溶液中加 KCN 掩蔽 Zn^{2+},以铬黑 T 为指示剂,用 EDTA 溶液滴定 Pb^{2+}(pH = 10),然后加入甲醛或三氯乙醛破坏 $[Zn(CN)_4]^{2-}$,再用 EDTA 溶液滴定 Zn^{2+}。

$$4HCHO + [Zn(CN)_4]^{2-} + 4H_2O$$
$$= Zn^{2+} + 4H_2C(OH)CN + 4OH^-$$

六、EDTA 标准滴定溶液的制备

1. EDTA 标准溶液的配制

通常使用的 EDTA 标准溶液是用乙二胺四乙酸二钠盐[$Na_2H_2Y \cdot 2H_2O$, $M(Na_2H_2Y \cdot 2H_2O) = 372.2$ g/mol]配制的，即称取一定量的乙二胺四乙酸二钠盐，以蒸馏水溶解（必要时可加热）。配制好的 EDTA 溶液应该储存于聚乙烯塑料瓶或硬质玻璃瓶中。

一般常用 0.02mol/L 的 EDTA 标准滴定溶液。

2. EDTA 标准滴定溶液的标定

常用金属锌、氧化锌、碳酸钙和氧化镁等基准物标定 EDTA 标准滴定溶液，现以用氧化锌标准溶液标定 EDTA 溶液为例加以介绍。

称取一定量的 ZnO，溶解后配制成 250mL 溶液，从中取出 25.00mL 用来标定 EDTA 溶液，在 pH = 10 的 NH_3-NH_4Cl 缓冲溶液中，以铬黑 T 为指示剂直接滴定。

标定的原理：

1）当 pH = 10 时，铬黑 T 与 Zn^{2+} 生成配位化合物 $ZnIn^-$，使溶液呈红色。

$$Zn^{2+} + HIn^{2-} \rightleftharpoons ZnIn^- + H^+$$
（蓝色）　　（红色）

2）滴入 EDTA 溶液时，溶液中游离的 Zn^{2+} 先与 EDTA 的阴离子反应，生成配位化合物 ZnY^{2-}。

$$Zn^{2+} + H_2Y^{2-} \rightleftharpoons ZnY^{2-} + 2H^+$$

3）达到化学计量点时，EDTA 夺取配位化合物 $ZnIn^-$ 中的 Zn^{2+}，释放出指示剂 HIn^{2-}，使溶液由红色变为蓝色即为终点。

$$ZnIn^- + H_2Y^{2-} \rightleftharpoons ZnY^{2-} + HIn^{2-} + H^+$$
（红色）　　　　　　　　　　　（蓝色）

七、配位滴定在无机物定量分析中的应用

1. 水的硬度测定

水的硬度是指水中含有可溶性钙盐和镁盐的量。天然水中的雨水属于软水，普通地面水硬度不高，但地下水的硬度较高。水的硬度是水质控制的重要指标之一。工业上不能用硬度大的水，因为这样的水会使锅炉及换热器中结垢而影响热效率。生活中饮用硬度过高的水会影响肠胃的消化功能。硬度大的水会影响肥皂、洗涤剂的去污效果。所以，水硬度的测定很有实际意义。

水中总硬度（钙镁含量）测定的原理为：在 pH = 10 的氨性缓冲溶液中，以铬黑 T 为指示剂，用 EDTA 滴定钙镁含量。EDTA 首先与 Ca^{2+} 配位化合，然后与

Mg^{2+} 配位化合，即

$$H_2Y^{2-} + Ca^{2+} = 2H^+ + CaY^{2-} \quad (pK = 10.59)$$
$$H_2Y^{2-} + Mg^{2+} = 2H^+ + MgY^{2-} \quad (pK = 8.69)$$

滴定终点时

$$MgIn^- + H_2Y^{2-} = MgY^{2-} + HIn^{2-} + H^+$$
（红色） （蓝色）

2. 铝盐中铝含量的测定

Al^{3+} 与 EDTA 的配位反应比较缓慢，需要加过量的 EDTA 并加热煮沸才能使配位反应完全。Al^{3+} 对二甲酚橙指示剂有封闭作用，酸度不高时 Al^{3+} 又要水解，故对滴定不利。为了避免这些问题，可采用返滴定法：先加入一定量且过量的 EDTA 标准滴定溶液，在 pH≈3.5 时煮沸溶液，使配位反应完全，冷却后调节溶液的 pH 值为 5~6，然后加入二甲酚橙指示剂，用 Zn^{2+} 标准滴定溶液滴定剩余的 EDTA，根据两种标准滴定溶液的用量计算铝的含量。主要反应为

$$Al^{3+} + H_2Y^{2-} = AlY^- + 2H^+$$
$$H_2Y^{2-} + Zn^{2+} = ZnY^{2-} + 2H^+$$
（剩余）

3. 铜合金中锌含量的测定

在铜合金溶解后，可在氨性试液中加入 KCN 掩蔽 Cu^{2+}、Zn^{2+}。此时，合金中的少量 Pb^{2+}、Mg^{2+} 等均不被掩蔽，故可在 pH=10 时，以铬黑 T 为指示剂，用 EDTA 标准滴定溶液滴定它们。在滴定 Pb^{2+}、Mg^{2+} 后的溶液中，加入甲醛以解蔽出 Zn^{2+}，然后用EDTA标准滴定溶液滴定释放出来的 Zn^{2+}。

（1）解蔽反应

$$4HCHO + Zn(CN)_4^{2-} + 4H_2O = Zn^{2+} + 4H_2C(OH)CN + 4OH^-$$
（羟基乙腈）

（2）滴定反应

$$Zn^{2+} + H_2Y^{2-} = ZnY^{2-} + 2H^+$$

$Cu(CN)_4^{2-}$ 比较稳定，不易解蔽。在实际工作中，要注意甲醛的用量（通常加入 1+8 甲醛溶液 5mL）、加入速度和温度等因素的影响，否则，$Cu(CN)_4^{2-}$ 也有可能部分被解蔽，影响 Zn^{2+} 的测定结果。

4. 铅、铋含量的连续测定

Pb^{2+}、Bi^{3+} 均能与 EDTA 形成稳定的配位化合物，其稳定常数 lgK_{MY} 分别为 18.04 和 27.94。由于这两种配位化合物的 lgK_{MY} 值相差较大，故可通过控制溶液不同的酸度来进行分别滴定。

由酸效应曲线可知，可在溶液 pH=1 时滴定 Bi^{3+}，然后再调节溶液的酸度

至 pH = 5~6 来滴定 Pb^{2+}。滴定反应为

$$Bi^{3+} + H_2Y^{2-} = BiY^- + 2H^+$$

$$Pb^{2+} + H_2Y^{2-} = PbY^{2-} + 2H^+$$

◈◈◈ 第三节 氧化还原滴定法

氧化还原滴定法是以氧化还原反应为基础的滴定分析方法。通常根据所用氧化剂或还原剂的不同，将氧化还原滴定法分为高锰酸钾法、重铬酸钾法、碘量法、溴酸钾法和铈量法等。

一、氧化还原平衡

1. 氧化还原电对

物质的氧化型（高价态）和还原型（低价态）所组成的体系称为氧化还原电对，简称电对，常用氧化型/还原型来表示。无论是氧化剂获得电子还是还原剂失去电子，电对都写成氧化型/还原型的形式，例如

$2I^- - 2e = I_2$ 电对为 I_2/I^-

$Fe^{2+} - e = Fe^{3+}$ 电对为 Fe^{3+}/Fe^{2+}

$MnO_4^- + 8H^+ + 5e = Mn^{2+} + 4H_2O$ 电对为 MnO_4^-/Mn^{2+}

上述表示一个电对得失电子的反应又称为氧化还原半电池反应或电极反应。

2. 电极电位 φ

电极电位是指电极与溶液接触的界面存在双电层而产生的电位差，用 φ 来表示，单位为 V。任一氧化还原电对都有其相应的电极电位。电极电位越高，则此电对的氧化型的氧化能力越强；电极电位越低，则此电对的还原型的还原能力越强。电极电位的大小表示了电对得失电子能力的强弱。

（1）标准电极电位 φ^0 电极电位与浓度和温度有关。在热力学标准状态（即 298K 时有关物质的浓度为 1mol/L，有关气体压力为 100kPa）下，某电极的电极电位称为该电极的标准电极电位。

（2）能斯特（Nernst）方程   能斯特方程式给出了电极电位和温度及浓度的定量关系。对于氧化还原半电池反应

$$Ox + ne = Red$$

（氧化型）   （还原型）

则有

$$\varphi_{Ox/Red} = \varphi^0_{Ox/Red} + \frac{RT}{nF} \ln \frac{c(Ox)}{c(Red)} \tag{1-11}$$

式中　$\varphi_{Ox/Red}$——氧化型物质和还原型物质为任意浓度时电对的电极电位；
　　　$\varphi^0_{Ox/Red}$——电对的标准电极电位；
　　　R——气体常数，等于8.314J/（mol·K）；
　　　n——电极反应的电荷数；
　　　F——Faraday常数。

298K时，将各常数代入式（1-11），并将自然对数换成常用对数，即得

$$\varphi_{Ox/Red} = \varphi^0_{Ox/Red} + \frac{0.059}{n}\lg\frac{c(Ox)}{c(Red)} \quad (1\text{-}12)$$

使用能斯特方程时必须注意的几个问题：
1）参与电极反应的所有物质都应包括在内。
2）气体浓度用该气体的分压和标准态压力（p^0）的比值代入能斯特方程式。固体、液体及水为常数，规定为1，其余物质均应使用物质的量浓度。
3）温度改变，能斯特方程式的系数也随之改变。

3. 条件电极电位 φ'

在实际工作中，若溶液的浓度大，且离子价态高，则不能不考虑离子强度及氧化型或还原型的存在形式，否则计算电极电位的结果与实际情况相差较大。为了解决这个问题，人们通过实验测定了在特定条件下，当氧化型和还原型的分析浓度均为1mol/L〔或其浓度比 $c(Ox)/c(Red) = 1$〕时，校正了各种外界因素的影响后的实际电极电位称为条件电极电位，用 φ' 表示。

引入条件电极电位概念以后，能斯特方程可以写成

$$\varphi_{Ox/Red} = \varphi'_{Ox/Red} + \frac{0.059}{n}\lg\frac{c(Ox)}{c(Red)} \quad (1\text{-}13)$$

标准电极电位与条件电极电位的关系与配位反应中的绝对稳定常数 K 和条件稳定常数 K' 的关系相似。条件电位校正了各种外界因素的影响，处理问题就比较简单，也比较符合实际情况，应用条件电位比用标准电极电位能更正确地判断氧化还原反应方向、次序和反应完成的程度。对于没有条件电极电位数据的氧化还原电对，只好使用标准电极电位作近似计算。

二、氧化还原滴定的基本原理

1. 滴定曲线

在氧化还原滴定过程中，随着滴定剂的加入，溶液中各电对的电极电位不断发生变化。现以在 20.00mL 1mol/L 的硫酸溶液中，用 0.1000mol/L 的 $Ce(SO_4)_2$ 标准滴定溶液滴定 0.1 mol/L 的 $FeSO_4$ 为例，计算滴定过程中电极电位的变化情况。滴定反应为

$$Ce^{4+} + Fe^{2+} = Ce^{3+} + Fe^{3+}$$

第一章 化学分析法专业基础知识

$$\varphi'_{Ce^{4+}/Ce^{3+}} = 1.44V \qquad \varphi'_{Fe^{3+}/Fe^{2+}} = 0.68V$$

将滴定过程中加入不同量的滴定剂时溶液各平衡点的电极电位计算出来,并绘制成滴定曲线,如图1-8所示。

由图1-8可知,在计量点附近,溶液的电位由0.86V突跃增至1.26V,改变0.40V,这个变化称为用Ce^{4+}滴定Fe^{2+}的电位突跃。两个电对的条件电位或标准电极电位相差越大,电位突跃也就越大。了解氧化还原滴定的电位突跃范围的目的是选择合适的指示剂。

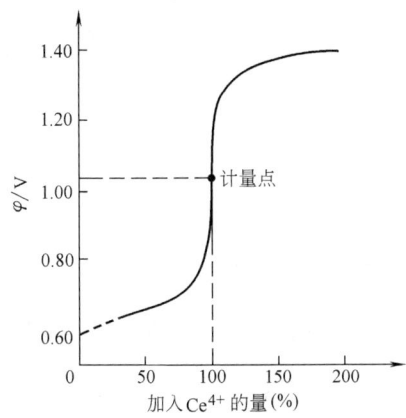

图1-8　在1mol/L的硫酸溶液中,用0.1000mol/L的$Ce(SO_4)_2$标准滴定溶液滴定0.1mol/L的$FeSO_4$溶液时的滴定曲线

2. 氧化还原滴定法终点的确定

氧化还原滴定法中常用的指示剂有下列几种类型:

（1）自身指示剂　在氧化还原滴定中,有些标准溶液或被滴定的物质本身有颜色,反应的生成物为无色或颜色很浅,反应物颜色的变化可用来指示滴定终点的到达,这类物质称为自身指示剂。例如,在高锰酸钾法中,高锰酸钾标准溶液本身可作指示剂。

（2）专属指示剂　有些物质本身不具有氧化还原性,但它能与滴定剂或被测组分产生特殊的颜色,从而达到指示滴定终点的目的,这类指示剂称为专属指示剂或显色指示剂。例如,碘量法中常用可溶性淀粉溶液作指示剂。

（3）氧化还原指示剂　这类指示剂本身是氧化剂或还原剂,其氧化型和还原型具有不同的颜色,在滴定过程中,随着溶液电极电位的变化而发生颜色的变化,从而指示滴定终点。

常用的氧化还原指示剂见表1-9。

表1-9　常用的氧化还原指示剂

指示剂	In/V $[c(H^+)=1mol/L]$	颜色变化		配制方法
		氧化型	还原型	
次甲基蓝	0.52	蓝	无色	质量分数为0.05%的水溶液
二苯胺	0.76	紫	无色	将1g二苯胺溶于100mL质量分数为2%的H_2SO_4溶液中
二苯胺磺酸钠	0.85	紫红	无色	将0.8g二苯胺磺酸钠溶于100mL水中,并滴入2滴浓硫酸,摇匀

(续)

指示剂	In/V $[c(H^+)=1mol/L]$	颜色变化 氧化型	颜色变化 还原型	配制方法
邻苯胺基苯甲酸	1.08	紫红	无色	先将0.107g邻苯胺基苯甲酸溶于20mL质量分数为5%的Na_2CO_3中,再用水稀释至100mL
邻二氮菲亚铁	1.06	浅蓝	红色	将1.485g邻二氮菲及0.965g硫酸亚铁溶于100mL 0.1mol/L的H_2SO_4溶液中

三、常用的氧化还原滴定法

氧化还原滴定法是应用范围很广的一种滴定分析方法。它既可直接测定许多具有还原性或氧化性的物质,也可间接测定某些不具氧化还原性的物质。下面简要介绍几种常用的氧化还原滴定法。

1. 高锰酸钾法

(1) 方法与特点 高锰酸钾($KMnO_4$)是一种强氧化剂,在强酸性溶液中的氧化反应式为

$$MnO_4^- + 8H^+ + 5e \rightleftharpoons Mn^{2+} + 4H_2O \qquad \varphi^0 = 1.51V$$

高锰酸钾法有下列特点:

1) $KMnO_4$氧化能力强,应用广泛,可直接和间接地用于测定多种无机物和有机物。

2) MnO_4^-本身有色,滴定时一般不需要另加指示剂。

3) 标准溶液不够稳定,不能久置。

4) 反应历程比较复杂,易发生副反应。

(2) $KMnO_4$标准滴定溶液的制备

1) 标准溶液的配制:市售$KMnO_4$的纯度仅在99%(质量分数)左右,其中含有少量的MnO_2及其他杂质。由于蒸馏水中也常含有还原性物质如尘埃、有机物等,这些物质都能使$KMnO_4$还原,因此$KMnO_4$标准滴定溶液不能直接配制,必须先配成近似浓度的溶液,然后再用基准物质标定。为此,采用下列步骤配制:

① 称取稍高于计算用量的$KMnO_4$,溶于一定量的蒸馏水中,将溶液加热煮沸,保持微沸15min,放置2~3天,使可能含有的还原性物质被完全氧化。

② 用微孔玻璃漏斗过滤,除去MnO_2沉淀,将滤液移入棕色瓶中保存,以避免$KMnO_4$见光分解。

2) 标准溶液的标定:用于标定$KMnO_4$溶液的基准物很多,如$Na_2C_2O_4$、

$H_2C_2O_4 \cdot 2H_2O$、$(NH_4)_2Fe(SO_4)_2 \cdot 6H_2O$ 和纯铁丝等。其中，常用的是 $Na_2C_2O_4$，这是因为 $Na_2C_2O_4$ 易提纯，稳定，不含结晶水，在 105～110℃烘至恒重即可使用。标定反应为

$$2MnO_4^- + 5C_2O_4^{2-} + 16H^+ = 2Mn^{2+} + 10CO_2\uparrow + 8H_2O$$

此时，$KMnO_4$ 的基本单元为 $\left(\frac{1}{5}KMnO_4\right)$，而 $Na_2C_2O_4$ 的基本单元为 $\left(\frac{1}{2}Na_2C_2O_4\right)$。

标定时注意下列滴定条件：

① 温度。将 $Na_2C_2O_4$ 溶液加热至 70～85℃再进行滴定，不能使温度超过 90℃，否则 $H_2C_2O_4$ 分解，导致标定结果偏高。近终点时溶液的温度不能低于 65℃。$H_2C_2O_4$ 分解反应式为

$$H_2C_2O_4 \xrightarrow{>90℃} H_2O + CO_2\uparrow + CO\uparrow$$

② 酸度。溶液应保持足够大的酸度，一般将酸的浓度控制在 0.5～1 mol/L。如果酸度不足，则易生成 MnO_2 沉淀，而酸度过高时又会使 $H_2C_2O_4$ 分解。

③ 滴定速度。MnO_4^- 与 $C_2O_4^{2-}$ 的反应开始时很慢，在有 Mn^{2+} 生成后，反应逐渐加快。

④ 终点。用 $KMnO_4$ 溶液滴定至溶液呈淡粉红色且 30s 内不褪色即为终点，若放置时间过长，则空气中的还原性物质会使 $KMnO_4$ 还原而褪色。

(3) 高锰酸钾法应用实例——绿矾含量的测定（GB/T 664—2011） 绿矾学名为硫酸亚铁，其化学式为 $FeSO_4 \cdot 7H_2O$，相对分子质量为 278.01，易被空气氧化为高铁盐，易溶于水，具有还原性，工业上用作还原剂，农业上用作杀虫剂，也能用于染料工业和枕木防腐，同时也是制墨水的原料。

测定原理：样品用水溶解后，在酸性溶液中用 $KMnO_4$ 溶液直接滴定，其反应式为

$$MnO_4^- + 5Fe^{2+} + 8H^+ = Mn^{2+} + 5Fe^{3+} + 4H_2O$$

由消耗 $KMnO_4$ 标准溶液的体积计算绿矾的含量。

2. 重铬酸钾法

(1) 方法与特点 重铬酸钾（$K_2Cr_2O_7$）是一种较强的氧化剂，在酸性介质中被还原为 Cr^{3+}，反应式为

$$Cr_2O_7^{2-} + 14H^+ + 6e = 2Cr^{3+} + 7H_2O \quad \varphi^0 = 1.33V$$

其基本单元为 $\frac{1}{6}K_2Cr_2O_7$。$K_2Cr_2O_7$ 的氧化能力比 $KMnO_4$ 要弱一些。

重铬酸钾法的特点是：

1) $K_2Cr_2O_7$ 易提纯，在 140～150℃干燥 2h 后，可采用直接法配制标准

溶液。

2）$K_2Cr_2O_7$ 标准溶液相当稳定，保存在密闭容器中，浓度可长期保持不变。

3）室温下，当 HCl 溶液浓度低于 3mol/L 时，$Cr_2O_7^{2-}$ 不氧化 Cl^-，因此可在盐酸介质中进行滴定。

重铬酸钾法常用的指示剂为二苯胺磺酸钠。

（2）$K_2Cr_2O_7$ 标准滴定溶液的制备

1）直接配制法：$K_2Cr_2O_7$ 标准滴定溶液可用直接配制法，但在配制前应将 $K_2Cr_2O_7$ 在 105～110 ℃烘至恒重。

2）间接配制法（GB/T 601—2002）：若使用一般 $K_2Cr_2O_7$ 试剂配制标准溶液，则需进行标定。

标定原理：取一定体积的 $K_2Cr_2O_7$ 溶液，加入过量的 KI 和 H_2SO_4，用已知浓度的 $Na_2S_2O_3$ 标准滴定溶液进行滴定，以淀粉指示剂指示滴定终点。其反应式为

$$Cr_2O_7^{2-} + 6I^- + 14H^+ = 2Cr^{3+} + 3I_2 + 7H_2O$$

$$I_2 + 2S_2O_3^{2-} = S_4O_6^{2-} + 2I^-$$

（3）重铬酸钾法的应用实例——铁矿石中铁含量的测定　测定原理：试样用浓热 HCl 分解，用 $SnCl_2$ 趁热将 Fe^{3+} 还原为 Fe^{2+}，过量的 $SnCl_2$ 用 $HgCl_2$ 氧化，再用水稀释，并加入 H_2SO_4-H_3PO_4 混合酸，以二苯胺磺酸钠为指示剂，用 $K_2Cr_2O_7$ 标准滴定溶液滴定至溶液由浅绿色（Cr^{3+} 的颜色）变为紫红色。

用盐酸溶解时，其反应式为

$$Fe_2O_3 + 6HCl = 2FeCl_3 + 3H_2O$$

滴定反应式为

$$Cr_2O_7^{2-} + 6Fe^{2+} + 14H^+ = 2Cr^{3+} + 6Fe^{3+} + 7H_2O$$

无汞测铁法：样品用酸溶解后，以 $SnCl_2$ 还原大部分 Fe^{3+}，再以钨酸钠为指示剂，用 $TiCl_3$ 还原剩余的 Fe^{3+}。其反应式为

$$2Fe^{3+} + Sn^{2+} = 2Fe^{2+} + Sn^{4+}$$

$$Fe^{3+} + Ti^{3+} = Fe^{2+} + Ti^{4+}$$

在 Fe^{3+} 定量还原为 Fe^{2+} 后，稍过量的 $TiCl_3$ 即可使溶液中作为指示剂的六价钨还原为蓝色的五价钨化合物，俗称"钨蓝"，故使溶液呈现蓝色。然后滴入重铬酸钾溶液，使钨蓝刚好退色，或者以 Cu^{2+} 为催化剂使稍过量的 Ti^{3+} 被水中溶解的氧氧化，从而消除少量的还原剂的影响。最后以二苯胺磺酸钠为指示剂，用重铬酸钾标准滴定溶液滴定溶液中的 Fe^{2+}，即可求出全铁含量。

3. 碘量法

（1）方法简介　碘量法是利用 I_2 的氧化性和 I^- 的还原性来进行滴定的方

法。其基本反应为

$$I_2 + 2e = 2I^-$$

固体 I_2 在水中的溶解度很小（298K 时为 1.18×10^{-3} mol/L）且易于挥发，通常将 I_2 溶解于 KI 溶液中，此时它以 I_3^- 配离子的形式存在。其反应式为

$$I_3^- + 2e = 3I^- \quad \varphi^0 = 0.545V$$

碘量法可以用直接或间接的两种方式进行滴定。

将 I_2 配成标准溶液，可以直接测定电位值比 $\varphi^0_{I_3^-/I^-}$ 小的还原性物质，如 S^{2-}、SO_3^{2-}、Sn^{2+}、$S_2O_3^{2-}$、As（Ⅲ）等，这种碘量法称为直接碘量法，又称为碘滴定法。在碘量法中，通常用 $Na_2S_2O_3$ 标准溶液作还原剂，在溶液中 $Na_2S_2O_3$ 可以失去一个电子而被氧化，反应式为

$$2S_2O_3^{2-} - 2e = S_4O_6^{2-}$$

如果使含氧化性物质（电位比 $\varphi^0_{I_3^-/I^-}$ 大）的试样与过量 KI 反应，则析出的 I_2 就可用 $Na_2S_2O_3$ 滴定。其反应式为

$$2S_2O_3^{2-} + I_2 = S_4O_6^{2-} + 2I^-$$

这种碘量法称为间接碘量法，又称为滴定碘法。利用这一方法可以测定很多氧化性物质，如 Cu^{2+}、$Cr_2O_7^{2-}$、IO_3^-、BrO_3^-、ClO^-、NO_2^-、H_2O_2、MnO_4^- 和 Fe^{3+} 等。

在碘量法中一般将淀粉作为指示剂，淀粉与 I_3^- 形成深蓝色吸附化合物，此反应很灵敏，当 I_2 的浓度为 1×10^{-5} mol/L 时，仍然能观察到蓝色。

（2）碘量法的滴定条件

1）直接碘量法：不能在碱性溶液中进行滴定，因为碘与碱发生歧化反应，反应式为

$$I_2 + 2OH^- = IO^- + I^- + H_2O$$

$$3IO^- = IO_3^- + 2I^-$$

2）间接碘量法：间接碘量法必须在中性或弱酸性溶液中进行，因为在碱性溶液中 I_2 与 $S_2O_3^{2-}$ 将发生反应，反应式为

$$S_2O_3^{2-} + 4I_2 + 10OH^- = 2SO_4^{2-} + 8I^- + 5H_2O$$

同时，I_2 在碱性溶液中发生歧化反应，反应式为

$$3I_2 + 6OH^- = IO_3^- + 5I^- + 3H_2O$$

在强酸性溶液中，$Na_2S_2O_3$ 溶液会发生分解反应，反应式为

$$S_2O_3^{2-} + 2H^+ = SO_2 + S + H_2O$$

同时，I^- 在酸性溶液中易被空气中的 O_2 氧化，反应式为

$$4I^- + 4H^+ + O_2 = 2I_2 + 2H_2O$$

（3）提高碘量法测定结果准确度的措施　碘量法的误差来源主要有两个方

面：一是碘易挥发；二是在酸性溶液中 I^- 易被空气中的 O_2 氧化。为此，应采用适当的措施，以保证分析结果的准确度。

1）防止 I_2 挥发

① 加入过量的 KI（加入量一般比理论值大 2～3 倍），生成了 I_3^-，可减少 I_2 的损失。

② 反应时溶液的温度不能高，一般在室温下进行。

③ 滴定开始时不要剧烈摇动溶液，尽量轻摇、慢摇，但是必须摇匀，局部过量的 $Na_2S_2O_3$ 会自行分解。当 I_2 的黄色已经很浅时，加入淀粉指示液后再充分摇动。

④ 间接碘量法的滴定反应要在碘量瓶中进行。为使反应完全，加入 KI 后要放置一会（一般不超过 5min），放置时用水封住瓶口。

2）防止 I^- 被空气氧化

① 在酸性溶液中，用 I^- 还原氧化剂时，应避免阳光照射，可用棕色试剂瓶储存 I^- 溶液。

② 由于 Cu^{2+}、NO_2^- 等离子会催化空气对 I^- 进行氧化，因此应设法消除其干扰。

③ 析出 I_2 后，一般应立即用 $Na_2S_2O_3$ 标准滴定溶液滴定。

④ 滴定速度要适当快一些。

(4) 碘量法标准滴定溶液的制备　碘量法中需要配制和标定 I_2 与 $Na_2S_2O_3$ 两种标准滴定溶液。

1）$Na_2S_2O_3$ 标准滴定溶液的制备（GB/T 601—2002）

① 配制：市售硫代硫酸钠（$Na_2S_2O_3 \cdot 5H_2O$）一般都含有少量杂质，且在空气中不稳定，因此不能用直接法配制。配制方法：称取一定量的 $Na_2S_2O_3 \cdot 5H_2O$ 溶于无 CO_2 的蒸馏水中，煮沸，冷至室温，储存于棕色瓶中，放置两周后过滤，再标定。

② 标定：用于标定 $Na_2S_2O_3$ 溶液的基准物质有 $K_2Cr_2O_7$、KIO_3、$KBrO_3$ 及升华的 I_2 等。除 I_2 外，其他物质都需在酸性溶液中与 KI 作用析出 I_2 后，再用配制的 $Na_2S_2O_3$ 溶液滴定。现以 $K_2Cr_2O_7$ 作基准物为例加以介绍。其反应式为

$$Cr_2O_7^{2-} + 6I^- + 14H^+ = 2Cr^{3+} + 3I_2 + 7H_2O$$

$$I_2 + 2S_2O_3^{2-} = 2I^- + S_4O_6^{2-}$$

2）I_2 标准滴定溶液的制备（GB/T 601—2002）

① 配制：用升华法制得的纯碘，可直接配制成标准溶液。但通常是用市售的碘先配成近似浓度的碘溶液，然后用基准试剂或已知准确浓度的 $Na_2S_2O_3$ 标准溶液来标定碘溶液。由于碘几乎不溶于水，易溶于 KI 溶液，故配制时应将 I_2、KI 与少量水一起研磨后再用水稀释，并保存在棕色试剂瓶中待标定。

② 标定：可用 As_2O_3 基准试剂标定 I_2 溶液。将 As_2O_3 溶于 NaOH 溶液，使之生成亚砷酸钠，再用 I_2 溶液滴定 AsO_3^{3-}，反应式为

$$As_2O_3 + 6NaOH = 2Na_3AsO_3 + 3H_2O$$

$$AsO_3^{3-} + I_2 + H_2O = AsO_4^{3-} + 2I^- + 2H^+$$

（5）碘量法应用实例

1）海波含量的测定——直接碘量法。$Na_2S_2O_3$ 俗称大苏打或海波，为无色透明的单斜晶体，易溶于水，水溶液呈弱碱性反应，具有还原作用，可用作定影剂、去氯剂和分析试剂。

测定原理：将样品溶于水后，在 pH = 5 的 HAc-NaAc 缓冲溶液存在的情况下，可用碘标准滴定溶液直接滴定，加入甲醛以消除样品中可能存在的杂质（亚硫酸钠）的干扰，滴至淀粉指示剂变蓝为终点。滴定反应式为

$$2S_2O_3^{2-} + I_2 = S_4O_6^{2-} + 2I^-$$

2）铜合金中 Cu 含量的测定——间接碘量法。其测定原理是：将铜合金（黄铜或青铜）试样溶于 $HCl + H_2O_2$ 溶液中，加热分解除去 H_2O_2，在弱酸性溶液中，铜与过量 KI 作用生成相应量的碘，用 $Na_2S_2O_3$ 标准滴定溶液滴定生成的碘，即可求出铜含量。其反应式为

$$Cu + 2HCl + H_2O_2 = CuCl_2 + 2H_2O$$

$$2Cu^{2+} + 4I^- = 2CuI\downarrow + I_2$$

$$I_2 + 2S_2O_3^{2-} = 2I^- + S_4O_6^{2-}$$

加入过量 KI 时，Cu^{2+} 的还原趋于完全。由于 CuI 沉淀强烈地吸附 I_2，使测定结果偏低，因此在滴定近终点时，加入适量的 KSCN，使 CuI（$K_{SP} = 1.1 \times 10^{-12}$）转化为溶解度更小的 CuSCN（$K_{SP} = 4.8 \times 10^{-15}$），转化过程中释放出 I_2，反应生成的 I^- 又可利用，这样就可以使用较少的 KI 使反应进行得更完全。其反应式为

$$CuI + SCN^- = CuSCN\downarrow + I^-$$

◆◆◆ 第四节　沉淀滴定法

一、沉淀滴定法概述

沉淀滴定法是以沉淀反应为基础的滴定分析方法。虽然沉淀反应很多，但还并不是所有的沉淀反应都能用于滴定，目前常用的是生成难溶银盐的反应，反应式为

$$Ag^+ + Cl^- = AgCl \downarrow$$
$$（白色）$$
$$Ag^+ + SCN^- = AgSCN \downarrow$$
$$（白色）$$

这种利用生成难溶银盐反应进行沉淀滴定的方法称为银量法。用此方法可以测定 Cl^-、Br^-、I^-、SCN^-、Ag^+ 等离子及含卤素的有机化合物。这里仅介绍这类方法。

用银量法确定理论终点的方法依测定时溶液介质和条件的不同，可分为以下三种方法。

1. 莫尔法

莫尔法是以 K_2CrO_4 作为指示剂，在中性或弱碱性介质中用 $AgNO_3$ 标准滴定溶液测定卤素化合物含量的方法。现以测定 Cl^- 的含量为例，说明指示剂的作用原理。

溶液中首先发生沉淀反应，即先析出 AgCl 沉淀，反应式为
$$Ag^+ + Cl^- = AgCl \downarrow$$
$$（白色）$$

在沉淀完全以后，稍过量的 $AgNO_3$ 标准溶液与溶液中的 K_2CrO_4 指示剂发生反应生成铬酸银沉淀（量少时为橙色），指示理论终点的到达，反应式为
$$2Ag^+ + CrO_4^{2-} = Ag_2CrO_4 \downarrow$$
$$（砖红色）$$

莫尔法的测定条件：

1）应在中性或弱碱性介质中滴定。若在酸性溶液中滴定，则 CrO_4^{2-} 与 H^+ 结合生成 $HCrO_4^-$，致使 Ag_2CrO_4 出现过迟，甚至不生成沉淀。若碱性过高，则会出现 Ag_2O 沉淀。莫尔法测定的最适宜的 pH 值范围是 6.5~10.5。

2）不能在有氨或其他能与 Ag^+ 生成配位化合物的物质存在的情况下滴定，否则会增大 AgCl（AgBr）或 Ag_2CrO_4 的溶解度。

3）莫尔法可直接测定 Cl^- 或 Br^-，当两者共存时，测定的是 Cl^- 和 Br^- 的总量。莫尔法不能用于测定 I^- 和 SCN^-，因为 AgI 和 AgSCN 沉淀时强烈地吸附 I^- 和 SCN^-，使终点提前出现，且终点变化不明显。

4）此方法不适于以 NaCl 标准滴定溶液滴定 Ag^+，如果要用此方法测定试样中的 Ag^+，则应在试液中加入一定过量的 NaCl 标准滴定溶液，然后用 $AgNO_3$ 标准滴定溶液返滴定过量的 Cl^-。

5）莫尔法的选择性较差，凡能与 CrO_4^{2-} 生成沉淀的阳离子（如 Ba^{2+}、Pb^{2+}、Hg^{2+} 等）以及能与 Ag^+ 生成沉淀的阴离子（如 PO_4^{3-}、AsO_4^{3-}、S^{2-}、$C_2O_4^{2-}$ 等）均干扰测定。

2. 佛尔哈德法

(1) 用直接滴定法测定 Ag^+　在含有 Ag^+ 的酸性溶液中，以铁铵矾作指示剂，用 NH_4SCN（或 $KSCN$、$NaSCN$）标准滴定溶液滴定，溶液中首先析出 AgSCN 白色沉淀，在 Ag^+ 定量沉淀后，稍过量的 SCN^- 与 Fe^{3+} 生成红色配离子 $[FeSCN]^{2+}$，指示终点的到达。

在滴定过程中，不断有 AgSCN 沉淀生成，由于它具有强烈的吸附作用，会将部分 Ag^+ 吸附于其表面上，造成终点提前出现而导致测定结果偏低。为此，滴定时必须充分摇动溶液，使被吸附的 Ag^+ 及时释放出来。

(2) 用返滴定法测定卤素离子　在含有卤素离子（X^-）的硝酸溶液中，加入一定过量的 $AgNO_3$ 标准滴定溶液，再加入铁铵矾指示剂，用 NH_4SCN 标准滴定溶液返滴定剩余的 $AgNO_3$ 标准滴定溶液。其反应式为

$$Ag^+ + X^- = AgX \downarrow$$
（过量）

$$Ag^+ + SCN^- = AgSCN \downarrow$$
（剩余）

化学计量点后稍过量的 SCN^- 与铁铵矾指示液反应，生成红色配离子 $[FeSCN]^{2+}$，指示终点的到达。其反应式为

$$Fe^{3+} + SCN^- = [FeSCN]^{2+}$$
（红色）

如果不采取措施，则用返滴定法测定 Cl^- 时会产生沉淀的转化而产生很大的误差，此时应采取一些措施。用返滴定法测定 Br^- 和 I^- 离子时，不会发生沉淀转化反应。

(3) 佛尔哈德法的测定条件

1) 酸性溶液中的滴定，通常在 0.1～1mol/L 的 HNO_3 溶液中进行，若酸度过低，则 Fe^{3+} 将水解形成 $Fe(OH)_2^+$、$Fe(OH)^{2+}$ 等深色配位化合物，影响对终点的观察。若碱度再大，则还会析出 $Fe(OH)_3$ 沉淀。

2) 强氧化剂、氮的氧化物、铜盐、汞盐都与 SCN^- 作用，因而干扰测定，必须预先将其除去。

3. 法扬司法

用吸附指示剂指示终点的银量法称为法扬司法。

吸附指示剂是一类有机染料，在溶液中能被胶体沉淀表面吸附，同时发生结构的改变，从而引起颜色的变化，指示滴定终点的到达。

(1) 吸附指示剂的作用原理　现以测定 Cl^- 的含量为例：用 $AgNO_3$ 标准滴定溶液滴定 Cl^-，生成 AgCl 沉淀，以荧光黄为吸附指示剂，在中性溶液中荧光黄呈黄绿色，反应过程如下：

1) 计量点前的反应为

$$Ag^+ + Cl^- = AgCl\downarrow$$
（白色胶状沉淀）

此时溶液中尚有未被滴定的 Cl^-，因此 AgCl 胶粒沉淀表面吸附 Cl^- 而带负电荷。加入荧光黄指示剂后，由于荧光黄的阴离子排斥而不被吸附，因此溶液出现荧光黄阴离子的黄绿色，即存在 $\{(AgCl)_m\}\cdot Cl^-$ 和 FI^-。其中，$\{(AgCl)_m\}\cdot Cl^-$ 为 AgCl 胶状沉淀吸附 Cl^-，FI^- 为荧光黄阴离子。

2) 在计量点后，由于加入稍过量的 $AgNO_3$ 标准滴定溶液，溶液中有过量的 Ag^+，因此 AgCl 胶粒沉淀表面又吸附 Ag^+ 而带正电荷，荧光黄阴离子 FI^- 被带正电荷的 AgCl 胶粒沉淀所吸附而呈粉红色，溶液颜色由黄绿色变为粉红色，指示终点的到达。此时溶液中的反应为

$$\{(AgCl)_m\}\cdot Ag^+ + FI^- \xrightarrow{吸附} \{(AgCl)_m\}\cdot Ag^+\cdot FI^-$$

如果用 NaCl 标准滴定溶液滴定 Ag^+，则终点颜色变化正好相反。

（2）应用法扬司法的条件　因为吸附反应是可逆的，所以应用吸附指示剂时应注意以下几点：

1) 必须加入一些保护胶（如糊精），阻止卤化银凝聚，使其保持胶体状态。
2) 溶液的酸度要适当。
3) 滴定时应避免强光照射。
4) 胶体微粒对指示剂的吸附能力应略小于对被测离子的吸附能力。

当以 $AgNO_3$ 标准滴定溶液为滴定剂时，常用吸附指示剂及其配制方法见表 1-10。

表 1-10　$AgNO_3$ 标准滴定溶液作指示剂时常用吸附指示剂及其配制方法

名称	终点颜色变化	溶液 pH 值范围	被测定离子	配制方法
荧光黄	黄绿→粉红色	7~10	Cl^-	0.2%乙醇溶液
溴酚蓝	黄绿→蓝色	5~6	Cl^-、I^-	0.1%水溶液
二氯荧光黄	黄绿→红色	4~10	Cl^-、Br^-、I^-、SCN^-	0.1%的70%乙醇溶液
曙红	橙→深红色	2~10	Br^-、I^-、SCN^-	0.1%的70%乙醇溶液

注：0.2%和0.1%为质量分数，10%为体积分数。

二、沉淀滴定法标准滴定溶液的制备

1. $AgNO_3$ 标准滴定溶液的配制和标定

（1）配制　$AgNO_3$ 标准滴定溶液可以用符合基准试剂要求的 $AgNO_3$ 直接配制，但市售的 $AgNO_3$ 常含有杂质，如 Ag、AgO、游离硝酸和亚硝酸等，因此，一般情况下都是间接配制，然后用基准 NaCl 来标定。

配制 $AgNO_3$ 溶液所用的蒸馏水应不含 Cl^-。配好的 $AgNO_3$ 溶液应存放在棕色试剂瓶中，置于暗处，以避免日光照射。

（2）标定　$AgNO_3$ 标准滴定溶液可用莫尔法标定，基准物质为 NaCl，以 K_2CrO_4 为指示剂，溶液呈现砖红色即为终点。其标定反应式为

$$Cl^- + Ag^+ = AgCl \downarrow$$

$$CrO_4^{2-} + 2Ag^+ = \underset{(砖红色)}{Ag_2CrO_4 \downarrow}$$

2. NH_4SCN 标准滴定溶液的配制和标定

（1）配制　市售 NH_4SCN 常含有硫酸盐、硫化物等杂质，而且容易潮解，因此只能用间接法配制 NH_4SCN 滴定溶液，然后用基准试剂 $AgNO_3$ 标定，也可取一定量已标定好的 $AgNO_3$ 标准滴定溶液，用 NH_4SCN 溶液直接滴定。

（2）标定　NH_4SCN 标准溶液可用佛尔哈德法标定，其基准物质为 $AgNO_3$，以铁铵矾为指示剂，用配好的 NH_4SCN 滴定至溶液呈浅红色为终点。其标定反应式为

$$Ag^+ + SCN^- = \underset{(白色)}{AgSCN \downarrow}$$

$$Fe^{3+} + SCN^- = \underset{(红色)}{[Fe(SCN)]^{2+}}$$

AgSCN 沉淀易吸附溶液中的 Ag^+，使滴定终点提前到达，因此为减少吸附，在计量点前必须用力摇动。

三、沉淀滴定法的应用

1. 生理盐水中氯化钠含量的测定——莫尔法

原理：根据分步沉淀的原理，溶解度小的 AgCl 先沉淀，溶解度大的 Ag_2CrO_4 后沉淀，适当控制 K_2CrO_4 指示液的浓度，使 AgCl 恰好完全沉淀后立即出现砖红色 Ag_2CrO_4 沉淀，指示滴定终点的到达。其反应式为

化学计量点前　　　$Ag^+ + Cl^- = AgCl \downarrow$

化学计量点处　　　$2Ag^+ + CrO_4^{2-} = \underset{(砖红色)}{Ag_2CrO_4 \downarrow}$

2. 溴化钾含量的测定——法扬司法

原理：KBr 的含量可用吸附指示剂法测定，在 HAc 性条件下，用曙红作指示剂，用 $AgNO_3$ 标准滴定溶液滴定至溶液由橙黄变深红色为终点。

$$(AgBr\downarrow)\ Br^- + EO^- \xrightarrow{AgNO_3} (AgBr\downarrow)\ AgEO$$

计量点前胶粒（溶液为橙色）曙红阴离子　　　计量点后（深红色凝乳状沉淀）

◆◆◆ 第五节 重量分析法

一、重量分析法概述

重量分析法是通过称量操作，测定试样中待测组分的质量，以确定其含量的一种分析方法。

1. 重量分析法的分类

按照待测组分与其他组分分离方法的不同，重量分析法可分为挥发法、沉淀重量法等。

（1）挥发法　一般是采用加热或其他方法使试样中的挥发性组分逸出，称量后根据试样质量的减少，计算试样中该组分的含量；或利用吸收剂吸收组分逸出的气体，根据吸收剂质量的增加，计算出该组分的含量。

（2）沉淀重量法　试剂与待测组分发生沉淀反应，生成难溶化合物沉淀，经过分离、洗涤、过滤、烘干或灼烧后，称得沉淀的质量，从而计算出待测组分的含量。例如，用沉淀重量法测定钢中镍的含量，将含镍的试样溶解后，在 pH=8~9 的氨性溶液中加入有机沉淀剂丁二酮肟，生成丁二酮肟镍沉淀，过滤、洗涤、烘干沉淀后称量，计算出试样中镍的质量。

（3）其他方法　除上面的方法外，还有萃取法、电解法等。它们也都是用一定的方法将被测组分分离后通过称量其质量，然后计算的分析方法。

重量分析法是经典的化学分析法。它通过直接称量得到分析结果，不需要从容量器皿中取得大量数据，也不需要基准物质作比较，故其准确度较高，可用于测定质量分数量大于 1% 的常量组分，有时也用于仲裁分析。但重量分析法的操作比较麻烦，费时长，不能满足生产上快速分析的要求，这是重量分析法的主要缺点。在重量分析法中，以沉淀重量法最为重要，而且应用也较多，所以本节主要介绍沉淀重量法。

2. 重量分析法对沉淀的要求

在试液中加入适当过量的沉淀剂，使被测组分从试液中沉淀出来，所得的沉淀称为沉淀形式。沉淀经过滤、洗涤、烘干或灼烧后，得到称量形式。沉淀形式和称量形式可以相同，也可以不同。

沉淀形式和称量形式在重量分析中对分析结果的准确度有着十分重要的影响，因此对这两种形式都有具体的要求。

二、沉淀条件和沉淀剂的选择

沉淀按物理性质的不同大致分为晶形沉淀和非晶形沉淀（又称为无定形沉淀）两大类。晶形沉淀是指具有一定形状的晶体，由较大的沉淀颗粒组成，内部排列规则有序，结构紧密，吸附杂质少，极易沉降，有明显的晶面，如 $BaSO_4$、CaC_2O_4 等是典型的晶形沉淀。非晶形沉淀是指无晶体结构特征的一类沉淀，由许多聚集在一起的微小颗粒组成，内部排列杂乱无序，结构疏松，常常是体积庞大的絮状沉淀，不能很好地沉降，无明显的晶面，如 $Fe_2O_3 \cdot xH_2O$ 等是典型的无定形沉淀。在沉淀过程中，生成的沉淀物属于哪一种类型，主要取决于沉淀物本身的性质和沉淀条件。

1. 沉淀条件

为了得到纯净、较大的晶粒，以及结构紧密、易于洗涤的沉淀物，在沉淀时应根据沉淀物的性质控制适当的沉淀条件。

（1）晶形沉淀的沉淀条件

1）沉淀应在稀溶液中进行。

2）在不断搅拌下将沉淀剂缓慢地加入热溶液中。

3）选择合适的沉淀剂。

4）进行陈化。

（2）非晶形沉淀物的沉淀条件

1）在较浓的溶液中进行沉淀，沉淀剂加入的速度要快一些。

2）在热溶液中及电解质存在的条件下进行沉淀。

3）趁热过滤、洗涤沉淀物，不必陈化。

4）必要时应进行再沉淀。

2. 沉淀剂的选择

1）沉淀剂应为易挥发或易分解的物质，在灼烧时可以除去。

2）沉淀剂应具有较高的选择性。

目前有机沉淀剂的使用越来越广泛。因为它具有较大的相对分子质量和较高的选择性，形成的沉淀具有较小的溶解度，并具有鲜艳的颜色和便于洗涤的结构，也容易转化为称量形式。使用有机沉淀剂，一方面能够降低沉淀的溶解度，另一方面可以减少共沉淀现象及形成混晶的概率。

三、重量分析法的基本操作

重量分析法的主要操作过程为：样品的溶解、沉淀，沉淀的过滤和洗涤，沉淀物的烘干、灼烧、称量，结果计算。

1. 沉淀物的生成

（1）试样的溶解　将试样溶解制成溶液，应根据不同性质的试样选择适当的溶剂。对于不溶于水的试样，一般采取酸溶法、碱溶法或熔融法。

（2）沉淀　在试样溶液中加入适当的沉淀剂，使其与待测组分迅速定量反应生成难溶化合物沉淀。

2. 沉淀物的过滤和洗涤

通过过滤使沉淀物与母液分开。根据沉淀物的性质不同，过滤沉淀时常采用无灰滤纸或玻璃砂芯坩埚。洗涤常常是为了除去不挥发的盐类杂质和母液。洗涤时要选择适当的洗涤溶液，以防沉淀物溶解或形成胶体。洗涤沉淀要采用少量多次洗法。

3. 沉淀物的烘干和灼烧

烘干通常是指在250℃以下的热处理。烘干可除去沉淀物中的水分和挥发性物质，同时使沉淀物组成达到恒定。烘干的温度和时间应因沉淀物的不同而异。

沉淀物在250～1200℃的处理叫灼烧。灼烧可除去沉淀物中的水分、挥发性物质和滤纸等，还可以使初始生成的沉淀物在高温下转化为组成恒定的称量形式。用滤纸过滤的沉淀物常置于瓷坩埚中进行烘干和灼烧，用玻璃砂芯坩埚过滤的沉淀物应在电烘箱里烘干。

称得沉淀物的质量后，即可计算分析结果。不论沉淀物是经过烘干还是经过灼烧，其最后称量必须达到恒重。即在同样的条件下，对物质重复进行干燥、加热或灼烧，直至两次质量差不超过规定值的范围。

四、重量分析法的应用

1. 氯化钡含量的测定

（1）测定原理　氯化钡含量的测定，通常是将试样溶解后，以 H_2SO_4 为沉淀剂，将试样中的 Ba^{2+} 离子沉淀为 $BaSO_4$。其反应式为

$$Ba^{2+} + SO_4^{2-} = BaSO_4 \downarrow$$

在 $BaSO_4$ 沉淀经陈化后，再将其过滤、洗涤和灼烧至恒重，根据所得 $BaSO_4$ 形式的质量，可计算试样中硫的质量分数。

（2）注意事项

1）在用 H_2SO_4 沉淀 Ba^{2+} 时，易使阴离子发生共沉淀，可在沉淀之前，加入 HCl，蒸发除去 NO_3^- 等阴离子，余下的 Cl^- 可用稀 H_2SO_4 溶液洗涤，直至无 Cl^- 为止。

2）为使滤纸在烘干时不炭化，应在洗去 Cl^- 后的滤纸上，再用 NH_4NO_3 稀溶液洗去纸上附着的酸。

3）加入稀 H_2SO_4 溶液的速度要适当慢，且在不断搅拌下进行，以利于获得

粗大的晶形沉淀物。

4）在滤纸未灰化前，温度不要太高，以免沉淀颗粒随火焰飞散，使结果偏低。

2. 水不溶物的测定

水不溶物的测定在大多数化工产品质量检验中都要进行。它主要是测定试样中不溶于水的物质的含量。其原理很简单，通常是这样测定的：首先洗净一个 G_4 玻璃砂芯坩埚，置于烘箱中于 105~110℃ 烘至恒重，然后称取约 50g（准至 0.01g）的试样置于 400mL 烧杯中，加入约 200mL 的沸水溶解，在 80~90℃ 水浴中保温 10min，趁热用 G_4 玻璃砂芯坩埚进行减压过滤，用热水进行洗涤（检查洗涤效果），再将玻璃砂芯坩埚置于烘箱中于 105~110℃ 烘至恒重，然后进行计算。水不溶物含量（以质量分数计）的计算公式为

$$w（水不溶物） = \frac{m_1 - m_2}{m} \times 100\%$$

式中　m_1——过滤后玻璃砂芯坩埚的质量（g）；

m_2——过滤前玻璃砂芯坩埚的质量（g）；

m——待测样品的质量（g）。

第六节　化学分离法

定量分析的试样通常是复杂物质，试样中其他组分的存在常常影响某些组分的定量测定，干扰严重时甚至使分析工作无法进行。这时必须根据试样的具体情况，采用适当的分离方法，把干扰组分分离除去后才能进行定量测定。因此，物质的化学分离和测定具有同样重要的意义。

一、化学分离法概述

1. 分离的目的

在实际分析工作中，大多数试样都是由多种物质组合而成的混合物，且成分复杂，其他组分的存在往往干扰并影响测定的准确度，甚至无法进行测定。前面介绍了消除干扰的简便方法，如控制反应条件，提高分析方法的选择性，利用配位剂、氧化剂或还原剂进行掩蔽等。但有时只用这些方法还不能消除干扰，这就需要事先将被测组分与干扰组分分离。所以，化学分离对化学分析是至关重要的。

2. 分离的一般要求

在定量化学分析中，对分离和富集的一般要求是分离要完全，干扰组分应减

少到不干扰测定；在操作过程中不要引入新的干扰，且操作要简单、快速；被测组分在分离过程中的损失量要小到可以忽略不计。在实际工作中，通常用回收率来衡量分离效果。

所谓欲测组分的回收率，是指欲测组分经分离或富集后所得的含量与它在试样中的原始含量的比值。

$$回收率 = \frac{分离后测得量}{原始含量} \times 100\%$$

显然回收率越高，分离效果越好，说明待测组分在分离过程中损失量越小。在实际分析中，按待测组分含量的不同，对回收率的要求也不同。对常量组分的测定，要求回收率大于 99.9%；而对于微量组分的测定，回收率可为 95%，甚至更低。

3. 分离的方法

在定量化学分析中，为使试样中某一待测组分和其他组分分离，并使微量组分达到浓缩、富集的目的，可通过它们的某些物理或化学性质的差异，使其分别存在于不同的两相中，再通过物理的方法把两相完全分开。常用的分离方法如下：

（1）沉淀分离法　在被测试样中加入某种沉淀剂，使其与被测离子或干扰离子反应，生成难溶于水的沉淀物，从而达到分离的目的。该方法在常量和微量组分中皆可采用，常用的沉淀剂有无机沉淀剂和有机沉淀剂。

（2）溶剂萃取分离法　将与水不混溶的有机溶剂与试样的水溶液一起充分振荡，使某些物质进入有机溶剂，而另一些物质则仍留在水溶液中，从而达到相互分离的目的。该方法在常量和微量组分中皆可采用，使用时应根据相似相溶原理选择适宜的萃取剂。

（3）离子交换分离法　利用离子交换树脂使阳离子和阴离子进行交换反应而进行分离，常用于性质相近或带有相同电荷的离子的分离、微量组分的富集以及高纯物质的制备。通常选用强酸性阳离子交换树脂和强碱性阴离子交换树脂进行离子交换分离。

（4）色谱分离法　色谱分离法实质上是一种物理化学分离方法，即不同物质在两相（固定相和流动相）中具有不同的分配系数（或吸附系数），当两相作相对运动时，这些物质在两相中反复多次分配（即组分在两相之间进行反复多次的吸附、脱附或溶解、挥发过程），从而使各物质得到完全分离。

在玻璃或金属柱中进行操作的称为柱色谱；将滤纸作为固定相，在其上展开分离的称为纸色谱；将吸附剂研成粉末，再压成或涂成薄膜，在其上展开分离的称为薄层色谱。

（5）蒸馏分离法　蒸馏是将被分离的组分从液体或溶液中挥发出来，然后冷凝为液体，或者将挥发的气体吸收的分离方法。

二、沉淀分离法

在定量化学分析中，常常通过沉淀反应把待测组分沉淀分离出来，或将共存的干扰组分沉淀除去。这种利用沉淀反应使待测组分与干扰组分分离的方法，称为沉淀分离法。

沉淀分离法是根据溶度积原理，利用各类沉淀剂将组分从分析的样品体系中沉淀分离出来的方法。因此，沉淀分离法需要经过沉淀、过滤、洗涤等操作，较费时且操作繁琐，而且某些组分的沉淀分离选择性较差，因而沉淀分离不易达到定量完全。但是，若能很好地运用沉淀原理，掌握分离操作特点，并使用选择性较好的有机沉淀剂，则会提高分离效率。尽管该方法古老，但是其仍是定量化学分析中的一种常用的分离技术。沉淀分离法可分为用无机沉淀剂的分离法和有机沉淀剂的分离法。

1. 用无机沉淀剂的分离法

无机沉淀剂有很多，形成的沉淀类型也很多，最常用的是氢氧化物沉淀分离法和硫化物沉淀分离法，此外还有形成硫酸盐、碳酸盐、草酸盐、磷酸盐、铬酸盐等沉淀的分离法。本节着重介绍氢氧化物沉淀分离法和硫化物沉淀分离法。

（1）氢氧化物沉淀分离法

1）氢氧化物沉淀与溶液 pH 值的关系。可以形成氢氧化物沉淀的离子种类很多，除碱金属与碱土金属离子外，其他金属离子的氢氧化物的溶解度都很小。根据沉淀原理，溶度积 K_{sp} 越小，则沉淀时所需的沉淀剂浓度越低。因此，只要控制好溶液中的 OH^- 浓度，即控制合适的 pH 值，就可以达到分离的目的。

2）控制 pH 值的方法。通常在某一 pH 值范围内同时有几种金属离子沉淀，但如果适当控制溶液的 pH 值，则可以达到一定程度的分离效果。下面介绍几种控制 pH 值的方法：

① 氢氧化钠法。NaOH 是强碱，用它作沉淀剂，可使两性元素和非两性元素分离，即两性元素以含氧酸阴离子的形态保留在溶液中，非两性元素则生成氢氧化物沉淀。各种金属离子氢氧化物开始沉淀和沉淀完全时的 pH 值见表1-11。

表1-11　各种金属离子氢氧化物开始沉淀和沉淀完全时的 pH 值

氢氧化物	溶度积 K_{SP}	开始沉淀时的 pH 值	沉淀完全时的 pH 值
$Sn(OH)_4$	1×10^{-57}	0.5	1.3
$TiO(OH)_2$	1×10^{-29}	0.5	2.0
$Sn(OH)_2$	3×10^{-27}	1.7	3.7
$Fe(OH)_3$	3.5×10^{-38}	2.2	3.5

（续）

氢氧化物	溶度积 K_{SP}	开始沉淀时的pH值	沉淀完全时的pH值
Al(OH)$_3$	2×10^{-32}	4.1	5.4
Cr(OH)$_3$	5.4×10^{-31}	4.6	5.9
Zn(OH)$_2$	1.2×10^{-17}	6.5	8.5
Fe(OH)$_2$	1×10^{-15}	7.5	9.5
Ni(OH)$_2$	6.5×10^{-18}	6.4	8.4
Mn(OH)$_2$	4.5×10^{-13}	8.8	10.8
Mg(OH)$_2$	1.8×10^{-11}	9.6	11.6

② 氨水-铵盐法。氨水-铵盐法是利用氨水和铵盐控制溶液的pH值在8～9之间，使一、二价与高价金属离子分离的方法。由于溶液pH值并不太高，可防止Mg(OH)$_2$析出沉淀和Al(OH)$_3$等酸性氢氧化物溶解。用氨水-铵盐法分离金属离子的情况见表1-12。

若采用氨水（加入大量NH$_4$Cl）小体积沉淀分离法，可以改善分离效果。小体积沉淀分离法常用于Cu^{2+}、Co^{2+}、Ni^{2+}与Fe^{3+}、Al^{3+}、Ti^{4+}等的定量分离。

表1-12 用氨水-铵盐法分离金属离子的情况

定量沉淀的离子	部分沉淀的离子	留于溶液中的离子
Hg^{2+}、Be^{2+}、Fe^{3+}、Al^{3+}、Cr^{3+}、Bi^{3+}、Sb^{3+}、Sn^{4+}、Ti^{4+}、Zr^{4+}、Hf^{4+}、Th^{4+}、Ga^{3+}、In^{3+}、Tl^{3+}、Mn^{4+}、Nb(V)、U(VI)、稀土等	Mn^{2+}、Fe^{2+}、Pb^{2+}	Ag(NH$_3$)$_2^+$、Cu(NH$_3$)$_4^{2+}$、Cd(NH$_3$)$_4^{2+}$、Co(NH$_3$)$_6^{3+}$、Ni(NH$_3$)$_4^{2+}$、Zn(NH$_3$)$_4^{2+}$、Ca^{2+}、Sr^{2+}、Ba^{2+}、Mg^{2+}等

③ 金属氧化物和碳酸盐悬浊液法。以ZnO为例，ZnO为难溶弱碱，用水调成悬浊液，加于微酸性的试液中，可将pH值控制在5.5～6.5。此时，Fe^{3+}、Al^{3+}、Cr^{3+}、Bi^{3+}、Ti^{4+}、Zr^{4+}和Th^{4+}等析出氢氧化物沉淀，而Zn^{2+}、Mn^{2+}、Co^{2+}、Ni^{2+}、碱金属和碱土金属离子留在溶液中。

ZnO悬浊液适用于Fe^{3}、Al^{3+}、Cr^{3+}与Mn^{2+}、CO^{2+}、Ni^{2+}等的分离。例如，合金钢中的钴，可用ZnO悬浊液法分离除掉干扰元素，然后用比色法测定。用氧化物、碳酸盐悬浊液控制pH值见表1-13。

表1-13 用氧化物、碳酸盐悬浊液控制pH值

悬浊液	近似pH值	悬浊液	近似pH值
ZnO	6	PbCO$_3$	6.2
HgO	7.4	CdCO$_3$	6.5
MgO	10.5	BaCO$_3$	7.3
CaCO$_3$	7.4		

利用悬浊液控制 pH 值时，会引入大量相应的阳离子，因此，只有在这些阳离子不干扰测定时才可使用。

④ 有机碱法。吡啶、六次甲基四胺、苯胺、苯肼和尿素等有机碱，都能控制溶液的 pH 值，使金属离子生成氢氧化物沉淀。例如，吡啶与溶液中的酸作用，生成相应的盐，反应式为

$$C_5H_5N + HCl = C_5H_5N \cdot HCl$$

吡啶和吡啶盐组成 pH = 5.5~6.5 的缓冲溶液，可使 Fe^{3+}、Al^{3+}、Ti^{3+}、Zr^{4+} 和 Cr^{3+} 等形成氢氧化物沉淀，Mn^{2+}、Co^{2+}、Ni^{2+}、Cu^{2+}、Zn^{2+} 和 Cd^{2+} 形成可溶性吡啶配位化合物而留在溶液中。

（2）硫化物沉淀分离法　硫化物沉淀分离法与氢氧化物沉淀分离法相似，不少金属（大约有 40 余种金属离子）可以生成溶度积相差很大的硫化物沉淀，因此可以通过控制硫离子的浓度使金属离子彼此分离。H_2S 是硫化物沉淀分离法常用的沉淀剂。

2. 用有机沉淀剂的分离法

近年来，有机沉淀剂以它独特的优越性得到广泛的应用。有机沉淀剂与金属离子形成的沉淀主要有螯合物沉淀、缔合物沉淀和三元配位化合物沉淀。

三元配位化合物的沉淀主要是指被沉淀的组分与两种不同的配位体形成三元配合物和三元离子缔合物。例如，在 HF 溶液中，硼与 F^- 和二安替比林甲烷及其衍生物所形成的三元离子缔合物就属于这一类。二安替比林甲烷及其衍生物在酸性溶液中形成阳离子，与 BF_4^- 配阴离子缔合成三元离子缔合物沉淀。

3. 共沉淀分离和富集

共沉淀现象是由于沉淀的表面吸附作用，以及混晶或固溶体的形成、吸留和包藏等原因引起的。尽管在称量分析中要设法消除共沉淀现象，但是在沉淀分离方法中，却可以利用共沉淀作用将痕量组分分离或富集。

例如，自来水中含有痕量的 Pb^{2+}，加入 Na_2CO_3 使水中的 Ca^{2+} 沉淀下来，利用共沉淀作用使 Pb^{2+} 也全部沉淀下来，所得沉淀溶于尽可能少的酸中，Pb^{2+} 的浓度明显提高，使其与其他元素分离并得到富集。在此，$CaCO_3$ 称为共沉淀剂。

目前，分析上经常用的共沉淀剂是有机共沉淀剂。它的特点是选择性高、分离效果好，共沉淀剂经灼烧后就能除去，不致干扰微量元素的测定。

4. 提高沉淀分离选择性的方法

为了提高沉淀分离的选择性，首先应寻找新的、选择性更好的沉淀剂，其次控制好溶液的酸度，利用配位掩蔽和氧化还原反应进行控制。

（1）控制溶液的酸度　无论是无机沉淀剂还是有机沉淀剂，大多是弱酸或弱碱，沉淀时溶液的 pH 值对提高沉淀分离的选择性和富集效率都有影响。

（2）利用配位掩蔽作用　利用掩蔽剂来提高分离的选择性是经常被采用的手段。例如，Ca^{2+} 和 Mg^{2+} 间的分离，若用 $(NH_4)_2C_2O_4$ 作沉淀剂沉淀 Ca^{2+}，则部分 MgC_2O_4 也将沉淀下来，但若加过量的 $(NH_4)_2C_2O_4$，则 Mg^{2+} 与过量的 $C_2O_4^{2-}$ 会形成 $Mg(C_2O_4)_2^{2-}$ 配位化合物而被掩蔽，这样便可使 Ca^{2+} 和 Mg^{2+} 分离。

（3）利用氧化还原反应　在沉淀分离过程中，可利用加入氧化剂或还原剂来改变干扰离子的价态的办法消除干扰。

5. 沉淀分离法的应用

（1）合金钢中镍的分离　镍是合金钢中的主要组分之一。钢中加入镍可以增强钢的强度、韧性、耐热性和耐蚀性。镍在钢中主要以固溶体和碳化物的形式存在。大多数含镍钢都溶于酸中。合金钢中的镍可在氨性溶液中用丁二酮肟作沉淀剂，使之沉淀析出。沉淀用砂芯玻璃坩埚过滤后，洗涤、烘干。铁、铬的干扰可用酒石酸或柠檬酸配合掩蔽；铜、钴可与丁二酮肟形成可溶性配位化合物。为了获得纯净的沉淀，把丁二酮肟镍沉淀溶解后再一次进行沉淀。

（2）试液中微量锑的共沉淀分离　微量锑（含量在 10^{-6} 左右）可在酸性溶液中，用 $MnO(OH)_2$ 为载体，进行共沉淀分离和富集。载体 $MnO(OH)_2$ 是在 $MnSO_4$ 的热溶液中加入 $KMnO_4$ 溶液，加热煮沸后生成的。共沉淀时溶液中酸的浓度为 $1\sim 1.5mol/L$，这时 Fe^{3+}、Cu^{2+}、$As(Ⅲ)$、Pb^{2+}、Tl^{3+} 等不沉淀，只有锡和锑可以完全沉淀下来。其中，能够与 $Sb(V)$ 形成配位化合物的组分干扰锑的测定，所得沉淀溶解于 H_2O_2 和 HCl 混合溶剂中。

三、溶剂萃取分离法

溶剂萃取分离法是根据物质在两种互不混溶的溶剂中分配特性的不同进行分离的方法。这种方法的设备简单，操作简易快速，既可用于分离主体组分，也可用于分离、富集痕量组分，特别适用于分离性质非常相似的元素，是分析化学中应用广泛的分离方法。

1. 溶剂萃取分离的基本原理

（1）溶剂萃取分离的机理　当有机溶剂（有机相）与水溶液（水相）混合振荡时，由于一些组分的疏水性而从水相转入有机相，而亲水性的组分则留在水相中，这样就实现了提取和分离。

（2）分配系数与分配比　当用有机溶剂从水溶液中萃取溶质 A 时，物质 A 在两相中的浓度分布服从分配定律，即物质 A 在有机相与水相中分配达到平衡时，其浓度比为一常数，这一常数称为分配系数 K_D。

$$A_{水} \rightleftharpoons A_{有}$$

$$K_D = \frac{[A_{有}]}{[A_{水}]} \tag{1-14}$$

式 (1-14) 只适合于溶质在两相中以相同的单一形式存在的情况，且其形式不随浓度变化。当溶质 A 在水相或有机相中发生电离、聚合等作用时，就存在着多种化学形式，由于不同形式在两相中的分配行为不同，故总的浓度比就不是常数。在实际工作中，通常需要知道的是溶质在每一相中的总浓度 $c_{有}$，因此引入另一参数 D，称为分配比，即

$$D = \frac{c_{有}}{c_{水}} = \frac{物质在有机相中的总浓度}{物质在水相中的总浓度} \quad (1\text{-}15)$$

显然，只有在简单的体系中，溶质在两相中的存在形式才相同，且低浓度时，$D = K_D$。但当溶质在两相中有多种存在形式时，$D \neq K_D$。K_D 在一定的温度和压力下为一常数，而 D 的大小与萃取条件（如酸度等）、萃取体系及物质性质有关，随着试验条件变化而变化。

（3）萃取率　萃取率是指物质在有机相中总物质的量占两相中总物质的量的百分率。它表示萃取的完全程度。

$$E = \frac{被萃取物质在有机相中的总量}{被萃取物质的总量} \times 100\%$$

所以　　　　$E = c_{有} V_{有} / (c_{有} V_{有} + c_{水} V_{水}) \times 100\%$
　　　　　　　$= D / [D + (V_{水}/V_{有})] \times 100\%$ 　　　　(1-16)

式中　$c_{有}$——物质在有机相中的物质的量浓度（mol/L）；

　　　$c_{水}$——物质在水相中的物质的量浓度（mol/L）；

　　　$V_{有}$——有机相的体积（mL）；

　　　$V_{水}$——水相的体积（mL）。

萃取率与分配比 D 和体积比 $V_{水}/V_{有}$ 有关。D 越大，体积比越小，则萃取效率越高，也就说明物质进入有机相中的量越多，萃取越完全。

当等体积（$V_{水} = V_{有}$）一次萃取时，萃取率为

$$E = \frac{D}{D + 1} \times 100\% \quad (1\text{-}17)$$

由式 (1-17) 可知，对于等体积一次萃取，当 $D = 1$ 时，$E = 50\%$；当 $D = 10$ 时，$E = 90\%$；当 $D = 1000$ 时，$E = 99.9\%$。说明当 D 不高时，一次萃取不能满足分离或测定的要求，此时可采用多次连续萃取的方法，以提高萃取率。

计算结果表明，相同量的萃取溶剂采用少量多次萃取比一次萃取的效率高，但增加萃取次数会增加萃取操作的工作量和操作中引起的误差。

（4）分离系数　在定量化学分析中，为了达到分离的目的，不仅要求被萃取物质的 D 比较大，萃取的效率高，而且还要求溶液中共存组分间的分离效果好。分离效果一般用分离系数 β 来表示，即两种不同组分分配比的比值。

$$\beta = \frac{D_A}{D_B} \quad (1\text{-}18)$$

如果D_A与D_B相差很大,则两物质可以定量分离;如果D_A与D_B相近,则β值接近于1,此时两物质以相差不多的萃取率进入有机相,难于进行定量分离。

2. 主要的溶剂萃取体系

根据萃取反应的类型和所形成的可萃取物质的不同,可把萃取体系分为螯合物萃取体系、离子缔合物萃取体系和协同萃取体系等。

(1) 螯合物萃取体系　螯合物萃取在定量化学分析中的应用最为广泛。它是利用萃取剂与金属离子作用形成难溶于水、易溶于有机溶剂的螯合物进行萃取分离的。所用的萃取剂一般是有机弱酸,也是螯合剂。

(2) 离子缔合物萃取体系　阳离子和阴离子通过较强的静电引力相结合形成的化合物叫做离子缔合物。萃取剂在水溶液中离解出来的大体积离子,通过静电引力与待分离离子结合成电中性的离子缔合物。这种离子缔合物具有显著的疏水性,易被有机溶剂萃取,从而达到分离的目的。

(3) 萃取剂　为了进行萃取分离,必须在水中加入某种试剂,使被萃取物质与试剂结合成不带电荷的、难溶于水而易溶于有机溶剂的分子,这种试剂称为萃取剂。选择萃取剂的基本原则是:

1) 溶剂纯度要高,避免引入杂质。
2) 沸点宜低,便于分离后浓缩。
3) 被萃取物质在萃取剂中溶解度要大,而杂质在其中的溶解度要小。
4) 密度大小适宜,易于两相分层。
5) 性质稳定、毒性小。

3. 溶剂萃取分离的操作技术和应用

(1) 溶剂萃取分离的操作技术　萃取方法可分为间歇式和连续式两种。间歇式萃取法主要包括萃取、放气、静置、分离、重复萃取、合并萃取等过程。虽然间歇式萃取所用仪器简单,操作也不难,但是除非分配系数很大,一般不可能通过一次萃取操作就将待萃取物质全部转移到萃取剂中。这是因为操作一次只利用了一次溶解度差异,若要重复几次,则很费时费事,且会增大萃取剂总用量,加大后续操作的工作量。因此,对于那些分配系数不够大的物质,常采用连续萃取的方式进行分离。

从液体或溶液中萃取某物质时,需按有机萃取剂密度是比水相大还是比水相小而采用不同的仪器装置。提取器如图1-9所示。

图1-9 a所示提取器适用于萃取剂密度小于待萃取液密度时的连续萃取。图1-9b所示提取器适用于萃取剂密度大于待萃取液密度时的连续萃取。图1-9 c所示索氏提取器则是从固态样品中直接提取某些可溶于萃取剂中的组分时,进行连续提取的装置。

图1-9所示的三种装置,之所以能够连续萃取,是因为它们都是把萃取液的

蒸馏操作与萃取剂的萃取操作通过该装置组合到了一起。

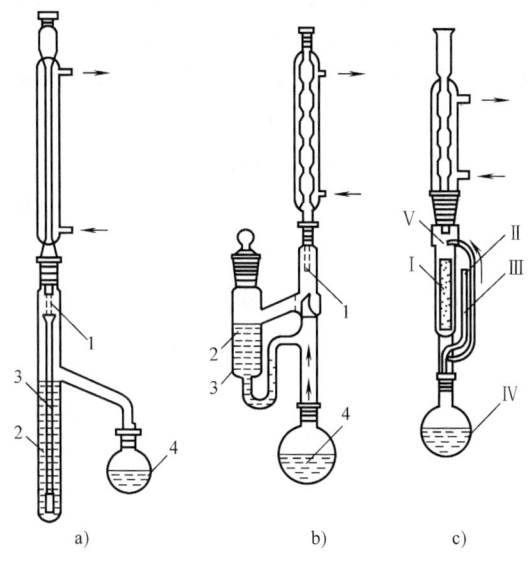

图1-9 提取器
a) 轻溶剂提取器 b) 重溶剂提取器 c) 索氏（Soxhlet）提取器
1—冷凝液 2—待萃取混合液 3、4—萃取用溶剂
Ⅰ—素瓷或滤纸套筒 Ⅱ—蒸气上升管 Ⅲ—虹吸管
Ⅳ—萃取用溶剂 Ⅴ—冷凝液（纯净萃取剂）

（2）溶剂萃取分离法的应用 利用溶剂萃取法可将待测元素分离或富集，从而消除干扰，提高分析方法的灵敏度。基于萃取建立起来的分析方法的特点是简便快速，因此发展较快，现已把萃取技术与某些仪器分析方法（如吸光光度法、原子吸收法等）结合起来，促进了微量分析的发展。

四、离子交换分离法

离子交换分离法是利用试样溶液中的离子与离子交换树脂发生交换反应而使离子分离的方法。由于各种离子与离子交换树脂交换的能力不同，因此被交换到离子交换树脂上的离子可选用适当的洗脱剂依次洗脱，从而达到彼此分离的目的。与溶剂萃取不同，离子交换分离基于物质在固相和液相之间的分配。离子交换法所用设备简单，操作也不复杂，交换容量可大可小，树脂还可反复再生使用，因此在工业生产及分析研究上应用广泛。

1. 离子交换树脂的种类

离子交换剂的种类很多，主要分为无机离子交换剂和有机离子交换剂两大类。目前，分析化学中应用较多是有机离子交换剂，又称为离子交换树脂。离子交换树脂是一种高分子的聚合物，具有网状结构的骨架部分，在水、酸、碱中难溶，对有机溶剂、氧化剂、还原剂和其他化学试剂具有一定的稳定性，对热也比较稳定，在骨架上连接有可以与溶液中的离子起交换作用的活性基团，如—SO_3H、—COOH等。根据可以被交换的活性基团的不同，离子交换树脂分为阳离子交换树脂、阴离子交换树脂和螯合树脂等类型。

（1）阳离子交换树脂 这类树脂的活性基团为酸性，如—SO_3H、—PO_3H_2、—COOH、—OH等。根据活性基团离解出H^+能力的大小，阳离子交换树脂分为强酸型和弱酸型两种。强酸型树脂含有磺酸基（—SO_3H），用R—SO_3H表示。弱酸型树脂含有羧基（—COOH）或酚羟基（—OH），用R—COOH、R—OH表示。

阳离子交换树脂酸性基团上可交换的离子为H^+（故又称为H^+型阳离子交换树脂），可被溶液中的阳离子交换。它与阳离子进行交换的反应，可简单地表示为

$$n\text{R—SO}_3\text{H} + \text{M}^{n+} \underset{\text{再生}}{\overset{\text{交换}}{\rightleftharpoons}} (\text{R—SO}_3)_n\text{M} + n\text{H}^+ \quad (1\text{-}19)$$

式（1-19）中的M^{n+}为阳离子，交换后M^{n+}留于树脂上。交换反应是可逆的，已经交换的树脂如果再用酸进行处理，则会恢复原状，可再次使用。

（2）阴离子交换树脂 这类树脂的活性基团为碱性，它的阴离子可被溶液中的其他阴离子交换。根据活性基团碱性的强弱，它可分为强碱型和弱碱型两类。强碱型树脂含季胺基［—$N(CH_3)_3Cl$］，用R—$N(CH_3)_3Cl$表示。弱碱型树脂含伯胺基（—NH_2）、仲胺基（=NH）及叔胺基（≡N）。这些树脂水化后，其中的OH^-能被阴离子交换，故此类树脂又称为OH^-型阴离子交换树脂。其交换过程可简单地表示为

$$n\text{R—N}(CH_3)_3\text{OH} + \text{X}^{n-} \underset{\text{再生}}{\overset{\text{交换}}{\rightleftharpoons}} [\text{R—N}(CH_3)_3]_n\text{X} + n\text{OH}^- \quad (1\text{-}20)$$

式（1-20）中的X^{n-}为阴离子。各种阴离子交换树脂中以强碱性阴离子交换树脂的应用为最广，它在酸性、中性和碱性溶液中都能应用，对强酸根和弱酸根离子也能交换。弱碱性阴离子交换树脂的交换能力受酸度影响较大，在碱性溶液中会失去交换能力，故应用较少。交换后的树脂，用适当浓度的碱处理又可再生使用。

（3）螯合树脂 这类树脂含有特殊的活性基团，可与某些金属离子形成螯合物，在交换过程中能有选择性地交换某种金属离子。

表1-14列出了目前定量分析中较常用的离子交换树脂的类型和牌号，供选择时参考。

第一章 化学分析法专业基础知识

表1-14 常用离子交换树脂的类型和牌号

类别	交换基	树脂牌号	交换容量/(mg·mol/g)	国外对照产品
阳离子交换树脂	—SO₃H	强酸型#1 阳离子交换树脂	4.5	—
	—SO₃H	732（强酸1×7）	≥4.5	Amberlite IR–100（美）
	—SO₃H —OH	华东强酸#45	2.0~2.2	Zerolit225（英） Amberlite IR–100（美）
	—COOH	华东弱酸–122	3~4	Zerolit 216（英）
	—OH	弱酸性#101	8.5	
阴离子交换树脂	N⁺（CH₃）₃	强碱型#201 阴离子交换树脂	2.7	
	N⁺（CH₃）₃	711（强碱201×4）	≥3.5	Amberlite IRA–400（美）
	N⁺（CH₃）₃	717（强碱201×7）	≥3	Amberlite IRA–400（美）
	≡N —NH₂	701（强碱330）	≥9	Zerolit FF（英） Doolite A-3013（美）
	≡N	330（弱碱性阴离子交换树脂）	8.5	—

2. 离子交换分离操作技术

（1）树脂的选择和处理　根据分离的对象和要求选择适当类型和粒度。交换树脂粒度的选择见表1-15。

表1-15 交换树脂粒度的选择

用　　途	筛　　孔
制备分离	50~100目
分析中离子交换分离	80~120目
离子交换层析法分离常量元素	100~200目
离子交换层析法分离微量元素	200~400目

树脂确定后先用3~4mol/L的HCl浸泡1~2天，然后用蒸馏水洗至中性。经过处理后的阳离子交换树脂已转化为H型，阴离子交换树脂用NaOH或NaCl溶液处理转化为OH型或Cl型。转化后的树脂应浸泡在离子水中备用。

（2）装柱　离子交换柱多采用有机玻璃或聚乙烯塑料管加工成的圆柱形，也可用滴定管代替，如图1-10所示。在装柱前先在柱中充水，在柱下端铺一层玻璃纤维，将柱下端旋塞稍打开一些，将已处理的树脂带水慢慢装入柱中，让树脂自动沉下，构成交换层。在树脂层达到一定高度后（树脂高度与分离的要求有关，树脂层越高，分离效果越好），再盖一层玻璃纤维。在操作过程中，应注意树脂层不能暴露于空气中，否则树脂干枯并混有气泡，使交换、洗脱不完全，影响分离效果,若发现柱内有气泡,则应重装。

(3) 交换 加入待分离试液,调节适当流速,使试液按一定的流速流过树脂层。经过一段时间后,试液中与树脂发生交换反应的离子留在树脂上,不发生交换反应的物质进入流出液中,以达到分离的目的。

(4) 洗脱 交换完毕后,用洗涤液将树脂上残留的试液和被交换下来的离子洗下,洗涤液一般用蒸馏水。洗净后用适当的洗脱液将被交换的离子洗

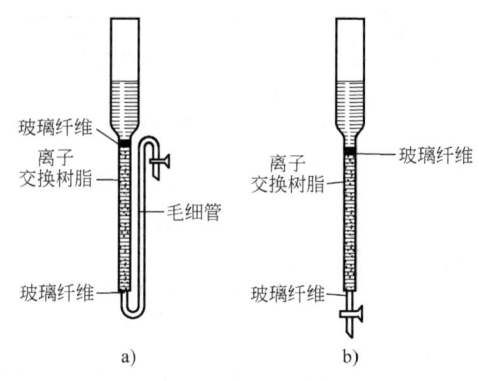

图 1-10 离子交换柱
a) 虹吸式固定床 b) 一般固定床

脱。选择洗脱液的原则是洗脱液离子的亲和力大于已交换离子的亲和力。对于阳离子交换树脂,常采用 3~4mol/L 的 HCl 溶液作洗脱液;对于阴离子交换树脂,常用 HCl、NaCl 或 NaOH 溶液作洗脱液。

(5) 树脂再生 树脂经洗脱以后,在大多数情况下已得到再生,再用去离子水洗涤后可以重复使用。若需把离子交换树脂换型,则在洗脱后用适当溶液处理。

3. 离子交换分离法的应用

(1) 水的净化 天然水中含有许多杂质,可用离子交换法净化,除去可溶性无机盐和一些有机物。例如,用 H^- 型强酸性阳离子交换树脂,除去 Ca^{2+}、Mg^{2+} 等阳离子,反应式为

$$2R\text{—}SO_3H + Ca^{2+} = (R\text{—}SO_3H)_2Ca + 2H^+$$

用 OH^- 型强碱性阴离子交换树脂,除去各种阴离子,反应式为

$$RN(CH_3)_3OH + Cl^- = RN(CH_3)_3Cl + OH^-$$

这种净化水的方法简便快速,在工业上和科研中普遍使用。

目前,净化水多使用复柱法:先按规定方法处理树脂和装柱,再把阴、阳离子交换柱串联起来,使水依次通过。为了制备更纯的水,再串联一根混合柱(阳离子交换树脂和阴离子交换树脂按 1:2 混合装柱),除去残留的离子,这时出来的水称为去离子水。

(2) 阴、阳离子的分离 根据离子亲和力的差别,选用适当的洗脱剂可将性质相近的离子分离。例如,用强酸性阳离子交换树脂柱分离 K^+、Na^+、Li^+ 等离子,由于在树脂上三种离子的亲和力大小顺序是 $K^+ > Na^+ > Li^+$,当用 0.1mol/L 的 HCl 溶液淋洗时,最先洗脱下来的是 Li^+,其次是 Na^+,最后是 K^+。

(3) 微量组分的富集 试样中微量组分的测定常常是一种比较困难的工作,

利用离子交换法可以富集微量组分。例如，测定天然水中 K^+、Na^+、Ca^{2+}、Mg^{2+}、SO_4^{2-}、Cl^- 等组分时，可取数升水样，让它流过阳离子交换柱，再流过阴离子交换柱，然后用稀 HCl 溶液把交换柱上的阳离子洗脱，另用稀氨水慢慢洗脱各种阴离子。经过这样的交换、洗脱处理，组分的浓度就会增加数十倍至 100 倍，达到富集的目的。

五、色谱分离法

色谱分离法也称为色层分析法或层析法，是以物质在不同的两相（固定相和流动相）中的吸附作用或分配系数的差异为依据的一种物理分离法。该方法的特点是分离效率高，可以把各种性质极为相似的物质彼此分离，是物质分离、提纯和鉴定的常用手段。

1. 色谱分离法的分类

色谱分离法的类型很多，主要有以下三种分类方法：

（1）按分离原理的不同进行分类

1）吸附色谱法：利用混合物中各组分对固定相吸附能力强弱的差异进行分离。

2）分配色谱法：利用混合物中各组分在固定相和流动相两相间分配系数的不同进行分离。

3）离子交换色谱法：利用混合物中各组分在离子交换剂上的交换亲和力的差异进行分离。

4）凝胶色谱（排阻色谱）法：利用凝胶混合物中各组分分子所产生的阻滞作用的差异进行分离。

（2）按流动相所处的状态不同进行分类

1）液相色谱法：用液体作流动相的色谱法。

2）气相色谱法：用气体作流动相的色谱法。

（3）按固定相所处的状态不同进行分类

1）柱色谱：将固定相装填在金属或玻璃制成的柱中，做成层析柱以进行分离。把固定相附着在毛细管内壁，做成色谱柱，称为毛细管色谱。

2）纸色谱：利用滤纸作为固定相进行色谱分离。

3）薄层色谱：将固定相铺成薄层，在玻璃板或塑料板上进行色谱分离。

2. 柱色谱

（1）吸附柱色谱法　吸附柱色谱法是液-固色谱法的一种。其方法是将固体吸附剂（如氧化铝、硅胶、活性炭等）装在管柱中（见图 1-11a），将待分离组分 A 和 B 的溶液倒入柱中，则 A 和 B 被吸附剂吸附于管上端（见图 1-11b），加入已选好的有机溶剂，从上而下进行洗脱，A 和 B 遇纯溶剂后，从吸附剂上被洗脱下来，但遇到新吸附剂时，又重新被吸附上去，因而在洗脱过程中，A和B在柱中反复地进行着解吸、吸附，再解吸、再吸附等过程。由于A和B溶剂下移速度不同，因此A和B也就可以完全分开（见图1-11c），形成两处环带，每一环带内是一种纯净物质。如果A、B两组分有颜色，则能清楚地看到色环。若继续冲洗，则A将先被洗出，B后被洗出，用适当容器接收，再进行分析测定。

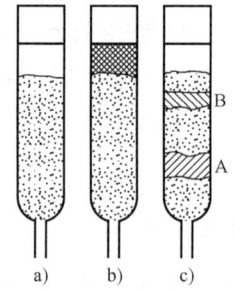

图1-11　二元混合物柱层次示意图
a）填充柱　b）加入试样柱　c）A、B两组分分开

（2）分配柱色谱法　分配柱色谱法是液-液色谱法。它是根据物质在两种互相不混溶的溶剂间分配系数的不同来实现分离的方法。其固定相是强极性的活性液体，如水、缓冲溶液、酸溶液、甲酰胺、丙二醇或甲醇，使用时将液体固定相涂渍在载体（纤维素、硅藻土等）上，然后装入管中，将试样加入管的上端，然后再以与固定相不相混的、极性较小的有机溶剂作流动相进行洗脱。当流动相自上而下移动时，被分离物就在固定相和流动相之间反复进行分配，因各组分的分配不同，而得以分离。

（3）柱色谱分离法的应用　柱层析虽然费时，相对于仪器化的高效液相色谱法柱效低，但是由于设备简单，容易操作，从洗脱液中获得分离样品量大等特点，应用仍然较多。简单的样品用此法进行分离可直接获得纯物质；复杂组分的样品可将此方法作为初步分离手段，粗分为几类组分，然后再用其他分析手段将各组分进行分离分析。在天然产物的分析中，此方法常作为除去干扰成分的预处理手段。

3. 纸色谱

（1）纸色谱法原理　纸色谱法又称为纸上层析法（简称P.C），属于分配层析，是在滤纸上进行的色谱分析方法。滤纸是一种惰性载体，滤纸纤维素中吸附着的水分为固定相。由于吸附水中有一部分以氢键缔合的形式与纤维素的羟基结合在一起，一般情况下难以脱去，因此纸色谱法不但可以用与水不相混溶的溶剂作流动相，而且可以用丙醇、乙醇、丙酮等与水混溶的溶剂作流动相。

选取一定规格的层析纸，在接近纸条的一端点上欲分离的试样，然后把纸条悬挂于层析筒内（见图1-12），让纸条下端浸入流动相（展开剂）中，由于层析纸的毛细管作用，展开剂将沿着纸条不断上升。当流动相接触到点在滤纸上的试样点（原点）时，试样中的各组分就不断地在固定相和展开剂之间分配，从而使试样中分配系数不同的各种组分得以分离。在分离进行一定时间后，溶剂前沿

第一章　化学分析法专业基础知识

上升到接近滤纸条的上沿,取出纸条,晾干,找出纸上各组分的斑点,记下溶剂前沿的位置。

各组分在纸色谱中的位置可用比移值 R_f 来表示,即

$$R_f = \frac{原点中心至溶质最高浓度中心的距离}{原点中心至溶剂前沿间的距离}$$

如图 1-13 所示,组分 A 的 $R_f = a/l$;组分 B 的 $R_f = b/l$,R_f 在 0～1 之间。若 $R_f \approx 0$,则表明该组分基本留在原点未动,即没有被展开;若 $R_f \approx 1$,则表明该组分随着溶剂一起上升,即待分离组分在固定相中的浓度接近零。

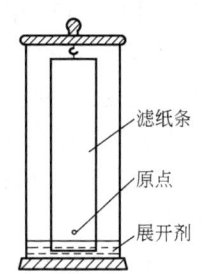

图 1-12　纸层析示意图

在一定的条件下,R_f 值是物质的特征值,可以利用 R_f 鉴定各种物质,但影响 R_f 的因素很多,最好用已知的标准样品对照。根据各物质的 R_f 值,可以判断彼此能否用色谱法分离。一般来说,两组分的 R_f 只要相差 0.02 以上,就能彼此分离。

(2) 纸色谱分离法的应用　例如,铜、铁、钴、镍的纸色谱分离:将离子混合试液点在慢速滤纸上(层析纸),以丙酮—浓盐酸—水作展开剂,用上行法进行展开,1h 后从层析筒中取出,用氨水熏 5min,晾

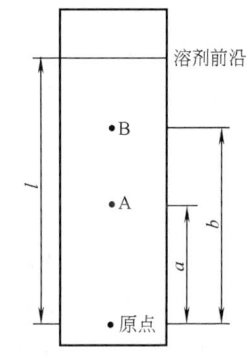

图 1-13　R_f 测量示意图

干后,用二硫代乙酰胺溶液喷雾显色,就会得到一个良好的色层分离谱图。亚铁离子呈黄色斑点,比移值为 1.0;铜离子呈绿色斑点,比移值为 0.70;钴离子呈深黄色斑点,比移值为 0.46;镍离子呈蓝色斑点,比移值为 0.17。若将斑点分别剪下,经灰化或用 $HClO_4$ 和 HNO_3 处理后,可测得各组分的含量。

4. 薄层色谱

(1) 薄层色谱法的原理　薄层色谱法又称为薄层层析法,是在柱色谱和纸色谱基础上发展起来的。薄层色谱法是把固定相吸附剂(如中性氧化铝)铺在玻璃板或塑料板上,铺成均匀的薄层,层析就在板上的薄层中进行。把试样点在层板(薄层)的一端,离边缘一定距离处,试样中各组分就被吸附剂所吸附。把层析板放入层析缸中,使点样的一端浸入流动相展开剂中,由于薄层的毛细管作用,展开剂将沿着吸附剂薄层渐渐上升,遇到试样时,试样就溶解在展开剂中,随着展开剂沿着薄层上升,于是试样中的各种组分就沿着薄层在固定相和流动相之间不断地发生溶解、吸附、再溶解、再吸附的分配过程。

各个色斑在薄层中的位置用比移值 R_f 来表示(见纸色谱)。

(2) 薄层色谱分离法的应用

1) 痕量组分的检测。用薄层层析法检测痕量组分,既简便又灵敏。例如,3,4-苯并芘是致癌物质,在多环芳烃中含量很低。可将试样用环己酮萃取,并浓缩到几毫升,点在含有 20g/L 咖啡因的硅胶 G 板上,用 1 + 2 异辛烷-氯仿混合液展开后,置于紫外灯下观察,板上呈现紫至桔黄色斑点,将斑点刮下,用适当的方法进行测定。

2) 同系物或异构体的分离。用一般的分离方法很难将同系物或同分异构体分开,但用薄层层析法可将它们分开。例如,C_3-C_{10} 的二元酸混合物在硅胶 G 板上,以 45 + 8 + 4 苯-甲醇-乙酸混合液展开 10cm,就可以完全分离。

3) 无机离子的分离。对于 H_2S 组阳离子,可以在硅胶 G 薄层上,用 3 + 1 丙酮-苯混合溶剂 100mL,以酒石酸饱和后,再加入 6mL $w(HNO_3) = 10\%$ 的硝酸溶液作为展开剂进行层析分离,然后用硫化物或酸性、碱性的双硫腙溶液作显色剂,得到各组分 R_f 值的次序(Hg > Bi > Sb > Cd > As > Pb > Cu > Tl),再用比较色斑大小进行半定量的方法可测定面粉中的砷、血液中的铊、小便中的汞、茶叶中的砷和镉。又如,对于硫化铵组阳离子,可在硅胶 G 薄层上用 100 + 1 + 0.5 丙酮-浓盐酸-己二酮混合液作展开剂,展开 10cm 后,以氨熏,再以 5g/L 的 8-羟基喹啉的体积分数为 60% 的乙醇溶液喷雾显色,得到各组分 R_f 值顺序为 Fe > Zn > Co > Mn > Cr > Ni > Al。此外,薄层色谱法还用于卤素的分离和鉴定,硒、碲的分离和鉴定,贵金属的分离和鉴定,稀土元素 Ce、La、Pr、Nd 的分离等。

六、蒸馏分离法

蒸馏分离法是利用物质挥发性的差异进行分离的一种方法,可以用于除去干扰组分,也可以使待测组分定量地挥发出来后再测定。在无机物中,具有挥发性的物质不多,因此这种方法选择性较高。该方法常用于氮的测定:首先将各种含氮化合物中的氮经适当处理转化为 NH_4^+,在浓碱存在下利用 NH_3 的挥发性把它蒸馏出来并用酸溶液吸收,再根据氨的含量,选用适宜的测定方法。

蒸馏分离法在有机化合物的分离中应用很广,不少有机物是利用各自沸点的不同而得到分离和提纯的。例如,C、H、O、N、S 等元素的测定即采用这种方法。

在环境监测中不少有毒物质(如 Hg、CN^-、SO_2、S^{2-}、F^-、酚类等)都能用蒸馏分离法分离富集,然后选用适当的方法测定。蒸馏分离法的应用见表 1-16。

第一章 化学分析法专业基础知识

表1-16 蒸馏分离法的应用

组 分	挥发形式	条 件	应 用
As	$AsCl_3$、$AsBr_3$、$AsBr_5$	HCl 或 HBr + H_2SO_4	除去 As
	AsH_3	$Zn + H_2SO_4$ 或 $Al + NaOH$	微量 As 的测定
B	$B(OCH_3)_3$	酸性溶液加甲醇	去 B 或测定 B
	BF_3	加氟化物溶液	去 B 或测定 B
C	CO_2	1100℃通氧燃烧	C 的测定
CN^-	HCN	加 H_2SO_4 和酒石酸,用稀碱吸收	CN^- 的测定
Cr	CrO_2Cl_2	$HCl + HClO_4$	除去 Cr
铵盐、含氮有机化合物	NH_3	NaOH	氨态氮的测定,含氮有机化合物转化成铵盐后的测定
S	SO_2	1300℃通氧燃烧	硫的测定
Si	SiF_4	$HF + H_2SO_4$	测定硅酸盐中的 Si,去 Si,测定纯 Si 中的杂质
Se、Te	$SeBr_4$、$TeBr_4$	$HBr + H_2SO_4$	Se、Te 的测定或去 Se、Te
Ge	$GeCl_4$	HCl	Ge 的测定
Sb	$SbCl_3$、$SbBr_3$、$SbBr_5$	HCl 或 HBr + H_2SO_4	去 Sb
Sn	$SnBr_4$	$HBr + H_2SO_4$	去 Sn
Os、Ru	OsO_4、RuO_4	$KMnO_4 + H_2SO_4$	痕量 Os、Ru 的测定
Tl	$TlBr_3$	$HBr + H_2SO_4$	去 Tl

复习思考题

一、思考题

1. 溶液的 pH 值和 pOH 值之间有什么关系?
2. 什么叫缓冲溶液?举例说明缓冲溶液的组成。
3. 缓冲溶液的 pH 值取决于哪些因素?
4. 酸碱滴定法的实质是什么?酸碱滴定有哪些类型?
5. 酸碱指示剂为什么能变色?什么叫指示剂的变色范围?
6. 酸碱滴定曲线说明什么问题?什么叫 pH 值突跃范围?在各种不同类型的滴定中为什么 pH 值突跃范围不同?
7. 什么叫混合指示剂?举例说明使用混合指示剂的优点。
8. 某溶液滴入酚酞为无色,滴入甲基橙为黄色,指出该溶液的 pH 值范围?
9. 为什么 NaOH 可以滴定 HAc 但不能直接滴定 H_3BO_3?

10. 什么叫双指示剂法？
11. 酸碱滴定法测定物质含量的计算依据是什么？
12. 如何配制不含 Na_2CO_3 的 NaOH 标准溶液？
13. 标定 NaOH 标准溶液时，基准物的用量一般如何确定？说明理由。
14. EDTA 与金属离子形成的配位化合物有何特点？
15. 配位化合物的稳定常数 K_{MY} 与条件稳定常数 K'_{MY} 有何区别和联系？
16. 什么叫酸效应？什么叫酸效应系数？什么叫酸效应曲线？
17. EDTA 的酸效应曲线在配位滴定中有什么用途？
18. 为什么在配位滴定中必须控制好溶液的酸度？
19. 什么叫金属指示剂？金属指示剂的变色原理是什么？金属指示剂必须具备哪些条件？
20. 能用 EDTA 标准滴定溶液准确滴定单一金属离子的条件是什么？
21. 如何提高配位滴定的选择性？
22. 配位滴定有哪些方式？如何应用这些方式？
23. 讨论配位滴定曲线的意义。影响滴定突跃范围大小的主要因素是什么？
24. 在 pH = 5 时，能否用 EDTA 滴定 Mg^{2+}？在 pH = 10 时，情况又如何？
25. 在测定含 Bi^{3+}、Pb^{2+}、Al^{3+} 和 Mg^{2+} 的混合溶液中的 Pb^{2+} 含量时，其他三种离子是否有干扰？为什么？
26. 氧化还原反应的实质是什么？
27. 什么叫氧化还原电对？举例说明它的表示方法。
28. 什么叫电极电位、标准电极电位、条件电极电位？它们之间有什么区别？
29. 根据电极电位的数值如何判断氧化还原反应的方向和次序以及反应完全的程度？
30. 试判断 $c(Sn^{2+}) = c(Pb^{2+}) = 1mol/L$ 及 $c(Sn^{2+}) = 1mol/L$、$c(Pb^{2+}) = 0.1mol/L$时，$Pb^{2+} + Sn \rightleftharpoons Pb + Sn^{2+}$ 反应进行的方向。
31. 试判断在 1mol/L 盐酸溶液中用 Sn^{2+} 还原 Fe^{3+} 的反应能否进行完全。
32. 比较氧化还原滴定曲线和酸碱滴定曲线的异同点。
33. 选择氧化还原指示剂的依据是什么？
34. 氧化还原滴定法分为哪几种？写出每种方法的基本反应式和滴定条件。
35. 如何制备 $KMnO_4$、$K_2Cr_2O_7$、I_2、$Na_2S_2O_3$ 标准滴定溶液？其浓度如何计算？
36. Cl^- 对用高锰酸钾法测定 Fe^{2+} 及用重铬酸钾法测定 Fe^{2+} 有无干扰？为什么？
37. 用 $Na_2C_2O_4$ 作为基准物质标定 $KMnO_4$ 溶液时应控制什么条件？
38. 莫尔法要求试液的 pH 值是多少？为什么？
39. 什么叫分级沉淀？试用分级沉淀的现象说明莫尔法的依据。
40. 佛尔哈德法的反应条件有哪些？
41. 吸附指示剂的作用原理是什么？
42. 法扬司法的反应条件有哪些？
43. 在下列条件下，银量法测定结果是偏高还是偏低？为什么？
1）pH = 2 时，用莫尔法测定 Cl^-。
2）用佛尔哈德法测定 Cl^- 时，未加 1,2-二氯乙烷有机溶剂。

44. 什么叫重量分析？如何分类？

45. 重量分析对沉淀形式和称量形式有什么要求？

46. 沉淀按物理性质的不同大致分为哪些类型？各有什么特点？

47. 晶形沉淀的沉淀条件是什么？

48. 非晶形沉淀的沉淀条件是什么？

49. 在用 H_2SO_4 沉淀 Ba^{2+} 时，怎样使阴离子不发生共沉淀？

50. 分离和富集方法在定量分析中有什么重要意义？

51. 对分离和富集有哪些要求？

52. 简述分离和富集方法和它们的适用范围。

53. 进行氢氧化物沉淀分离时，为什么不能完全根据氢氧化物的 K_{SP} 来选择和控制溶液的 pH 值？

54. 试以 ZnO 悬浊液为例，说明难溶化合物的悬浊液可用于控制溶液 pH 值的原因。

55. 试比较无机沉淀剂分离与有机沉淀剂分离的优缺点，举例说明。

56. 试分别说明无机共沉淀剂和有机共沉淀剂的作用原理，并比较它们的优缺点。

57. 举例说明共沉淀现象对分析工作的不利因素和有利因素。

58. 提高沉淀分离选择性的方法有哪些？

59. 分配系数与分配比有何不同？在溶剂萃取分离中为什么要引入分配比？

60. 萃取体系是根据什么来划分的？常用的萃取体系有哪几类？分别举例说明。

61. 溶剂萃取分离法有哪些常用的操作技术？

62. 举例说明离子交换树脂的分类。

63. 阳离子交换亲和力的顺序在弱酸性阳离子交换树脂和强酸性阳离子交换树脂上是否相同？如何解释？

64. 如果要在盐酸溶液中分离 Fe^{3+}、Al^{3+}，应选择什么树脂？分离后 Fe^{3+}、Al^{3+} 的位置如何？

65. 怎样处理树脂？如何装柱？

66. 色谱分离法分为哪几种？各自的特点是什么？

67. 纸色谱法和薄层色谱法的基本原理是什么？

68. 何谓比移值？如何求得？

69. 选择薄层层析吸附剂和展开剂的原则是什么？

70. 蒸馏分离法依据什么进行分离？举例说明它在物质分离中的应用情况。

二、练习题

1. 1.000L 溶液中含纯 H_2SO_4 4.904g，则此溶液中 $\frac{1}{2}H_2SO_4$ 的物质的量浓度为多少？

2. 称取基准物 Na_2CO_3 0.1580g 标定 HCl 溶液的浓度，消耗 HCl 溶液 24.80mL，试计算此 HCl 溶液的浓度。

3. 称取 0.3280g $H_2C_2O_4 \cdot 2H_2O$ 标定 NaOH 溶液，消耗 NaOH 溶液 25.78mL，求 c（NaOH）。

4. 用 0.4709g 硼砂（$Na_2B_4O_7 \cdot 10H_2O$）标定 HCl 溶液，滴定至化学计量点时，消耗 25.20mL，求 c（HCl）。（提示：$Na_2B_4O_7 + 2HCl + 5H_2O = 4H_3BO_3 + 2NaCl$）

5. 称取 $CaCO_3$ 试样 0.2500g，溶解于 25.00mL 0.2006 mol/L 的 HCl 溶液中，过量 HCl 用 15.50mL 0.2050 mol/L 的 NaOH 溶液进行返滴定，求此试样中 $CaCO_3$ 的质量分数。

6. 应称取多少克邻苯二甲酸氢钾以配制 500mL 0.1000 mol/L 的溶液？再准确移取上述溶液 25.00mL 用于标定 NaOH 溶液，消耗 NaOH 24.84mL，问 c（NaOH）应为多少？

7. 称取 0.4830g $Na_2B_4O_7 \cdot 10H_2O$ 基准物标定 H_2SO_4 溶液的浓度，以甲基红作指示剂，消耗 H_2SO_4 溶液 20.84mL，求 $c\left(\frac{1}{2}H_2SO_4\right)$ 和 c（H_2SO_4）。

8. 用基准物 Na_2CO_3 标定 0.1mol/L 的 HCl 溶液，若消耗 HCl 溶液 30mL，则应称取 Na_2CO_3 多少克？

9. 称取草酸（$H_2C_2O_4 \cdot 2H_2O$）0.3808g，溶于水后用 NaOH 标准滴定溶液滴定，终点时消耗 NaOH 溶液 24.56mL，试计算 NaOH 溶液的物质的量浓度。

10. 计算 pH = 4 和 pH = 6 时的 $\lg K'_{MgY}$。

11. 计算用 EDTA 标准滴定溶液滴定 0.01 mol/L 的 Pb^{2+} 溶液的最低允许 pH 值。

12. 称取含钙样品 0.2000g，溶解后配成 100.0mL 溶液，从中取出 25.00mL，用 0.0200 mol/L 的 EDTA 标准滴定溶液滴定，用去 15.40mL，求样品中 CaO 的含量。

13. 称取基准物质 ZnO 0.2000g，用 HCl 溶解后标定 EDTA 溶液，用去 24.00mL，求 EDTA 标准滴定溶液的浓度。

14. 称取纯 $CaCO_3$ 0.4206g，用 HCl 溶解后移入 500mL 容量瓶中，稀释至刻度，摇匀后取出 50.00mL，在 pH = 12 时，加入钙指示剂，用 EDTA 溶液滴定至终点，消耗 38.84mL。计算：

1）EDTA 标准滴定溶液的浓度（mol/L）和滴定度 $T_{CaO/EDTA}$。

2）配制 1 L 这种浓度的溶液需 $Na_2H_2Y \cdot 2H_2O$ 的质量。

15. 称取 ZnO 试样 0.1000g，加水和盐酸溶解，调节溶液的 pH = 10，用铬黑 T 作指示剂，以 0.05000 mol/L 的 EDTA 标准滴定溶液滴定至溶液由红色变为蓝色，消耗 24.01mL，计算 ZnO 的纯度。

16. 移取 50.00mL 含 Fe^{3+} 的试液，在 pH = 2.0 时，以磺基水杨酸为指示剂，用 0.01200 mol/L 的 EDTA 标准滴定溶液滴定至溶液由紫红色变为淡黄色，消耗 13.70mL，计算 Fe^{3+} 离子的浓度（以 mg/L 表示）。

17. 某试剂厂生产无水 $ZnCl_2$，现采用 EDTA 滴定法测定产品中 $ZnCl_2$ 的含量。称样 0.2600g，溶于水后控制溶液的 pH = 6.0，以二甲酚橙为指示剂，用 0.1025 mol/L 的 EDTA 标准滴定溶液滴定 Zn^{2+}，用去 18.60mL，计算样品中 $ZnCl_2$ 的含量。

18. 测定无机盐中的 SO_4^{2-}，称取样品 3.0g，溶解后稀释至 250.00mL，移取 25.00mL 溶液，加入 0.05000 mol/L 的 $BaCl_2$ 溶液 25.00mL，加热使之沉淀后，用 0.02000 mol/L 的 EDTA 标准滴定溶液滴定剩余的 Ba^{2+}，用去 17.15mL，计算样品中 SO_4^{2-} 的含量。

19. 测定铝盐中铝的含量时，称取试样 0.2555g，溶解后加入 50.00mL 0.05018 mol/L 的 EDTA 标准滴定溶液，加热煮沸，冷却后调节溶液的 pH = 5.00，以二甲酚橙为指示剂，用 0.02000 mol/L 的乙酸铅标准滴定溶液滴定至终点，消耗 25.00mL，求试样中铝的含量。

20. 称取含铝试样 1.032g，处理成溶液，移入 250mL 容量瓶中，稀释至刻度、摇匀，从中吸取 25.00mL，加入每毫升相当于 1.505mg Al_2O_3 的 EDTA 溶液 10.00mL，以二甲酚橙为指示剂，用 $Zn(Ac)_2$ 标准滴定溶液返滴定至紫红色为终点，消耗 12.20mL。已知 1mL $Zn(Ac)_2$ 溶液相当于 0.68mL EDTA 溶液，求试样中铝（以 Al_2O_3 计）的含量。

21. 计算当溶液中 $c(MnO_4^-)/c(Mn^{2+}) = 0.1\%$，$c(H^+) = 1mol/L$ 时，MnO_4^-/Mn^{2+} 电对的电极电位。

22. 在 100mL 溶液中含 $KMnO_4$ 0.1580g，问此溶液中 $c(KMnO_4)$ 及 $c\left(\frac{1}{5}KMnO_4\right)$ 分别为多少？

23. 配制 700mL $c\left(\frac{1}{5}KMnO_4\right) = 0.10$ mol/L 的高锰酸钾溶液，应称取固体 $KMnO_4$ 多少？若以基准物 $H_2C_2O_4 \cdot 2H_2O$ 标定，每份应称取多少 $H_2C_2O_4 \cdot 2H_2O$？

24. 称取基准物质 $Na_2C_2O_4$ 0.1000g，标定 $KMnO_4$ 溶液时用去 24.85mL，计算 $KMnO_4$ 溶液的浓度 $c\left(\frac{1}{5}KMnO_4\right)$。

25. 配制 500mL $c\left(\frac{1}{6}K_2Cr_2O_7\right) = 0.1000$ mol/L 的 $K_2Cr_2O_7$ 溶液，应称多少 $K_2Cr_2O_7$？

26. 称取铁矿石 0.2000g，经处理后滴定时消耗 $c\left(\frac{1}{6}K_2Cr_2O_7\right) = 0.1000$ mol/L 的 $K_2Cr_2O_7$ 标准滴定溶液 24.82mL，计算铁矿石中铁的含量。

27. 用 $KMnO_4$ 法沉淀工业硫酸亚铁的含量，称取样品 1.3545g，溶解后，在酸性条件下用 $c\left(\frac{1}{5}KMnO_4\right) = 0.09280$ mol/L 的高锰酸钾溶液滴定时，消耗 37.52mL，求 $FeSO_4 \cdot 7H_2O$ 的含量（质量分数）。

28. 称取纯 $K_2Cr_2O_7$ 0.4903g，用水溶解后，配成 100.0mL 溶液。取出此溶液 25.00mL，加入适量 H_2SO_4 和 KI，滴定时消耗 24.95mL $Na_2S_2O_3$，计算 $Na_2S_2O_3$ 溶液的物质的量浓度。

29. 称取 0.2000g 含铜样品，用碘量法测定含铜量，如果析出的碘需要用 20.00mL 0.1000mol/L 的硫代硫酸钠标准滴定溶液滴定，求样品中铜的质量分数。

30. 称取含 MnO_2 的试样 0.5000g，在酸性溶液中加入 0.6020g $Na_2C_2O_4$，在酸性介质中用 28.00mL $c\left(\frac{1}{5}KMnO_4\right) = 0.02000$ mol/L 的 $KMnO_4$ 溶液滴定过量的 $Na_2C_2O_4$，求试样中 MnO_2 的含量。

31. 已知 CaC_2O_4 的溶解度为 4.75×10^{-5}，求 CaC_2O_4 的溶度积。

32. 某溶液含有 Ag^+、Pb^{2+}、Ba^{2+} 等离子，其浓度均为 0.1mol/L，滴加 K_2CrO_4 溶液时，通过计算说明上述离子开始沉淀的顺序。

33. 某溶液含有 Pb^{2+} 和 Ba^{2+}，已知 $c(Pb^{2+}) = 0.01$ mol/L，$c(Ba^{2+}) = 0.1$ mol/L，问滴定 K_2CrO_4 溶液时哪一种离子先沉淀？

34. 将 2.3182g 纯 $AgNO_3$ 配成 500.0mL 溶液，取出 25.00mL 溶液置于 250mL 容量瓶中，稀释至刻度，计算所得 $AgNO_3$ 溶液的浓度。

35. 称取银合金试样 0.3000g，溶解后制成溶液，加入铁铵矾指示液，用 0.1000 mol/L 的

NH_4SCN 标准溶液滴定,用去 23.80mL,计算试样中银的含量。

36. 称取可溶性氯化物样品 0.2266g,加入 30.00mL 0.1121 mol/L 的 $AgNO_3$ 标准溶液,过量的 $AgNO_3$ 用 0.1185 mol/L 的 NH_4SCN 标准溶液滴定,用去 6.50mL,计算试样中氯的质量分数。

37. 称取 NaCl 0.1256g,溶解后调节至一定的酸度,加入 30.00mL $AgNO_3$ 标准溶液,过量的 Ag^+ 需用 3.20mL NH_4SCN 标准溶液滴定至终点。已知滴定 20.00mL $AgNO_3$ 溶液需用 19.85mL NH_4SCN 溶液,试计算 $c(AgNO_3)$ 和 $c(NH_4SCN)$。

38. 将纯的 KCl 和 KBr 的混合样品 0.3056g 溶于水后,以 K_2CrO_4 为指示剂,用 0.1000 mol/L的 $AgNO_3$ 标准滴定溶液滴定,终点时用去 30.25mL,试求该混合物中 KCl 和 KBr 的质量分数。

39. 计算下列化学因素:
① 根据 Al_2O_3 的质量求 Al 的质量。
② 根据 $Mg_2P_2O_7$ 的质量求 MgO 的质量。
③ 根据 $(NH_4)_3PO_4 \cdot 12MoO_3$ 的质量求 P 和 P_2O_5 的质量。

40. 称取 $BaCl_2$ 样品 0.4801g,用沉淀重量法分析后得 $BaSO_4$ 沉淀 0.4578g,计算样品中 $BaCl_2$ 的质量分数。

41. 分析矿石中锰的含量时,如果 1.520g 试样产生 0.1260g Mn_3O_4,试计算试样中 Mn 和 Mn_2O_3 的质量分数。

42. 某一含 K_2SO_4 及 $(NH_4)_2SO_4$ 的混合试样,溶解后加 $Ba(NO_3)_2$,使全部 SO_4^{2-} 都生成 $BaSO_4$ 沉淀,共重 0.9770g,计算试样中 K_2SO_4 的质量分数。

43. 现欲分离下列试样中的某种组分,分别应选用哪种沉淀分离法?
① 镍合金中大量的镍;② 低碳钢中的微量镍;③ 大量 Cu^{2+}、Fe^{3+} 存在下的微量 Sb(Ⅲ);④ 海水中的痕量 Mn^{2+}。

44. 某矿样溶液含 Fe^{3+}、Al^{3+}、Ca^{2+}、Mg^{2+}、Mn^{2+}、Cr^{3+}、Cu^{2+} 和 Zn^{2+} 等离子,加入 NH_4Cl 和氨水后,哪些离子以什么形式存在于溶液中?分离是否完全?

45. 已知 $Fe(OH)_2$ 的 $pK_{SP} = 15.1$,$Cu(OH)_2$ 的 $pK_{SP} = 19.66$,$Al(OH)_3$ 的 $pK_{SP} = 32.9$,$Mn(OH)_2$ 的 $pK_{SP} = 12.72$,金属离子浓度均为 0.01mol/L,求它们开始沉淀和沉淀完全时的 pH 值。

46. 25℃时,Br_2 在 CCl_4 和水中的 $K_D = 2.90$。水溶液中的溴分别用等体积的 CCl_4 和 1/2 体积的 CCl_4 各萃取一次,问萃取效率各为多少?

47. 某一含有烃的水溶液 50mL,用 $CHCl_3$ 萃取,每次用 5mL,要求萃取率达 99.8%,问需萃取多少次?已知 $D = 19.1$。

48. 已知试液中含有 Fe^{3+}、Al^{3+}、Ca^{2+}、Mg^{2+} 及 H_3BO_3,现欲使各组分分离,应如何进行?

49. 如何用离子交换法将 Al^{3+}、Ca^{2+}、Fe^{3+},以及 Ca^{2+}、Ni^{2+}、Cu^{2+} 两组离子中的离子分离?

50. 称取干燥的 H 型阳离子交换树脂 1.00g,置于干燥的锥形瓶中,准确加入 100mL 0.1000 mol/L 的 NaOH 标准溶液,塞好,放置过夜,然后吸取上层溶液 25mL,用

0.1010mol/L的HCl标准溶液14.88mL滴定到终点,计算树脂的交换容量。

51. 用纸色谱上行法分离A和B两个组分,已知$R_{f,A}=0.45$,$R_{f,B}=0.63$。欲使分离后A和B两组分的斑点中心之间距离为2.0cm,问色谱用纸的长度应为多少(cm)?

52. 含有A、B两组分的混合液,已知$R_{f,A}=0.40$,$R_{f,B}=0.60$,原点中心至溶剂前沿的距离为20cm,分离后A、B两斑点中心之间最大距离是多少?

第二章

仪器分析法专业基础知识

> **培训学习目标** 通过本章的学习，应了解仪器分析的基本方法，掌握电位分析法和分光光度法的基本原理及仪器构造，掌握电位分析法和分光光度法的应用方法。

◆◆◆ 第一节 电位分析法

电位分析法是一种通过测量电池电动势来测定物质含量的分析方法。如果能测定出电池电动势，则可求出该物质的活度或浓度。

能斯特方程式就是表示电极电位与离子的活度（或浓度）的关系式，所以能斯特方程式是电位分析法的理论基础。

一、电位分析法的分类和特点

1. 电位分析法的分类

（1）直接电位法 利用专用的指示电极（离子选择性电极），选择性地把待测离子的活度（或浓度）转化为电极电位加以测量，根据能斯特方程式，求出待测离子活度（或浓度）的方法称为直接电位法，也称为离子选择性电极法。

（2）电位滴定法 在滴定过程中，根据标准溶液的体积和指示电极的电位变化来确定终点的方法称为电位滴定法。电位滴定法与一般的滴定分析法的根本差别在于确定终点的方法不同。

2. 电位分析法的特点

（1）直接电位法 应用范围广，可用于许多阴离子、阳离子、有机物离子的测定，尤其是一些用其他方法较难测定的碱金属、碱土金属离子、一价阴离及气体的测定；测定速度快，测定的离子浓度范围宽；可以制作成传感器，用于工业生产流程或环境监测的自动检测；可以微型化，做成微电极，用于微区、血液、活体、细胞等对象的分析。

（2）电位滴定法　准确度比化学滴定法高，更适合于较小浓度溶液的滴定；可用于指示剂法难进行的滴定，如极弱酸、碱的滴定，稳定常数较小的配位化合物的滴定，浑浊、有色溶液的滴定等；可较好地应用于非水滴定。

二、电位分析法原理

测量电极电位时需要构成一个化学电池，一个化学电池有两个电极。在电位分析中，将电极电位随着被测物质活度变化的电极称为指示电极（即发生电化学现象的电极，流过指示电极的电流很小，一般不引起溶液本体成分的明显变化）；将另一个与被测物质无关的，提供测量电位参考的电极称为参比电极（一般为不极化电极，其电位无显著变化，作为测定其他电极电位的标准）。电解质溶液由被测试样及其他组分组成。图 2-1 所示为以甘汞电极为指示电极的电位测量体系，依靠这种体系可以进行电位测量。

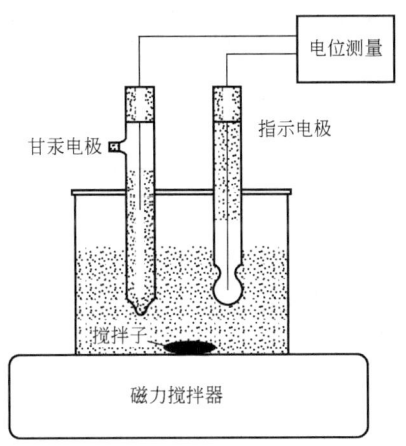

图 2-1　以甘汞电极为指示电极的电位测量体系

在溶液平衡体系不发生变化及电池回路零电流的条件下，测得电池的电动势（或指示电极的电位），即

$$E = \varphi_{参比} - \varphi_{指示}$$

由于 $\varphi_{参比}$ 不变，$\varphi_{指示}$ 符合能斯特方程式，所以 E 的大小取决于待测物质离子的活度（或浓度），从而达到分析的目的。

三、参比电极

参比电极是决定指示电极电位的重要因素。一个理想的参比电极应具备以下条件：

1）能迅速建立热力学平衡电位，这就要求电极反应是可逆的。

2）电极电位是稳定的，能允许仪器进行测量。常用的参比电极有甘汞电极和银-氯化银电极。

1. 甘汞电极

图 2-2 所示为以汞、Hg_2Cl_2-Hg 和一定浓度的 KCl 溶液组成的参比电极。其

电极反应为

$$Hg_2Cl_2 (s) + 2e = 2Hg (l) + 2Cl^-$$

电极电位为

$$E = E^0_{Hg_2Cl_2/Hg} - 0.059\lg\alpha_{Cl^-} \tag{2-1}$$

甘汞电极的电极电位随着温度和氯化钾浓度的变化而变化。不同温度和不同 KCl 浓度下甘汞电极的电极电位见表 2-1。其中，在 25℃下饱和 KCl 溶液中的电位值（0.2444V）是最常用的电位值。甘汞电极是一种应用很广泛的参比电极。

表 2-1　不同温度和不同 KCl 浓度下的电极电位

温度/℃	电极电位/V 电极	0.1mol/L KCl 甘汞电极	3.5 mol/L KCl 甘汞电极	饱和 KCl 甘汞电极
10		—	0.256	—
25		0.3356	0.250	0.2444
40		—	0.244	—

注：以上电位值是相对于标准氢电极的数值。

2. 银-氯化银电极

银-氯化银电极（见图 2-3）也是一种广泛应用的参比电极，是浸在 KCl 溶液中的涂有氯化银的银电极。其电极反应为

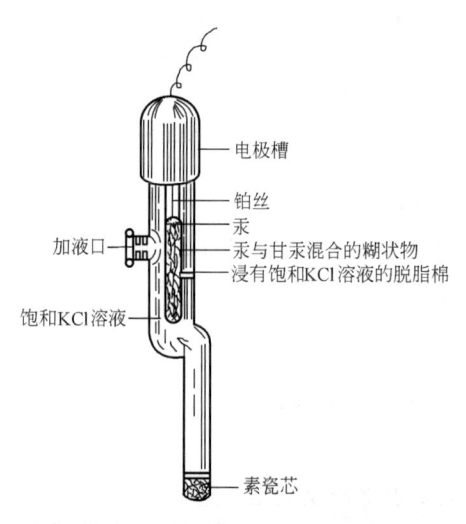

图 2-2　甘汞电极示意图

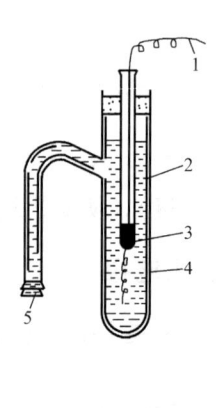

图 2-3　银-氯化银电极
1—导线　2—KCl 溶液　3—汞
4—镀氯化银的银丝　5—多孔物质

$$AgCl + e = Ag + Cl^-$$

电极电位为

$$\varphi_{AgCl/Ag} = \varphi^0_{AgCl/Ag} - 0.0591 \lg \alpha_{Cl^-} \tag{2-2}$$

银-氯化银电极也是随着温度和氯化钾浓度的变化而变化的，见表2-2。商品银-氯化银电极的外形类似于甘汞电极的外形。在有些实验中，银-氯化银电极丝（涂有 AgCl 的银丝）可以作为参比电极直接插入反应体系，具有体积小、灵活等优点。另外，银-氯化银电极可以在高于60℃的体系中使用，而甘汞电极不具备这些优点。

表2-2　25℃时银-氯化银电极的电极电位（NHE）

名　称	KCl 溶液的浓度	电极电位/V
0.1mol/L 银-氯化银电极	0.1 mol/L	+0.2880
标准银-氯化银电极	1 mol/L	+0.2223
饱和银-氯化银电极	饱和溶液	+0.2000

3. 参比电极使用的注意事项

1）电极内部溶液的液位应始终高于试样溶液液位。

2）试液污染有时是不可避免的，但通常对测定影响较小。

四、指示电极

指示电极的作用是指示与被测物质浓度相关的电极电位。指示电极对被测物质的指示是有选择性的，一种指示电极往往只能指示一种物质的浓度，因此，用于电位分析法的指示电极种类很多。现将常用的指示电极简述如下：

1. 玻璃膜电极

玻璃膜电极是对氢离子活度有选择性响应的电极，其结构如图2-4所示。

玻璃膜内为 0.1mol/L 的 HCl 内参考溶液，插入涂有 AgCl 的银丝作为参比电极，使用时，将玻璃膜电极插入待测溶液中，在浸泡之后，玻璃膜中不能迁移的硅酸盐基团（称为交换点位）中 Na 的点位全部被 H 占有，当玻璃膜电极外膜与待测溶液接触时，由于溶胀层表面与溶液中的氢离子活度不同，氢离子便从活度大的相朝活度小的相迁移，从而改变溶胀层和溶液两相界面的电荷分布，产生外相界电位 $E_{外}$，玻璃膜电极内膜与内参考溶液同样也产生内相界电位 $E_{内}$。跨越玻璃膜的相间电位 $E_{膜}$ 可表示为

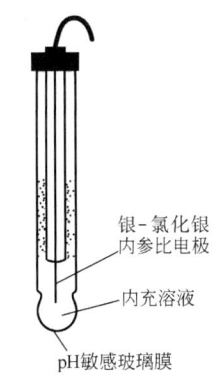

图2-4　pH 玻璃膜电极

$$E_{膜} = E_{外} - E_{内} = 0.0591 \lg \frac{\alpha_{H^+(外)}}{\alpha_{H^+(内)}}$$

式中　$\alpha_{H^+(外)}$——膜外部待测氢离子活度；
　　　$\alpha_{H^+(内)}$——膜内参考溶液的氢离子活度。

由于 $\alpha_{H^+(内)}$ 是恒定的，因此

$$E_{膜} = K + 0.059\lg\alpha_{H^+(外)}$$

或 $E_{膜} = K - 0.059\text{pH}$ 　　　　　　　(2-3)

如果用已知 pH 值的溶液标定有关常数，则由测得的玻璃电极电位可求得待测溶液的 pH 值。

玻璃电极的特性如下：

① 不对称电位：如果玻璃膜两侧溶液的 pH 值相同，则膜电位应等于零，但实际上仍有一微小的电位差存在，这个电位差称为不对称电位。

② 碱差：pH＞10 或钠离子浓度较高的溶液，测得的 pH 值比实际数值偏低，这种现象称为碱差（钠差）。

③ 酸差：当 pH＜1 时，测得的 pH 值比实际数值偏高，这种现象称为酸差。

2. 离子选择电极

（1）离子选择电极的基本结构　离子选择电极（ISE）是电极电位对离子具有选择性响应的一类电极。它是一种电化学传感器，敏感膜是其主要组成部分。玻璃膜电极实际上也是一种离子选择电极，这里简单介绍玻璃膜电极之外的其他离子选择电极。离子选择电极的基本结构如图2-5所示。

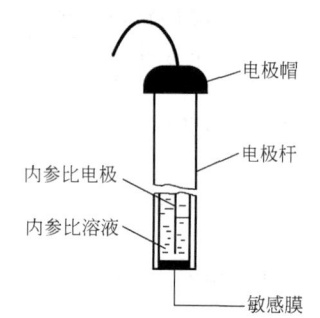

图 2-5　离子选择电极的基本结构

离子选择电极的组成部分如下：

1）电极腔体：由玻璃或高分子聚合物材料制成。

2）内参比电极：通常为银-氯化银电极。

3）内参比溶液：由氯化物及响应离子强的电解质溶液组成。

4）敏感膜：离子具有高选择性的响应膜。

（2）氟离子选择电极　这种电极属于晶体膜电极。氟离子选择电极（见图2-6）的敏感膜是掺 EuF_2 的氟化镧单晶膜，单晶膜封在聚四氟乙烯管中，管中充入 0.1mol/L 的 NaF 和 0.1mol/L 的 NaCl 作为内参考溶液，插入银-氯化银电极作为内参比电极，氟离子可在氟化镧单晶膜中移动。

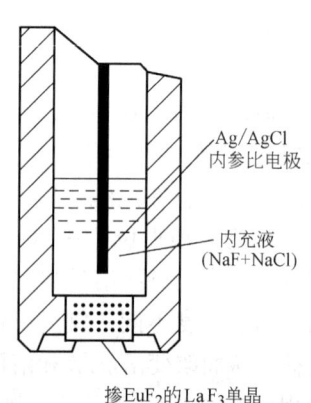

图 2-6　氟离子选择电极
注：内充液为 0.1mol/L 的 NaF 和 0.1mol/L 的 NaCl。

将电极插入待测离子溶液中,待测离子可吸附在膜表面,与膜上相同的离子交换,并通过扩散进入膜相,膜相中存在的晶格缺陷产生的离子也可扩散进入溶液相。这样,在晶体膜与溶液界面上就建立了双电层结构,产生相界电位 E。

$$E = K - 0.059\lg\alpha_{F^-} \tag{2-4}$$

式中 E——氟离子选择电极电位;

α_{F^-}——氟离子活度;

K——常数。

上述晶体膜电极把 LaF_3 改变为 $AgCl$、$AgBr$、AgI、CuS、PbS 等难溶盐和 Ag_2S,压片制成薄膜作为电极材料,这样制成的电极可以作为卤素离子、银离子、铜离子、铅离子等各种离子的选择性电极。

(3)硝酸根、钙、钾离子选择电极 这种电极属于液膜电极。这种电极是由含有离子交换剂的憎水性多孔膜、含有离子交换剂的有机相、内参比溶液和参比电极构成的,如图 2-7 所示。

(4)气敏电极 气敏电极由离子敏感电极、参比电极、中间电解质溶液和憎水性透气膜组成。它是

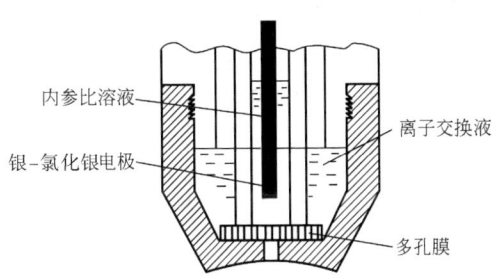

图 2-7 液膜电极

通过界面化学反应工作的。试样中待测气体扩散通过透气膜,进入离子敏感膜与透气膜之间形成的中间电解质溶液薄层,使其中某一离子活度发生变化,由离子敏感电极指示出来,这样可间接测定透过的气体。

(5)生物电极

1)酶电极:将生物酶涂布在离子选择性电极的敏感膜上,试液中待测物质受酶的催化发生化学反应,产生能为离子选择性电极敏感膜所响应的离子,由此可间接测定试液中物质的含量,如

$$CO(NH_2)_2 + H_2O + H_3O^+ \xrightarrow{\text{脲酶}} 2NH_4^+ + HCO_3^-$$

反应生成的 NH_4^+ 可用铵离子电极来测定。若将尿素酶涂在铵离子电极上,则成为尿素电极。此电极插入试液中,可根据尿素分解出来的 NH_4^+ 的响应间接测出尿素的含量。

2)微生物电极:微生物电极的分子识别部分由固定化的微生物构成。这种生物敏感膜的主要特征是:

① 微生物细胞内含有活性很高的酶体系。

② 微生物的可繁殖性使该生物膜获得长期可保存的酶活性,从而延长传感器的使用寿命。

五、直接电位法

从理论上，将指示电极和参比电极一起浸入待测溶液中组成原电池，测量电池电动势，就可以得到指示电极电位，由电极电位可以计算出待测物质的浓度。

但实际上，所测得的电池电动势包括了液体接界电位，对测量会产生影响；指示电极测定的是活度而不是浓度，而活度和浓度有较大的差别；膜电极不对称电位的存在，也限制了直接电位法的应用。因此，直接电位法不是由电池电动势计算溶液浓度，而是依靠标准溶液进行测定。

1. pH 值的电位法测定

pH 玻璃电极是测量氢离子活度最重要的指示电极。它和甘汞电极组成的体系是最常用的体系。溶液 pH 值的测量通常是采用与已知 pH 值的标准缓冲溶液相比较的方法进行。对于缓冲溶液和未知溶液，若测得缓冲溶液体系的电动势为 E_s，未知溶液体系的电动势为 E_x，则

$$E_s = K + 2.303 \frac{RT}{F} pH_s$$

$$E_x = K + 2.303 \frac{RT}{F} pH_x$$

可得

$$pH_x = pH_s + \frac{E_x - E_s}{2.303 RT/F} \tag{2-5}$$

式（2-5）称为 pH 值的操作定义或实用定义。由此可以看出，未知溶液的 pH 值与未知溶液的电位值呈线性关系。这种测定方法实际上是一种标准曲线法，标定仪器实际上就是用标准缓冲溶液校准标准曲线的截距，温度校准则是调整曲线的斜率。经过校准操作后，pH 计的刻度就符合标准曲线的要求了，可以对未知溶液进行测定，未知溶液的 pH 值可以由 pH 计直接读出。实验中用作标准缓冲溶液的 pH 值见表 2-3。

表 2-3 标准缓冲溶液的 pH 值

温度/℃	草酸氢钾 (0.05mol/L)	酒石酸氢钾 (25℃，饱和)	邻苯二甲酸氢钾 (0.05mol/L)	KH_2PO_4 (0.025mol/L) + Na_2HPO_4 (0.025mol/L)
0	1.666	—	4.003	6.984
10	1.670	—	5.998	6.923
20	1.675	—	4.002	6.881
25	1.679	3.557	4.008	6.865
30	1.683	3.552	4.015	6.853
35	1.688	3.549	4.024	6.844
40	1.694	3.547	4.035	6.838

pH 值测定的准确度取决于标准缓冲溶液的准确度,也取决于标准溶液与待测溶液组成接近的程度。此外,玻璃电极一般适用于 pH 值范围为 1~9,因为 pH>9 时会产生碱误差,使读数偏高;pH<1 时会产生酸误差,使读数偏低。

2. 离子活(浓)度的测定

将离子选择电极与参比电极组成电池,通过测定电池电动势来测定离子的活度,这种测量仪器称为离子计。与 pH 计测定溶液 pH 值类似,各种离子计可直读出试液的 pM 值,不同的是,离子计使用不同的离子选择电极和相应的标准溶液来标定仪器的刻度。此外,利用电极电位和 pM 的线性关系,也可以采用标准曲线法和标准加入法测定离子活度。

(1) 标准加入法 标准加入法是将一定体积和一定浓度的标准溶液加入到已知体积的待测试液中,根据加入前后电位的变化计算待测离子的含量。

1) 标准加入法的具体操作

① 在一定的实验条件下,先测定体积为 V_x(浓度为 c_x)的试液的电池电动势 E_1。E_1 与 c_x 的关系为

$$E_1 = K + S \lg r c_x$$

式中 r——离子的活度系数;

S——$0.059/n$(25℃)。

② 向试液中加入体积为 V_s(约为试液体积的 1/100),浓度为 c_s(约为试液浓度的 100 倍)的待测离子标准液,在同一实验条件下,再测量其电池电动势为 E_2。E_2 与 c_x 的关系为

$$E_2 = K + S \lg f'(c_x + \Delta c)$$

式中 f'——加入标准溶液后,溶液的离子活度系数;

Δc——加入标准溶液后,试液浓度的增量。

$\Delta c = c_s V_s/(V_x + V_s)$,由于 V_s 远小于 V_x,所以 $\Delta c = c_s V_s/V_x$。

③ 由于所加入的标准溶液的体积 V_s 很小,不会影响溶液的总离子强度,因而试液的活度系数可认为实际上保持恒定,即 $f \approx f'$,则

$$c_x = \Delta c/(10^{\Delta E/S} - 1) \tag{2-6}$$

式中 Δc——$c_s V_s/V_x$;

ΔE——$E_2 - E_1$;

S——$0.059/n$(25℃)。

利用式(2-6)即可求出试液的浓度 c_x。

此方法的优点是仅需一种标准溶液,操作简单、快速,适合于组分比较复杂,份数较少的试样。

2) 测定步骤

① 配制待测物标准浓度 c_s 系列溶液。

② 使用 TISAB（总离子强度调节缓冲液）分别调节标准液和待测液的离子强度和酸度，以掩蔽干扰离子。

③ 用同一电极体系测定各标准液和待测液的电动势 E。

④ 以测得的各标准液电动势 E 对相应的浓度对数 $\lg c_s$ 作图，得校正曲线。

⑤ 在与上述相同的实验条件下，向待测试液中也加入一定量的 TISAB，保持与标准溶液大致相同的离子强度，测出其电池电动势 E_x，即可从标准曲线上查出待测试液所对应的 $-\log c_x$，进一步换算出待测试液的浓度 c_x。

3）总离子强度调节缓冲溶液 TISAB 的作用

① 保持较大且相对稳定的离子强度，使活度系数恒定。

② 维持溶液在适宜的 pH 值范围内，满足离子电极的要求。

③ 掩蔽干扰离子。

该方法的缺点是当试样组成比较复杂时，难以做到与标准曲线条件一致，需要靠回收率实验对方法的准确性加以验证。

（2）标准曲线法　标准曲线法是在同样的条件下用标准物配制一系列不同浓度的标准溶液，由其浓度的对数与电位值作图得到校准曲线，再在同样的条件下测定试样溶液的电位值，由校准曲线上读取试样中待测离子的含量。

六、电位滴定法

电位滴定法是在滴定过程中通过测量电位的变化来确定滴定终点的方法。与直接电位法相比，电位滴定法不需要准确测量电极电位值，因此温度、液体接界电位的影响并不重要，其准确度优于直接电位法。普通滴定法依靠指示剂颜色的变化来指示滴定终点，如果待测溶液有颜色或浑浊，则终点的指示就比较困难，或者根本找不到合适的指示剂。电位滴定法靠电极电位的突跃来指示滴定终点。在滴定到达终点前后，试液中的待测离子浓度往往连续变化 n 个数量级，引起电位的突跃，被测成分的含量仍然通过消耗滴定剂的量来计算。

使用不同的指示电极，电位滴定法可以进行酸碱滴定、氧化还原滴定、配位滴定和沉淀滴定。酸碱滴定时使用 pH 玻璃电极作指示电极，在氧化还原滴定中可以用铂电极作指示电极。在配位滴定中，若用 EDTA 作滴定剂，则可以用汞电极作指示电极；在沉淀滴定中，若用硝酸银滴定卤素离子，则可以用银电极作指示电极。在滴定过程中，随着滴定剂的不断加入，电极电位 E 不断发生变化，当电极电位发生突跃时，说明滴定到达终点。

1. 电位滴定法所用仪器及测定原理

电位滴定法所用仪器由四部分组成，即电池、搅拌器、测量仪表、滴定装置，如图 2-8 所示。

2. 电位滴定法终点的确定方法

（1）作图法

1）E-V 曲线（即一般的滴定曲线）：以测得的电位 E 对滴定的体积作图，得到图 2-9a 所示的曲线，曲线的突跃点（拐点）所对应的体积为终点的滴定体积 V_e。

2）作 $\Delta E/\Delta V$-V 曲线（即一级微分曲线）：对于滴定突跃范围较小或计量点前后滴定曲线不对称的情况，可以用 $\Delta E/\Delta V$ 对 ΔV 相应的两体积的平均值作图，得到图 2-9b 所示的曲线，曲线极大值所对应的体积为 V_e。

3）作 $\Delta^2 E/\Delta V^2$-V 曲线（即二级微商曲线），以 $\Delta^2 E/\Delta V^2$ 对二次体积的平均值作图，得到图 2-9c 所示的曲线，曲线的切线与 V 轴交点即 $\Delta^2 E/\Delta V^2 = 0$ 所对应的体积为 V_e。

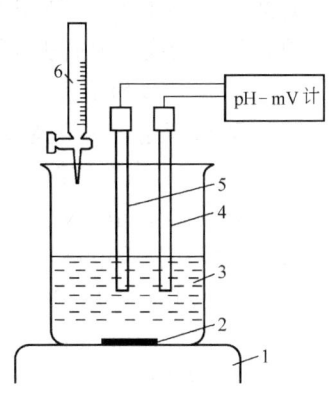

图 2-8 电位滴定法所用仪器
1—电磁搅拌器 2—转子 3—试液
4—参比电极 5—指示电极 6—滴定管

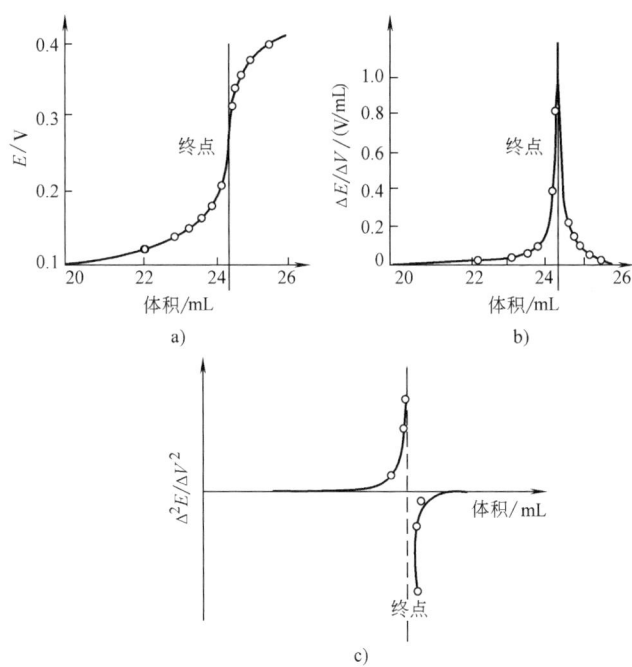

图 2-9 电位滴定法的滴定曲线

（2）二级微商计算法 从二级微商曲线可见，当 $\Delta^2 E/\Delta V^2$ 的两个相邻值出现相反的符号时,两个滴定体积 V_1、V_2 之间,必有 $\Delta^2 E/\Delta V^2 =0$ 的一点,该点对应的体积为 V_e。用线性内插法求得 E_e、V_e。

3. 电位滴定法的应用

(1) 酸碱滴定　一般酸碱滴定都可以采用电位滴定法,特别适合于弱酸(碱)的滴定,可在非水溶液中滴定极弱酸。

指示电极:玻璃电极、锑电极。

参比电极:甘汞电极。

① 在乙酸介质中用 $HClO_4$ 滴定吡啶。

② 在乙醇介质中用 HCl 溶液滴定三乙醇胺。

③ 在异丙醇和乙二醇混合溶液中用 HCl 溶液滴定苯胺和生物碱。

④ 在二甲基甲酰胺介质中可滴定苯酚。

⑤ 在丙酮介质中可以滴定高氯酸、盐酸、水杨酸混合物。

(2) 沉淀滴定

参比电极:双盐桥甘汞电极、甘汞电极。

① 指示电极:银电极。

标准溶液:$AgNO_3$。

滴定对象:Cl^-、Br^-、I^-、CNS^-、S^{2-}、CN^- 等,可连续滴定 Cl^-、Br^-、I^-。

② 指示电极:汞电极。

标准溶液:硝酸汞。

滴定对象:Cl^-、Br^-、I^-、CNS^-、S^{2-}、$C_2O_4^{2-}$ 等。

③ 指示电极:铂电极。

标准溶液:$K_4[Fe(CN)_6]$。

滴定对象:Pd^{2+}、Cd^{2+}、Zn^{2+}、Ba^{2+} 等。

(3) 氧化还原滴定

参比电极:甘汞电极。

指示电极:铂电极。

① 标准溶液:高锰酸钾。

滴定对象:I^-、NO_3^-、Fe^{2+}、V^{4+}、Sn^{2+}、$C_2O_4^{2-}$。

② 标准溶液:$K_4[Fe(CN)_6]$。

滴定对象:Co^{2+}。

③ 标准溶液:$K_2Cr_2O_7$。

滴定对象:Fe^{2+}、Sn^{2+}、I^-、Sb^{3+} 等。

(4) 配位滴定

参比电极:甘汞电极。

标准溶液：EDTA

① 指示电极：汞电极。

滴定对象：Cu^{2+}、Zn^{2+}、Ca^{2+}、Mg^{2+}、Al^{3+}。

② 指示电极：氟电极。

用氟化物滴定 Al^{3+}。

③ 指示电极：钙离子选择性电极。

滴定对象：Ca^{2+}等。

4．自动电位滴定法

直到目前还有不少使用自动电位滴定的装置，如图 2-10 所示。在滴定管末端连接可通过电磁阀的细乳胶管，此管下端接上毛细管。滴定前根据具体的滴定对象为仪器设置终点控制值（理论计算值或滴定实验值）的电位（或 pH 值）。滴定开始时，电位测量信号使电磁阀断续开关，滴定自动进行。电位测量值到达仪器设定值时，电磁阀自动关闭，滴定停止。

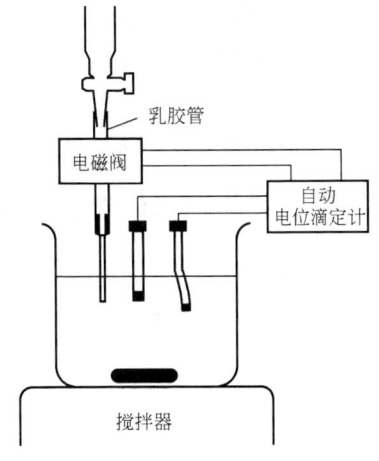

图 2-10　自动电位滴定装置

现代的自动电位滴定已广泛采用计算机控制。计算机对滴定过程中的数据进行自动采集和处理，并利用滴定反应化学计量点前后电位突变的特性，自动寻找滴定终点及控制滴定，因此更加自动和快速。

◆◇◆ 第二节　分光光度法

分光光度法是根据物质对不同波长的单色光的吸收程度而对物质进行定性和定量的分析方法，包括比色法、紫外-可见分光光度法及红外光谱法等。本节重点介绍紫外-可见分光光度法。

一、光的性质

光是一种电磁波。实验证实，电磁波（电磁辐射）是一种以极高的速度传播的光量子流，既具有粒子性，也具有波动性。

（1）波动性　其特征是每个光子具有一定的波长，光的波动性可用波长 λ、频率 v、光速 c、波数（单位为 cm^{-1}）等参数来描述。

由于在真空中所有电磁波均以同样的最大速度 c（光速）传播，因此各种辐射在真空中有固定的波长，即

$$\lambda = \frac{c}{v}$$

(2) 粒子性　电磁辐射与物质之间能量的转移用粒子性来解释。

特征：辐射能是由一颗一颗不连续的粒子流传播的，这种粒子叫光量子，是量子化的（发射或被吸收）。光量子的能量为

$$E = hv$$

式中　h——普朗克常数，其值为 6.626×10^{-34} J·S。

二、物质对光的选择性吸收

1. 物质的颜色

不同波长（频率）的光（电磁波）的性质是不相同的。电磁波的分类及波长范围见表 2-4。

在可见光区域内，不同波长的光所引起人的视神经的感受不同，使人们看到不同的颜色。

白光是波长在 400～760nm 范围内的各种光的混合光。将白光中各种波长的光彼此分离开来可得到各种不同颜色的单色光。

表 2-4　电磁波的分类及波长范围

电磁波分类	远紫外	近紫外	可见	近红外	中红外	远红外
波长范围	10～200nm	200～400nm	400～760nm	760～2.5μm	2.5～50μm	50～300μm

如果只将白光中某一颜色的光（即将某一波长范围的光分离出来），则剩余的各种波长的光将呈现其补色，两者相互称为补色。例如：从白光中分离出蓝光后，剩余的混合光呈黄色，蓝、黄色互为补色。

物质之所以呈现不同的颜色，就是由于物质对相应的不同波长的光的透射或反射的结果。白光照在物质上，某些波长的光被吸收，剩余各波长的光被反射，物质呈现的颜色就是反射光的颜色，也就是物质所吸收的光的互补色。

总之，物质呈现的颜色，就是其反射光的颜色，也就是其吸收的光的互补色。

2. 吸收曲线

测量某物质对不同波长单色光的吸收程度时，以波长（λ/nm）为横坐标，吸光度（A）为纵坐标，可得一条曲线，这条曲线称为吸收曲线或吸收光谱。吸收曲线可以提供被测物质的信息，作为物质定性、定量的依据。

图 2-11 所示为 $KMnO_4$ 溶液（不同浓度）的吸收曲线，在 525nm 处有最大吸收。

同一种物质对不同波长光的吸光度不同。吸光度最大处对应的波长称为最大

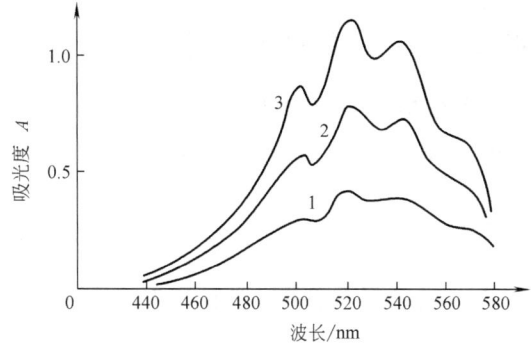

图 2-11 KMnO₄ 溶液（不同浓度）的吸收曲线

1—1.56×10^{-4} mol/L 的 KMnO₄ 溶液的吸收曲线　2—3.12×10^{-4} mol/L 的 KMnO₄ 溶液的吸收曲线
3—4.68×10^{-4} mol/L 的 KMnO₄ 溶液的吸收曲线

吸收波长 λ_{max}。不同浓度的同一种物质，其吸收曲线形状相似但 λ_{max} 不变。对于不同的物质，它们的吸收曲线形状和 λ_{max} 则不同。

吸收曲线可以提供物质的结构信息，并可作为物质定性分析的依据之一。

1）不同浓度的同一种物质，在某一定波长下的吸光度 A 有差异，在 λ_{max} 处吸光度 A 的差异最大。此特性可作为物质定量分析的依据。

2）在 λ_{max} 处吸光度随着浓度变化的幅度最大，所以测定最灵敏。吸收曲线是定量分析中选择入射光波长的重要依据。

三、紫外-可见吸收光谱与有机分子结构的关系

许多有机化合物能吸收紫外-可见光辐射。有机化合物的紫外-可见吸收光谱主要是由分子中价电子的跃迁而产生的。

1. 吸收峰的长移和短移

长移：吸收峰向长波移动的现象，又称为红移。

短移：吸收峰向短波移动的现象，又称为紫移。

增强效应：吸收强度增强的现象。

减弱效应：吸收强度减弱的现象。

2. 发色团和助色团

各类跃迁都需要有不饱和的官能团以提供 π 轨道，因此轨道的存在是有机化合物在紫外-可见光区产生吸收的前提条件。

（1）发色团　具有 π 轨道的不饱和官能团称为发色团，主要有：—C＝O、—N＝N-、—N＝O、—C≡C—等。

（2）助色团　本身不"生色"，但能使生色团生色效应增强的官能团称为助

色团，主要有：—OH、—NH$_2$、—SH、—Cl、—Br 等。

四、光吸收基本定律——朗伯-比尔定律

朗伯-比尔定律是说明物质对单色光吸收的强弱与吸光物质的浓度（c）和液层厚度（b）间关系的定律，是光吸收的基本定律，是紫外-可见光度法定量的基础。

朗伯-比尔定律可简述为：当一束强度为 I_0 的单色光通过浓度为 c、液层厚度为 b 的溶液时，一部分光被溶液中的吸光物质吸收后透过光的强度为 I_t，则 $\dfrac{I_t}{I_0}$ 称为透光率，用 T 表示。$-\lg\dfrac{I_t}{I_0}$ 称为吸光度，用 A 表示，则

$$A = -\lg T = Kbc \tag{2-7}$$

此即朗伯-比尔定律的数学表达式。

朗伯-比尔定律可表述为：当一束平行的单色光通过溶液时，溶液的吸光度（A）与溶液的浓度（c）和厚度（b）的乘积成正比。它是分光光度法定量分析的依据。

五、吸光系数

朗伯-比尔定律中的比例系数"K"的物理意义是：吸光物质在单位浓度、单位厚度时的吸光度。

在一定条件（T、λ 及溶剂）下，K 是物质的特征常数，可作为定性的依据。K 在标准曲线上为斜率，是定量的依据，常有两种表示方法。

1. 质量吸光系数

当 c 的单位为 g/L，b 的单位为 cm 时，K 用质量吸光系数表示，单位为 L/（g·cm），即

$$A = Kbc \tag{2-8}$$

2. 摩尔吸光系数 ε

当 c 的单位为 mol/L、b 的单位为 cm 时，用摩尔吸光系数 ε 表示，单位为 L/（mol·cm），即

$$A = \varepsilon bc \tag{2-9}$$

吸光系数不可能直接用 1mol/L 的吸光物质测量，一般由较稀溶液的吸光系数换算得到。摩尔吸光系数 ε 的意义为：

1）吸收物质在一定波长和溶剂条件下的特征常数。

2）不随浓度 c 和光程长度 b 的改变而改变。在温度和波长等条件一定时，ε 仅与吸收物质本身的性质有关。

3）可作为定性鉴定的参数。

4）同一吸收物质在不同波长下的 ε 值是不同的。在最大吸收波长 λ_{max} 处的摩尔吸光系数常以 ε_{max} 表示。ε_{max} 表明了该吸收物质最大限度的吸光能力，也反映了光度法测定该物质可能达到的最大灵敏度。ε_{max} 越大，表明该物质的吸光能力越强，用光度法测定该物质的灵敏度越高。

$$\varepsilon > 10^5 \qquad 超高灵敏$$
$$\varepsilon = (6 \sim 10) \times 10^4 \qquad 高灵敏$$
$$\varepsilon = (2 \sim 6) \times 10^4 \qquad 中等灵敏$$
$$\varepsilon < 2 \times 10^4 \qquad 不灵敏$$

例如，分光光度法测定铜，采用铜试剂法时 $\varepsilon_{426} = 1.28 \times 10^4 L/(mol \cdot cm)$，采用双硫腙法时 $\varepsilon_{495} = 1.58 \times 10^5 L/(mol \cdot cm)$。

六、引起偏离朗伯-比尔定律的因素

根据朗伯-比尔定律，A 与 c 的关系应是一条通过原点的直线，称为标准曲线，但事实上往往容易发生偏离直线的现象（见图2-12）而引起误差，尤其是在高浓度时。导致偏离朗伯-比尔定律的因素主要有：

1. 吸收定律本身的局限性

事实上，朗伯-比尔定律是一个有限的定律，只有在稀溶液中才能成立。由于在高浓度时（通常 $c > 0.01$ mol/L），吸收质点之间的平均距离缩小到一定程度，邻近质点彼此的电荷分布都会相互受到影响，此影响能改变它们对特定辐射的吸收能力，相互影响程度取决于 c，因此，此现象可导致 A 与 c 的线性关系发生偏差。

2. 化学因素

试液中各组分的相互作用，如缔合、离解、光化学反应、异构化、配位数目改变等，会引起待测组分吸收曲线的变化等，从而发生偏离朗伯-比尔定律的现象。例如，铬酸盐或重铬酸盐溶液中存在下列平衡：

$$2CrO_4^{2-} + 2H^+ \rightleftharpoons Cr_2O_7^{2-} + H_2O$$

溶液中 CrO_4^{2-}、$Cr_2O_7^{2-}$ 的颜色不同，吸光性质也不相同，故此时溶液 pH 值对测定有重要影响。

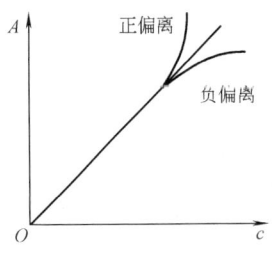

图2-12 偏离直线的现象

3. 仪器因素（非单色光的影响）

朗伯-比尔定律的重要前提是单色光，即只有一种波长的光。实际上，真正的单色光却难以得到。由于吸光物质对不同 λ 的光的吸收能力不同（ε 不同），因此导致对朗伯-比尔定律的偏离。单色光仅是一种理想情况，即使用棱镜或光栅等所得到的单色光，实际上也是有一定波长范围的光谱带。单色光的纯度与狭缝宽度有关,狭缝越窄,它所包含的波长范围也就越窄。

4. 其他光学因素

1) 散射和反射,浑浊溶液会由于散射光和反射光而偏离朗伯-比尔定律。

2) 非平行光。

七、分光光度计

紫外-可见分光光度计是在紫外-可见光区可任意选择不同 λ 的光测定吸光度的仪器,主要由光源、单色器、吸收池、检测器和信号检测系统几部分组成,如图 2-13 所示。

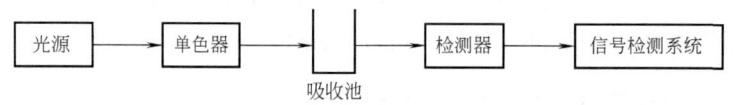

图 2-13 紫外-可见分光光度计的组成示意图

1. 紫外-可见分光光度计的主要部件

(1) 光源 提供入射光的装置。

1) 钨灯或碘钨灯:钨灯和碘钨灯可使用的波长范围为 340~2500nm。这类光源的辐射能量与施加的外加电压有关。在可见光区,辐射的能量与工作电压的 4 次方成正比,光电流也与灯丝电压的 n 次方($n>1$)成正比。因此,使用时必须严格控制灯丝电压,必要时需配备稳压装置,以保证光源的稳定。

2) 氢灯或氘灯:氢灯和氘灯可使用的波长范围为 160~375nm,由于受石英窗吸收的限制,通常紫外光区波长的有效范围一般为 200~375nm。氢灯内氢气压力为 10^2Pa 时,用稳压电源供电,放电十分稳定,且光强度恒定。氘灯的灯管内充有氢同位素氘,其光谱分布与氢灯类似,但光强度比同功率的氢灯大 3~5 倍,是紫外光区应用最广泛的一种光源。

(2) 单色器 将来自光源的光按波长由长到短的顺序分散为单色光并能随意调节所需波长光的一种装置。

1) 色散元件:把混合光分散为单色光的元件(单色器的关键部分)。常用的色散元件有:

① 棱镜:由玻璃或石英制成,对不同波长的光有不同的折射率,从而可将复合光分开。

② 光栅:通过在抛光表面密刻许多平行条痕(槽)而制成,利用光的衍射作用和干扰作用使不同波长的光有不同的方向,从而起到色散作用(光栅色散后的光谱是均匀分布的)。

2) 狭缝:入口狭缝用于限制杂散光进入,出口狭缝可使色散后所需波长的光通过。

3）准直镜：以狭缝为焦点的聚光镜。其作用为：将来自入口狭缝的发散光变成单色光，把来自色散元件的平行光聚集于出口狭缝。

（3）吸收池　装被测溶液用的无色、透明、耐腐蚀的池皿。光学玻璃吸收池只能用于可见光区；石英吸收池可用于紫外光区及可见光区。

定量分析时吸收池应配套（测定同种溶液时 $T<0.5\%$）。

（4）检测器　将接收到的光信号转变成电信号的元件，常用的有：

1）光电管：一真空管内装有一个丝状阳极和一个半圆筒状阴极。国产光电管有：紫敏光电管，用锑、铯作阴极，适用波长范围为 200~625nm；红敏光电管，用银、氧化铯作阴极，适用波长范围为 625~1000nm。

2）光电倍增管：原理与光电管相似，结构上有差异。

（5）信号检测系统　检流计，数字显示，用计算机进行仪器自动控制和结果处理。显示方式有 A、T（%）、c 等。

2. 分光光度计的类型

紫外-可见分光光度计的类型很多，但可归纳为三种类型，即单光束分光光度计、双光束分光光度计和双波长分光光度计。

（1）单光束分光光度计　经单色器分光后的一束平行光，轮流通过参比溶液和样品溶液，以进行吸光度的测定。这种简易型分光光度计结构简单、操作方便、维修容易，适用于常规分析。目前，我国广泛采用的单光束分光光度计有国产 721 型，751 型、XG—125 型，英国 SP500 型和伯克曼 DU—8 型等。

（2）单波长双光束分光光度计　经单色器分光后经反射镜分解为强度相等的两束光，一束通过参比池，一束通过样品池。光度计能自动比较这两束光的强度，此比值即为试样的透射比，经对数变换将它转换成吸光度并作为波长的函数记录下来。

双光束分光光度计一般都能自动记录吸收光谱曲线。由于两束光同时分别通过参比池和样品池，因此能自动消除光源强度变化所引起的误差。

单波长双光束分光光度计有国产 710 型、730 型、740 型和日立 UV—340 型等。

八、定性及定量分析方法

1. 定性分析

选择合适的溶剂（非极性），使用有足够纯度单色光的分光光度计，在相同的条件下测定相近浓度的待测试样和标准品的溶液的吸收光谱，然后比较两者吸收光谱的特征，即吸收峰数目及位置、吸收谷及肩峰所在的位置（λ）等。分子结构相同的化合物应有完全相同的吸收光谱。

2. 定量分析

对于单组分的测定,常用以下三种方法进行分析:

(1) 标准曲线法 配制一系列 (5~10个) 不同浓度的标准溶液,在适当 λ (通常为 λ_{max}) 下,以适当的空白溶液作参比,分别测定 A,然后作 A-c 曲线,在相同条件下测定试样溶液吸光度 A_x,查找对应的 c_x。

(2) 直接比较法 已知试样溶液的基本组成,配制相同基体、相近浓度的标准溶液,分别测定吸光度 $A_{标}$、$A_{样}$。

根据朗伯-比尔定律可得

$$A_{标} = Kbc_{标}$$
$$A_{样} = Kbc_{样}$$

则

$$c_{样} = \frac{A_{样}}{A_{标}} c_{标} \tag{2-10}$$

(3) 差示分光光度法(高吸光度差示法)⊖ 对于高含量组分,普通的分光光度法不适用,一是溶液浓度过高会造成对郎伯-比耳定律的偏离,二是溶液浓度大,吸光度读数大,读数误差就大,从而造成浓度的相对误差大。

采用差示分光光度法可进行高含量组分的测定,提高准确度。

差示分光光度法与普通分光光度法的测定方法相同,只是它采用已知浓度且成分与待测溶液成分相同的溶液作参比溶液。

根据所用的参比溶液的浓度,可分为高吸光度差示法、低吸光度差示法和极限精密差示法。

1) 高吸光度差示法是采用一个浓度稍低于待测溶液浓度的标准溶液来作参比溶液,以调节 $T = 100\%$ $(A = 0)$。设该标准溶液浓度为 c_1,待测溶液浓度为 c,且 $c_1 < c$,则

$$A = \varepsilon bc$$
$$A_1 = \varepsilon bc_1$$
$$\Delta A = A - A_1 = \varepsilon b(c - c_1) = \varepsilon b \Delta c \tag{2-11}$$

式 (2-11) 表明,待测溶液与参比溶液的吸光度差值与两溶液的浓度差成正比。

用已知浓度的标准溶液作参比调 $A = 0$ $(T = 100\%)$,则待测溶液测得的吸光度即为两溶液的吸光度之差,即 $A_1 = 0$,$\Delta A = A$。式 (2-11) 中,$A_1 = 0$,$\Delta A = A$,c_1 已知,可计算出 c。

使用浓度为 c_1 的标准溶液作参比溶液时,若在普通法中,c_1 的透射比为

⊖ 此法为选学内容,供参考。

10%,现在人为地将其调至100%,那么相当于标尺从0%~10%扩展至0%~100%,标尺扩展了10倍。如果待测溶液在普通法中T为5%,则在差示法中应为50%,进入读数误差较小的区域,从而提高了准确度。

提高参比溶液的浓度c_1,降低Δc,可提高测定结果的准确度。但c_1过大,透过它的光强度就小,相应的光电流也小,在仪器灵敏度不高时,无法调$T = 100\%$,因此c_1受到仪器灵敏度的限制。

2)低吸光度差示法的原理与高吸光度法相同,只是采用的标准溶液的浓度c_2稍大于待测溶液,即$c_2 > c$,用c_2调T为0%。

3)极限精密差示法是低、高吸光度法的综合,是用c_1、c_2两个溶液分别来调T为100%和0%。

九、光度法显色反应条件和测量条件的选择

1. 影响显色反应的因素及反应条件的选择

(1)显色剂的选择

1)选择性好:干扰少或易排除。

2)灵敏度(S)高:尤其是对低含量组分,一般要求$\varepsilon > 10^4$L/(mol·cm)。

3)有色化合物稳定,组成恒定。

4)有色化合物与显色剂的颜色差别大。

(2)影响显色反应的因素及反应条件

1)显色剂的用量

$$M + R \rightleftharpoons MR$$
(待测组分) (显色剂) (有色化合物)

在被测组分一定及其他实验条件不变的情况下,分别加入不同量显色剂测得A值,作A-C_R曲线,常见两种情况,如图2-14所示。因此,合适的C_R应通过实验来确定。

2)溶液的酸度

① 对金属离子存在状态的影响——防止水解和沉淀的生成。

② 对显色剂浓度的影响

$$H_2R \rightleftharpoons 2H^+ + R^{2-}$$

③ 对显色剂颜色的影响

$$H_2R \rightleftharpoons H^+ + HR^- \rightleftharpoons 2H^+ + R^{2-}$$

不同的形态,颜色不同,酸度的变化必将影响电离平衡的移动,也将影响显色剂的颜色。

适宜的pH值通过实验确定:作A-pH值曲线(其他条件并不变),从中找出

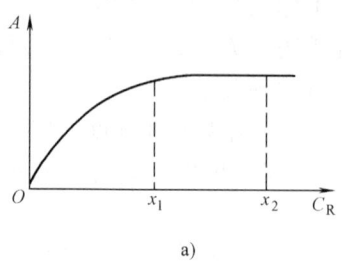
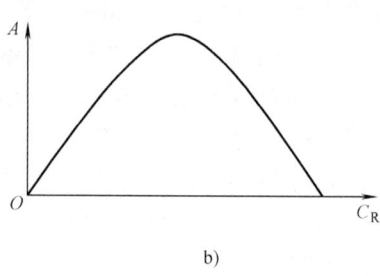

图 2-14 吸光度与显色剂加入量的关系
a）在 x_1 与 x_2 之间任选一点　b）严格控制 C_R

A 较大且基本不变的某 pH 值范围。

3）显色时间：各种显色反应速度不同，反应完全所需时间也就不同；有些有色化合物在一定的时间内稳定。

选择方法：作 A-t（min）曲线，选择在 A 较大且稳定的时间内进行。

4）显色温度：显色反应一般在室温下进行，但反应速度太慢或常温下不易进行的显色反应需要升温或降温。

选择方法：作 A-T（℃）曲线，选择在 A 较大的温度内进行。

5）溶剂：由实验确定。选择合适的溶剂（常为有机溶剂），可提高反应的灵敏度及加快反应速度。

6）溶液中共存离子的干扰及其消除。溶液中共存离子的干扰有以下几种形式：

① 共存离子本身有颜色。

② 共存离子与显色剂反应生成有色化合物或沉淀。

③ 共存离子与被测离子或显色剂作用，降低它们的有效浓度。

消除方法：

① 选择适当的显色条件避免干扰。

② 加入掩蔽剂（配位剂），掩蔽干扰离子，使其生成配位化合物，从而降低其浓度。

③ 利用氧化还原反应改变干扰离子的价态，消除其干扰。

④ 利用空白溶液（参比溶液）抵消显色剂和某些有色共存离子的干扰。

⑤ 利用校正系数法消除干扰。

⑥ 选择适当的测定波长消除干扰。

⑦ 测定前，预先分离被测离子和干扰离子。

2. 分光光度法测量误差及实验条件的选择

（1）测量误差及 A 范围的选择　任何光度计都有一定的测量误差，即读数误差。同一台光度计的透射比读数误差 ΔT 是一常数。

由于 T 与 c 是负对数关系（$A = -\lg T = \varepsilon bc$），所以同样的 ΔT 在不同的透光度范围内引起的浓度误差 Δc 不同。

将 $-\lg T = \varepsilon bc$ 变成自然对数并微分得

$$-\frac{0.434}{T}dT = \varepsilon b dc$$

两边除以 $-\lg T = \varepsilon bc$ 得

$$\frac{\Delta c}{c} = \frac{0.434}{T\lg T}\Delta T$$

可见，浓度测量的相对误差不仅与读数误差 ΔT 有关，还与待测溶液的透光度有关。对同一台光度计，可计算出不同 T 时的 $\frac{\Delta c}{c}$，并作图。当吸光度很大或很小时，$\frac{\Delta c}{c}$ 都较大；当 $T = 36.8\%$ 或 $A = 0.434$ 时，$\frac{\Delta c}{c}$ 为最小；当 $T = 20\% \sim 65\%$（$A = 0.7 \sim 0.2$）时，$\frac{\Delta c}{c}$ 较小。

实际测定时，可通过控制溶液的 c 及 b 使 A 在 $0.2 \sim 0.7$ 范围内。

（2）测量波长的选择　一般根据吸收光谱选择 λ_{max}，因为此时灵敏度高，A 随波长变化小。若有干扰，则根据"吸收大，干扰小"的原则选择 λ。

例如，3，3'-二氨基联苯（DAB）和 Se 形成的配位化合物 Se-DAB 的最大吸收波长在 340nm 波长处，DAB 也有很强的吸收，在这种情况下，分析波长应选用次大吸收波长 420nm，否则测量误差较大。

（3）狭缝宽度　理论上，定性分析采用最小的狭缝宽度，在定量分析中，为避免狭缝太小、出射光太弱而引起信噪比降低，可以将狭缝开大一点。通过测定 A 随着狭缝宽度变化而变化的规律，可选择出合适的狭缝宽度。在狭缝宽度的某个范围内，A 值恒定，狭缝宽度增大至一定程度时 A 减小，因此，合适的狭缝宽度是在吸光度不减小时的最大狭缝宽度。

（4）空白溶液的选择　空白溶液用来调节工作零点，即 $A = 0$，$T\% = 100\%$ 的溶液，以消除溶液中其他基体组分以及吸收池和溶剂对入射光的反射和吸收所带来的误差。

根据具体情况的不同，常用的空白溶液有以下选择：

1）溶剂空白：当溶液中只有待测组分在测定波长下有吸收，而其他组分无吸收时，用纯溶剂作空白。

2）试剂空白：如果显色剂或其他试剂有吸收，而待测试样溶液无吸收，则用不加待测组分的其他试剂作空白。

3）试样空白：如果试样基体有吸收，而显色剂或其他试剂无吸收，则用不加显色剂的试样溶液作空白。

4)平行操作空白：用溶剂代替试样溶液，以与试样完全相同的分析步骤进行平行操作，用所得的溶液作空白。

十、紫外-可见吸收光谱法的应用

在比色法和分光光度法中，进行定量分析的程序一般是：

1)当没有光照射到光电转换器上时，将仪器调整到 $T=0$ 或 $A=\infty$。

2)以溶剂或试剂空白等作为参比溶液置于光路中，将仪器调整到 $T=100\%$ 或 $A=0$。

3)将被测溶液置于光路中，进行定量分析。

4)根据所测吸光度，进行定量分析。

紫外-可见分光光度法的应用很广泛，可用于定量、定性，还可用于研究配位化合物的组成和各类平衡常数的测定等。

1. 酸碱指示剂离解常数的测定

分光光度法可以测定酸碱离解常数，若为一元弱酸，则在溶液中的离解反应为

$$HB = H^+ + B^-$$

$$K_a = \frac{[H^+][B^-]}{[HB]}$$

$$pK_a = pH - \lg\frac{[B^-]}{[HB]} \tag{2-12}$$

若测出 [B⁻] 和 [HB]，则可算出 K_a。测定时，配制出三份不同 pH 值的 HB 溶液，一份为强碱性溶液，另一份为强酸性溶液，分别在 B⁻ 和 HB 的吸收峰波长处测定吸光度，由此计算出 B⁻ 和 HB 的摩尔吸光系数。第三份为已知 pH 值的缓冲液，其 pH 值在 pK_a 附近，在测得 B⁻ 和 HB 的总吸光度后用双组分测定的方法算出 B⁻ 和 HB 的浓度，即可计算出弱酸的离解常数。由式（2-12）可知，当 [B⁻] 和 [HB] 相等时，pK_a = pH。若以 pH 值为横坐标，以某波长处测得的不同 pH 值时的 A 为纵坐标作图，得一条 S 形曲线，该曲线的中点所对应的 pH 值即为 pK_a 值。

2. 配位化合物的组成及稳定常数的测定

分光光度法是测定配位化合物的组成及稳定常数常用及有效的方法之一，主要有摩尔比法、等摩尔连续变化法、斜率比法和平衡移动法四种，现在介绍其中常用的摩尔比法（也称为饱和法）测定配位化合物的组成及稳定常数的方法和原理。

摩尔比法是根据金属离子 M 与配位体 R 显色过程中被饱和的原则来测定配

位化合物组成及稳定常数的方法。

设配合反应为 M + nR = MR$_n$，若 M 与 R 均不干扰 MR$_n$ 的吸收，且其分析浓度分别为 c_M 和 c_R，那么固定金属离子 M 的浓度，改变配位体 R 的浓度，可得到一系列 c_R/c_M 值不同的溶液。在适宜波长下测定各溶液的吸光度，然后以吸光度 A 对 c_R/c_M 作图，如图 2-15 所示。当加入的配位体 R 还没有使 M 定量转化为 MR$_n$ 时，曲线处于直线阶段；当加入的配位体 R 已使 M 定量转化为 MR$_n$ 并稍有过量时，曲线便出现转折；加入的 R 继续过量，曲线便成为水平直线。转折点所对应的摩尔比数便是配位化合物的组成比。若配位化合物较稳定，则转折点明显；反之则不明显，这时可用外推法求得两直线的交点。

此方法简便，适合于离解度小、组成比高的配位化合物组成的测定。

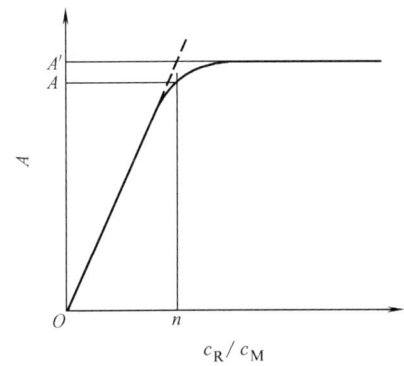

图 2-15　摩尔比法

3. 化合物相对分子质量的测定

利用同样生色骨架的分子 λ_{max} 及 ε_{max} 基本相同的特点，若一化合物在紫外-可见光区无吸收，则可将它与另一已知摩尔吸光系数的生色团作用形成衍生物。测定一定质量浓度 m（单位为 g/L）的该衍生物溶液的吸光度 A，可以计算该化合物的相对分子质量。

由

$$A = \varepsilon b \frac{m}{M}$$

可求出

$$M = \frac{\varepsilon m b}{A}$$

复习思考题

一、思考题

1. 电位分析法的理论基础是什么？它可以分成哪两类分析方法？它们各有何特点？

2. 以氟离子选择性电极为例，画出离子选择电极的基本结构图，并指出各部分的名称。

3. 何谓扩散电位和道南电位（相间电位）？写出离子选择电极膜电位和电极电位的能斯特方程式。

4. 试述 pH 玻璃电极的响应机理。解释 pH 值的操作性实用定义。

5. 何谓 ISE 的不对称电位？在使用 pH 玻璃电极时，如何减少不对称电位对 pH 值测量的影响？

6. 气敏电极在结构上与一般的 ISE 有何不同？其原理如何？

7. 何谓 ISE 的电位选择系数？它在电位分析中有何重要意义？写出在干扰离子存在的情况下的能斯特方程的扩充式。

8. 何谓总离子强度调节缓冲剂？它的作用是什么？

9. 电位滴定的终点确定有哪几种方法？

10. 何谓朗伯-比耳定律（光吸收定律）？其数学表达式及各物理量的意义如何？

11. 符合朗伯-比耳定律的某有色溶液，当溶液浓度增加时，λ_{max}、T、A 和 ε 各有什么变化？改变吸收池厚度，上述各物理量的数值将有何变化？

12. 什么是吸收曲线？什么是校正曲线？各有什么应用？

13. 引起吸收定律偏离的原因是什么？

14. 显色反应应满足哪些要求？影响显色反应的主要因素是什么？

15. 如何选择光度测量时适宜的实验条件？

16. 简述紫外-可见分光光度计的结构及各主要部件的作用。

17. 试比较常规的分光光度法与双波长分光光度法及导数分光光度法的原理及特点有什么差别。

二、计算题

1. 在 25℃ 用 pH = 4.01 的标准缓冲溶液标准电极、玻璃电极、饱和甘汞电极对，测得 E = 0.814V，问在 1.00×10^{-3} mol/L 的乙酸溶液中测得的 E 应为多少？（乙酸离解常数 $K = 1.75 \times 10^{-5}$）

2. 有一溶液是由 25mL 浓度为 0.050mol/L 的 KBr 和 20mL 浓度为 0.100mol/L 的 $AgNO_3$ 混合而成。若将银电极插入该混合溶液中，求银电极的电极电位。

3. 测定 pH 玻璃电极 | pH = 5.00 的溶液 | SCE 电池时，得到电动势为 0.2018V，而测定另一未知酸度的溶液时，电动势为 0.2366V，电极的实际响应斜率为 58.0mV/pH，计算未知溶液的 pH 值。

4. 用氟离子选择性电极测定水样中的 F^-。取 25.00mL 水样，加入 25.00mL TISAB 溶液，测得电位值为 0.1372V（vs. SCE）；再加入 1.3×10^{-3} mol/L 的 F^- 标准溶液 1.00mL，测得电位值为 0.1170V。电位的响应斜率为 58.0mV/pF，计算水样中 F^- 的浓度（需考虑稀释效应）。

5. 准确移取 50.00mL 含 NH_4^+ 的试液，经碱化后（若体积不变）用气敏氨电极测得其电位为 -80.1mV，若加 1.0×10^{-3} mol/L 的 NH_4^+ 标准溶液 0.50mL，测得电位值为 -96.1mV，然后在此溶液中再加入离子强度调节剂 50.00mL，测得其电位值为 -78.3mV。计算试液中 NH_4^+ 的浓度（以 μg/mL 表示）。

6. 在 25℃ 时，用标准加入法测定 Cu^{2+} 浓度，于 100mL 铜盐溶液中添加 0.100mol/L 的

Cu(NO$_3$)$_2$ 溶液 1mL，电动势增加 4mV，求原溶液中 Cu^{2+} 的浓度。

7. 将钙离子选择性电极和 SCE 置于 100mL Ca^2 试液中，测得电池电动势为 0.415V，加入 2mL 浓度为 0.218mol/L 的 Ca^{2+} 标准溶液后，测得电池电动势为 0.430V，计算 Ca^{2+} 的浓度。

8. 用氟离子选择性电极作负极，SCE 作正极，取不同体积的含 F$^-$ 的标准溶液（$c = 2.0 \times 10^{-4}$ mol/L），加入一定量的 TISAB，稀释至 100mL，进行电位法测定，测得数据见表 2-5。

表 2-5 电动势数值

F$^-$ 标准溶液的体积 V/mL	0.00	0.50	1.00	2.00	3.00	4.00	5.00
测得电池电动势 E/mV	-400	-301	-382	-365	-347	-330	-314

取试样 20mL，在相同条件下测定，$E = -359$mV，请完成以下操作：

1）绘制 E-lg$c$ 曲线。
2）计算试液中 F$^-$ 的浓度。

9. 维生素 B$_{12}$ 的水溶液在 361nm 处的 $E_{1cm}^{1\%}$ 值是 207，盛于 1cm 吸收池中，测得溶液的吸光度为 0.456，计算溶液浓度。

10. 25.0mg 维生素 B$_{12}$ 样品用 1000mL 水溶解后，盛于 1cm 吸收池中，在 361nm 处测得吸收度 A 为 0.511，求维生素 B$_{12}$ 的含量。

11. 以丁二酮肟光度法测定微量镍，若配位化合物的浓度为 1.70×10^{-5} mol/L，用 2.0cm 吸收池在 470nm 波长下测得透射比为 30.0%。计算配位化合物在该波长的摩尔吸光系数。

12. 以邻二氮菲光度法测定 Fe(Ⅱ)，称取试样 0.500g，经处理后，加入显色剂，最后定容为 50.0mL。用 1.0cm 的吸收池，在 510nm 波长下测得吸光度 $A = 0.430$，计算试样中铁的百分含量。溶液稀释 1 倍后，其百分透光度将是多少？[$\varepsilon_{510} = 1.1 \times 10^4$ L/(mol·cm)]。

13. 1.00×10^{-3} mol/L 的 K$_2$Cr$_2$O$_7$ 溶液及 1.00×10^{-4} mol/L 的 KMnO$_4$ 溶液在 450nm 波长处的吸光度分别为 0.200 及 0，而在 530nm 波长处的吸收分别为 0.050 及 0.420。今测得两者混合溶液在 450nm 和 530nm 波长处的吸光度为 0.380 和 0.710。试计算该混合溶液中 K$_2$Cr$_2$O$_7$ 和 KMnO$_4$ 的浓度。（吸收池厚度为 10.0mm）

第 三 章

样 品 交 换

> **培训学习目标** 通过本章的学习,学员应学会化验室采样、留样的方法,并遵守样品室管理制度和样品交接时的有关规定,了解有关产品质量认证、实验室计量认证等方面的知识,为加强实验室质量控制和实验室管理打下基础。

◆◆◆ 第一节 化验室采样、留样及样品室管理制度

为了保证分析数据、样品的准确性和具有可追溯性,便于抽查、复查,满足监督管理要求,分清质量责任,安全采样方面应执行 GB/T 3723—1999《工业用化学产品采样安全通则》,在具体采样方面应执行 GB/T 6678—2003《化工产品采样总则》。

一、采样管理要求

1)根据检验计划实施采样。采样必须严格执行 GB/T 6678—2003《化工产品采样总则》、GB/T 6679—2003《固体化工产品采样通则》、GB/T 6680—2003《液体化工产品采样通则》、GB/T 6681—2003《气体化工产品采样通则》和 GB/T 3723—1999《工业用化学产品采样安全通则》等标准。采样人员要认真研究并严格按取样标准的规定实施取样操作,保证所取的样品具有代表性和真实性。

2)取样前,根据物料性质准备取样工具和相应的安全防护措施。若涉及干冰、液化气、液态氧氮等的取样,则操作时除了应注意防冻伤外,还要使用保温不渗透手套。

3)槽车取样必须通知现场管理人员,并要求一同前往取样点,由现场管理

人员启封开盖。

4）到装置现场取样时，要注意现场作业环境，必要时找操作工配合采样。若现场环境恶劣，没有安全保证，则可停止采样操作，并通知生产调度和工艺人员。若确急需采样，则有关部门和领导必须采取有效措施保证采样者的人身安全和所采的样品具有代表性和真实性。凡发生以下情况，应停止采样并立即与厂调度室联系：

① 取样现场通道发生障碍（如并车作业、错车作业、大量积雪、无通道等）。

② 雨天且风速在 4 级以上（会直接影响采样样品的品质）。

③ 采样通道有大量积水。

④ 所采的样品外观有异常。

⑤ 槽车取样时无现场管理人员配合。

⑥ 无雨但风力在 6 级以上（包括 6 级）。

5）涉及防爆区域采样的，要求使用防爆工具（一般准备 12in 的铜质活扳手两把或 F 形扳手一把），严禁使用其他不防爆工具。不得在雷电、暴雨或风力超过 7 级（含 7 级）的天气条件下进行采样作业。

6）严格执行铁路、道路有关管理规定，如不准横跨或越行铁路。

7）取样完毕后，做好现场取样记录，贴好样品标签，标签内容包括：样品名称、样品来源、采样部位、批号、车号、产地、采样日期和时间、采样者等。

8）采得的样品应立即进行分析或封存，以防氧化变质和污染。

二、留样管理要求

1）样品的保留由样品的分析检验岗位负责，在有效保存期内要根据保留样品的特性妥善保管好样品。

2）保留样品的容器（包括口袋）要清洁，必要时密封以防变质。保留的样品要做好标识，要按批次或先后顺序摆放整齐以便查找。

3）样品保留量要根据样品全分析用量而定，不少于两次全分析量，一般液体为 500～1000mL，纤维短丝视情况保留 100～500g，其余固体成品或原料保留 500g。

4）中控分析样品（包括日罐）一律保留至下次取样，特殊情况保留 24h 并交给本站岗位工程师处理。

5）外购大宗原材料、原料罐、中间罐样品保留一周。

6）外购化工料样品保留三个月或半年。

7）成品样品：液体一般保留三个月，固体一般保留半年。

8）样品过保存期后，要按有关规定妥善处理。

三、留样间管理要求

1) 留样间要通风、避光、防火、防爆、专用。
2) 留样瓶、袋要封好口,标识应清楚、齐全。
3) 样品要分类、分品种有序摆放。
4) 保持留样间卫生清洁,要有专人管理样品室。
5) 样品超过保存期限后,按"三废"管理制度进行处理。

第二节 检验样品交接的基本常识

在送样人员将样品送达后,检验机构收验人应当核对送检样品的名称、种类、批号、规格、数量等,并填写样品受理单,经送样人、收验人签字后,统一编号登记,然后转交专门的检验部门根据送检要求或相关标准进行分析检验。

不同的检验单位,对于不同的样品及不同的检验要求,其样品登记表的格式也有所区别,但登记表中一般应包含:样品的基本状况、送样单位(人)的信息、检验项目、检验方法、检验要求、样品的保存条件、样品的处理意见、检验报告领取时间及样品交接双方签名等信息。

为确保检验样品的顺利交接,保证分析数据、样品的准确性和具有可追溯性,便于抽查、复查,满足监督管理要求,分清质量责任等,检验样品的交接必须遵守以下规定:

1) 对于申报检验的样品,检验方应由专门的部门受理,并由专人负责,其他人员不得擅自接收样品。
2) 送样人送样到检验方时,应填写样品检验申请单。检验方收验人应与送样人员当面对样品的名称、种类、批号、规格、数量、检验内容等进行确认、核实,并填写样品受理单,经送样人、收验人签字,统一编号登记。样品受理单一式两份,申请单位及检验机构各一份。
3) 交接样品时应有交接记录,并应有交接双方认可后的签字。
4) 若送样方寄样到检验方,则检验方应指定人员到指定的地点取回样品,并根据来样清单代为登记。若有不详之处,则应由专人负责与客户取得联系进行确认。
5) 若送样样品有误或出现其他问题,如缺样、破坏,则检验方应由专人暂代为保管,同时向客户说明情况,待补齐样品后再办理登记手续。

第三节 实验室计量认证

一、实验室计量认证概述

《中华人民共和国计量法》规定:"为社会提供公证数据的产品质量检验机构,必须经省级以上人民政府计量行政部门对其计量检定、测试的能力和可靠性考核合格"。

《中华人民共和国计量法实施细则》第七章将这种考核称为"产品质量检验机构的计量认证",内容如下:

第三十二条 为社会提供公证数据的产品质量检验机构,必须经省级以上人民政府计量行政部门计量认证。

第三十三条 产品质量检验机构计量认证的内容:(一)计量检定、测试设备的工作性能;(二)计量检定、测试设备的工作环境和人员的操作技能;(三)保证量值统一、准确的措施及检测数据公正可靠的管理制度。

第三十四条 产品质量检验机构提出计量认证申请后,省级以上人民政府计量行政部门应指定所属的计量检定机构或者被授权的技术机构按照本细则第三十三条规定的内容进行考核。考核合格后,由接受申请的省级以上人民政府计量行政部门发给计量认证合格证书。未取得计量认证合格证书的,不得开展产品质量检验工作。

产品质量检验机构除了要进行计量认证外,还必须向省级以上技术监督部门提出机构认可申请,为此,原国家技术监督局还颁布了国家产品质量监督检验中心审查认可细则。

实验室除了可申请计量认证之外,还可申请实验室认可。为了与国际惯例接轨,1994年12月中国实验室国家认可委员会秘书处依据实验室认可的国际准则ISO/IEC导则58和ISO/IEC导则25等起草制定了实验室认可管理办法、实验室认可准则、实验室认可申请书、实验室评审细则、实验室评审报告和我国实验室国家认可标志管理办法。

总之,检测结果或出具检测数据的科学性、公正性和权威性是所有检测机构工作的根本宗旨。检测机构出具数据的可信度是该机构能够生存的基本条件之一。为了达到上述目标,检测机构需要依据一定的要求来建设。为证实检测机构具有完成上述目标的能力,权威机构需要依据一定的要求对检测机构进行认证或认可。

二、计量认证的申请

申请计量认证的单位必须提供以下文件：
① 产品质量检验机构计量认证申请书。
② 产品质量检验机构仪器设备一览表。
③ 产品质量检验机构质量管理手册。

计量认证申请书除申请单位名称、主管部门、地址、电话、人员情况、技术领导人情况、机构检验任务、设备固定资产等简单栏目外，最重要的栏目为申请认证项目。

申请认证项目一定要与质量管理手册中检测能力表一致，不要相互矛盾，编排的方式也要一致，否则在正式评审时会给评审员造成认定认证项目的困难。

仪器设备一览表也一定要与质量管理手册中仪器设备一览表相一致。

质量管理手册是说明质量检验机构或检测实验室的测试能力、工作范围和检验公正性的文件。它如实地反映了该机构或该实验室的测试水平和管理水平，也反映了它的工作质量。因此，它是计量认证评审中判断质检机构或检测实验室能否完成其所申请的检验项目，能否通过计量认证的重要依据之一。

三、计量认证/审查认可工作的有关规定

国家认证认可监督管理委员会于 2006 年 6 月 18 日发布了《关于明确计量认证/审查认可工作有关规定的通知》。在该通知中对计量认证/审查认可的评审考核依据、企业标准、国际标准能否作为计量认证/审查认可依据的问题和计量认证/审查认可检测机构检验人员的资质等问题进行了详细的说明。

计量认证按规定分两级实施，属于全国性的检测机构进行国家计量认证，属于地方性的检测机构进行地方计量认证。已经取得省级计量认证（或国家计量认证）的检测机构无需再进行国家计量认证（或省级计量认证）。

四、实验室计量认证/审查认可标志

实验室计量认证/审查认可标志表明，实验室按照《中华人民共和国产品质量法》和《中华人民共和国计量法》的相关规定，经省级及以上质量技术监督部门审查合格，取得出具具有法律效力的产品质量检测报告（CAL 标志）或公正数据（CMA 标志）的资格。图 3-1 所示标志可用于实验室出具的检测报告和证书。

图 3-1 CMA 和 CAL 标志

五、产品质量检验机构计量认证技术考核规范

目前，实验室计量认证的评审考核主要依据 JJF1021—1990《产品质量检验机构计量认证技术考核规范》（以下简称《规范》）中规定的组织机构、仪器设备等六个方面共计 50 项的内容来进行。《规范》中对六个方面作了较为详细的规定，但并未规定可供参考或借鉴的较为具体和明确的管理模式。在已经通过计量认证评审的实验室中，规范化管理工作也存在着较大差异。

1. 组织机构的管理

实验室组织机构的设置应能满足所开展工作的需要，并应有组织机构框图。

2. 检测仪器设备的管理

每台（套）仪器设备均应建立一份档案，统一编号并设专人负责仪器设备的保管、检定、校验以及仪器设备档案的管理工作。

所有国家强制检定或需自行校验的仪器设备均应张贴统一格式的明显标志，即"合格""准用""停用"三种标志。各种标志的内容应包括仪器编号、检定日期、检定结论、下次检定日期以及检定单位等内容。

每台仪器设备旁边除应有使用及检测前后情况的登记本外，还应有仪器设备的操作规程及使用注意事项。

3. 对检测工作过程的管理

在检测开始前和检测完成后，仪器设备管理员必须认真地对所有计量检测仪器的性能是否正常进行检查并做详细记录，记录内容应包括仪器设备检查时间、使用情况、检查人等内容。

在检测开始前和检测完成后，样品管理员必须对被测样品进行认真检查，对样品的色、嗅、味、浑浊度等感官性状指标做详细记录。

原始记录必须清晰整洁，并有统一格式的记录表。

检测结果必须由专人校核、审核并签名，检测结果报告必须由技术负责人签字。

4. 对人员的管理

实验室的管理一定要坚持"以人为本"的原则，在对各类业务人员严格要求的同时，必须不断加强思想教育和业务培训工作。

5. 对检测环境的管理

实验室的检测环境条件要尽可能满足工作任务的需要，工作间的空间分布要合理并严格避免产生交叉污染。注意实验室的安全管理，特别是防盗、防火、防爆工作的管理。

6. 建立健全各项规章制度

各项工作制度是保证实验室各项工作正常运行的基础，一般至少应建立以下

一些工作制度：技术档案管理制度，保密制度，样品保管制度，实验室管理制度，实验室安全制度，实验室卫生制度，化学试剂管理制度，仪器故障分析制度，质量管理手册执行情况检查制度，内部文件的制订、颁发、修改制度，仪器设备验收、维修、降级及报废制度，仪器设备使用及管理制度，标准物质使用管理制度，质量信息反馈制度，检测报告审查与质量评定制度，质量申诉处理制度等。

第四节 产品质量认证

一、产品质量认证概述

产品质量认证是政府间接控制产品质量的有效机制，可以促进企业的产品质量改进，提高产品的市场竞争能力。

《中华人民共和国产品质量法》第十四条第二款明确规定："国家参照国际先进的产品标准和技术要求，推行产品质量认证制度。企业根据自愿原则可以向国务院产品质量监督管理部门或国务院产品质量监督管理部门授权的部门认可的认证机构申请产品质量认证。经认证合格的，由认证机构颁发产品质量认证证书，准许企业在产品或者其包装上使用产品质量认证标志。"这是我国产品质量认证工作基本的法律依据。其要点为：

1) 产品质量认证机构应接受国家认可。
2) 坚持企业自愿申请的原则。
3) 产品质量认证应参照国际先进的产品标准和技术要求。
4) 产品质量认证结果以产品质量认证证书及认证标志来表达。
5) 认可机构的授权机构是国务院产品质量监督管理部门。

质量认证的最终目的是要实现国际互认，为消除国际贸易中的技术壁垒和提高贸易效率服务。

ISO 联合 IEC 正在建立质量体系评定国际承认制度（QSAR），它要求各国建立对认证机构实施评定的认可机构。ISO/IEC 的 QSAR 提出的基本思路是，在开始阶段将注意力放在质量体系评定方面，将来逐步扩大到认证的各个方面，包括产品质量认证、实验室认可和环境管理评定等。

中国质量体系认证机构国家认可委员会（CNACR）自成立以来，在抓紧完善自身组织机构建设，建立文件化的质量体系的同时，已组织有关专家成立工作组，起草颁布了 CNACR 的三个主要文件，即《产品质量认证机构认可准则》《产品质量认证机构认可准则说明》及《产品质量认证机构认可程序》，作为

CNACR 对产品质量认证机构进行认可和评审的依据。

二、强制性产品认证管理规定

为完善和规范强制性产品认证工作，切实维护国家、社会和公众利益，国家对涉及人类健康和安全、动植物的生命和健康以及环境保护和公共安全的产品实行强制性认证制度。《强制性产品认证管理规定》已于 2009 年 5 月 26 日经国家质量监督检验检疫总局局务会议审议通过，自 2009 年 9 月 1 日起施行。

国家认证认可监督管理委员会主管全国认证认可工作，对强制性产品认证公布统一的《中华人民共和国实施强制性产品认证的产品目录》，确定统一适用的国家标准、技术规则和实施程序，制定和发布统一的标志，规定统一的收费标准。

《强制性产品认证管理规定》还对强制性产品认证的组织管理、强制性产品认证制度的实施、强制性产品认证的监督管理等方面作了详细的说明。

复习思考题

1. 到装置现场取样时要注意哪些问题？
2. 如何控制样品保留量？
3. 检验样品的交接必须遵守哪些规定？
4. 产品质量检验机构计量认证的内容包括哪些？
5. 申请计量认证的单位必须提供哪些文件？
6. 国家计量认证和地方计量认证的关系是怎样的？
7. 健全的实验室各项规章制度应包括哪些？
8. 为什么要进行强制性产品认证？

第 四 章

检 验 准 备

> **培训学习目标** 通过本章的学习,能够了解较复杂物质分析的全过程,会制订初步的实验方案,了解实验室用水的规格、级别、储存方法和检验方法;初步掌握各类化学试剂的基本性质、特点和用途;了解标准物质的等级、分类;掌握标准溶液的配制和标定方法;了解缓冲溶液的配制方法;掌握玻璃量器的校正方法;掌握分光光度计的选择、使用和检验方法。

◆◆◆ 第一节 明确检验方案

环境样品(如被污染的大气、工业废水)的成分复杂,如电镀厂废水中含 Na^+、Mg^{2+}、Al^{3+}、Ca^{2+}、Mn^{2+}、Cu^{2+}、$Cr(Ⅲ)$、$Cr(Ⅵ)$,以及少量的 Fe^{3+}、Ni^{2+}、Zn^{2+}、$Mo(Ⅵ)$ 等。无机非金属材料,如玻璃、陶瓷、水泥等的主要成分是硅酸盐。土壤的母质、被污染河流的底泥也是硅酸盐。硅酸盐是复杂物质,含 SiO_2、Fe_2O_3、Al_2O_3、CaO、MgO、TiO_2 以及少量的 Na_2O 和 K_2O。实际工作中,有时要求对试样的全部组分或其主要组成进行分析,称为全分析。

一、较复杂物质分析的国家标准实例解析

以硅酸盐的全分析为例,硅酸盐分析的主要测定项目有:SiO_2、Fe_2O_3、Al_2O_3、TiO_2、CaO 和 MgO。这些分析项目可在同一分析试样溶液中进行,称为硅酸盐系统分析。

1. 硅酸盐试样的处理

(1)磨碎 在制备原材料试样的过程中,应将其研细至全部通过 0.080mm

的方孔筛,并充分混匀。

（2）试样的烘干　试样吸附的水分为无效成分,一般在分析前应将其除去。除去吸附水分的办法通常是在一定温度下将试样烘干一定时间,如黏土、生料、石英砂、矿渣等原材料,在 105～110℃下烘干 2h。黏土试样烘干后吸水性很强,冷却后要快速称量。

2. 硅酸盐试样的分解

根据试样中 SiO_2 含量的不同,分解试样可采用两种不同的方法。

1) SiO_2 含量低时,可采用酸溶法,常用 HCl 或 $HF-H_2SO_4$ 混合液为溶剂。

2) SiO_2 含量高时,可采用熔融法或烧结法,可选用 Na_2CO_3 或 K_2CO_3 作熔剂。若用动物胶凝聚法测定 SiO_2,则选用 NaOH 或 KOH 作熔剂。

3. SiO_2 的测定

测定 SiO_2 的方法有滴定分析法、重量法和汽化法三种。

1) 滴定分析法是依据硅酸在有过量的氟离子和钾离子的强酸性溶液中,生成氟硅酸钾沉淀,该沉淀在热水中水解并相应生成氢氟酸,再用 NaOH 标准溶液滴定,借以求得试样中 SiO_2 的含量。

2) 重量法测定硅酸盐中 SiO_2 的含量时,所得的 SiO_2 沉淀总夹带有 Fe^{3+}、Al^{3+}、Ti^{4+} 等杂质,并在滤液中存有漏失的 SiO_2,一般分析可不必校正。

3) 汽化法是用 HF 和 H_2SO_4 的混合液处理试样,使 SiO_2 以 SiF_4 的形式逸出,试样的减量即为 SiO_2 的含量。

4. Fe_2O_3、Al_2O_3、TiO_2 的测定

试液中 Fe_2O_3、Al_2O_3 和 TiO_2 的含量在常量范围内时,可用配位滴定法测定,在微量范围内时,可用分光光度法测定。

（1）配位滴定法　在 pH = 2～2.5 的溶液中,以磺基水杨酸作指示剂,于 40～50℃,用 EDTA 滴定 Fe^{3+},此时,Al^{3+}、Ti^{4+}、Mn^{2+}、Ca^{2+}、Mg^{2+}、Cu^{2+}、Ni^{2+}、Zn^{2+} 等都不干扰测定；可采用返滴定法或氟化物置换滴定法滴定 Al^{3+}。TiO_2 的含量可用分光光度法进行测定。从总量中扣除 TiO_2 量后,即得 Al_2O_3 的量。

（2）分光光度法　将试液中的 Fe^{3+} 用盐酸羟胺或抗坏血酸还原为 Fe^{2+},在 pH = 2～9 的范围内与邻二氮菲生成稳定的橙红色配位化合物。常加入 NaAc 调节溶液的 pH≈5,用显色剂显色,于 510nm 波长处用适当厚度的比色皿测定吸光度,从预先绘制好的工作曲线上查得铁含量。

将试液先用氨水和 HCl 调 pH≈2 后,加入铬天青 S-溴化十四烷基吡啶（简写为 CAS–TPB）混合液,再加 pH = 5.3 的 HAc-NaAc 缓冲溶液,显色,生成紫红色的三元配位化合物,于 610nm 波长处测定吸光度,从预先绘制好的工作曲线上查得铝含量。

在 0.5~1.0mol/L 的 HCl 介质中，Ti^{4+} 与二安替比林甲烷形成 1:3 的黄色配位化合物，在波长 420nm 处，用分光光度计测定吸光度，从预先绘制好的工作曲线上查得钛含量。对于 Fe^{3+} 的干扰，可通过加抗坏血酸进行消除。

5. CaO 和 MgO 的测定

试液中共存组分 Fe^{3+}、Al^{3+}、Ti^{4+}、Mn^{2+} 的存在对 Ca^{2+}、Mg^{2+} 的测定均有干扰。这些组分含量较少时，可加入掩蔽剂如三乙醇胺、酒石酸钾钠消除干扰；当含量较高时，一般采用沉淀分离法除去干扰组分。分离 Fe^{3+}、Al^{3+}、Ti^{4+} 后的滤液可用来滴定 CaO 和 MgO 的含量。Ca^{2+}、Mg^{2+} 通常采用配位滴定法测定。

二、制订试验方案

以硅酸盐系统分析为例制订试验方案，如图 4-1 所示。

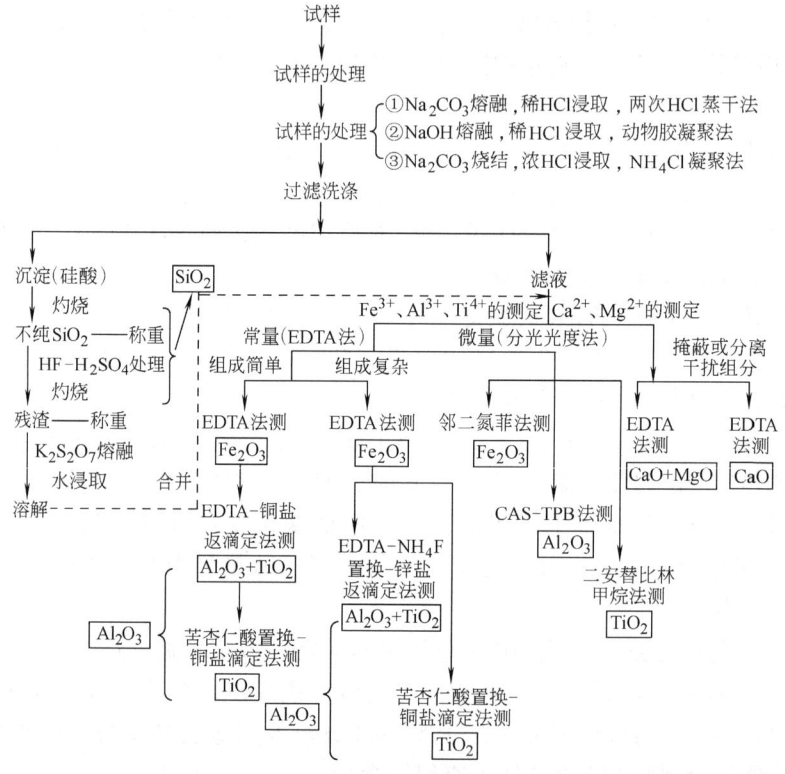

图 4-1 硅酸盐系统分析方案

第四章 检验准备

◈◈◈ 第二节 试验准备

一、实验室用水及储存方法

在化验室中，常用的水共有两种，一是自来水，二是分析实验室用水。

自来水是将天然水经过初步净化处理制得的，仍然含有多种杂质，主要是各种盐类，一些有机物、颗粒物和微生物等。因此，自来水只能用于仪器的初步洗涤，以及作冷却或热浴用水（用电热恒温水浴时，最好不用自来水）。

为了制备溶液及进行分析工作，需进一步将水纯化，制备成能满足化验分析需要的纯净水。这种纯水称为分析实验室用水。为了叙述方便，有时习惯地将其称为纯水。

1. 分析实验室用水的规格和级别

国家标准 GB/T 6682—2008《分析实验室用水规格和试验方法》对分析实验室用水的级别、技术要求和试验方法，作了明确的规定。按此标准制备的分析实验室用水，适用于化学分析和无痕量分析等试验工作，可根据实际工作需要选用不同级别的水。各级分析实验室用水的规格见表4-1。

表4-1 各级分析实验室用水的规格

项 目	一级	二级	三级
外观（目视观察）	无色透明液体		
pH 值范围（25℃）	—	—	5.0～7.5
电导率（25℃）γ/（mS/m）	≤0.01	≤0.10	≤0.50
可氧化物的质量浓度ρ（O）/（mg/L）	—	≤0.08	≤0.4
吸光度（254nm，1cm 光程）	≤0.001	≤0.01	—
蒸发残渣的质量浓度（105℃±2℃）ρ/（mg/L）	—	≤1.0	≤2.0
可溶性硅的质量浓度ρ（SiO_2）/（mg/L）	≤0.01	≤0.02	—

分析实验室用水共分3个级别：

（1）三级水 三级水一般用蒸馏法或离子交换法制取，所用原水应为饮用水或适当纯度的水。三级水用于一般化学分析试验。

（2）二级水 二级水可用多次蒸馏或离子交换法，用三级水作原水制取。二级水用于无机痕量分析等试验，如原子吸收光谱分析等。

（3）一级水 一级水可由二级水用石英蒸馏设备蒸馏，或经离子交换混合床处理后，再经 0.2μm 微孔滤膜过滤制取。一级水用于有严格要求的分析试验，包括对颗粒有严格要求的试验,如高压液相色谱等。

2. 分析实验室用水的储存方法

各级水均宜使用密闭的专用聚乙烯容器存放。各级用水在储存期间可能被污染,故一级水不可储存,应在使用前制备。二级水、三级水可适量制备,分别储存于预先用同级水冲洗过的相应容器中。

二、常用各类化学试剂与各种标准物质

1. 常用各类化学试剂

(1) 常用酸碱 常用酸碱见表4-2。

表4-2 常用酸碱

名称 (化学式) M	主体含量 w (B) (%)	浓度 c (B) / (mol/L)	密度 ρ (20℃) / (g/mL)	沸点 t_{bp}/℃	基本性质、特点及用途
盐酸 (HCl) 36.463	36~38	≈12	1.18~1.19	110	无色透明的氯化氢溶液,在空气中发烟,有刺激臭味,有腐蚀性,常用作溶剂。Cl^-具有还原性及一定的配位化合能力
硫酸 (H_2SO_4) 98.08	95~98	≈18	1.83~1.84	338	无色透明油状液体,能与水或乙醇相混合,同时放出大量热,暴露于空气中,则迅速吸水 稀释时只能在搅拌下,慢慢地将酸加入水中,否则,会因爆沸溅出伤人 强酸,浓时具有强氧化性和强脱水能力,能使有机物脱水、碳化
硝酸 (HNO_3) 63.01	65~68	≈15	1.39~1.40	122	无色或淡黄色透明液体,受热、光照时易分解,放出NO_2,使酸显色 强酸,具有氧化性,溶解能力强、速度快
磷酸 (H_3PO_4) 98.00	≥85.0	≈15	1.69	213	无色、无臭、黏稠液体,溶于水及醇 强酸,低温时腐蚀性弱,200~300℃时腐蚀性很强,高温时脱水形成焦磷酸、聚磷酸 强配位剂,可分解很多难溶矿物

（续）

名称 （化学式）M	主体含量 w（B）（%）	浓度 c（B） /（mol/L）	密度 ρ（20℃） /（g/mL）	沸点 t_{bp}/℃	基本性质、特点及用途
高氯酸 （$HClO_4$） 100.46	70.0~72.0	≈12	1.75	—	无色透明液体，具有强腐蚀性，与有机物接触，遇热极易引起爆炸 强酸，热浓时是强氧化剂和脱水剂，易溶于水，水溶液很稳定
乙酸 （CH_3COOH）， 常简写 为 HAc 60.05	Ⅰ≥99.8 Ⅱ≥99.5 Ⅲ≥99.0	17.4	1.05	—	无色透明液体，具有刺激性臭味，溶于水、乙醇、乙醚 含量大于99%时，凝固点为14.8℃，称为冰乙酸 对皮肤有刺激性
氨水 （NH_3） 17.03	25~28	≈15	0.88	—	本品为氨的水溶液，无色、透明，具有刺鼻臭味，在空气中吸收二氧化碳 加热至沸时，NH_3 可全部逸出。空气中的 NH_3 = 0.5%（体积分数）时，可使人中毒；室温下打开瓶塞时，瓶口不要对着脸部，以免液流喷出伤人
氢氧化钠 （NaOH） 40.00	Ⅰ=97.0 Ⅱ=96.0 Ⅲ=95.0	c（B）=19.3， w（B）=50.5%	饱和溶液 1.53	—	白色粒状固体，易吸收空气中的水分及二氧化碳，易溶于水并放出大量热
氢氧化钾 （KOH） 56.10	Ⅰ=82 Ⅱ=82 Ⅲ=80	c（B）=14.2， w（B）=52%	1.54	—	强碱，强腐蚀性，对玻璃也有侵蚀作用，故要存放于胶塞瓶中，易溶于甲醇、乙醇

注：罗马数字分别代表质量级别：Ⅰ——优级纯；Ⅱ——分析纯；Ⅲ——化学纯。

（2）容量工作基准试剂 容量工作基准试剂作为量值传递的基准，用于标定标准滴定溶液的浓度。我国已制定有国家标准的容量工作基准试剂，见表4-3。

表4-3　容量工作基准试剂

名　称	化学式	相对分子质量	含量w（B）（%）
硝酸银	$AgNO_3$	169.87	99.95~100.05
三氧化二砷	As_2O_3	197.84	99.95~100.05
碳酸钙	$CaCO_3$	100.09	99.95~100.05
无水对氨基苯磺酸	$C_6H_4(NH_2)(SO_3H)$	173.19	99.9~100.1
邻苯二甲酸氢钾	$KHC_8H_4O_4$	204.22	99.95~100.05
溴酸钾	$KBrO_3$	167.00	99.95~100.10
重铬酸钾	$K_2Cr_2O_7$	294.18	99.95~100.05
氯化钠	$NaCl$	58.443	99.95~100.05
草酸钠	$Na_2C_2O_4$	134.00	99.95~100.05
碳酸钠	Na_2CO_3	105.99	99.95~100.05
乙二胺四乙酸二钠	$C_{10}H_{14}N_2O_8Na_2 \cdot 2H_2O$	372.24	99.95~100.05
氧化锌	ZnO	81.389	99.95~100.05

（3）pH工作基准试剂　pH工作基准试剂作为量值传递的基准，用于pH计的定位。我国已制定有国家标准的七种pH工作基准试剂，见表4-4。

表4-4　pH工作基准试剂

名　称	化学式	相对分子质量	含量w（B）（%）
氢氧化钙	$Ca(OH)_2$	74.10	≥98.0 饱和溶液的pH=12.460
磷酸二氢钾	KH_2PO_4	136.09	≥98.0 $b_B=0.025mol/kg$溶液的pH=6.864
四草酸钾	$HOOC \cdot COOK \cdot$ $HOOC \cdot COOH \cdot 2H_2O$	254.19	99.0~100.1 $b_B=0.05mol/kg$溶液的pH=1.680
苯二甲酸氢钾	$C_6H_4COOHCOOK$	204.22	99.5~100.05 $b_B=0.05mol/kg$溶液的pH=4.003
酒石酸氢钾	$KHC_6H_4O_6$	188.17	≥99.9 饱和溶液的pH=3.559
磷酸氢二钠	Na_2HPO_4	141.96	99.0~100.1 $b_B=0.025mol/kg$溶液的pH=6.864
四硼酸钠	$Na_2B_4O_7 \cdot 10H_2O$	381.37	≥99.5 $b_B=0.01mol/kg$溶液的pH=9.182

(4) 制备标准滴定溶液用试剂 标准滴定溶液以前称为滴定分析（容量分析）用标准溶液，可用于测定化学试剂的主体含量，因此，所用试剂宜选纯度较高的级别，有时还要用基准试剂对所制备的溶液进行标定。

(5) 制备标准溶液用试剂 此处所述标准溶液，以前称为杂质标准溶液或杂质测定用标准溶液。这种标准溶液，用于化学试剂中杂质含量的测定。

(6) 制备试剂溶液、制剂等用试剂 在化学试剂的各种试验方法中，还需要一些试剂溶液、制剂及制品等。制备这些溶液、制剂及制品所用的化学试剂也很多，既有无机试剂，也有有机试剂，还包括不少指示剂。

2. 常用各种标准物质

(1) 标准物质 标准物质的定义为：已确定一种或几种特性，用于校准测量器具、评价测量方法或确定材料特性量值的物质。

标准物质是一种计量标准，附有标准物质证书，规定了对其一种或多种特性值可溯源的确定程序，对每个标准值都有给定置信水平的不确定度。

标准物质一般成批制备，要求材质均匀、性能稳定，在有效使用期内特性量值准确可靠。

标准物质可以是纯的或混合的气体、液体或固体。例如，校准黏度计用的纯水，量热法中用作热容校准物质的蓝宝石，化学分析校准用的高纯度化学试剂、标准溶液等。

(2) 标准物质的等级和分类

1) 等级：我国将标准物质分为两个级别。

① 一级标准物质，代号为 GBW，用绝对测量法或两种以上不同原理的准确可靠方法定值；在只有一种定值方法的情况下，用多个实验室以同种准确可靠的方法定值。其准确度具有国内最高水平，均匀性在准确度范围之内并附有证书的标准物质。此类标准物质由国家最高计量行政部门批准、颁布并授权生产。

② 二级标准物质，代号为 GBW（E），用与一级标准物质进行比较测量的方法或一级标准物质的定值方法定值。其不稳定度和均匀性未达到一级标准物质水平，能满足一般测量的需要。此类标准物质经有关业务主管部门批准并授权生产。

二级标准物质是在日常分析检测中大量采用的一类标准物质。由于它们组成基体复杂，前处理方法各不相同，定值通常采用相对测量法，因此需要相应的一级标准物质来校准仪器，也可采用多种不同的分析方法，如标准曲线法、标准加入法、内标法等进行比较测量，由此确定其量值不确定度的水平，保证测量的溯源性。

2) 分类：标准物质种类极多，按照鉴定特性基本上可分为 3 类：化学成分标准物质、物理和物理化学特性标准物质、工程技术特性标准物质。

表4-5列出了与化验分析工作关系最为密切的部分常用标准物质,仅供参考。

表4-5 部分常用标准物质

鉴定特性	类　　型	名　　称
化学成分	高纯试剂纯度标准物质	一级：碳酸钠、EDTA、氯化钠、苯 二级：重铬酸钾、苯二甲酸氢钾、氯化钾、草酸钠、三氧化二砷及碳酸钠、EDTA、氯化钠
	高纯农药标准物质	二级：敌百虫、速灭威、甲胺磷、氰戊菊酯
	高纯气体标准物质	一级：一氧化碳 二级：氢气、氮、氧、二氧化碳、甲烷、丙烷、纯一氧化碳、纯一氧化氮、纯硫化氢
	成分分析标准物质	各类标准物质中多属于此种
	成分气体标准物质	空气中的甲烷、氮中的乙烯、乙烷、各种混合气体
	环境水质标准物质	水中各种金属离子及阴离子等成分分析标准物质
	元素分析标准物质	二级：间氯苯甲酸、茴香酸、苯甲酸、脲
物理性质	氯化钾电导率标准物质	71.1352,四种浓度
	熔点标准物质	对硝基苯甲酸、苯甲酸、萘、1,6-己二酸、对甲氧基苯甲酸、对硝基苯甲、蒽、蒽醌
	pH标准物质	四草酸氢钾、酒石酸氢钾、邻苯二甲酸氢钾、混合磷酸盐、硼砂

三、标准溶液的配制与标定

1. 标准滴定溶液的配制与标定

（1）一般规定

1）本书除另有规定外,所用试剂的纯度均在分析纯以上,所用制剂及制品均按 GB/T 603—2002 的规定制备,试验用水应符合 GB/T 6682—2008 中三级水的规格。

2）本书制备的标准滴定溶液的浓度,除高氯酸外,均指20℃时的浓度。在标准滴定溶液标定、直接制备和使用时,若温度有差异,则应按附录B进行补正。

3）在标定和使用标准滴定溶液时,滴定速度一般应保持在 6~8mL/min。

4）当工作基准试剂的质量小于或等于 0.5g 时,按精确至 0.01mg 称量；当质量大于 0.5g 时,按精确至 0.1mg 称量。

5）制备标准滴定溶液的浓度值应在规定浓度值的 ±5% 范围以内。

第四章　检验准备

6）标定标准溶液的浓度时，必须两人进行试验，分别各做四平行测定，每人所做四平行测定结果极差的与浓度平均值之比不得大于 0.15%。两人共八次平行测定结果的极差与平均值之比不得大于 0.18%，最终取两人八次测定结果的平均值作为测定结果。运算过程中保留五位有效数字，浓度值报出结果取四位有效数字。

7）标准滴定溶液浓度平均值的不确定度一般不应大于 0.2%，可根据需要报出。

8）使用的工作基准试剂标定标准滴定溶液的浓度。当对标准滴定溶液浓度值的准确度有更高要求时，可使用二级纯度标准物质或定值标准物质代替工作基准试剂进行标定或直接制备，并在计算标准滴定溶液浓度值时，将其质量分数代入计算式中。

9）标准滴定溶液的浓度小于或等于 0.02mol/L 时，应于临用前将浓度高的标准滴定溶液用煮沸并冷却的水稀释，必要时重新标定。

10）标准滴定溶液在常温（15~25℃）下的保存时间一般不超过两个月。当溶液出现浑浊、沉淀、颜色变化等现象时，应重新制备。

11）储存标准滴定溶液的容器，其材料不应与溶液起理化作用，壁厚最薄处不小于 0.5mm。

12）所用溶液以%表示的均为质量分数，只有 95% 乙醇中的%表示体积分数。

（2）标准溶液制备示例（参见 GB/T 601—2002）

1）氢氧化钠标准滴定溶液的制备

① 配制：称取 110g 氢氧化钠，溶于 100mL 无二氧化碳的水中，摇匀，注入聚乙烯容器中密闭放置至溶液清亮，然后按表 4-6 的规定，用塑料管量取上层清液，用无二氧化碳的水稀释至 1000mL，摇匀。

表 4-6　氢氧化钠溶液的浓度和体积

氢氧化钠标准滴定溶液的浓度 $c(NaOH)/(mol/L)$	氢氧化钠溶液的体积 V/mL
1	54
0.5	27
0.1	5.4

② 标定：按表 4-7 的规定，称取于 105~110℃烘至恒重的工作基准试剂邻苯二甲酸氢钾，加入无二氧化碳的水溶解，加入 2 滴酚酞指示液（10g/L），用配制好的氢氧化钠溶液滴定至溶液呈粉红色，并保持 30s，同时做空白试验。

表 4-7　邻苯二甲酸氢钾的质量、氢氧化钠溶液的浓度及无二氧化碳的水的体积

氢氧化钠标准滴定溶液的浓度 $c(NaOH)$/(mol/L)	工作基准试剂邻苯二甲酸氢钾的质量 m/g	无二氧化碳的水的体积 V/mL
1	7.5	80
0.5	3.6	80
0.1	0.75	50

氢氧化钠标准滴定溶液浓度的计算公式为

$$c(\text{NaOH}) = \frac{1000m}{(V_1 - V_2)M} \tag{4-1}$$

式中　$c(\text{NaOH})$——氢氧化钠标准溶液的物质的量浓度（mol/L）；

　　　m——邻苯二甲酸氢钾的质量（g）；

　　　V_1——氢氧化钠溶液的用量（mL）；

　　　V_2——空白试验时氢氧化钠溶液的用量（mL）；

　　　M——邻苯二甲酸氢钾的摩尔质量（g/mol）。

2）盐酸标准滴定溶液的制备

① 配制：按表 4-8 的规定量取盐酸，注入 1000mL 水中，摇匀。

表 4-8　盐酸溶液的浓度和体积

盐酸标准滴定溶液的浓度 $c(HCl)$/(mol/L)	盐酸的体积 V/mL
1	90
0.5	45
0.1	9

② 标定：按表 4-9 的规定称取于 270~300℃ 灼烧至恒重的工作基准试剂无水碳酸钠，溶于 50mL 水中，加 10 滴溴甲酚绿-甲基红指示液，用配制好的盐酸溶液滴定至溶液由绿色变为暗红色，煮沸 2min，冷却后继续滴定至溶液再呈暗红色，同时做空白试验。

表 4-9　无水碳酸钠的质量和盐酸溶液的浓度

盐酸标准滴定溶液的浓度 $c(HCl)$/(mol/L)	工作基准试剂无水碳酸钠的质量 m/g
1	1.9
0.5	0.95
0.1	0.2

盐酸标准滴定溶液浓度的计算公式为

$$c(\text{HCl}) = \frac{1000m}{(V_1 - V_2)M} \tag{4-2}$$

式中　c（HCl）——盐酸标准溶液的物质的量浓度（mol/L）；

　　　m——无水碳酸钠的质量（g）；

　　　V_1——盐酸溶液的用量（mL）；

　　　V_2——空白试验时盐酸溶液的用量（mL）；

　　　M——无水碳酸钠的摩尔质量（g/mol）。

3）高锰酸钾标准滴定溶液 $[c(\frac{1}{5}\text{KMnO}_4) = 0.1\text{mol/L}]$ 的制备

① 配制：称取3.3g高锰酸钾，溶于1050mL水中，缓缓煮沸15min，冷却，于暗处放置两周，用已处理过的4号玻璃滤坩过滤，储存于棕色瓶中。

玻璃滤坩的处理是指玻璃滤坩在同样浓度的高锰酸钾溶液缓缓煮沸5min。

② 标定：称取0.25g于105～110℃电烘箱中干燥至恒重的工作基准试剂草酸钠，溶于100mL 8+92硫酸溶液中，用配制好的高锰酸钾溶液滴定，近终点时加热至65℃，继续滴定至溶液呈粉红色，并保持30s，同时做空白试验。

高锰酸钾标准滴定溶液浓度的计算公式为

$$c(\frac{1}{5}\text{KMnO}_4) = \frac{1000m}{(V_1 - V_2)M} \tag{4-3}$$

式中　$c(\frac{1}{5}\text{KMnO}_4)$——高锰酸钾标准溶液的物质的量浓度(mol/L)；

　　　m——草酸钠的质量（g）；

　　　V_1——高锰酸钾溶液的用量（mL）；

　　　V_2——空白试验时高锰酸钾溶液的用量（mL）；

　　　M——草酸钠的摩尔质量（g/mol）。

4）乙二胺四乙酸二钠标准滴定溶液的制备

① 配制：按表4-10的规定量称取乙二胺四乙酸二钠，加1000mL水，加热溶解，冷却，摇匀。

表4-10　乙二胺四乙酸二钠的质量和溶液的浓度

乙二胺四乙酸二钠标准滴定溶液的浓度 c（EDTA-2Na）/（mol/L）	乙二胺四乙酸二钠的质量 m/g
0.1	40
0.05	20
0.02	8

② 标定：按表4-11的规定量称取于800℃±50℃的高温炉中灼烧至恒重的工

作基准试剂氧化锌,用少量水湿润,加 2mL 盐酸溶液（$\varphi = 20\%$）溶解,加 100mL 水,用 10% 的氨水溶液调节溶液 pH 值至 7~8,加 10mL 氨-氯化铵缓冲溶液（pH≈10）及 5 滴铬黑 T 指示液（5g/L）,用配制好的乙二胺四乙酸二钠溶液滴定至溶液由紫色变为纯蓝色,同时做空白试验。

表 4-11 氧化锌的质量和乙二胺四乙酸二钠溶液的浓度

乙二胺四乙酸二钠标准滴定溶液的浓度 c（EDTA）/（mol/L）	工作基准试剂氧化锌的质量 m/g
0.1	0.3
0.05	0.15

乙二胺四乙酸二钠标准滴定溶液浓度的

$$c(\text{EDTA-2Na}) = \frac{1000m}{(V_1 - V_2)M} \quad (4\text{-}4)$$

式中　c（EDTA-2Na）——乙二胺四乙酸二钠标准溶液的物质的量浓度（mol/L）;

　　　m——氧化锌的质量（g）;

　　　V_1——乙二胺四乙酸二钠溶液的用量（mL）;

　　　V_2——空白试验时乙二胺四乙酸二钠溶液的用量（mL）;

　　　M——氧化锌的摩尔质量（g/mol）。

2. 杂质测定用标准溶液的配制

（1）一般规定

1）本书中除另有规定外,所用试剂的纯度在分析纯度以上,所用标准滴定溶液、制剂及制品按 GB/T 601—2002、GB/T 602—2002、GB/T 603—2002 的规定制备,实验用水符合 GB/T 6682—2008 中三级水规格。

2）杂质测定用标准溶液的量取

① 杂质测定用标准溶液应使用分度吸管量取。每次量取时,量取量应不超过所量取杂质测定用标准溶液体积的三倍,选用分度吸管。

② 杂质测定用标准溶液的量取体积应在 0.05~2.00mL 之间。当量取体积小于 0.05mL 时,应将杂质测定用标准溶液按照比例稀释,稀释的比例以稀释后的溶液在应用时的量取体积不小于 0.05mL 为准;当量取体积大于 2.00mL 时,应在原杂质测定用标准溶液制备方法的基础上,按比例增加所用试剂和制剂的加入量,增加的比例以制备后溶液在应用时的量取体积不大于 2.00mL 为准。

③ 除另有规定外,杂质测定用标准溶液,在常温（15~25℃）下的保存期一般为两个月,当出现浑浊、沉淀或颜色有变化等现象时,应重新制备。

④ 本书中所用溶液以 % 表示的均为质量分数,只有 95% 乙醇中的 % 为体积

分数。

(2) 制备方法 杂质测定用标准溶液的制备方法（部分）见表 4-12。

表 4-12 杂质测定用标准溶液的制备方法（部分）

序号	名称	浓度/(mg/mL)	制 备 方 法
1	乙酸盐（CH_3COO^-）	10	称取 23.050g 乙酸钠（$CH_3COON_a \cdot 3H_2O$），溶于水，移入 1000mL 容量瓶中，稀释至刻度
2	甲醇（CH_3OH）	1	称取 1.000g 甲醇，溶于水，移入 1000mL 容量瓶中，稀释至刻度，临用前制备
3	甲醛（HCHO）	1	称取 mg 甲醛溶液，精确至 0.001g，置于 1000mL 容量瓶中，稀释至刻度，临用前制备 甲醛溶液的称取质量 m，数值以克（g）表示，计算公式为 $$m = \frac{1.000}{w}$$ 式中 w——甲醛溶液的实测质量分数
4	二氧化硅（SiO_2）	1	称取 1.000g 二氧化硅，置于铂坩埚中，加 3.3g 无水碳酸钠，混匀，于 1000℃ 加热至完全熔融，冷却，溶于水，移入 1000mL 容量瓶中，稀释至刻度，储存于聚乙烯瓶中
5	硫酸盐（SO_4^{2-}）	0.1	方法 1：称取 0.148g 于 105~110℃ 干燥至恒重的无水硫酸钠，溶于水，移入 1000mL 容量瓶中，稀释至刻度 方法 2：称取 0.181g 硫酸钾，溶于水，移入 1000mL 容量瓶中，稀释至刻度
6	硝酸盐（NO_3^-）	0.1	方法 1：称取 0.163g 于 120~130℃ 干燥至恒重的无水硝酸钾，溶于水，移入 1000mL 容量瓶中，稀释至刻度 方法 2：称取 0.137g 硝酸钠，溶于水，移入 1000mL 容量瓶中，稀释至刻度
7	氯化物（Cl^-）	0.1	移取 0.165g 于 500~600℃ 灼烧至恒重的氯化钠，溶于水，移入 1000mL 容量瓶中，稀释至刻度
8	碳（C）	1	称取 8.826g 于 270~300℃ 灼烧至恒重的无水碳酸钠，溶于无二氧化碳的水中，移入 1000mL 容量瓶中，用无二氧化碳的水稀释至刻度
9	磷（P）	0.1	称取 0.439g 磷酸二氢钾，溶于水，移入 1000mL 容量瓶中，稀释至刻度
10	硫（S）	0.1	称取 0.544g 硫酸钾，溶于水，移入 1000mL 容量瓶中，稀释至刻度

(续)

序号	名称	浓度/(mg/mL)	制备方法
11	钾（K）	0.1	方法1：称取0.191g于500~600℃灼烧至恒重的氯化钾，溶于水，移入1000mL容量瓶中，稀释至刻度 方法2：称取0.259g于120~130℃干燥至恒重的硝酸钾，溶于水，移入1000mL容量瓶中，稀释至刻度
12	铁（Fe）	0.1	称取0.864g硫酸铁铵[$NH_4Fe(SO_4)_2 \cdot 12H_2O$]，溶于水，加10mL硫酸溶液（25%），移入1000mL容量瓶中，稀释至刻度
13	铜（Cu）	0.1	称取0.393g硫酸铜（$CuSO_4 \cdot 5H_2O$），溶于水，移入1000mL容量瓶中，稀释至刻度
14	砷（As）	0.1	称取0.132g于硫酸干燥器中干燥至恒重的三氧化二砷，温热溶于1.2mL氢氧化钠溶液（100g/L）中，移入1000mL容量瓶中，稀释至刻度
15	汞（Hg）	0.1	方法1：称取0.135g氯化汞，溶于水，移入1000mL容量瓶中，稀释至刻度 方法2：称取0.162g硝酸汞，用10mL 1+9硝酸溶液溶解，移入1000mL容量瓶中，稀释至刻度
16	铅（Pb）	0.1	称取0.160g硝酸铅，用10mL 1+9硝酸溶液溶解，移入1000mL容量瓶中，稀释至刻度

四、缓冲溶液的配制

缓冲溶液可分为标准缓冲溶液和一般缓冲溶液两类。标准缓冲液又可分为pH标准缓冲溶液和pH值测定用缓冲溶液。

1. 标准缓冲溶液的制备

1）pH标准缓冲溶液是用pH工作基准试剂，经干燥处理，用超纯水，在20℃±5℃条件下配制的。其组成标度用溶质B的质量摩尔浓度$b(B)$表示，可用于仪器的校正、定位。

2）pH值测定用缓冲溶液可用优级纯或分析纯试剂、实验室三级纯水配制。其组成标度用物质的量浓度$c(B)$表示，主要用于用电位法测定化学试剂水溶液的pH值，测定范围为pH = 1~12。

上述两种标准缓冲溶液的名称基本相同，所用试剂名称相同，溶液pH值也相同，见表4-13。

2. 一般缓冲溶液的制备

一般缓冲溶液多用于维持试验溶液的 pH 值在某范围。一般而言，对其 pH 值的要求并不很严，但要求缓冲能力较大。标准缓冲溶液的制备（部分）见表 4-13。

表 4-13　标准缓冲溶液的制备（部分）

缓冲溶液名称和 pH 值（20℃）	试剂化学式	pH 值标准缓冲溶液（pH 工作基准试剂，超纯水）	pH 值测定用缓冲溶液（GR、AR 级试剂、三级水）
草酸盐标准缓冲溶液 pH = 1.680	$KH_3(C_2O_4) \cdot 2H_2O$ [$M(B)$ = 254.19g/mol]	称取 12.61g 于 (57±2)℃ 烘至恒重的四草酸钾，溶于水，在 (20±5)℃ 时稀释至 1000mL $b(B)$ = 0.0500mol/kg	称取 12.71g 四草酸钾试剂，溶于无二氧化碳的水，稀释至 1000mL $c(B)$ = 0.0500mol/L
苯二甲酸盐标准缓冲溶液 pH = 4.003	$KHC_8H_4O_4$ [$M(B)$ = 204.22g/mol]	称取 10.12g 于 (110±5)℃ 烘至恒重的邻苯二甲酸氢钾，溶于水，在 (20±5)℃ 时稀释至 1000mL $b(B)$ = 0.0500mol/kg	称取 10.21g 于 110℃ 干燥 1h 的邻苯二甲酸氢钾试剂，稀释至 1000mL $c(B)$ = 0.0500mol/L
磷酸盐标准缓冲溶液 pH = 9.182	KH_2PO_4 [$M(B)$ = 136.09g/mol] 或 Na_2HPO_4 [$M(B)$ = 141.96g/mol]	称取 3.388g 烘至恒重的磷酸二氢钾，或 3.533g 于 (115±5)℃ 烘至恒重的磷酸氢二钠，溶于水，在 (20±5)℃ 时稀释至 1000mL $b(B)$ = 0.0250mol/kg	3.40g 或 3.55g 磷酸二氢钾，溶于无二氧化碳的水，稀释至 1000mL。两种试剂均需在 (120±10)℃ 干燥 2h $c(B)$ = 0.0250mol/L

◆◆◆ 第三节　试验用水的检验

分析实验室用水的质量检验方法有标准方法和一般常用方法两种。

一、标准检验方法

GB/T 6682—2008《分析实验室用水规格和试验方法》详尽地规定了分析实验室用水的质量检验方法。试验中均应使用不低于相应级别的水配制所用试剂溶液、刷洗所用仪器。

1. pH 值

选用精度不低于 0.1pH 单位的酸度计，用 pH 值近于待测水样 pH 值的标准缓冲溶液定位。取水样 100mL 测定，测定时温度为 25℃（详见 GB/T 9724—2007）。

2. 电导率

（1）仪器　用于一、二级水测定的电导仪，需配备电极常数为 0.01～0.1/cm 的"在线"电导池，并具有温度自动补偿功能。若电导仪不具备温度补偿功能，则可装"在线"热交换器，将测量时的水温控制在 25℃ ±1℃。

用于三级水测定的电导仪，需配备电极常数为 0.1～1/cm 的电导池，并具有温度自动补偿功能。若电导仪不具备温度补偿功能，可装恒温水浴槽，将测量时的水温控制在 25℃ ±1℃。

（2）操作步骤　按电导仪说明书安装、调试仪器。测量一、二级水时，应将电导池安装在水处理装置流动出水口处，调节水的流速，赶净管道及电导池内的气泡，即可进行测量。测量三级水时，取 400mL 水样置于锥形瓶中，插入电导池后即可进行测量。

（3）注意事项　测量用的电导仪和电导池应定期进行检定。

3. 可氧化物质

量取 1000mL 二级水，注入烧杯中，加入 5.0mL 质量分数为 20% 的硫酸溶液，混匀。量取 200mL 三级水，注入烧杯中，加入 1.0mL 质量分数为 20% 的硫酸溶液，混匀。

在上述已酸化的试液中，分别加入 1.00mL 高锰酸钾标准溶液 $[c(\frac{1}{5}KMnO_4)=0.01mol/L]$，混匀，盖上表面皿，加热至沸并保持 5min，溶液的粉红色不完全消失即为合格。

4. 吸光度

（1）仪器　紫外-可见分光光度计；石英吸收池，厚度为 1cm、2cm。

（2）操作步骤　将水样分别注入 1cm 和 2cm 吸收池中，在紫外-可见分光光度计上，于 254nm 波长处，以 1cm 吸收池中的水样为参比，测定 2cm 吸收池中水样的吸光度。

当仪器的灵敏度不够时，可适当增加测量吸收池的厚度。

5. 蒸发残渣

量取 1000mL 二级水（三级水取 500mL）水样，分几次加入旋转蒸发器的 500mL 蒸馏烧瓶中，水浴加热，减压旋转蒸发。当水样最后蒸发至约 50mL 时，停止加热。将预浓缩的水样转移至一个已于 105℃ ±2℃烘至质量恒定的玻璃蒸发皿中，用 5～10mL 水样分 2 次或 3 次冲洗蒸馏瓶，将洗液合并于预浓集的水样中，用水浴蒸干，并于105℃±2℃的烘箱中干燥至质量恒定。残渣质量不得大于1.0mg。

6. 可溶性硅

操作步骤：量取520mL一级水（二级水取270mL），注入铂皿中，在防尘条件下，亚沸蒸发至约20mL时，停止加热，冷至室温，加1.0mL钼酸铵溶液（50g/L），摇匀，放置5min后，加1.0mL草酸溶液（50g/L），摇匀，放置1min后，加1.0mL对甲氨基酚硫酸盐溶液（2g/L），摇匀，转移至25mL比色管中，稀释至刻度，摇匀，于60℃水浴中保温10min，目视观察，试液的蓝色不得深于标准比色溶液。

标准比色溶液的制备是将0.50mL二氧化硅标准溶液（0.01mg/mL）加入20mL水样后，从加1.0mL钼酸铵溶液起与样品试液同样处理。

二、一般常用检验方法

标准检验方法虽然严格，但是很费时，对于一般化验工作用的纯水，通常可用测定电导率法和化学方法检验。

离子交换法制得的纯水可以用电导仪测水的电导率，根据电导率确定何时需再生交换柱。图4-2所示为一种使用方便的手持式微型电导率仪。

取水样后要立即测定，注意避免空气中的二氧化碳溶于水中使水的电导率增大。

也可以用以下的化学方法检验：

（1）阳离子的检验　取水样10mL置于试管中，加入2滴或3滴氨缓冲液（pH=10），2滴或3滴铬黑T指示剂，若水呈现蓝色，则表明无金属阳离子（含有阳离子的水呈现紫红色）。

（2）氯离子的检验　取水样10mL置于试管中，加入数滴硝酸银水溶液（将1.7g硝酸银溶于水中，加浓硝酸4mL，用水稀释至100mL），摇匀，在黑色背景下看溶液是否变白色混浊，若无氯离子，则应为无色透明。注意：若硝酸银溶液未经硝酸酸化，则加入水中可能出现白色或变为棕色沉淀，这是氢氧化银或碳酸银造成的。

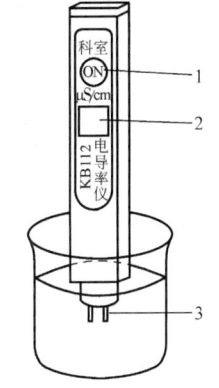

图4-2　电导率仪（测水笔）
1—开关　2—显示屏　3—电极

（3）指示剂法检验pH值　取水样10mL，加甲基红pH指示剂2滴，不显红色，另取水样10mL，加溴麝香草酚蓝pH指示剂5滴，不显蓝色即符合要求。

用于测定微量硅、磷等的纯水，应进行空白试验，才可应用于配制试剂。

第四节 试验仪器的准备

一、玻璃量器的选择与校正

1. 玻璃量器的允许误差

由于制造工艺和温度变化等原因,玻璃量器如滴定管、容量瓶、移液管等的容积标示值与真实容积值之间有一定的误差。这种误差对于一般日常分析和生产过程中的控制分析来说,不会产生太大的影响。但对于准确度要求较高的分析工作来说,如进出口产品的商检检验或仲裁分析工作,对所用的玻璃量器必须按照计量器具检定规程 JJG196—2006《常用玻璃量器检定规程》或其他有关规定进行检定,以玻璃量器的标示容积与真实容积之间的差值不超过表 4-14 所列的允许误差为合格。

表 4-14 玻璃量器容量的允许误差

量器名称	标称容量/mL	最小分度/mL	容量允许误差 A 级/mL	容量允许误差 B 级/mL
容量瓶	5	—	±0.020	±0.040
	10		±0.020	±0.040
	25		±0.03	±0.06
	50		±0.05	±0.10
	100		±0.10	±0.20
	200		±0.15	±0.30
	250		±0.15	±0.30
	500		±0.25	±0.50
	1000		±0.40	±0.80
	2000		±0.60	±1.20
滴定管	1	0.01	±0.01	±0.02
	2	0.01	±0.01	±0.02
	5	0.02	±0.01	±0.02
	10	0.02	±0.02	±0.05
	10	0.05	±0.02	±0.05
	25	0.05	±0.03	±0.05
	25	0.1	±0.05	±0.1
	50	0.1	±0.05	±0.1
	100	0.2	±0.1	±0.2

(续)

量器名称	标称容量/mL	最小分度/mL	容量允许误差 A 级/mL	B 级/mL
移液管	1		±0.007	±0.015
	2		±0.010	±0.020
	5		±0.015	±0.030
	10		±0.020	±0.040
	15	—	±0.025	±0.050
	20		±0.030	±0.060
	25		±0.030	±0.060
	50		±0.050	±0.100
	100		±0.080	±0.160
量筒			量入式	量出式
	5	0.1	±0.05	±0.10
	10	0.2	±0.10	±0.20
	25	0.5	±0.25	±0.50
	50	1.0	±0.25	±0.50
	100	1.0	±0.5	±1.0
	250	2 或 5	±1.0	±2.0
	500	5	±2.5	±5.0
	1000	10	±5	±10
	2000	20	±10	±20
量杯	5	1		±0.30
	10	1		±0.50
	20	2		±0.6
	50	5		±1.0
	100	10		±1.5
	250	25		±3.0
	500	25		±6.0
	1000	50		±10.0
	2000	100		±14.0

2. 玻璃量器的校正方法

实验室中玻璃量器的校正主要采用衡量法和容量比较法。

(1) 衡量法　衡量法的测量条件要求较高,测量的程序也比较复杂,但是计量的准确度高。衡量法通常用于校正标准玻璃量器、A级玻璃量器、微量量器和其他高准确度量器的容量检定。其原理是通过称量被测量器中量入或量出介质(通常是纯水)的表观质量,并根据标准温度下该介质的密度进行计算,得到量器在标准温度20℃时的真实容量。由于称量介质是在空气中进行的,而校正玻璃量器时不一定在规定温度下进行,因而必须考虑水的密度和玻璃膨胀系数及称量时空气浮力的影响。为计算方便,在实际工作中将这些影响因素合并为一修正值,称为 R 值。这样,量器的容积 V 的计算公式为

$$V = \frac{W}{R} \tag{4-5}$$

式中　　V——量器的实际容积;

　　　　W——介质的表观质量;

　　　　R——校正系数。

R 值还与大气密度有关,测量一般工作量器的容积时,空气密度通常可取平均值 1.20kg/m^3,当实际空气密度偏离 1.20kg/m^3 不超过 $\pm 10\%$ 时,容积误差不会超过 1×10^{-4}。当对准确度要求较高时,如检定标准量器,或者某些地区空气密度偏离平均空气密度较大,则需对空气密度进行测量。一般是采用温度计、湿度计和气压计对工作环境的空气温度、湿度和大气压力进行实际测量,并通过计算求得空气的实际密度。但这种计算方法较烦琐,为了简化计算,通常事先将不同温度、压力和湿度下的 R 值求出以表列出,这样便可通过查表找出所需 R 值,在大气压力为 $1.01 \times 10^5 \text{Pa}$,相对湿度为 50% 时,不同温度下的校正系数 R 值见表 4-15。

表 4-15　玻璃量器的校正系数 R 值

温度/℃	R 值	温度/℃	R 值	温度/℃	R 值
10	0.99839	17	0.99766	24	0.99638
11	0.99832	18	0.99751	25	0.99617
12	0.99823	19	0.99735	26	0.98593
13	0.99814	20	0.99718	27	0.98569
14	0.99804	21	0.99700	28	0.98544
15	0.99793	22	0.99680	29	0.98518
16	0.99780	23	0.99660	30	0.98491

(2) 容量比较法　容量比较法是指用标准量器的容积对被检量器的容积,通过介质(通常是纯水)直接进行比较的方法。虽然容量比较法的计量准确度低于衡量法,但是由于量器测量条件要求低,所需的检定设备少,计量程序较简单,因而得到广泛应用。

(3) 常见玻璃量器容量的检定。在化学分析实验室中,对于准确度要求较高的化学分析,通常需要对容量瓶、滴定管和单标线吸管进行容量检定。

1) 容量瓶容量的检定。容量瓶在分析实验室里可以用衡量法进行校准。其

步骤是：首先用精密天平称得洁净而干燥的容量瓶质量，然后将纯水注入容量瓶内，将液面调定至标线上，用滤纸将瓶内标线上方的水滴及瓶外壁水珠拭干，保持水中无气泡出现，再将装有水的容量瓶放在天平上称重，最后将温度计插入瓶内水中测量水温，上述两次质量之差即为瓶内所容纳纯水的表观质量，将此表观质量除以所测水温下1mL水的质量，即得容量瓶的实际容积。

不同温度下1L水的质量见表4-16。

表4-16　不同温度下1L的水的质量（于空气中以黄铜砝码称量）

温度/℃	质量/g	温度/℃	质量/g	温度/℃	质量/g
10	998.39	21	997.00	31	994.64
11	998.32	22	996.80	32	994.34
12	998.23	23	996.60	33	994.06
13	998.14	24	996.38	34	993.75
14	998.04	25	996.17	35	993.45
15	997.93	26	995.93	36	993.12
16	997.80	27	995.69	37	992.80
17	997.65	28	995.44	38	992.46
18	997.51	29	995.18	39	992.12
19	997.34	30	994.91	40	991.77
20	997.18				

2）滴定管容量的检定。取一容量大于被检定滴定管标称容量的洁净具塞锥形瓶或称量瓶，事先在天平上准确称重，向待检定的滴定管中注入温度与室温相同的纯水，调整液面至0.00刻度处，记录水的温度，然后以滴定速度放出0～5.00mL刻度间的水置于已称重的具塞锥形瓶或称量瓶中，再次称重，依次按5.00mL的间隔放水至具塞锥形瓶中，各次读数之差代表各容积间隔水的质量，以水的实测温度查表4-16对应的水质量，计算出滴定管各刻度段的实际容积。重复检定一次，两次结果的偏差应小于0.02mL。

3）移液管容量的检定。A级移液管一般采用衡量法校准。首先充水到吸管标线上面几毫米处，用滤纸拭去黏附在流液口的液滴，然后将液面准确地调定到标线上，并使液面与标线相切。调液面时，吸管应垂直放置，使流液口与接水容器内壁接触，以除去黏附于吸管口端的液滴，然后用手指按紧吸管顶部，用已经称重的空称量杯或锥形瓶替换接水容器，让吸管的流液口靠住称量杯内壁（称量杯倾斜约30°），二者不能相对移动，松开按住顶部的手指，使水自由地沿杯壁排入称量杯内，当水排至流液口时，等待3～5s后将吸管从称量杯上移开，接着将盛水的称量杯放在天平上称量，两次称量的差值即为水的表观质量。测量水温，将此质量除以该温度下1mL水的质量，即得单标线吸管的实际容积。

二、分光光度计的选择及正确使用

目前,分光光度计的型号种类较多,高、中、低档仪器并存,应根据工作性质选择适用的仪器。紫外-可见分光光度计的主要部件包括光源、单色器、吸收池、检测器及信号显示系统等。

1. 分光光度计的分类

紫外-可见分光光度计按光路可分为单光束式及双光束式两类,按测量时提供的波长数又可分为单波长分光光度计和双波长分光光度计两类。

(1) 单光束分光光度计 所谓的单光束,是指从光源中发出的光,经过单色器等一系列光学元件及吸收池后,最后照在检测器上时始终为一束光。其工作原理如图4-3所示。常用的单光束紫外-可见分光光度计有751G型、752型、754型、756MC型等。常用的单光束可见分光光度计有721型、722型、723型、724型等。

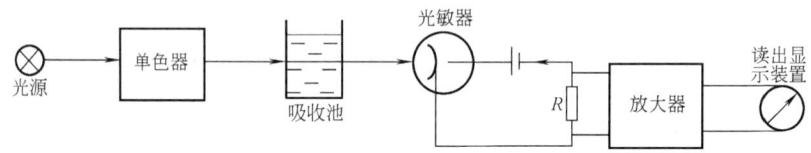

图4-3 单光束分光光度计工作原理

单光束分光光度计的特点是结构简单、价格低,主要用于定量分析。其不足之处是测定结果受光源强度波动的影响较大,因而给定量分析结果带来较大误差。

(2) 双光束分光光度计 双光束分光光度计的工作原理如图4-4所示。从光源中发出的光经过单色器后被一个旋转的扇形反射镜(即切光器)分为强度

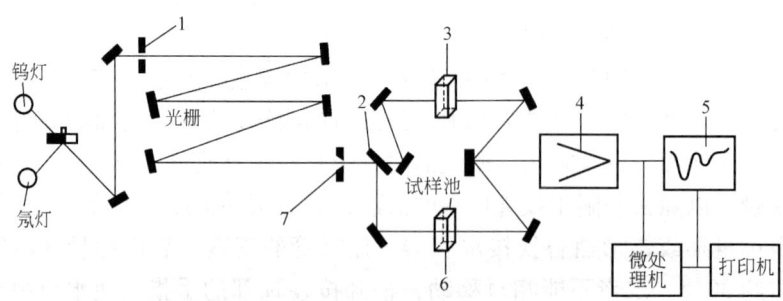

图4-4 双光束分光光度计的工作原理
1—进口狭缝 2—切光器 3—参比池 4—检测器
5—记录仪 6—试样池 7—出口狭缝

相等的两束光,分别通过参比溶液和样品溶液。利用另一个与前一个切光器同步的切光器,使两束光在不同时间交替地照在同一个检测器上,通过一个同步信号发生器对来自两个光束的信号加以比较,并将两信号的比值经对数变换后转换为相应的吸光度值。

常用的双光束紫外-可见分光光度计有 710 型、730 型、760MC 型、760CRT 型、日本岛津 UV—210 型等。这类仪器的特点是:能连续改变波长,自动地比较样品及参比溶液的透光强度,自动消除光源强度变化所引起的误差。对于必须在较宽的波长范围内获得复杂的吸收光谱曲线的分析,此类仪器极为合适。

(3) 双波长分光光度计　双波长分光光度计与单波长分光光度计的主要区别在于采用双单色器,以同时得到两束波长不同的单色光。其工作原理如图 4-5 所示。

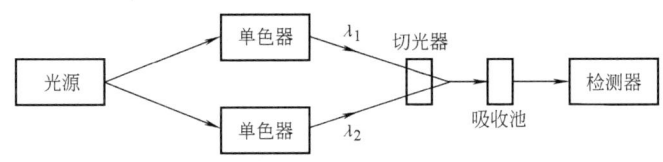

图 4-5　双波长分光光度计的工作原理

光源发出的光分成两束,分别经两个可以自由转动的光栅单色器,得到两束具有不同波长 λ_1 和 λ_2 的单色光,借切光器,使两束光以一定的时间间隔交替照射到装有试液的吸收池,由检测器显示出试液在波长 λ_1 和 λ_2 处的透光度差值 ΔT 或吸光度差值 ΔA,则

$$\Delta A = A_{\lambda_1} - A_{\lambda_2} = (\varepsilon_{\lambda_1} - \varepsilon_{\lambda_2})\Delta bc \tag{4-6}$$

由式(4-6)可知,ΔA 与吸光物质的浓度 c 成正比。这就是双波长分光光度进行定量分析的理论根据。

常用的双光束分光光度计有国产 WFZ800S,以及日本岛津 UV—300、UV—365。

这类仪器的特点是:不用参比溶液,只用一个待测溶液,因此可以消除背景吸收干扰,包括待测溶液与参比溶液组成的不同及吸收液厚度的差异的影响,从而提高测量的准确度。它特别适合混合物和混浊样品的定量分析,可进行导数光谱分析等。其不足之处是价格昂贵。

2. 紫外-可见分光光度计的使用

(1) 721 型分光光度计

1) 仪器的光学系统。721 型分光光度计的光学系统如图 4-6 所示。

2) 721 型分光光度计(见图 4-7)的使用方法

① 先检查仪器各调节旋钮的起始位置是否正确,电源接线是否牢固,接地

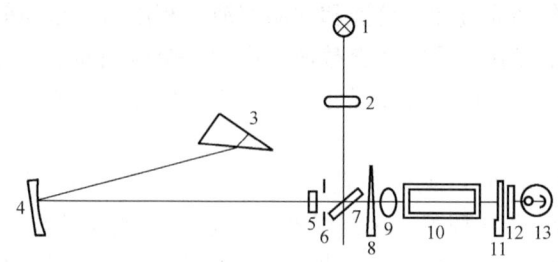

图 4-6　721 型可见分光光度计的光学系统
1—钨灯（12V，25W）　2—透镜　3—玻璃棱镜　4—准直镜
5，12—保护玻璃　6—狭缝　7—反射镜　8—光栏
9—聚光透镜　10—吸收池　11—光闸　13—光敏管

是否良好，然后接通电源开关，打开样品室暗箱盖，使微安表指针处于"0"位，预热 20min 后，再选择单色光波长和相应的放大灵敏度挡，用调"0"电位器调整电表的 $T=0\%$。

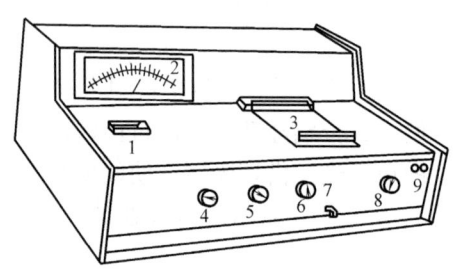

图 4-7　721 型分光光度计
1—波长读数盘　2—微安表　3—比色皿暗盒盖　4—波长调节器
5—"0"透光度调节器　6—"100%"透光度调节器
7—比色皿架拉杆　8—灵敏度调节旋钮　9—电源开关

② 盖上样品室盖使光敏管受光，推动试样架拉手，使参比溶液池（溶液装入 4/5 高度，置第一格）置于光路上，调节 100% 透光度调节器，使微安表指针指 $T=100\%$。

③ 重复打开样品室盖，调零，盖上样品室盖，调透光度为 100%，操作至仪器稳定。

④ 盖上样品室盖，推动试样架拉手，使样品溶液池置于光路上，读出吸光度值。读数后应立即打开样品室盖。

⑤ 测量完毕，取出吸收池，洗净后倒置于滤纸上晾干，将各旋钮置于原来位置，将电源开关置于"关"，拔下电源插头。

⑥ 放大器各挡的灵敏度，"1"为×1倍、"2"为×10倍、"3"为×20倍，灵敏度依次增大。单色光波长不同时，光能量不同，需选不同的灵敏度挡。选择原则是：当能使参比溶液调到 $T=100\%$ 处时，尽量使用灵敏度较低的挡，以提高仪器的稳定性。改变灵敏度挡后，应重新调"0"和"100"。

（2）722型分光光度计

1）仪器的光学系统。722型分光光度计的光学系统如图4-8所示。

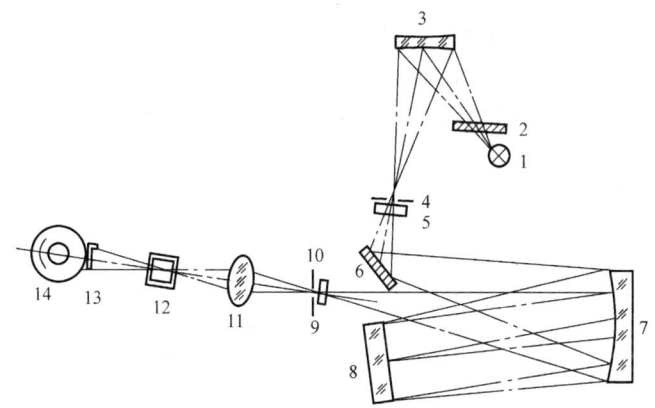

图4-8　722型分光光度计的光学系统

1—钨灯　2—滤光片　3，11—聚光镜　4—进光狭缝　5，9—保护玻璃　6—反射镜
7—准直镜　8—光栅　10—出光狭缝　12—吸收池　13—光门　14—光敏管

2）722型分光光度计（见图4-9）的使用方法

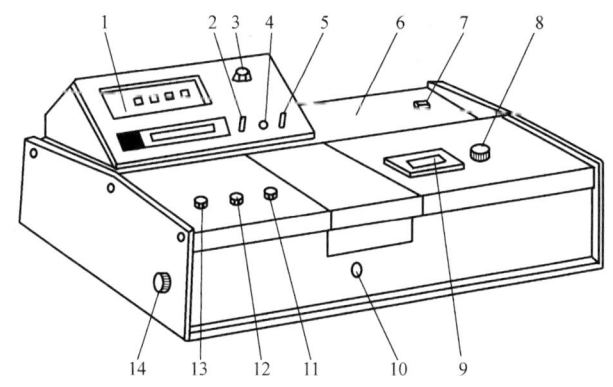

图4-9　722型分光光度计（北京光学仪器厂）

1—数字显示器　2—吸光度调零旋钮　3—选择开关　4—吸光度调斜率电位器
5—浓度旋钮　6—光源室　7—电源开关　8—波长手轮　9—波长刻度窗
10—试样架拉手　11—$T=100\%$ 旋钮　12—$T=0\%$ 旋钮　13—灵敏度调节旋钮　14—干燥器

① 先检查仪器电源接线是否牢固，接地是否良好，再将仪器灵敏度钮置于"1"（放大倍数最小），将选择开关置于"T"。

② 插上电源插头，开启电源开关，指示灯亮。调节波长手轮至所需波长，调节 $T=100\%$ 钮至显示透光度 $T=$（70~100）%。仪器在此状态下预热 15min（说明书中是 20min），显示数字稳定后即可进行下一项工作。

③ 打开样品室盖（光门自动关闭，光敏管不受光），调节 $T=0\%$ 旋钮，使数字显示为"00.0"。

④ 盖上样品室盖，将参比池推入光路，调节 $T=100\%$ 钮，使数字显示"100.0"。如果显示不到"100.0"，则调大灵敏度挡，再调整 0% 和 100%。

⑤ 重复开样品室盖调 $T=0\%$ 和盖样品室盖调 $T=100\%$ 的操作，至仪器显示稳定。

⑥ 将选择开关置于"A"，调节吸光度调零钮，使数字显示为"0.000"，将样品池推入光路，数字显示值即为吸光度值。

⑦ 直接读出被测物浓度的操作方法：装一份标准溶液于吸收池中，将选择开关置于"c"，将标准液池推入光路，调节浓度旋钮使数字显示为标准液浓度值，将样品池推入光路，数字显示即为样品的浓度值。

⑧ 读完数以后应立即打开样品室盖。

⑨ 测量完毕，取出吸收池，洗净。将各旋钮置于原来位置，将电源开关置于"关"，切断电源。

（3）752 型紫外-可见分光光度计

1）简介　752 型紫外-可见分光光度计采用光栅作为分光元件。它的优点是全波段范围内色散均匀，光谱带宽小（尤其是在红光及近红外、红外区域），为 751 型棱镜分光光度计的换代产品。其在波长 200~350nm 内，使用氘灯为光源；在波长 350~800nm 内，使用钨灯为光源。

由于玻璃不能透过紫外光，因此在 200~350nm 内，应使用石英吸收池，在 350~800nm 内可使用玻璃吸收池。

2）使用方法

① 插上电源插头，开启电源开关。

② 将灵敏度倍率开关置于"1"挡，测量选择开关置于"T"挡。

③ 将氘灯、钨灯转换开关置于钨灯位置，预热 20min。

④ 调节波长手轮至测试波长，选择所需光源灯，点亮，预热 3~5min。

⑤ 打开试样室盖，调节"0"旋钮，使数字显示为"00.0"。

⑥ 盖上试样室盖，将参比溶液推入光路，调节"100%"旋钮，使数字显示为"100.0"。若数字显示达不到"100.0"，则将灵敏度挡调高一挡，重复调"0"和"100"。

⑦ 将试样溶液推入光路，读数即为透光度。

⑧ 吸光度 A 的测量。首先进行吸光度精度的调整（详见⑩）。重复⑤和⑥的操作后，当 $T=100\%$ 时，将选择开关置于"A"挡，此时数字显示应为"0.000"，否则应调节"Abs.0"旋钮，使数字显示为".000"。将样品池推入光路，显示值即为 A 值。

⑨ 浓度 c 的测量。重复⑤和⑥的操作后，将选择开关旋至"c"，将经标定浓度的样品推入光路，调节浓度旋钮，使数字显示为标准溶液的浓度值。将样品池推入光路，数字显示即为样品的浓度值。

⑩ 吸光度精度的调整。根据 $A = \lg \dfrac{1}{T}$，当 $A=0$ 时 $T=100\%$，$A=1$ 时 $T=10\%$。当 $T=100\%$ 时，吸光度若不等于0，宜调整吸光度调"0"旋钮，用改变波长的方法使 $T=10\%$（可配合调100%旋钮），再将选择开关旋至"A"挡，数字应显示为"1.000"，若有误差，则可用螺钉旋具调整吸光度斜率电位器。

⑪ 读完读数后应打开样品室盖。

⑫ 测量完毕，取出吸收池，将各旋钮置于原来位置，关闭电源开关，切断电源。

3. 分光光度计的检验

为保证测试结果准确可靠，新制造、使用中和修理后的分光光度计都应定期进行检定。原国家技术监督局批准和颁布了各类紫外、可见及近红外分光光度计的检定规程。检定规程规定，检定周期为半年，两次检定合格的仪器检定周期可延长至一年。在验收仪器时，应按仪器说明书及验收合同进行验收。下面简单介绍分光光度计的检验方法。

（1）波长准确度的检验　分光光度计在使用过程中，由于机械振动、温度变化、灯丝变形、灯座松动或更换灯泡等原因，经常会引起刻度盘上的读数（标示值）与实际通过溶液的波长不相符合的现象，导致仪器灵敏度的降低，影响测定结果的精度，因此需要经常进行检验。

（2）透光度读数准确度的检验　透光度读数准确度通常是用硫酸铜、硫酸钴铵、铬酸钾等标准溶液来检验，其中应用最普遍的是重铬酸钾（$K_2Cr_2O_7$）溶液。

透光度正确度检验的具体操作是：以 0.001mol/L 的 $HClO_4$ 标准溶液为参比，以 1cm 的石英吸收池分别在 235nm、257nm、313nm、350nm 波长处测定质量分数为 0.006000% 的 $K_2Cr_2O_7$ 溶液透光度，与表4-17所列标准溶液的标准值比较，根据仪器级别，其差值应在 0.8%~2.5% 之内。

表4-17　质量分数为 0.006000% 的 $K_2Cr_2O_7$ 溶液透光度（25℃）

波长/nm	235	257	313	350
透光度	18.2	13.7	51.3	22.9

(3) 光电流稳定度的检验　在光敏管不受光的条件下，用零点调节器将仪器调至零点，观察 3min，读取透光度的变化，即为零点稳定度。

(4) 吸收池配套性检验　在定量工作中，尤其是在紫外光区测定时，需要对吸收池做校准及配对工作，以消除吸收池的误差，提高测量的准确度。

根据 JJG178—2007 规定，石英吸收池在 220nm 处装蒸馏水；在 350nm 处装 $K_2Cr_2O_7$ 的 0.001mol/L $HClO_4$ 溶液；玻璃吸收池在 600nm 处装蒸馏水；在 400nm 处装 $K_2Cr_2O_7$ 溶液（浓度同上）。以一个吸收池为参比，调节 T 为 100%，测量其他各池的透光度，透光度的偏差小于 0.5% 的吸收池可配成一套。

(5) 杂散光的检验　杂散光是指检测器在给定的标称波长处所接收的光线中夹杂有不属于入射光束波长或因反射、散射等原因射到检测器上的光。

杂散光的检验方法是：用光程为 1cm 的石英吸收池，以水为参比溶液，在 220nm 处测定 NaI 溶液（10g/L）的透光度 T_1，在 380nm 处测定 $NaNO_2$ 溶液（50g/L）的透光度 T_2，如果 T_1 和 T_2 都小于 1%，则说明无杂散光。

第五节　检验准备技能训练

● 训练 1　滴定管的绝对校正

1. 试验目的

1) 掌握滴定管的使用方法。

2) 学习滴定管的校正方法。

2. 仪器

1) 滴定管（酸式、碱式）。

2) 50mL 具塞磨口锥形瓶一个。

3) 温度计（0～50℃或 0～100℃）。

3. 试验步骤

将待检滴定管洗净、脱脂并检漏合格后，注入蒸馏水，调节至 0.00mL 刻度，记下读数。除去管尖外部的水，将已准确称重的 50mL 具塞磨口锥形瓶置于滴定管下，以每分钟不超过 10mL 水的速度放出约 10mL 水（相差不应大于 0.1mL），将管尖与瓶内壁接触，收集管尖余滴，等候 30s，准确读数并记录，同时记录水温。盖上锥形瓶的玻璃塞，再准确称出它的质量，并记录。两次质量之差即为放出水的质量。

重复上述操作，每次准确放出约 10mL，直至全部放完，得到一组水的质量与标称容量值，即可按校正公式计算相应的校正值。

训练2　移液管和容量瓶的相对校正

1. 试验目的
1）掌握移液管和容量瓶的使用方法。
2）学习移液管和容量瓶相对校正的原理和方法。

2. 仪器
1）容量瓶（250mL）。
2）移液管（25mL）。

3. 操作步骤

洗净250mL容量瓶和25mL移液管，将容量瓶控干，然后用25mL移液管吸取蒸馏水放入250mL容量瓶中，共吸移10次，观察容量瓶颈中水的弯月面最下缘是否与原标线相切。若不相切，则表示有误差。将容量瓶干燥后重复三次，然后用平直的窄纸条贴在与弯月面相切处，并在纸条上刷蜡作新标记，经相互校准后，此容量瓶与移液管可配套使用。

训练3　缓冲溶液的配制

1. 试验内容
1）配制 pH=3 的乙酸-乙酸钠缓冲溶液 100mL。
2）配制 pH=10 的氨-氯化铵缓冲溶液 100mL。

2. 试验目的
1）学习一般酸碱缓冲溶液的计算及配制方法。
2）能正确配制不同 pH 值的乙酸-乙酸钠和氨-氯化铵缓冲溶液。

3. 试剂
1）分析纯乙酸钠。
2）分析纯氯化铵。
3）冰乙酸。
4）浓氨水。

4. 操作步骤
1）查表1-1，计算出配制100mL各缓冲溶液所需要的试剂量。
2）按计算量称取乙酸钠，溶于少量水中，按计算量加入乙酸，稀释至100mL。
3）按计算量称取氯化铵，溶于少量水中，按计算量加入氨水，稀释至100mL。

训练4　EDTA标准溶液的配制与标定

1. 试验目的
1）掌握EDTA标准溶液的标定原理。

2）配制和标定EDTA标准溶液。

2. 试剂

1）基准试剂：锌或氧化锌。

2）EDTA二钠盐。

3）$(CH_2)_6N_4$（六次甲基四胺）：300g/L。

3. 试验内容

（1）试验步骤

1）配制0.02mol/L的EDTA标准溶液：称取分析纯$Na_2H_2Y \cdot 2H_2O$ 3.7g，溶于300mL水中，加热溶解，冷却后转移至试剂瓶中，然后稀释至500mL，充分摇匀，待标定。

2）EDTA标准溶液的标定

① 0.02mol/L Zn^{2+} 标准溶液的配制　Zn^{2+} 标准溶液可用纯金属锌、氧化锌等基准物质直接配制。

② 标定EDTA标准　用移液管移取25.00mL Zn^{2+} 标准溶液置于250mL锥形瓶中，加20mL水，滴加1+1氨水至刚出现浑浊[$Zn(OH)_2$沉淀]，此时pH值为8，然后加入10mL NH_3-NH_4Cl 缓冲溶液和4滴铬黑T指示剂，用EDTA标准滴定溶液滴定至溶液由酒红色变为纯蓝色即为终点，记下EDTA的体积。

（2）试验记录　略。

（3）结果计算

$$c(EDTA) = \frac{m(ZnO)}{V(EDTA)M(ZnO)}$$

式中　$c(EDTA)$——EDTA标准滴定溶液的浓度（mol/L）；

$V(EDTA)$——滴定时消耗EDTA标准滴定溶液的体积（L）；

$m(ZnO)$——滴定时ZnO基准物的质量（g）；

$M(ZnO)$——ZnO基准物的摩尔质量（g/mol）。

● **训练5　$KMnO_4$标准溶液的配制与标定**

1. 试验目的

1）掌握$KMnO_4$标准溶液的配制方法和保存条件。

2）掌握用$Na_2C_2O_4$作基准物标定$KMnO_4$标准溶液浓度的原理、方法及条件。

2. 试剂

1）固体$KMnO_4$。

2）基准物：无水$Na_2C_2O_4$。

3. 试验内容

（1）试验步骤

1）0.02mol/L $KMnO_4$ 标准溶液的配制：称取 3.3g $KMnO_4$，溶于 1050mL 水中，缓缓煮沸 15min，冷却后置于暗处保存两周，以 G_4 玻璃砂芯漏斗或玻璃纤维过滤，除去 MnO_2 等杂质，将溶液保存于干燥棕色瓶中，待标定。如果溶液经煮沸并在水浴上保温 1h，冷却后过滤，则不必长时间放置就可以标定其浓度。

2）$KMnO_4$ 溶液的标定：准确称取 0.15~0.20g 已于 105~110℃ 烘至恒重的基准物无水 $Na_2C_2O_4$ 2 份或 3 份，分别放于 250mL 锥形瓶中，加 30mL 蒸馏水使其溶解，再加入 10mL 3mol/L 的硫酸，加热到 75~85℃（开始冒蒸汽），趁热用待标定的 $KMnO_4$ 溶液滴定。开始滴定时，MnO_4^- 离子颜色消失较慢，待前一滴溶液退色后，再加第二滴，继续滴定至溶液呈粉红色，并保持 30s 不褪色，即为终点（滴定结束时的温度不应低于 65℃）。记下 $KMnO_4$ 溶液的体积。

根据每份 $Na_2C_2O_4$ 的质量和消耗的 $KMnO_4$ 体积，计算 $KMnO_4$ 的准确浓度。

（2）试验记录　略。

（3）结果计算

$$c(\frac{1}{5}KMnO_4) = \frac{m(Na_2C_2O_4)}{V(KMnO_4) M(\frac{1}{2}Na_2C_2O_4)}$$

式中　$c(\frac{1}{5}KMnO_4)$ ——$KMnO_4$ 标准溶液的浓度（mol/L）；

$V(KMnO_4)$ ——滴定时消耗 $KMnO_4$ 标准溶液的体积（L）；

$m(Na_2C_2O_4)$ ——$Na_2C_2O_4$ 的质量（g）；

$M(\frac{1}{2}Na_2C_2O_4)$ ——$\frac{1}{2}Na_2C_2O_4$ 的摩尔质量（g/mol）。

复习思考题

1. 一、二、三级分析实验室用水各适用于哪种分析工作？
2. 为什么要对分光光度计进行波长校验？如何检验紫外-可见分光光度计上波长标示值的准确度？
3. 如何进行吸收池的配对检验？
4. 对于硅酸盐试样，常用的分解方法有哪些？
5. 玻璃量器可采用什么方法进行容量校正？
6. 盐酸标准溶液可利用什么基准物质进行标定？
7. 硝酸银标准溶液可利用什么基准物质进行标定？
8. 标准物质可以分为哪几类？

第 五 章

样品的采集

> **培训学习目标** 通过本章的学习及训练,学员要明确采样的目的和意义,能进行采样难度较大的样品的采样方案的制订,并能正确、熟练地选择和使用常用的采样工具,采取、保存和制备固体样品、液体样品和气体样品。

◇◇◇ 第一节 采样方案的制订

采样方案的制订是采样工作中的一个重要环节。采样方案的内容应包括:确定总体物料的范围;确定采样单元和二次采样单元;确定样品数、样品量和采样部位;规定采样操作方法和采样工具;规定样品的加工方法;规定采样的安全措施等。

一、样品数和样品量

在满足需要的前提下,样品数和样品量越少越好。随意增加样品数和样品量可能导致采样费用的增加和物料的损失。能给出所需信息的最少样品数和最少样品量为最佳样品数和最佳样品量。

1. 样品数的确定

一般化工产品都可用多单元物料来处理。

1) 对于总体物料的单元数小于 500 的,可按表 5-1 来选取采样单元数。

表 5-1 采样单元数的选取

总体物料的单元数	选取的最小单元数	总体物料的单元数	选取的最小单元数
1~10	全部单元	182~216	18
11~49	11	217~254	19
50~64	12	255~296	20
65~81	13	297~343	21
82~101	14	344~394	22
102~125	15	395~450	23
126~151	16	451~512	24
152~181	17		

2) 对于总体物料的单元数大于 500 的,采样单元数按总体单元立方根的 3 倍来确定,即

$$n = 3 \times \sqrt[3]{N} \tag{5-1}$$

式中 n——采样单元数;

N——物料总体单元数。

注意:计算结果中存在小数时,都进为整数。

2. 样品量的确定

一般情况下,样品量应至少满足三次重复检测的需要,满足保留样品的需要,满足需作制样处理时加工处理的需要。

1) 对于均匀样品,可按规定采样方案或标准规定的方法从每个采样单元中取出一定量的样品混匀,作为样品总量,经缩分后得到分析用的试样。

2) 对于一些大小颗粒不均匀、成分混杂不齐、组成极不均匀的物料,如矿石、煤炭、土壤等,选取具有代表性均匀试样的操作较为复杂。根据经验,这类物料的样品选取量与物料的均匀度、粒度、易破碎程度有关,可用采样公式来计算,即

$$Q = Kd^2 \tag{5-2}$$

式中 Q——采取平均样品的最小量(kg);

d——物料中最大颗粒的直径(mm);

K——经验常数,一般在 0.02~0.15 之间。

物料的颗粒直径对取样量有很大的影响,在实际工作中经常将物料中的大颗粒粉碎后进行采样。

二、采样安全要求

无论所采样品的性质如何,都要遵守的规定为:采样地点要有出入安全的通

道，符合要求的照明、通风条件，设置在固定装置上的采样点还要满足所取物料性质的特殊要求。

所采物料本身是危险品的，应遵守的一般规定主要有以下几点：

1）在通过阀门取流体样品时，应采用具有随时限制流出总量和流速装置的采样设备，以避免阀门开位卡住时可能导致流体的大量流出；对液体和气体的采样，在任何时候都应该能用阀门安全地切断采样点与物料或管线的联系；为预防在对液体采样时液体溢出，应当准备排溢槽和漏斗，以便安全地收集溢出物，并为采样者设置常备防溅防护板。

在任何情况下，采样者都必须确保所有被打开了的总件和采样口按照要求重新关闭好。

2）装有样品的容器，应使用便于操作并尽量减少样品容器破损的运载工具运输。

3）采样设备（包括所有的工具和容器）要与待采物料的性质相适应并符合使用要求。

4）应在采样前或尽早地在容器上做出标记，标明物料的性质及其危险性。

5）采样者要了解样品的危险性及预防措施，并受过安全设施使用的训练。

◆◆◆ 第二节 采样难度较大的样品的采集

一、采集和处理固体样品

固体工业产品的化学组成和粒度较为均匀，杂质较少，采样方法比较简单。采样过程中除了要注意不应带进杂质以及避免引起物料变化（如吸水、氧化等）外，原则上可以在物料的任意部位进行采样。固体矿物的化学成分和粒度往往很不均匀，杂质较多，采样过程较为烦琐、困难。现以商品煤样的采取方法为例，重点介绍不均匀固体物料的采样方法。

1. 采样工具

常用的采样工具有以下几种：

（1）自动采样器 适用于从输送胶带、链板运输机等输送状态的固体物料流中定时定量地连续采样，用盛样桶或试样瓶来收集子样。

（2）舌形铲 长度为300mm，宽度为250mm，能在采样点一次采取规定量的子样，适用于从运输工具上或从物料堆或物料流中进行人工采样，可用于采取煤、焦炭、矿石等不均匀固体物料的样品。

（3）取样钻 如图5-1所示，钻长为750mm，外径为18mm，槽口宽

12mm，下端为30°的锥形，上端装有"T"形或直形的金属（木）柄，钻体由不锈钢管或铜管制成，适用于从包装袋或桶内采取细粒状固体物料。取样时，将取样钻由袋口一角沿对角线方向插入袋内 1/3～3/4 处，旋转180°后抽出，刮出钻槽中的物料，作为一个子样。

（4）双套取样管　如图5-2所示，双套取样管用不锈钢管或铜管制成。外管长度为720mm，外径为18mm，上面开有三个长度为216mm、宽度为18mm的槽口；内管长度为770mm，外径为18mm，上面开有三个长度为210mm的槽口。内、外槽口的位置能相互闭合，取样管下端呈圆锥形，内管和外管上端均装有"T"形木柄。双套取样管适用于易变质（如吸湿、氧化、分解等）粉粒状物料的人工采样。采样时，将双套取样管斜插入袋（桶）内，旋开内管，将双套取样管旋转180°，关闭内管，抽出双套取样管，将采得的物料由内管管口处转入试样瓶中，盖紧瓶塞，即得一个子样。

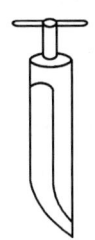

图5-1　取样钻

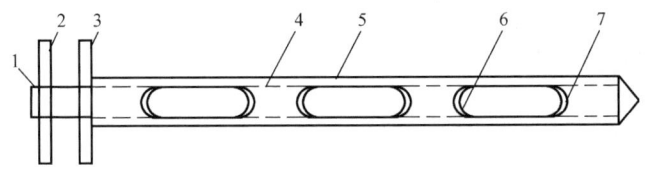

图5-2　双套取样管构形

1—内管管口　2—内管木柄　3—外管木柄　4—内管　5—外管　6—内管槽口　7—外管槽口

2. 采样方法

在采样过程中，确定采样单元后，根据具体的情况确定采取的子样数目和子样质量，然后按照有关规定进行采样。对于商品煤，一般以1000t为一采样单元，进出口煤按品种、分国别以交货量或一天的实际运量为一采样单元。采取的子样数目和子样质量按以下情况确定：

（1）子样数目

1）对于1000t商品煤，可按表5-2的规定确定子样数目。

表5-2　1000t商品煤子样数目表　　　　　　　　（单位：个）

煤种	原煤和筛选煤		炼焦用精煤	洗煤（中煤）
	干基灰分≤20%	干基灰分＞20%		
子样数目/个	30	60	15	20

注：表中的灰分百分数为质量分数。

2）煤量超过1000t的子样数目

$$N = n\sqrt{\frac{m}{1000}} \tag{5-3}$$

式中　N——实际应采子样数目（个）；

　　　n——表5-2中规定的子样数目（个）；

　　　m——实际被采样煤量（t）。

3）煤量少于1000t时，子样数目按表5-2规定的数目呈比例递减，但不得少于表5-3规定的数目。

表5-3　不足1000t商品煤子样数目表

（单位：个）

煤种	采样地点		煤流	列车	汽车	船舶	煤堆
原煤、筛选煤	干基灰分	>20%	表5-2规定数目的1/3	18	18	表5-2规定数目的1/2	表5-2规定数目的1/2
		≤20%		18	18		
精煤				6	6		
其他洗煤（包括中煤）和粒度大于100mm的块煤				6	6		

注：表中的灰分百分数为质量分数。

（2）子样质量　商品煤每个子样的最小质量，应根据煤的最大粒度，按表5-4的规定确定。人工采样时，如果一次采出的样品质量不足规定的最小质量，则可以在原处再采取一次，与第一次采取的样品合并为一个子样。

表5-4　商品煤粒度与采样量对照表

商品煤最大粒度/mm	<25	25～50	50～100	>100
每个子样最小质量/kg	1	2	4	5

（3）采样方法

1）从物料流中采样：从输送状态的物料流中采样时，在首先确定子样数目和子样质量后，根据物料流量及有效输送时间均匀地分布采样时间，即每隔一定的时间采取一个子样。

2）从运输工具中采样

①从列车上采样。当煤量在300t以上时，对于炼焦用精煤、其他洗煤及粒度大于100mm的块煤，不论车厢容量大小，都按图5-3所示，在列车车厢内沿斜线方向在1、2、3、4、5位置上按五点循环采取子样。对于原煤、筛选煤，不论车厢容量大小，都按图5-4所示，在车厢内沿斜线方向采取3个子样。斜线的

始末两点距离车角应为 1m，其余各点应均匀地分布在始末两点之间，各车皮的斜线方向应一致。

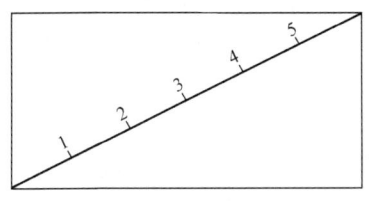

图 5-3 斜线五点法

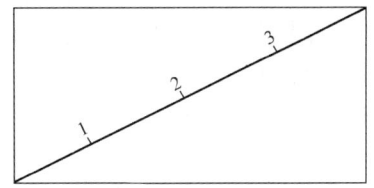

图 5-4 斜线三点法

当煤量不足 300t 时，炼焦用精煤、其他洗煤及粒度大于 100mm 的块煤，采取子样的最少数目为 6 个；原煤、筛选煤采取子样的最少数目为 18 个（见表 5-3）。在每辆车厢内按图 5-3 或图 5-4 所示斜线上的点采取 5 个或 3 个子样。如果装煤的车厢数小于或等于 3，则多余的子样可在与图 5-3 或图 5-4 所示斜线交叉的斜线上采取。

② 从汽车等小型车辆上采样。当从小型车辆中采取固体物料时，子样的数目应按具体规定执行。对于商品煤，子样的数目应按前述规定来确定，子样点可按沿斜线采样的原则来布置，但由于汽车等小型车辆容积较小，可装车数远远超过应采取的子样数目，所以不能从每一辆车中采取子样。一般是将采取的子样数目平均分配于所装的车中，即每隔若干车采取一个子样。

③ 从大型船舶中采样。大型船舶装运的固体物料一般不在船上直接采样，而应在装卸过程中于输送机输送的煤流中或其他装卸工具（如汽车）上，按前述规定的子样数目和子样量来采样。

3）从物料堆中采样。当从物料堆中采样时，子样数目应根据商品煤量按前述的规定来确定，每个子样的最小量按表 5-4 确定。采样时，应根据煤堆的不同形状，先将子样数目均匀地分布在煤堆的顶部和斜面上（见图 5-5），最下层采样部位应距离地面 0.5m。每个采样点 0.2m 深的表层物料应除去，然后沿着和物料堆表面垂直的方向边挖边采样。

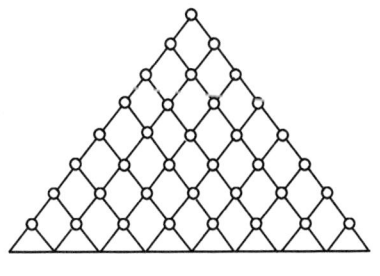

图 5-5 商品煤堆子样点分布示意图

4）固体工业产品的采样。固体化工产品一般都使用袋（桶）包装，每一袋（桶）称为一件。采样单元可按表 5-1 来确定，同时在确定子样数目后，即可用取样钻或双套取样管对每个采样单元分别进行采样。化工产品总样量一般不少于 500g，其他工业产品的总样量应足够分析用。

5）金属或金属制品的采样　对于组成比较均匀的金属，如片状或丝状金属物料，剪取一部分即可进行分析。但对于钢锭和铸铁等金属物料，其表面和内部的组成很不均匀，取样时应先将表面清理干净，弃去表面物料，然后用钢钻、刨刀等机具在不同部位、不同的深度取碎屑混合均匀，作为分析试样。这在有关技术标准中有详细规定。

3. 样品的处理方法

固态物料的采样量较大，其粒度和化学组成往往不均匀，不能直接用来进行分析。因此，为了从总样中取出少量的，物理性质、化学性质及工艺特性与总样基本相似的代表样，就必须对总样进行制备处理。样品的制备一般包括破碎、筛分、掺和、缩分等几个步骤。

（1）破碎　按规定用适当机械或人工减小样品粒度的过程称为破碎。对于大块物料，常用颚式破碎机或球磨机等进行粗碎，使样品能通过4～6号筛，再用圆盘粉碎机等进行中碎，使样品能通过20号筛。煤和焦炭之类的疏脆性物料，可进行人工破碎，一般是在表面光滑的厚钢板上，用钢辊或锤子先进行粗碎，然后用压磨锤、瓷研钵、玛瑙研钵等进行细碎。不同性质的样品要求磨细的程度不同，一般要求分析试样能通过100～200号筛。

（2）筛分　按规定用适当的标准筛对样品进行分选的过程称为筛分。经过破碎的物料中，仍有大于规定粒度的物料，必须过一定规格的标准筛，将大于规定粒度的物料筛分出来，以便继续进行破碎，直至全部通过规定的标准筛。

化验室中使用的标准筛又称为分样筛或试验筛，一般用细的铜合金丝制成，其规格以"目"表示。目数越小，标准筛的孔径越大；目数越大，标准筛的孔径越小。

各种筛号即25.4mm（1in）长度内的孔数，其规格见表5-5。

表5-5　筛号（网目）及其规格

筛号（网目）	20	40	60	80	100	120	200
筛孔尺寸（即每孔的长度）/mm	0.83	0.42	0.25	0.18	0.15	0.125	0.074

（3）掺和　按规定将样品混合均匀的过程称为掺和。破碎后样品的粒度分布和化学组成仍不均匀，必须进行掺和处理。对于粉末状的物料，可用掺和器进行掺和。对于块粒状物料和少量的粉末状物料，可用堆锥法进行人工掺和。以堆锥法掺和煤样时，将已破碎、过筛的煤样用平板铁锹在光滑平坦的厚钢板上铲起，堆成一个圆锥体，再交互地从煤样堆两边对角贴底逐锹铲起，堆成另一个圆锥体，每次铲起的煤样应分数次自然撒落在新锥顶端，使之均匀地落在新锥四周。堆掺操作重复三次后即可进行缩分。

（4）缩分　按规定减少样品质量的过程称为缩分。经过破碎、筛分、掺和之后的样品,其质量仍然很大,不可能全部加工成分析试样,必须进行数次缩分处理。在条件允许时,最好使用分样器进行缩分。分样器如图5-6所示。使用分样器进行缩分时,用铁锹将样品铲入分样器,将分样器沿着二分器的整个长度往复摆动,样品由两侧流出,被平分为两份。

如果没有分样器,可用四分法进行人工缩分。四分法是将物料堆成圆锥体,用平木板或

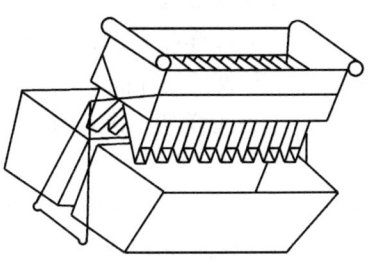

图5-6 分样器

其他工具从锥顶向下将物料压成厚度均匀的扁平体,然后通过中心按十字形切分成四个等同的扇形体,弃去其中两个相对的扇形体,留下两个扇形体,继续进行掺和及缩分操作,直至达到所需的样品量为止。四分法缩分示意图如图5-7所示。

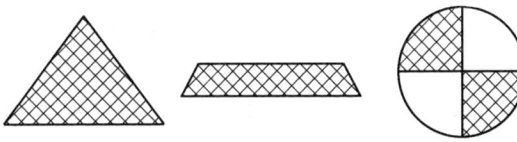

图5-7 四分法缩分示意图

缩分的次数不是随意的,在每次缩分时,试样的粒度与保留的试样量之间都应符合采样公式($Q = Kd^2$),否则应在进一步破碎后再缩分。

二、采集和处理液体样品

液体物料种类繁多,状态各异,按常温下的状态可分为常温下流动态液体、稍加热即成为流动态的液体、黏稠液体、多相液体和液化气体等几类。

液体物料均具有流动性,化学组成分布均匀,故容易采集平均样品。但不同的液体物料尚有相对密度、挥发性、刺激性、腐蚀性等方面的特性差异。生产中的液体物料还有高温、常温及低温的区别,所以在采样时,不仅要注意技术要求,而且必须注意人身安全。

在工作中,在对液体物料进行采样前必须进行预检,并根据检查结果制订采样方案。预检内容包括:了解被采物料的容器大小、类型、数量、结构和附属设备情况;检查被采物料的容器是否受损、腐蚀、渗漏并核对标志,观察容器内物料的颜色、黏度是否正常,表面或底部是否有杂质、分层、沉淀、结块等现象,判断物料的类型和均匀性等。

1. 样品的类型

（1）部位样品　部位样品是从物料的特定部位或物料流的特定部位和时间采得的一定数量的样品。

（2）表面样品　表面样品是在物料表面采得的样品，以获得关于此物料表面的信息。对浅容器，把表面取样勺放入被采容器中，使勺的锯齿上缘和液面保持同一水平，从锯齿间流入勺中液体为表面样品；对深储槽，把开口的采样瓶放入容器中，使瓶口上沿刚好低于液面，流入瓶中液体为表面样品。

（3）底部样品　底部样品是在物料的最低点采得的样品，以获得关于此物料在该部位的信息。对于中小型容器，用开口采样管或带底阀的采样管或罐，从容器底部采得样品；对于大型容器，则从排空口采得底部样品。

（4）上（中、下）部样品　上（中、下）部样品是在液面下相当于总体积1/6（中部一般为1/2，下部为5/6）的深处采得的一种部位样品。采样时，用与所采物料黏度相适应的采样管（瓶、罐）封闭后放入容器中到所需位置，打开管口（瓶塞、采样罐底阀）充满后取出。

（5）全液位样品　全液位样品是从容器内全液位采得的样品。采样时，将与被采物料黏度相适应的采样管两端开口慢慢放入液体中，使管内外液面保持同一水平，样品到达底部时封闭上端或下端，提出采样管，把所采得的样品放入样品瓶中，或用玻璃瓶加铅锤或者把玻璃瓶置于加重笼罐中，敞口放入容器内，降到底部后以适当速度上提，使露出液面时瓶灌满3/4。

（6）平均样品　平均样品是把采得的一组部位样品按一定比例混合成的样品。

（7）混合样品　混合样品是把容器中的物料混匀后随机采得的样品。

（8）批混合样品　批混合样品是把从随机抽取的几个容器中采得的全液位样品混合后所得的样品。

2. 采样工具

在对液体物料进行采样时，应根据容器情况和物料的种类来选择采样工具。常见的采样工具有以下几种：

（1）采样勺　一般用聚乙烯塑料制成，勺把长度约为1.5m，为了便于运输，也可以把勺把做成拨鞘式。在水池中采样时，应使用带垂直把的圆筒形采水勺。从水渠上流动的浅水中采样时，应使用半圆筒形采水勺。

（2）采样管　其局部结构如图5-8所示。它由金属长管制成，下端呈锥形，内有能与锥形管内壁密合的金属重铊，用长绳或金属丝控制重铊的升降。采取全液层样品时，提起重铊，将采样管慢慢地插入物料中直至底部，放下重铊，使下端管口闭合，

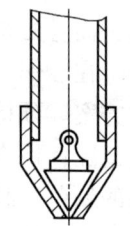

图5-8　采样管局部结构

提出采样管，将下端管口对准样品瓶口，提起重铊，使液体注入样品瓶内，即为一个全液层子样。

（3）简易采样器　如图5-9所示，它由底部附有重物的金属框和装在金属框内的小口采样瓶组成。金属框除用来放置、固定、保护采样瓶外，还兼作重锤用，框底附有铅块，以增加采样器质量，使其能沉入液体物料的底层。框架上有两根长绳或金属链，一根系在穿过框架上的小金属管与瓶塞相连的拉杆上，控制瓶塞的起落，另一根系住金属框，控制金属框的升降。

在一定深度的液层采样时，盖紧瓶塞，将采样器沉入液面以下预定深度（深度可由系住金属框的长绳上所标注的刻度指示），然后稍用力向上提取牵着瓶塞的绳子，拔出瓶塞，液体物料即进入采样瓶内。待瓶内空气被驱尽后，即停止冒出气泡时，再放下瓶塞，将采样器提离液面即可。

采取全液层样品时，先向上提起瓶塞，再将采样器由液面匀速地沉入物料底部，若采样器刚沉到底部时气泡停止冒出，则说明放下长绳的速度适当，已均匀地采得全液层样品，放下瓶塞，提出采样器，即完成采样。

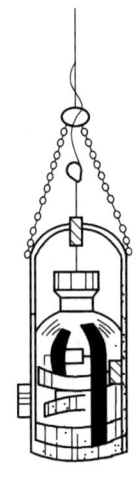

图5-9　简易采样器

简易采样器中的采样瓶就是样品容器，液体样品不需要再转移到别的容器中，所以适合于采取严禁转移液体的测定样品，但不适合采取用于液样中气体成分测定的样品，也不适用于采取含有易被空气氧化成分的测定样品。此外，简易采样器在液层很深、液压很大时不容易拔出塞子，故不宜采取很深的液体物料。

3. 采样方法

（1）一般液体的采样

1）从储运工具中采样

①瓶装容器的采样：对小瓶装液体产品进行采样时，按采样方案随机采得若干瓶产品，各瓶摇匀后分别倒出等量液体，混合均匀后作为代表样品。对大瓶或大桶装液体产品进行采样时，若已事先混匀，则可用采样管取混合样品；若未事先混匀，则用采样管采全液位样品或部位样品后混合成平均样品。

②储罐的采样：常见的储罐有立式圆柱形储罐和卧式圆柱形储罐。对立式圆柱形储罐中的液体产品进行采样时，可从安装在储罐侧壁上的上、中、下采样口采样。由于截面一样，因此可将采得的部位样品混合成平均样品作为代表样品。各液位的样品可按表5-6的规定采得后混合成平均样品。当储罐上未安装上、中、下采样口时，可先把物料混匀，再从排料口采样；还可从顶部进口放入采样瓶（罐、管），降到所需位置采取部位样品或全液位样品。

表5-6　立式圆柱形储罐采样部位和比例

采样时液面情况	混合样品时相应的比例		
	上	中	下
满罐时	1/3	1/3	1/3
液面未达到上采样口，但更接近上采样口	0	2/3	1/3
液面未达到上采样口，但更接近中采样口	0	1/3	2/3
液面低于中部采样口	0	0	1

对卧式圆柱形储罐中的液体产品进行采样时，可按表5-7规定的采样液位采得上、中、下部位样品，并按相应比例混合成平均样品；也可以从顶部进口采得全液位样品。

储罐采样时要防止静电危险，罐顶部要安装牢固的平台和梯子。

表5-7　卧式圆柱形储罐采样部位和比例

液体深度（即直径的百分数）(%)	采样液位（距底直径的百分数）(%)			混合样品时相应的比例/份		
	上	中	下	上	中	下
100	80	50	20	3	4	3
90	75	50	20	3	4	3
80	70	50	20	2	5	3
70	0	50	20	0	6	4
60	0	40	20	0	5	5
50	0	40	20	0	4	6
40	0	0	20	0	0	10
30	0	0	15	0	0	10
20	0	0	10	0	0	10
10	0	0	5	0	0	10

③槽车的采样：可从顶部进口采取上、中、下部位的样品，并按一定比例混合成平均样品。由于槽车罐是卧式圆柱形或椭圆柱形，所以采样位置和混合比例可按表5-7选取；也可采全液位样品。当在顶部无法采样而物料又较为均匀时，可用采样瓶在槽车的排料口采样。

④从输送管道采样：可从管道出口端采样，即周期性地在管道出口端放置一个样品容器，容器上放一只漏斗以防外溢。采样时间间隔和流速成反比，混合体积和流速成正比。也可采用探头采样和自动管线采样器采样。

管道采样分为与流量成比例的试样和与时间成比例的试样。当流速变化大于平均流速 10% 时，按流量比采样，见表 5-8；当流速较平稳时，按时间比采样，见表 5-9。

表 5-8 与流量成比例的采样规定

输入数量/m³	采样规定
不超过 1000	在输送开始和结束时各一次
在 1000～10000 之间	开始一次，以后每隔 1000m³ 一次
超过 10000	开始一次，以后每隔 2000m³ 一次

表 5-9 与时间成比例的采样规定

输送时间/h	采样规定
不超过 1	在输送开始和结束时各一次
在 1～2 之间	在输送开始、中间、结束时各一次
在 2～24 之间	在输送开始时一次，以后每隔 1h 一次
超过 24	在输送开始时一次，以后每隔 2h 一次

2）水样的采取

① 从自来水或有抽水设备的井水中采样：采样时，先将水龙头或泵打开，让水流出数分钟，将积留在水管中的杂质冲洗掉后用干净瓶收集水样。

② 从井水、泉水中采样：采样时，将简易采样器沉入水面以下 0.5～1m 处，提起瓶塞，使水样流入采样瓶中，放下瓶塞，提出采样器即可。对于自喷的泉水，可在涌水口处直接采样，对于不是自喷的泉水，必须使抽水管内的水全部被新水更替后，再在涌水口处进行采样。

③ 从河水、湖水中采样：从河水中采样时，应选择河水汇合之前的主流、支流及汇合之后的主流作为采样地点。在河流上游采样时，应选择河面窄、流速大、水体混合均匀、容易采样的部位作为采样点；对于河面宽的中等河流，应选择河流横断面上流速最大的部位作为采样点；对于宽度在几十米以上的河流，除了在河流中心部位设点采样外，还要在河流的两岸增设采样点，以保证水质的均匀性。常用采样勺和简易采样器采取水样。

在湖泊中采样时，把具有代表性的湖心部位及河流进口处作为采样地点，用简易采样器在不同的深度取样。为了弄清各种成分的分布情况，应增设采样点。

从河水、湖水中采样时，应根据测定的目的和欲测水的性质选择适当的采样方法。对于采样后在短时间内易发生变化的成分，必须在现场测定，或者进行适当处理后再带回分析室。采样地点、位置、日期、时间和次数除了和测定目的有关外，原则上必须考虑水质的变化、采样点水质的均一性以及采样的难易程度。

④ 生活污水的采样：生活污水成分复杂，变化很大，为使水样具有代表性，必须分多次采样后加以混合。一般是每 1h 采取一个子样，将 24h 内收集的水样混合作为代表性样品。采样后，瓶子要立刻贴好标签并涂上石蜡，尽快送往实验室分析。溶解氧、生物需氧量、余氯、硫化氢等项目的测定，必须在采样后立刻进行。若遇特殊情况不能立即分析，则必须采用适当的方法保存好。

⑤ 工业废水的采样：工业废水的采样地点分别为车间、工段以及工厂废水总排出口、废水处理设施的排出口等。工业废水中有害物质的种类很多，若是连续地排放废水，则废水中有害物质的含量变化较小，可在 8h 内每隔 0.5~1h 采取一个子样，再混合成一个总样。

⑥ 自然降水的采样：降水样品通常要选点采集，50 万以下人口的城市设 2 个点，50 万以上人口的城市设 3 个点。存放降水的容器以白色的聚乙烯瓶为好，不能用带颜色的塑料瓶，也不能用玻璃瓶来装，以免在存放过程中因玻璃瓶中的钾、钠、钙、镁等杂质的溢出而污染样品。

（2）易挥发液体的采样　易挥发液体是指气体产品经过加压或降温加压转化为液体后，再经精馏、分离而制得可像液体一样储运和处理的各种液化气体产品。易挥发液体的采样必须使用特定的采样设备和采样方法，按有关规定进行采样。不同的物料，采样设备和方法不同。

（3）高黏度液体的采样　高黏度液体是指具有流动性但又不易流动的液体，如树脂、密封胶等。由于这类产品在容器中难以混匀，最好在生产厂的交货容器罐装过程中用采样管、勺或其他适宜的采样工具从容器的各个部位采样。当必须从交货容器中采样时，根据供货量确定并随机选取适当数量的容器供采样用。

三、采集和处理气体样品

气体由于容易通过扩散和湍流而混合均匀，成分上的不均匀性一般都是暂时的，因此较易于取得具有代表性的样品。但气体往往具有压力、易于渗透、易被污染和难以储存等特点，且在生产过程中有动态、静态、常压、正压、负压、高温、常温等区别，所以采样方法和装置都各不相同。有些气体毒性大，具有腐蚀性和刺激性，采样时应采取必要的安全措施，以保证人身安全。

在实际工作中，通常采取钢瓶中压缩或液化的气体、储罐中的气体和管道内流动的气体。

采取的气体样品类型有部位样品、混合样品、间断样品和连续样品。最小采样量应根据分析方法、被测组分的含量和重复分析测定需要量来确定。依体积计量的样品，必须换算成标准状态下的体积。管道内输送的气体采样与时间及气体的流速关系较大。

工业气体按它们在工业上的用途大致可分为气体燃料、化工原料气、废气和厂房空气等。

1. 采样工具和设备

对于接触气体样品的采样设备材料应对样品不渗透、不吸收（或吸附），在采样温度下无化学活性，不起催化作用，力学性能良好，容易加工和连接等。所以，采取气体样品时，对采样设备的要求较高。

气体的采样设备包括采样器、导管、样品容器、预处理装置、调节压力和流量装置、吸气器和抽气泵等，常用的主要有采样器、导管和样品容器。

（1）采样器　按制造材料不同，可分为以下几种：

1）硅硼玻璃采样器：价廉易制，适宜于温度低于450℃时使用。

2）石英采样器：适宜于温度低于900℃时长时间使用。

3）不锈钢和铬铁采样器：适宜于950℃时使用。

4）镍合金采样器：适宜于1150℃在无硫气样中使用。

其他能耐高温的采样器有珐琅质、氧化铝瓷器、富铝红柱及重结晶的氧化铝等。

（2）导管　分为不锈钢管、碳钢管、铜管、铝管、特制金属软管、玻璃管、聚四氟乙烯或聚乙烯等塑料管和橡胶管。采取高纯气体时，应采用不锈钢管或铜管，要求不高时可采用橡胶管或塑料管。

（3）样品容器　种类较多，常见的有吸气瓶（见图5-10）、吸气管（见图5-11）、真空瓶（见图5-12）、金属钢瓶（见图5-13）、双链球（见图5-14）、吸附剂采样管（见图5-15）、球胆及气袋等。

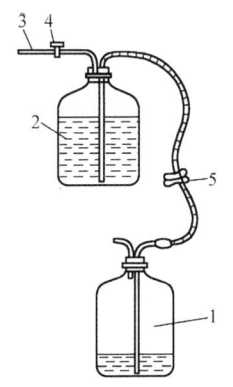

图5-10　吸气瓶
1—封闭液瓶　2—气样瓶
3—橡胶管　4—旋塞　5—弹簧夹

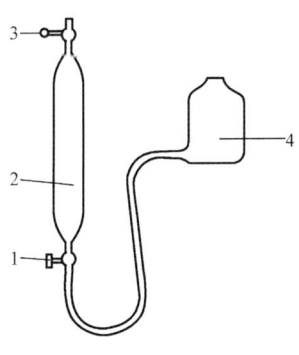

图5-11　吸气管
1，3—旋塞　2—气样管
4—封闭液瓶

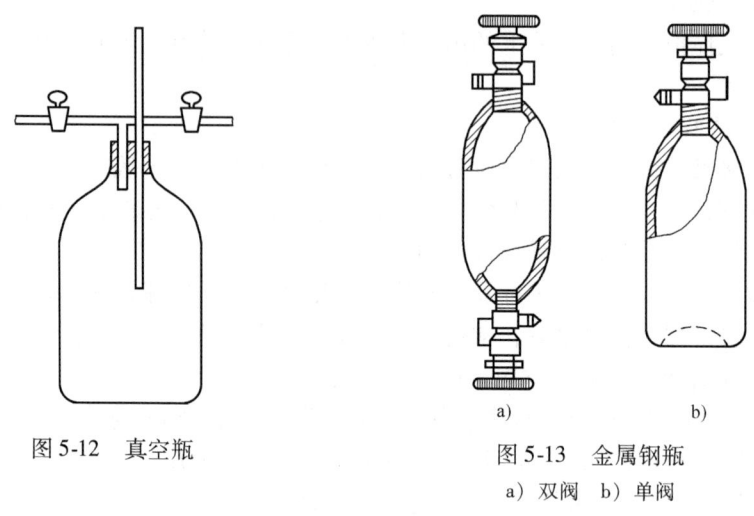

图 5-12 真空瓶

图 5-13 金属钢瓶
a) 双阀 b) 单阀

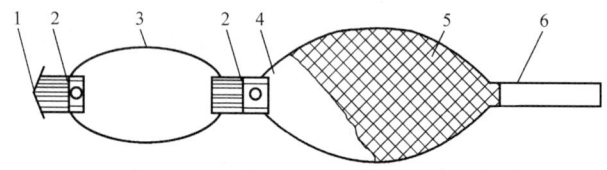

图 5-14 双链球
1—气体进口 2—单向阀 3—吸气球
4—储气球 5—防爆网 6—橡胶管

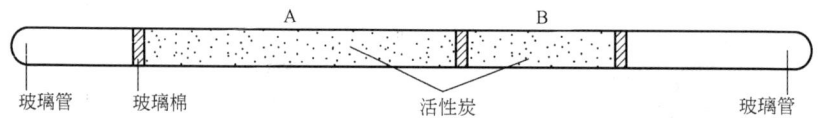

图 5-15 吸附剂采样管
注:长度为150mm,外径为6mm,A段装100mg活性炭,B段装50mg活性炭。

2. 样品的预处理

为了使样品符合某些分析仪器或分析方法的要求,需将气体样品加以处理,处理包括过滤、脱水和改变温度等步骤。

(1) 过滤 可分离灰、水分或其他有害物,但预先应确认所用干燥剂或吸附剂不会改变被测成分的组成。

(2) 脱水方法 脱水方法的选择一般因给定样品而定。脱水方法有以下四种:

1）化学干燥剂脱水：常用的化学干燥剂有氯化钙、硫酸、过氯酸镁、无水碳酸钾和无水硫酸钙等。

2）吸附剂脱水：常用的吸附剂有硅胶、活性氧化铝及分子筛，通常为物理吸附。

3）冷阱脱水：对难凝样品，可使其在0℃以上几摄氏度的冷凝器中缓慢通过，脱去水分。

4）渗透脱水：用半透膜让水由一个高分压的表面移至分压非常低的表面。

（3）改变温度　气体温度高的需加以冷却，以防止发生化学反应。为了防止有些成分凝聚，有时需要加热。

3. 采样方法

（1）常压气体的采样　气体压力等于大气压力或处于低正压、低负压状态的气体均称为常压气体。通常使用封闭液采样法对常压气体进行采样。如果用此方法仍感压力不足，则可用流水抽气泵减压法采样。

图5-16所示流水抽气泵减压法采样装置常用于在大气中采取气样。当需气样量不大时，用弹簧夹将橡胶管口封闭，在采样点反复挤压吸气球，被采气体进入储气球中；当需气样量稍大时，在橡胶管上用玻璃管连接一个球胆，即可采样。在气体容器或气体管道中采样时，必须将采样管与双链球的气体进口连接起来，方可采样。

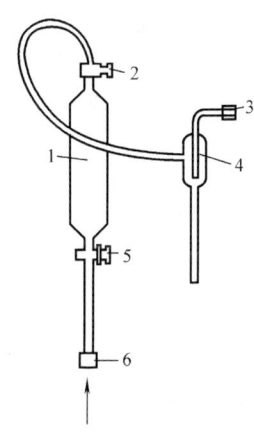

图5-16　流水抽气泵减压法采样装置
1—气样管　2、5—旋塞
3、6—橡胶管　4—流水真空泵

（2）正压气体的采样　气体压力高于大气压力的气体为正压气体。正压气体的采样比较简单，只需开启采样管旋塞（或采样阀），使气体借助本身压力进入取样容器。常用的取样容器有球胆、气袋等，也可以用吸气瓶、吸气管取样。如果气体压力过大，则应调整采样管上的旋塞或者在采样装置和取样容器之间加装缓冲瓶。生产中的正压气体常常与采样装置和气体分析仪器相连，直接进行分析。

（3）负压气体的采样　压力低于大气压力的气体为负压气体。如果气体的负压不太高，则可以采用抽气泵减压法取样；若负压太高，则应用抽空容器取样法取样。抽空容器如图5-17所示，一般是容积为0.5~3L的厚壁优质玻璃瓶或玻璃管，瓶和管口均有旋塞。取样前，用真空泵抽出玻璃瓶或玻璃管中的空气，直至瓶或管的内压降至8~13kPa以下时，

图5-17　负压采样的抽空容器

关闭旋塞。取样时，用橡胶管将采样阀和抽空容器连接起来，再开启采样阀和抽空容器上的旋塞，被采气体则因抽空容器内有更高的负压而被吸入到容器中。

复习思考题

1. 固体工业产品的采样方法和固体矿物的采样方法是否相同？为什么？
2. 自动采样器、舌形铲、取样钻及双套取样管分别适用于何种状态物料的取样？
3. 怎样用取样钻和双套取样管采取化肥样品？
4. 简述从物料流中采样的方法。
5. 在列车车厢中采样时，子样点如何布置？什么是5点循环方式采样？
6. 从物料堆中采样时，子样点如何布置？需要注意什么问题？
7. 采取化肥试样时，怎样确定应采子样的数目？
8. 为什么要对采集到的固体样品进行处理？将固体样品制备成试料要经过哪几步处理？简述各步骤的目的。
9. 采得一份石灰石样品20kg，粗碎后最大粒度为6.0mm，已知K值为0.1，问应缩分几次？若缩分后再破碎至2.0mm，则应再缩分几次？
10. 什么叫部位样品和全液位样品？
11. 怎样用简易采样器采取一定深度液层的样品和全液层样品？
12. 测定水中溶解氧时，为什么不能用简易采样器采取水样？
13. 在河水及湖泊中采样时，如何选择采样点？
14. 对工业废水进行采样时，为什么要在不同的排放点采集？采样时应注意哪些问题？
15. 对易挥发液体进行采样时，应注意哪些基本的安全知识？
16. 气体采样设备主要包括哪些？
17. 什么是常压气体、正压气体和负压气体？
18. 怎样用吸气瓶和吸气管采取常压气样？
19. 在什么情况下用流水抽气泵减压法采取气样？
20. 怎样用球胆采取正压气样？怎样采取负压气样？

第六章

检验与测定

> **培训学习目标** 通过本章的学习，学员应熟悉试样的分解、分离与富集方法；熟练掌握化学分析检测方法和原理，仪器分析检测方法和原理，物性测试方法和原理，微生物检验方法和原理；能够熟练利用化学分析及仪器分析方法，根据国家标准中各检验项目的相应要求，对样品的含量及物理性质等进行检测。

◆◆◆ 第一节 试样的分解、分离与富集

一、液-液萃取分离试样

液-液萃取分离法简称萃取分离法，是利用物质在两种不互溶（或仅微溶）的溶剂中溶解度的差异，达到分离纯化目的的一种分离试样的方法。该方法所需仪器设备简单，操作比较方便，分离效果好，既能用于大量元素的分离，又适合于微量元素的分离与富集。

二、薄层层析分离试样

薄层层析又称为薄层色谱，是将固定相均匀地涂布或烧结在薄板上（如玻璃板、塑料薄片或金属薄片上），采用不同的固定相，可以进行吸附、分配、离子交换等各种不同原理的层析分离。但通常用得最多的是以硅胶、氧化铝为固定相的吸附薄层分离法。

三、减压浓缩分离富集待测组分

液体的沸点是指它的蒸气压等于外界大气压时的温度，所以液体沸腾的温度是随着外界压力的降低而降低的。如果用真空泵连接盛有液体的容器，使液体表面上的压力降低，则可降低液体的沸点。这种在较低压力下进行的蒸馏操作称为减压蒸馏（又称为真空蒸馏）。减压蒸馏特别适用于那些在常压蒸馏时未达到沸点就已受热分解、氧化或聚合的物质，或者是那些沸点很高而不易蒸馏的物质。

减压蒸馏装置主要包括蒸馏装置、抽气装置以及安全保护和测压装置三部分。

四、其他方法分解试样

试样的品种繁多，所以各种试样的分解要采用不同的方法。常用的分解试样的方法有溶解法、熔融法、分解法、提取法和蒸馏法。

1. 溶解法

溶解法就是将试样溶解于水、酸、碱或其他溶剂中。溶解法操作简单，速度快，应优先采用。溶解过程中有的仅是溶解，有的则是与样品发生化学反应而将样品分解。溶解法根据使用溶剂的不同可分为酸溶法和碱溶法。

（1）酸溶法　酸溶法是利用酸的酸性、氧化还原性和配合性使试样中被测组分转入溶液。黑色金属、有色金属、碳酸盐类矿物、部分硫化物、氧化物和磷酸盐类矿物，可采用此方法溶解。

常用作溶剂的酸有盐酸、硝酸、硫酸、磷酸、高氯酸、氢氟酸以及它们的混合酸等。

1）盐酸［HCl，密度为 1.19g/mL，质量分数为 38%，c（HCl）= 12mol/L］。纯盐酸是无色液体，是分解试样的重要强酸之一。在金属的电位次序中，氢以前的金属或其合金都能溶于盐酸，产生氢气和氯化物。其反应式为

$$M + n\text{HCl} = \text{MCl}_n + \frac{n}{2}\text{H}_2 \uparrow$$

（M 代表金属，n 为金属离子价数）

多数金属氯化物易溶于水，只有银、一价汞和铅的氯化物难溶于水（氯化铅易溶于热水）。

2）硝酸［HNO_3，密度为 1.42g/mL，质量分数为 70%，c（HNO_3）= 16mol/L］。纯硝酸是无色的液体，加热或受光的作用即可促使它分解，分解产物是 NO_2，致使硝酸呈现黄棕色。其分解反应式为

$$4HNO_3 = 4NO_2 + O_2 + 2H_2O$$

浓硝酸是最强的酸和最强的氧化剂之一。随着硝酸的稀释，其氧化性能也随

之降低。所以，硝酸作为溶剂，兼有酸的作用和氧化作用，溶解能力强而且快。除铂、金和某些稀有金属外，浓硝酸能分解几乎所有的金属试样。硝酸与金属作用不产生 H_2，这是由于所生成的氢在反应过程中被过量硝酸氧化之故。绝大部分金属与硝酸作用生成硝酸盐，几乎所有的硝酸盐都易溶于水。

硝酸还能氧化许多非金属，使之成为酸，如硫被氧化成硫酸，磷被氧化成磷酸，碳被氧化成碳酸等。其反应式为

$$S + 2HNO_3 = H_2SO_4 + 2NO\uparrow$$

$$3P_4 + 20HNO_3 + 8H_2O \xrightarrow{\triangle} 12H_3PO_4 + 20NO\uparrow$$

$$3C + 4HNO_3 \xrightarrow{\triangle} 3CO_2\uparrow + 2H_2O + 4NO\uparrow$$

用硝酸分解试样后，溶液中产生亚硝酸和氮的其他氧化物，常能破坏有机显色剂和指示剂，需要把溶液煮沸才能将其除掉。

3）硫酸 [H_2SO_4，密度为 1.84g/mL，质量分数为 98%，$c(H_2SO_4)$ = 18mol/L]。纯硫酸是无色油状液体。它与水混合时会放出大量热，(1mol 硫酸放热 4537.2J)，故在配制稀硫酸时必须将浓硫酸徐徐加入水中，并不断搅拌以散热，切不可相反进行，否则由于放出大量热，水即迅速蒸发至使溶液飞溅。

浓硫酸具有强烈的吸水性，可吸收有机物中的水使碳析出，是一种强的脱水剂。在高温时，浓硫酸又是一种相当强的氧化剂（稀硫酸无氧化能力），与碳作用，可将碳氧化为二氧化碳。

$$C + 2H_2SO_4 \xrightarrow{\triangle} CO_2\uparrow + 2SO_2\uparrow + 2H_2O$$

硫酸沸点（338℃）比较高，溶样时加热蒸发到冒出 SO_3 白烟，可除去试液中挥发性的 HCl、HNO_3、HF 及水等。这个性质在化学分析中被广为应用，以消除上述这些酸的阴离子对测定可能造成的干扰，但冒白烟的时间不宜过长，否则会生成难溶于水的焦硫酸盐。

4）磷酸 [H_3PO_4，密度为 1.69g/mL，质量分数为 85%，$c(H_3PO_4)$ = 15mol/L]。纯磷酸是无色糖浆状液体，是中强酸，也是一种较强的配位剂，能与许多金属离子生成可溶性配位化合物。磷酸在高温时分解试样的能力很强，绝大多数过去认为不溶于酸的矿，如铬铁矿、钛铁矿、铌铁矿、金红石都能被磷酸分解。钨、钼、铁等在酸性溶液中都能与磷酸形成无色配位化合物，因此常用磷酸作某些合金钢的溶剂。

磷酸溶样的缺点是：加热温度过高，时间过长，将析出难溶性的焦磷酸盐沉淀，并对玻璃器皿腐蚀严重，以及溶样后若冷却过久，再用水稀释，则会析出凝胶。为了克服上述缺点，应将试样研磨得细一些，温度低一些，时间短一些，并不断摇动，冒白烟就应停止加热，溶液未完全冷却时即用水稀释。

5）高氯酸 [$HClO_4$，密度为 1.67g/mL，质量分数为 70%，$c(HClO_4)$ =

12mol/L]，又名过氯酸。纯高氯酸是无色液体，在热浓的情况下它是一种强氧化剂和脱水剂。高氯酸分解试样时，能把铬氧化为 $Cr_2O_7^{2-}$，把钒氧化为 VO_3^-，把硫氧化为 SO_4^{2-}。高氯酸的沸点为203℃，用它蒸发赶走低沸点酸后，残渣加水很容易溶解，而用 H_2SO_4 蒸发后的残渣则常常不易溶解。除 K^+、NH_4^+ 等少数离子外，其他金属的高氯酸盐都是可溶性的。高氯酸常被用来溶解铬矿石、不锈钢、钨铁及氟矿石等。

6）氢氟酸 [HF，密度为 1.13g/mL，质量分数为 40%，c（HF）= 22mol/L]。纯氢氟酸是无色液体，是一种弱酸，对一些高价元素有很强的配合作用，能腐蚀玻璃、陶瓷器皿。氢氟酸与大多数金属均能产生反应，反应后，金属表面生成一层难溶的金属氟化物，阻止进一步反应。用氢氟酸分解试样应在铂器皿或聚四氟乙烯塑料器皿中进行。氢氟酸对人体有毒性和腐蚀性，皮肤被 HF 灼伤溃烂后不易愈合。使用氢氟酸时应戴上橡胶手套，注意安全。

7）混合溶剂。在实际工作中常使用混合溶剂，混合溶剂具有更强的溶解能力。最常用的混合溶剂是王水（3份 HCl + 1份 HNO_3）。HCl 的配位化合能力加上 HNO_3 的氧化能力，使得王水可以溶解单独用 HCl 或 HNO_3 所不能溶解的贵金属（如铂、金等）以及难溶的 HgS 物等。王水溶解铂的反应式为

$$3Pt + 4HNO_3 + 18HCl = 3H_2PtCl_6 + 4NO\uparrow + 8H_2O$$

所以在洗涤铂器皿时不能用王水。

常用的混合溶剂还有逆王水（1份 HCl + 3份 HNO_3）、硫酸和磷酸的混合酸、硫酸和氢氟酸混合酸、盐酸和高氯酸混合酸、盐酸和过氧化氢混合酸等。

8）加压溶解法。在密闭容器中，当用酸或混合酸加热分解试样时，由于蒸气压增高，酸的沸点提高，可以热至较高的温度，因而使酸溶法的分解效率提高。

（2）碱溶法　一般用质量分数为 20%～30% 的 NaOH 溶液作溶剂，主要溶解金属铝及铝合金、锌合金等有色合金。NaOH 溶解铝的反应式为

$$2Al + 2NaOH + 2H_2O = 2NaAlO_2 + 3H_2\uparrow$$

反应可在银或聚四氟乙烯塑料器皿中进行。在反应过程中，试样中的铁、锰、铜、镍、镁等形成金属残渣而析出，铝、锌、铅、锡和部分硅形成含氧酸根进入溶液中。

2. 熔融法

熔融分解是指利用酸性或碱性熔剂与试样混合，在高温下进行复分解反应，将试样中的全部组分转化为易溶于水或酸的化合物。由于熔融时反应物的浓度和温度都比用溶剂溶解时高得多，所以分解试样的能力比溶解法强得多。熔融法可以分为酸熔法和碱熔法两种。

（1）酸熔法　常用的酸性熔剂有焦硫酸钾（$K_2S_2O_7$，熔点为419℃）和硫

酸氢钾（KHSO$_4$，熔点为219℃）。硫酸氢钾灼烧后失去水分，生成焦硫酸钾，反应式为

$$2KHSO_4 \xrightarrow{\text{灼烧}} K_2S_2O_7 + H_2O$$

所以，两者的作用是相同的。焦硫酸钾在420℃以上分解产生SO$_3$，反应式为

$$K_2S_2O_7 \xrightleftharpoons{\triangle} K_2SO_4 + SO_3$$

这类熔剂在300℃以上即可与碱性或中性氧化物发生反应，生成可溶性硫酸盐。例如，金红石（主成分为TiO$_2$）被K$_2$S$_2$O$_7$分解的反应为

$$TiO_2 + 2K_2S_2O_7 = Ti(SO_4)_2 + 2K_2SO_4$$

（2）碱熔法　酸性试样如酸性氧化物（硅酸盐、黏土）、酸性炉渣、酸不溶残渣等，均可采用碱熔法。常用的碱性熔剂有Na$_2$CO$_3$（熔点为853℃）、K$_2$CO$_3$（熔点为903℃）、NaOH（熔点为318℃）、KOH（熔点为404℃）、Na$_2$O$_2$（熔点为460℃）和它们的混合熔剂。

1）Na$_2$CO$_3$或K$_2$CO$_3$。经常把两者混合使用，这样熔点可降到712℃，用来分解硅酸盐、硫酸盐等，如分解钠长石（NaAlSi$_3$O$_8$）和重晶石（BaSO$_4$），反应式为

$$NaAlSi_3O_8 + 3Na_2CO_3 = NaAlO_2 + 3Na_2SiO_3 + 3CO_2\uparrow$$

$$BaSO_4 + Na_2CO_3 = BaCO_3 + Na_2SO_4$$

2）Na$_2$O$_2$。Na$_2$O$_2$是强氧化性、强腐蚀性的碱性熔剂，能分解许多难溶物质，如铬铁、硅铁、锡石、独居石、黑钨矿、辉钼矿等，能把其中大部分元素氧化成高价状态。有时为了减缓作用的剧烈程度，可将它与Na$_2$CO$_3$混合使用。用Na$_2$O$_2$作熔剂时，不应让有机物存在，否则极易发生爆炸。

3）NaOH或KOH。NaOH与KOH都是低熔点强碱性熔剂，常用于铝土矿、硅酸盐等的分解。在分解难溶矿物时，可将NaOH与少量Na$_2$O$_2$混合，或将NaOH与少量KNO$_3$混合，作为氧化性的碱性熔剂。

4）混合熔剂烧结法（或称为混合熔剂半熔法）。此方法是在低于熔点的温度下，让试样与固体试剂发生反应。和熔融法比较，烧结法的温度较低，加热时间较长，但不易损坏坩埚，可在瓷坩埚中进行。

3. 分解法

有机样品（如粮食、饲料、植物、动物组织、毛发等）所含的矿物元素多以结合形态存在，欲检测这些元素，首先要将样品中的有机化合物破坏，使无机元素游离出来。常用的分解有机化合物的方法有3类。

（1）灰化法　灰化法也常称为干法。将有机样品置于坩埚中，先在电炉上炭化，然后将坩埚移入高温炉中，于500~600℃灰化2~4h，将灰白残留物冷却后，加质量分数为50%的盐酸或硝酸溶液溶解，供检测使用。

灰化法常用于有机样品中铜、铅、锌、镉、钙、镁测定时的样品处理。

（2）消化法　消化法也称为湿法，可用不同的酸消化，常用的有以下3种类型：

1）HNO_3-H_2SO_4 消化：先加 HNO_3，后加 H_2SO_4，防止炭化，一旦炭化，就很难消化完全。此方法适于测定有机样品中的铅、砷、汞、铜、锌时样品的处理。

2）H_2SO_4-H_2O_2 消化：适于含铁和高脂肪样品的消化。

3）H_2SO_4-$HClO_4$ 或 HNO_3-$HClO_4$ 消化：适于含铁、铜、锡的有机样品的消化。

（3）燃烧法　氧瓶燃烧法是在充满氧气的密闭瓶内用电火花引燃样品。瓶内装有适当的吸收剂，用以吸收燃烧产物，以供测定待检元素之用。燃烧法常用于有机化合物样品中卤素等非金属元素测定时的样品处理。

4．提取法

检测样品中的有机组分时，不论是有机样品（如动植物、粮食、面粉、药材等），还是无机样品（如土壤等），样品处理的第一步就是提取（或称萃取），需要时再进行皂化、分离、浓缩等处理，最后得到供检测用的试液。

5．蒸馏法

样品（包括无机样品、有机样品）中可挥发组分的检测，有时用提取与蒸馏相结合的方式对样品进行处理。

❖❖❖ 第二节　化　学　分　析

一、化学分析专业知识

化学分析是分析专业的基础课，包含了有关分析化学的基本概念和基本方法，以及误差理论和数据处理方法。该课程在深入讨论水溶液各种化学平衡的基础上，系统介绍各种化学分析方法的基本原理，其中包括酸碱滴定法、配位滴定法、氧化还原滴定法、沉淀滴定法和重量法。

它还介绍分析化学中常用定量分离方法的基本原理及应用，如沉淀分离法、离子交换分离法、色谱分离法等。定量化学分析是学习仪器分析等课程和从事分析测试工作的必备基础知识。

二、化学分析专项检测方法和原理

1．沉淀法测化学试剂中的氯含量

在中性或弱碱性溶液中，以 K_2CrO_4 为指示剂，用 $AgNO_3$ 标准溶液进行滴

定，反应式为

$$Ag^+ + Cl^- = AgCl\downarrow$$
（白色）

$$2Ag^+ + CrO_4^{2-} = Ag_2CrO_4\downarrow$$
（砖红色）

2. 化肥中钾含量的测定

在弱碱性介质中，用四苯硼钠沉淀试样溶液中的钾离子。为了防止铵离子及其他阳离子干扰，可预先加入适量的甲醛溶液和乙二胺四乙酸二钠盐，使铵离子与甲醛反应生成六亚甲基四胺，其他阳离子与乙二胺四乙酸二钠生成稳定的配位化合物，将沉淀物过滤、干燥后称量。

3. 水泥中三氧化二铁的测定

试样用无水碳酸钠烧结或用氢氧化钠熔融，然后用水浸取，加盐酸分解，制成溶液。在 pH = 1.8 ~ 2.0，温度为 60 ~ 70℃ 的条件下，以磺基水杨酸钠为指示剂，用 EDTA 标准滴定溶液滴定。

三、化学分析技能训练

● 训练 1 用沉淀法测定化学试剂中氯的含量

1. 试验目的

1）学习标准溶液的配制和标定方法。

2）掌握沉淀滴定法中以 K_2CrO_4 为指示剂，测定氯离子的方法和原理。

3）学会正确判断滴定终点的方法。

2. 试剂

1）$AgNO_3$：固体。

2）K_2CrO_4 指示剂：质量分数为 5% 的溶液。

3）NaCl：基准物质。

3. 试验步骤

（1）0.1mol/L 的 $AgNO_3$ 溶液的配制和标定

1）配制：在台秤上称取 8.5g $AgNO_3$，溶于 500mL 不含 Cl^- 的水中，将溶液转入棕色细口瓶中，置于暗处保存，以避免其见光分解。

2）标定：准确称取 1.5 ~ 1.6g NaCl 置于 100mL 小烧杯中，加 50mL 水溶解，定量转入 250mL 容量瓶中，加水稀释至刻度，摇匀。

准确移取 25.00mL NaCl 标准溶液置于 250mL 锥形瓶中，加 25mL 水，1mL 质量分数为 5% 的 K_2CrO_4 指示剂，在不断摇动下用 $AgNO_3$ 溶液滴定至白色沉淀中出现砖红色并保持 30s，即为终点。根据 NaCl 的用量和滴定所消耗的 $AgNO_3$

标准溶液的体积，计算 AgNO₃ 标准溶液的浓度。

（2）试样分析　准确称取粗食盐约 2g，置于 100mL 烧杯中，加 50mL 水溶解，定量转入 250mL 容量瓶中，加水稀释至刻度，摇匀。

准确移取 25.00mL 试液置于 250mL 锥形瓶中，加 25mL 水，1mL 质量分数为 5% 的 K_2CrO_4 指示剂，在不断摇动下用 $AgNO_3$ 溶液滴定至白色沉淀中出现砖红色并保持 30s，即为终点。平行测定三份，计算试样中氯的质量分数。

• 训练 2　化肥中钾含量的测定

本方法适用于由有机肥与化学肥料组成的有机-无机复混肥料，也适用于各种纯有机肥料中总钾含量的测定。

1. 试剂

所用试剂、水及溶液的配制，在未注明规格和配制方法时应符合 HG/T 2843—1997 的规定。

1）过氧化氢。

2）高氯酸。

3）四苯硼钠沉淀剂：15g/L 溶液。该溶液储存在棕色瓶或塑料瓶中，一般不超过一个月期限，若发现浑浊，则使用前应过滤。

4）四苯硼钠洗涤液：用 10 体积的水稀释 1 体积的四苯硼钠沉淀剂。

5）乙二胺四乙酸二钠盐溶液：40g/L。

6）甲醛溶液：质量分数约为 30% 或 37%。

7）氢氧化钠溶液：400g/L。

8）酚酞：5g/L 乙醇溶液，即将 0.5g 酚酞溶解于 100mL 的 95%（体积分数）乙醇中。

9）氧化钾标准储备溶液：1.00mg/mL。

10）氧化钾标准溶液：100μg/mL。

2. 仪器、设备

1）玻璃坩埚式滤器：4 号，容积为 30mL。

2）干燥箱：温度可控制在 120℃ ±5℃ 范围内。

3）火焰光度计。

3. 试样溶液制备

按 GB/T 8571—2008 的规定制备实验室样品。

钾含量（K_2O）小于 2% 的试样，采用火焰光度法测定；钾含量（K_2O）大于或等于 2% 的试样，采用四苯硼钾重量法测定。用下列方法之一制备试样溶液：

（1）硝酸-高氯酸消煮法　将试样置于 250mL 高型烧杯中，加入 20mL 硝酸，小心摇匀,在通风橱内用电热板加热至近干涸,稍冷后加入10mL高氯酸,盖上表面皿,缓慢加热至冒高氯酸白烟,继续加热直至溶液呈无色或浅色清液(注意不能蒸干!)。冷却至室温,将消煮液移入250mL量瓶中,用水稀释至刻度,混匀,用干燥滤纸过滤,弃去最初的50mL滤液。

(2)硫酸-过氧化氢消煮法　将试样置于500mL锥形瓶中,加入20mL浓硫酸和3～5mL过氧化氢,小心摇匀,静放12～15h,然后再加入3～5mL过氧化氢,插上梨形漏斗,在通风橱内用1500W电炉缓慢加热至沸腾,继续加热保持30min,取下。若溶液未澄清,则稍冷后分次加入3mL过氧化氢,并分次消煮,直至溶液呈无色或浅色清液,继续加热10min,冷却至室温。将消煮液移入250mL量瓶中,用水稀释至刻度,混匀,用干燥滤纸过滤,弃去最初50mL滤液。

4. 分析步骤

四苯硼钾重量法:当试样中氧化钾的质量分数大于或等于2%(质量分数)时,采用本方法。

(1)方法提要　在弱碱性介质中,以四苯硼钠沉淀试样溶液中的钾离子。为了防止铵离子及其他阳离子干扰,可预先加入适量的甲醛溶液和乙二胺四乙酸二钠盐,使铵离子与甲醛反应生成六亚甲基四胺,其他阳离子与乙二胺四乙酸二钠生成稳定的配位化合物,将沉淀过滤、干燥后称量。

(2)试液的处理　吸取上述滤液25mL,置入200mL烧杯中,加乙二胺四乙酸二钠盐溶液20mL(含阳离子较多时可加40mL)和2滴或3滴酚酞溶液,滴加氢氧化钠溶液至红色出现时,再过量滴加5滴,然后加甲醛溶液(按1mg氮加约60mg甲醛计算,即37%甲醛溶液加0.15mL),若红色消失,则用氢氧化钠溶液调至红色,在良好的通风橱内加热煮沸15min,冷却。

(3)沉淀及过滤　在不断搅拌下,向试样溶液中逐滴加入四苯硼钠沉淀剂(加入量为每含1mg氧化钾加四苯硼钠溶液0.5mL,并过量约7mL),继续搅拌1min,静置15min,用倾滤法将沉淀物过滤于120℃预先恒重的滤器内,用洗涤溶液洗涤沉淀物5～7次,每次用量约为5mL,最后用水洗涤2次,每次用量为5mL。

(4)干燥　将盛有沉淀物的坩埚置入120℃±5℃干燥箱中,干燥1.5h,然后放在干燥器内冷却至室温,称量。

(5)空白试验　除不加试样外,测定及试剂用量均与上述步骤相同。

(6)分析结果的表述　总钾(以K_2O计)质量分数的计算公式为

$$w(K_2O) = \frac{[(m_2 - m_1) - (m_4 - m_3)] \times 0.1314}{m_0 \times \frac{25}{250}} \times 100\% \tag{6-1}$$

式中　m_0——试料质量（g）；

　　　m_1——坩埚质量（g）；

　　　m_2——盛有沉淀的坩埚质量（g）；

　　　m_3——空白试验时的坩埚质量（g）；

　　　m_4——空白试验时过滤后的坩埚质量（g）；

　　　0.1314——四苯硼钾质量换算为氧化钾质量的系数。

取平行测定结果的算术平均值作为测定结果。

- **训练3　水泥中三氧化二铁的测定**

1. 原理

试样用无水碳酸钠烧结，或用氢氧化钠熔融，然后用水浸取，加盐酸分解，制成溶液，在 pH = 1.8 ~ 2.0，温度为 60 ~ 70℃ 的条件下，以磺基水杨酸钠为指示剂，用 EDTA 标准滴定溶液滴定。

2. 试剂

1）磺基水杨酸钠指示剂溶液（100g/L）：将10g 磺基水杨酸钠溶于水中，加水稀释至 100mL。

2）碳酸钙标准溶液 $[c(CaCO_3)=0.024mol/L]$：称取 0.6g（m_1）于 105 ~ 110℃烘干 2h 的碳酸钙（$CaCO_3$），精确至 0.0001g，置于 400mL 烧杯中，加入约 100mL 水，盖上表面皿，沿杯口滴加 1 + 1 盐酸至碳酸钙全部溶解，加热煮沸数分钟，将溶液冷至室温，移入 250mL 容量瓶中，用水稀释至标线，摇匀。

3）氢氧化钾溶液（200g/L）：将 200g 氢氧化钾（KOH）溶于水中，加水稀释至 1L，储存于塑料瓶中。

4）钙黄绿素-甲基百里香酚蓝-酚酞混合指示剂（简称 CMP 混合指示剂）：称取 1.000g 钙黄绿素、1.000g 甲基百里香酚蓝、0.200g 酚酞与 50g 已在 105℃ 烘干过的硝酸钾（KNO_3）混合研细，保存在磨口瓶中。

5）EDTA 标准滴定溶液 $[c(EDTA)=0.015mol/L]$

① EDTA 标准滴定溶液的配制：称取约 5.6gEDTA（乙二胺四乙酸二钠盐）置于烧杯中，加约 200mL 水，加热溶解，过滤，用水稀释至 1L。

② EDTA 标准滴定溶液浓度的标定：吸取 25.00mL 碳酸钙标准溶液（0.024mol/L）置于 400mL 烧杯中，加水稀释至约 200mL，加入适量的 CMP 混合指示剂，在搅拌下加入氢氧化钾溶液（200g/L）至出现绿色荧光后再过量 2 ~ 3mL，以 EDTA 标准滴定溶液滴定至绿色荧光消失并呈现红色。

EDTA 标准滴定溶液浓度的计算公式为

$$c(EDTA) = \frac{m_1 \times 25 \times 1000}{250 \times V_1 \times 100.09} = \frac{m_1}{V_1} \times \frac{1}{1.0009} \quad (6-2)$$

式中 c(EDTA)——EDTA 标准滴定溶液的浓度（mol/L）；

　　　V_1——滴定时消耗 EDTA 标准滴定溶液的体积（mL）；

　　　m_1——碳酸钙标准溶液的质量（g）；

　　　100.09——碳酸钙的摩尔质量（g/mol）。

③ EDTA 标准滴定溶液对三氧化二铁滴定度的计算：EDTA 标准滴定溶液对三氧化二铁滴定度的计算公式为

$$T(\text{Fe}_2\text{O}_3) = c(\text{EDTA}) \times 79.84 \qquad (6-3)$$

式中 $T(\text{Fe}_2\text{O}_3)$——每毫升 EDTA 标准滴定溶液相当于三氧化二铁的质量（mg/mL）；

　　　79.84——（$\frac{1}{2}\text{Fe}_2\text{O}_3$）的摩尔质量（g/mol）。

3. 仪器与设备

玻璃容量器皿：烧杯、容量瓶、移液管。

4. 试样制备

采用四分法将样品缩分至约 100g，经 0.080mm 方孔筛筛分，用磁铁吸去筛余物中的金属铁，然后将筛余物经过研磨后使其全部通过 0.080mm 方孔筛，将样品充分混匀后，装入带有磨口塞的瓶中并密封。

5. 分析步骤

（1）空白试验　与试样同步操作做空白试验。

（2）称样　称取约 0.5g 试样，精确至 0.0001g。

（3）试样的分解　将称取的试样置于银坩埚中，加入 6～7g 氢氧化钠，在 650～700℃ 的高温下熔融 20min，取出冷却，将坩埚放入已盛有 100mL 近沸腾的水的烧杯中，盖上表面皿，于电热板上适当加热，待熔块完全浸出后，取出坩埚，用水冲洗坩埚和盖，在搅拌下一次加入 25～30mL 盐酸，再加入 1mL 硝酸，用热的 1+5 盐酸洗净坩埚和盖，将溶液加热至沸，冷却，然后移入 250mL 容量瓶中，用水稀释至标线，摇匀。

（4）三氧化二铁的测定　吸取 25.00mL 三氧化二铁溶液，放入 300mL 烧杯中，加水稀释至约 100mL，用 1+1 氨水和 1+1 盐酸调节溶液 pH 值在 1.8～2.0 之间（用精密 pH 试纸检验），将溶液加热至 70℃，加 10 滴磺基水杨酸钠指示剂溶液（100g/L），用 EDTA 标准滴定溶液（0.015mol/L）缓慢地滴定至亮黄色（终点时溶液温度应不低于 60℃）。

6. 结果计算

三氧化二铁含量（以质量分数计）的计算公式为

$$w(\text{Fe}_2\text{O}_3) = \frac{T(\text{Fe}_2\text{O}_3) \times V_2 \times 10}{m \times 1000} \times 100\% \qquad (6-4)$$

式中　$w(Fe_2O_3)$——三氧化二铁的质量分数；
　　　$T(Fe_2O_3)$——每毫升 EDTA 标准滴定溶液相当于三氧化二铁的质量（mg/mL）；
　　　V_2——滴定时消耗 EDTA 标准滴定溶液的体积（mL）；
　　　m——试料的质量（g）。

- **训练 4　用沉淀滴定法测定肥皂中氯化物的含量**

1. 基本原理

试样经过滤分离脂肪酸后，用沉淀滴定法测定氯化物含量（参见 QB/T 2623.6—2003）。

2. 试剂和溶液

1）硝酸：若硝酸变黄，则应煮沸至无色。
2）硫酸铁（Ⅲ）铵：80g/L 指示液。
3）硫氰酸铵：0.1 mol/L 的标准滴定溶液。
4）硝酸银：0.1mol/L 的标准滴定溶液。

3. 仪器

1）烧杯：高型，100mL。
2）单刻度容量瓶：200mL。
3）移液管：100mL。
4）沸水浴。
5）快速定性滤纸。

4. 分析步骤

（1）试样的制备和保存　将每块供试验用的肥皂样品的中间互相垂直切分成八份，取斜对角的两份制成薄片并捣碎，充分混合，装入洁净、干燥、密封的容器内备用。

（2）测定　称取试样约5g 置于100mL 高型烧杯中，精确至 0.01g，用 50mL 热水溶解后，将此溶液定量地转移至200mL 单刻度容量瓶中，加入 5mL 硝酸及 25.0mL 0.1mol/L 的硝酸银标准滴定溶液，将单刻度容量瓶置于沸水浴中，直至脂肪酸完全分离且生成的氯化银已大量聚集，然后用自来水冷却容量瓶及内容物至室温，并以水稀释至刻度，摇匀，用干燥折叠滤纸过滤，弃去最初的 10mL，然后收集滤液至少 110mL，用移液管移取滤液 100.0mL 至锥形瓶内，加入硫酸铁（Ⅲ）铵溶液 2~3mL，在剧烈摇动下，用 0.1 mol/L 的硫氰酸铵标准滴定溶液滴定至呈现红棕色且30s不变为终点。

5. 分析结果的计算

肥皂中氯化物的含量，对钠皂而言用氯化钠的质量分数表示，计算公式为

$$w(\text{NaCl}) = \frac{0.0585 \times (25c_1 - 2Vc_2)}{m} \times 100\% \qquad (6\text{-}5)$$

肥皂中氯化物的含量，对钾皂而言用氯化钾的质量百分数表示，计算公式为

$$w(\text{KCl}) = \frac{0.0746 \times (25c_1 - 2Vc_2)}{m} \times 100\% \qquad (6\text{-}6)$$

式中 c_1——硝酸银标准滴定溶液的浓度（mol/L）；

c_2——硫氰酸铵标准滴定溶液的浓度（mol/L）；

V——滴定时消耗硫氰酸铵标准滴定溶液的体积（mL）；

0.0585——氯化钠的毫摩尔质量（g/mmol）；

0.0746——氯化钾的毫摩尔质量（g/mmol）；

m——试样量（g）。

以两次平行测定结果的平均值（结果保留至小数点后一位）作为测定结果。

- **训练5　用薄层-溴化法测定氧乐果的含量**

1. 基本原理

氧乐果的有效成分为 O, O-二甲基-S-（N-甲基氨基甲酰甲基）硫赶磷酸酯，结构式为

$$\begin{matrix} \text{CH}_3\text{O} \\ \text{CH}_3\text{O} \end{matrix} \!\!> \!\! \text{P} \!-\! \text{S} \!-\! \text{CH}_2 \!-\! \overset{\overset{\text{O}}{\|}}{\text{C}} \!-\! \text{NHCH}_3$$

分子式为 $C_5H_{12}NO_4SP$，相对分子质量为 213.2。

通过薄层层析法将 O, O-二甲基-S-（N-甲基氨基甲酰甲基）硫赶磷酸酯从样品中分离出来，采用硅胶 G 薄层板，以氯仿、正己烷和冰乙酸为展开剂，以氯化钯为显色剂，刮下氧乐果谱带，然后用溴化法测定。

2. 试剂和溶液

1）硅胶 G：层析用。

2）无水乙醇：分析纯。

3）冰乙酸：分析纯。

4）氯仿：分析纯。

5）正己烷。

6）碘化钾：分析纯，质量分数为 15% 的水溶液。

7）硫酸：分析纯。

8）盐酸：分析纯。

9）溴化钾：分析纯。

10）硫代硫酸钠：分析纯。

11）可溶性淀粉：分析纯。

12）氯化钯：分析纯。

13）溴酸钾-溴化钾溶液：称取1.5g溴酸钾和13g溴化钾溶于少量蒸馏水中，并稀释到1000mL，摇匀。

14）0.02mol/L硫代硫酸钠标准溶液。

15）0.1%氯化钯显色剂：称取0.1g氯化钯，用1mL 0.1mol/L盐酸溶解，用水稀释至100mL。

16）0.5%淀粉指示剂：称取可溶性淀粉1g，加10mL水调匀，在搅拌下将其慢慢倒入200mL沸水中，再微沸2min，冷却，取上层清液备用。

3. 仪器

1）层析缸。

2）玻璃板：10cm×20cm。

3）玻璃喷雾器。

4）碘量瓶：500mL。

5）微量注射器：100μL（经重新校正过）。

6）容量瓶：10mL（经重新校正过）。

7）吸管：10mL。

8）恒温水浴。

4. 分析步骤

(1) 硅胶板的制备 采用平铺法涂制（每块板用4~5g硅胶G），放水平处风干后，在105~110℃烘箱中烘2h左右，取出，放入干燥器中备用。

(2) 操作步骤 称取含氧乐果有效成分约0.5g（准确至0.0002g）的原油或40%乳油置于10mL容量瓶中，用无水乙醇稀释至刻度，摇匀，吸取该乙醇溶液100μL，在一块已活化好的硅胶板上距底边3cm、两侧各1.5cm处，将样品点成细直线，把薄层板的两边各刮去5mm宽的硅胶，以防止展开剂沿边缘扩散，然后在距薄板的顶边3cm处，平行于顶边刮去1mm宽的硅胶，此带作为展开剂展开的上限。在溶剂挥发后，将板直立于充满展开剂（氯仿、正己烷、冰乙酸的体积比等于5:3:2）饱和蒸气的层析缸中，板浸入溶剂的深度为7~10cm。当展开剂上升到预先划好的界线时，从缸中取出，放入通风柜中，在红外灯下干燥，使溶剂挥发，用氯化钯喷雾显色，将R_f值为0.35左右的氧乐果黄色谱带全部转移至500mL碘量瓶中。用少量水冲洗瓶碘量瓶壁，加水至总体积约50mL左右，准确加入10mL溴酸钾-溴化钾溶液及10mL 1+1盐酸或1+4硫酸，塞紧瓶塞，摇匀，瓶口用少量水液封，于30℃±1℃恒温水浴中放置10min。取出碘量瓶，加入5mL质量分数为15%的碘化钾溶液，摇匀，放置2~3min，用硫代硫酸钠标准溶液滴定至淡黄色，然后加入3mL 0.5%淀粉指示剂，继续滴定至溶液的蓝色消失,即为终点。在同样的操作条件下做空白试验。

注意:用硫酸酸化时必须预保温至近30℃。

5. 分析结果的计算

样品中氧乐果含量的计算公式为

$$X = \frac{(V_2 - V_1) \times c \times 0.03553}{0.1 \times \frac{m}{10}} \times 100 \tag{6-7}$$

式中 X——样品中氧乐果的含量(g/100g);

V_1——空白试验时消耗硫代硫酸钠的体积(mL);

V_2——试样消耗硫代硫酸钠的体积(mL);

c——硫代硫酸钠的浓度(mol/L);

m——试样质量(g);

0.03553——1/6氧乐果的毫摩尔质量(g/mmol)。

● **训练6　用分光光度法测定水性涂料中铬(Ⅵ)的含量**

1. 基本原理

铬(Ⅵ)和二苯碳酰二肼溶液形成一种有色的配位化合物,加入正磷酸和硫酸后,在波长约为540nm处,用分光光度法测定。

2. 试剂和溶液

1) 二苯碳酰二肼溶液:将0.25g二苯碳酰二肼溶解于50mL丙酮和50mL水的混合物中。

2) 氢氧化钠:2mol/L。

3) 硫酸:1mol/L。

4) 正磷酸:质量分数约为85%,密度约为1.69 g/cm³。

5) 盐酸:0.07mol/L。

6) 铬(Ⅵ)的标准储备溶液(100mg/L):称取282.9mg干燥的重铬酸钾(准确到0.1mg)置于1000mL容量瓶中,用水稀释至刻度并充分摇匀。

7) 铬(Ⅵ)的标准溶液(10μg/mL):用移液管吸取10mL标准储备溶液置于100mL容量瓶中,用0.07mol/L盐酸溶液稀释至刻度,并充分摇匀。

3. 仪器

1) 分光光度计。

2) pH计:带有玻璃电极和参比电极。

4. 分析步骤

(1) 标准曲线的绘制　用移液管分别向5个50mL的烧杯中加入铬(Ⅵ)标准溶液,其加入体积见表6-1。对每一烧杯中的溶液作如下处理:加5mL氢氧化钠溶液，用硫酸调节溶液的 pH 值至 7.0（用 pH 计测量），再加 2mL 二苯碳酰二肼溶液、1~2mL 正磷酸和 5mL 硫酸，将溶液转移至 100mL 容量瓶中，用水稀释至刻度，并充分摇匀。在波长 540nm 处，以蒸馏水为参比，测定各管溶液的吸光度，减去空白试验的吸光度后，得到校正吸光度，绘制以铬（Ⅵ）的浓度（以 μg/mL 计）对校正吸光度的标准曲线，也可以根据铬（Ⅵ）的浓度（以 μg/mL 计）所对应的校正吸光度值计算线性回归方程。

表 6-1　铬（Ⅵ）标准色列溶液的配制

管　号	加入铬（Ⅵ）标准溶液的体积/mL	铬（Ⅵ）的质量浓度/（μg/mL）
0	0	0
1	1.0	0.1
2	2.0	0.2
3	5.0	0.5
4	10.0	1.0

（2）试验溶液

① 涂膜的制备：将样品搅拌均匀后，按涂料产品规定的要求在玻璃板（需经 1+1 硝酸水溶液浸泡 24h 后，清洗并干燥）上制备涂膜，待完全干燥后取样（若烘干，则温度不得超过 60℃），在室温下将其粉碎，并通过 0.5mm 金属筛过筛后待处理。

注意：若涂膜不易粉碎成 0.5mm，则可以不过筛直接进行样品处理。

② 样品的处理：将粉碎、过筛后的样品称取 0.5g（精确至 0.0001g），加入 25mL 0.07mol/L 的盐酸溶液混合，搅拌 1min，测其酸度，若 pH>1.5，则逐渐滴加浓度为 2mol/L 的盐酸溶液并摇匀，使 pH 值在 1.0~1.5 之间。在室温下连续搅拌混合液 1h，然后静置 1h，立刻用滤膜器过滤后壁光保存，应在 4h 内完成测试。若在 4h 内无法完成测试，则需加入 1mol/L 的盐酸溶液 25mL 对样品进行处理，处理方法同上。

（3）样品的测定　将制备好的溶液转移至 50mL 烧杯中，加 5mL 氢氧化钠溶液，用硫酸调节溶液的 pH 值至 7.0（用 pH 计测量），再加 2mL 二苯碳酰二肼溶液、1~2mL 正磷酸和 5mL 硫酸，将溶液转移至 100mL 容量瓶中，用水稀释至刻度，并充分摇匀，在波长 540nm 处，以蒸馏水为参比，测定吸光度。

（4）空白试验　按照试验溶液的制备方法和样品的测定步骤同时做空白试验。

5. 分析结果的计算

铬（Ⅵ）含量的计算公式为

$$X = \frac{cV}{mf} \tag{6-8}$$

式中 X——试样溶液中的铬（Ⅵ）含量（mg/kg）；

　　c——试样溶液的吸光值在标准曲线上的浓度或按线性回归方程计算试样溶液的质量浓度（μg/mL）；

　　V——试样溶液的体积（mL）；

　　f——稀释倍数；

　　m——试样质量（g）。

计算结果保留至个位。

- **训练7　甲苯不溶物含量的测定**

1. 基本原理

甲苯不溶物是煤焦油中不溶于热甲苯的物质。将约3g煤焦油试样装在滤纸筒内放进脂肪抽提器中，用热甲苯连续洗涤，称出残渣重量，算出甲苯不溶物含量。

2. 试剂和材料

1）甲苯：分析纯，或GB/T 2284—2009规定的焦化甲苯。

2）砂子或石英砂：粒度为0.3~1.0 mm（20~60目）。

3）定量滤纸：中速，直径为150mm和125mm两种。

4）脱脂棉。

3. 仪器

1）甲苯不溶测定仪。

2）平底烧瓶，容积为250mL，具直径为24mm/29mm的标准磨口。

3）抽提筒，高度为185mm±5mm，筒直径为48mm±1mm，回流管高度为43mm±1mm，直径为6mm±1mm，具直径为45mm/40mm的标准磨口。

4）冷凝器：5球型水冷凝器，高度为200mm±5mm，直径为42mm±2mm，上具直径为45mm/40mm标准磨口。

5）电热套：容积为250mL，功率为300W或用其他电加热器。

6）称量瓶：高度为75mm，直径为35mm，具有严密的磨口盖。

7）干燥箱：具有自动调温装置和鼓风装置，能保持115~120℃的温度。

8）分析天平：感量为0.0001g。

9）干燥器：内装干燥剂。

10）试管：高度为170mm，外径为25mm，用于折叠滤纸筒。

11）可调变压器：2kV·A。

12）烧杯等其他实验室常用仪器。

4. 分析步骤

（1）试样的准备　按 GB/T 1999—2008《焦化油类产品取样方法》进行取样，作为原始试样。

① 采样管采样：用铜或铝制的薄壁采样管采样，采样时应注意产品的均匀性，在产品装满槽车后，应迅速在每个槽车中用采样管从产品的整个深度采样。采样时先将重砣提起，使采样管垂直于液面，缓缓地将采样管浸至槽车底部，关闭重砣，然后将采样管提起，待管壁外附着液体流下后，再将所采取的试样倒入洁净、干燥、可密闭的容器内，其总量不少于2000mL。

② 采样瓶采样：先用绳子系好瓶和瓶盖，在槽车中按上、中、下三点分别采样，上层在整个液体浓度1/4处取一次，中层在整个液体浓度1/2处连续取二次，下层在整个液体浓度3/4处取一次。采样时将预先盖个盖的采样瓶放入槽车内，到达规定位置时启盖，待油装满瓶（液面不冒泡时），把瓶提出倒入另一洁净、干燥的瓶中，每次约500mL，四次共约2000mL。

（2）准备工作

① 沙子的处理：将沙子用水洗净后，干燥，过筛，筛取粒度为0.3～1.0mm（60～20）的沙子，在甲苯中浸泡24h以上，取出晾干后，在115～120℃干燥箱中干燥后备用。

② 脱脂棉处理：将脱脂棉在甲苯中浸泡24h以上，晾干取出后，在115～120℃干燥箱中干燥后备用。

③ 制作滤纸筒：将外层直径为150mm和内层直径为125mm的中速定量滤纸同心折叠，在滤纸圆心处放入试管，将双层滤纸向试管壁上折叠成直径约为25mm的双层滤纸筒，在纸筒中放入一小块脱脂棉。将滤纸筒和脱脂棉一起在甲苯中浸泡24h后，取出，晾干，放入称量瓶中在通风柜中使大部分甲苯挥发，然后放入115～120℃的干燥箱中干燥至恒重（两次称量之差不超过0.001g），备用。

（3）试验步骤

① 称取煤焦油试样约3g（精确至0.0001g），置于滤纸筒中，从称量瓶中取出滤纸筒立即放入装有60mL甲苯的100mL烧杯中，待甲苯渗入滤纸筒后，用头部光滑的玻璃棒轻轻搅拌滤纸筒内的试样2min，使试样均匀分散在甲苯中，浸泡15min后取出滤纸筒，待其滤干，再用上述脱脂棉擦净玻璃棒，将此脱脂棉放入滤纸筒内。

② 把滤纸筒置于抽提筒内，使滤纸筒上边缘高于回流管20mm。

③ 往蒸馏瓶中倒入150mL甲苯，装上抽提筒和挂有引流铁丝的冷凝器，接通冷却水。

④ 接通电热套的电源，加热平底烧瓶，控制甲苯萃取的速度为1.5min/次

(甲苯萃取液从回流管反流回到平底烧杯为一次萃取)。抽提2h(总萃取次数约为80次),直至回流液呈微黄色接近无色。当萃取速度大于或小于规定值时,可接上可调变压器进行调节。当萃取次数达到设定的次数时,即为萃取终点。

⑤ 停止加热后稍冷,取出滤纸筒,放回原称量瓶中,不加盖放进通风柜内,待甲苯挥发后,将称量瓶及盖一起放入115～120℃干燥箱中,干燥2h,给称量瓶加盖后,将其取出置于干燥器中冷却至室温,称量,再干燥0.5h进行恒重检查,直至连续2次质量差不超过0.001g。

5. 分析结果的计算

煤焦油(无水基)中甲苯不溶物含量的计算公式为

$$X = \frac{(m_1 - m_2)}{m} \times \frac{100}{100-w} \times 100 \tag{6-9}$$

式中　X——煤焦油中甲苯不溶物的含量(g/100g);

　　　m——试样质量(g);

　　　m_1——称量瓶和滤纸筒、脱脂棉的质量(g);

　　　m_2——称量瓶和滤纸筒、脱脂棉、甲苯不溶物的总质量(g);

　　　w——煤焦油中的水分的质量分数(%)。

第三节　仪器分析

一、仪器分析专业知识

仪器分析是指采用比较复杂或特殊的仪器设备,通过测量物质的某些物理或物理化学性质的参数及其变化来获取物质的化学组成、成分含量及化学结构等信息的一类方法,主要包括紫外-可见吸收光谱法、红外吸收光谱法、原子吸收光谱法、原子发射光谱法、气相色谱法、液相色谱法、电化学分析法、核磁共振和质谱分析法等。作为中级化学检验工,除了要掌握初级化学检验工需掌握的内容外,还要求掌握紫外-可见分光光度法、电位分析法、库仑分析法及一些专用仪器的原理和使用方法。

紫外-可见分光光度法是光学分析法中的一种,是利用分子对可见和紫外辐射的吸收性质建立起来的分析方法,主要用于无机和有机物的定量分析及某些有机化合物的定性与结构分析。

电位分析法是电化学分析法中的一种,是用一个电极电位与被测物质活(浓)度有关的指示电极和另一个电位保持恒定的参比电极与试液组成化学电池,根据测量电池电动势或指示电极电位进行分析的方法。它包括电位测定法和电位滴定法。

库仑分析法是通过测量被测物质定量地进行某一电极反应,或者被测物质与某一电极反应的产物定量地进行化学反应所消耗的电量(库仑数)进行定量分析的方法。它包括恒电位库仑分析法和库仑滴定法(又称为恒电流库仑分析法)。

二、仪器分析专项检测方法和原理

1. 用卡尔·费休法测定化肥、农药中的水分

(1) 卡尔·费休化学滴定法　将样品分散在甲醇中,用已知水当量的标准卡尔·费休试剂滴定。

(2) 卡尔·费休-库仑滴定仪器测定法　试样中的水与卡尔·费休试剂(碘、二氧化硫、吡啶、甲醇组成的溶液)或改进的卡尔·费休试剂(碘、二氧化硫、乙酸钠、碘化钠、甲醇组成的溶液)反应,卡尔·费休试剂或改进卡尔·费休试剂预先用准确重量的水标定,反应终点用"永停"电量法确定。卡尔·费休法反应式为

$$I_2 + SO_2 + 3C_5H_5N + H_2O = 2C_5H_5N \cdot HI + C_5H_5N \cdot SO_3$$
$$C_5H_5N \cdot SO_3 + CH_3OH = C_5H_5N \cdot HSO_4CH_3 \quad (6\text{-}10)$$

反应生成的 I^- 在电解池的阳极上,被氧化成 I_2,反应式为

$$2I^- - 2e = I_2$$

由式(6-10)可以看出,参加反应的碘的物质的量等于水的物质的量。依据法拉第电解定律,在阳极上析出的 I_2 量与通过的电量成正比。经仪器换算,在屏幕上直接显示出被测试样中水的含量。

2. 用冷原子吸收法测定化妆品中的汞

汞蒸气对波长为253.7nm的紫外光具有特征吸收特性。在一定的浓度范围内,吸收值与汞蒸气浓度成正比。样品经消解、还原处理,将化合态的汞转化为元素汞,再以载气带入测汞仪,测定吸收值,与标准系列比较定量。

3. 用分光光度法测定化妆品中的砷(二乙氨基二硫代甲酸银分光光度法)

经灰化或消解后的试样,在碘化钾和氯化亚锡的作用下,样液中五价砷被还原为三价。三价砷与新生态氢生成砷化氢气体,通过用乙酸铅溶液浸泡的棉花去除硫化氢干扰,然后与溶于三乙醇胺-氯仿中的二乙氨基二硫代甲酸银作用,生成棕红色的胶态银,进行比色定量。钴、镍、汞、银、铂、铬和钼可干扰砷化氢的产生,但正常情况下,但它们在化妆品中的含量较小,不会产生干扰。锑对测定有明显干扰。

4. 用分光光度法测定洗涤剂中的各种磷酸盐

在浓度为0.4~1.4mol/L的硝酸溶液中,正磷酸能定量与钼酸铵作用,生成

磷钼杂多酸（磷钼黄），磷钼黄可被乙酸丁酯从 1.0～1.4mol/L 的硝酸溶液中定量萃取出来，从而与干扰元素砷、硅及过量试剂钼酸铵分离。加入氯化亚锡－抗坏血酸溶液，将磷钼黄还原为磷钼蓝，根据磷钼蓝颜色的深浅，可用分光光度法或目视比色法测定磷酸盐的含量。

5. 用电位滴定法测定过磷酸钙中的游离酸

用氢氧化钠滴定重过磷酸钙提取液中的游离酸，根据酸度计电极电位随着溶液 pH 值变化指示的终点，由消耗的氢氧化钠用量求得游离酸含量。

6. 用分光光度法测定尿素中的缩二脲含量

缩二脲在硫酸铜、酒石酸钾钠的碱性溶液中生成紫红色配位化合物，在波长为 550nm 处测定其吸光度，与标准系列比较定量。

7. 用库仑滴定法测定煤炭中的硫含量

煤样在催化剂的作用下，于空气流中燃烧分解，煤中的硫生成二氧化硫并被碘化钾溶液吸收，对碘化钾溶液所产生的碘进行滴定，根据电解所消耗的电量计算煤炭全硫的含量。

8. 用分光光度法测定硫酸铁铵中的铁含量

在室温下，硫酸铁铵中的铁以抗坏血酸将三价铁还原成二价铁后，在 pH = 2～9 时，二价铁与邻菲罗啉生成橙红色配位化合物，于波长 510nm 处测定其吸光度，与标准系列比较定量。

三、仪器分析技能训练

- **训练1　用冷原子吸收法测定化妆品中汞的含量**

1. 基本原理

汞蒸气对波长为 253.7nm 的紫外光具有特征吸收作用。在一定的浓度范围内，其吸收值与汞蒸气浓度成正比。样品经消解、还原处理后将化合态的汞转化为元素汞，再以载气带入测汞仪，测定吸收值，与标准系列比较定量。

2. 样品的采集

受检的化妆品应按随机抽样原则抽取并应满足检验所需的样品量（不得少于六个最小包装单位），以确保采集的样品具有代表性。

3. 试剂

1）去离子水或同等纯度的水：将一次蒸馏水经离子交换净水器净水，储存于全玻璃瓶或聚乙烯瓶中。

2）硝酸（密度为 1.42g/mL）：优级纯。

3）硫酸（密度为 1.84g/mL）：优级纯。

4）盐酸（密度为 1.19g/mL）：优级纯。

5) 过氧化氢：[φ（H_2O_2）=30%] 分析纯。

6) 五氧化二钒：分析纯。

7) 氯化亚锡溶液（质量分数为20%）：称取20g氯化亚锡（分析纯）置于250mL烧杯中，加入20mL浓盐酸，加水稀释至100mL。

8) 汞标准溶液

① 每1mL中含汞100μg。

② 每1mL中含汞1.00μg。

③ 每1mL中含汞0.10μg。

4. 仪器

1) 圆底烧瓶（250mL）及40cm长的全玻璃磨口球形冷凝管。

2) 冷原子吸收测汞仪。

3) 汞蒸气发生器。

5. 分析步骤

（1）样品的预处理（以下方法可任选一种）

1) 湿式回流消解法

① 称取约1.00g试样，置于250mL圆底烧瓶中，随同试样做试剂空白试验。

② 样品若含有乙醇等有机溶剂，则先在水浴或电热板上低温挥发（不得干涸）。

③ 加入30mL硝酸（由于样品中含有碳酸钙等碳酸盐类的粉剂，因此在加酸时应缓慢加入，以防二氧化碳气体的产生过于猛烈）、5mL水、5mL硫酸及数粒玻璃珠。置于电炉上，接上球形冷凝管，使冷凝水循环。

④ 加热回流消解2h。消解液一般呈微黄或黄色。

⑤ 从冷凝管上口注入10mL水，继续加热回流10min，放置冷却。

⑥ 用预先用水湿润的滤纸过滤消解液，除去固体物。对于含油脂和蜡质物多的试样，可预先将消解液冷冻，使油脂和蜡质物凝固。

⑦ 用蒸馏水洗滤器数次，合并洗涤液于滤液中，定容至50mL，备用。

2) 湿式催化消解法

① 称取约1.00g试样，置于100mL锥形瓶中，随同试样做试剂空白试验。

② 样品若含有乙醇等有机溶剂，则先在水浴或电热板上低温挥发（不得干涸）。

③ 加入50mg五氧化二钒、7mL浓硝酸，置于沙浴或电热板上用微火加热至微沸，取下放冷，加8mL硫酸，于锥形瓶口放一小玻璃漏斗，在135~140℃温度下继续消解并在必要时补加少量硝酸，消解至溶液呈现透明的蓝绿色或桔红色。冷却后加少量水，继续加热煮沸约2min，以驱赶二氧化氮。最后定容至50mL，备用。

(2) 测定 称取 0mL、0.10mL、0.30mL、0.50mL、0.70mL、1.00mL、2.00mL 汞标准溶液以及适量样品溶液和空白溶液,分别置于 100mL 容量瓶中,用 10% 溶液硫酸定容至一定体积。按仪器说明书调整好测汞仪。将标准系列溶液、空白溶液和样品逐个倒入汞蒸气发生瓶中,加入 2mL 氯化亚锡溶液,迅速塞紧瓶塞,然后开启仪器气阀,待指针至最高读数时,记录其读数。

(3) 绘制工作曲线 绘制工作曲线,并从工作曲线上查出测试液中汞的含量。

6. 分析结果的计算

样品中汞含量的计算公式为

$$X = \frac{m_1 - m_0}{m \dfrac{V_1}{V}} \tag{6-11}$$

式中 X——样品中汞的含量（mg/kg）；

m_0——从工作曲线上查得试剂空白的汞量（μg）；

m_1——从工作曲线上查得样品测试液中的汞量（μg）；

m——称样量（g）；

V_1——分取样品溶液的体积（mL）；

V——样品溶液的总体积（mL）。

● **训练 2 用电位滴定法测定过磷酸钙中游离酸的含量**

1. 基本原理

用氢氧化钠滴定重过磷酸钙提取液中的游离酸,根据酸度计电极电位随溶液 pH 值的变化指示滴定终点,由消耗的氢氧化钠量求得游离酸的含量。

2. 试剂和溶液

分析中,除另有说明外,限用分析纯试剂、蒸馏水或同等纯度的水。

1) 氢氧化钠标准滴定溶液：0.1mol/L。

2) 无二氧化碳的蒸馏水：按 GB/T 603—2002 配制。

3. 仪器

1) 振荡器：转速为 35～40r/min。

2) 微量滴定管：5mL 或 10mL。

3) 酸度计：附有电磁搅拌器、甘汞电极和玻璃电极。

4. 分析步骤

称取 5g（精确至 0.001g）试样,移入 500mL 容量瓶中,加入 200mL 不含二氧化碳的蒸馏水,盖上瓶塞,在振荡器上振荡 15min,用不含二氧化碳的蒸馏水稀释至刻度,混匀,用干燥滤纸和漏斗过滤,弃去最初的部分滤液。

吸取 50.0mL 滤液置于 250mL 烧杯中，用不含二氧化碳的蒸馏水稀释至 150mL，将烧杯置于电磁搅拌器上，将甘汞电极和玻璃电极浸入溶液中，放入搅拌子，在搅拌下，用氢氧化钠标准溶液滴定至已定位的酸度计读数为 4.5。

5. 结果表示

游离酸（以 P_2O_5 计）含量（以质量分数计）的计算公式为

$$w(P_2O_5) = \frac{cV \times 0.071}{m_0 \times \dfrac{50}{500}} \times 100\% \tag{6-12}$$

式中　c——氢氧化钠标准滴定溶液的浓度（mol/L）；

　　　V——滴定用去的氢氧化钠标准溶液的体积（mL）；

　　　m_0——试样的质量（g）；

　0.071——与 1.00mL 氢氧化钠滴定溶液 [c（NaOH）= 1.000 mol/L] 相当的，以克表示的五氧化二磷的质量（g/mmol）。

所得结果应保留两位小数。

● 训练 3　用卡尔·费休法测定化学试剂中水分的含量

1. 基本原理

卡尔·费休试剂（碘、二氧化硫、吡啶和甲醇组成的溶液）能与试样中的水定量反应，反应式为

$$I_2 + SO_2 + 3C_5H_5N + H_2O = 2C_5H_5N \cdot HI + C_5H_5N \cdot SO_3$$
$$C_5H_5N \cdot SO_3 + CH_3OH = C_5H_5N \cdot HSO_4CH_3$$

以合适的溶剂溶解样品（或萃取样品中的水），用已知滴定度的卡尔·费休试剂滴定，即可测出样品中水的含量。滴定终点用"永停"法或目测法确定。

2. 试剂

试验用水应符合 GB/T 6682—2008 中三级水的规格。

1）甲醇：分析纯。

2）乙二醇甲醚：分析纯。

3）碘：分析纯，于硫酸干燥器中干燥 48h 以上。

4）吡啶：分析纯。

5）二氧化硫：钢瓶二氧化硫或用硫酸分解亚硫酸钠制得，均需经干燥脱水处理。二氧化硫发生装置如图 6-1 所示。

6）4A 分子筛：在 500℃ 焙烧 2h，于干燥器（不得放干燥剂）中冷却至室温。

7）卡尔·费休试剂：量取 670mL 甲醇或乙二醇甲醚置于 1000mL 干燥的磨口棕色瓶中，加入 85g 碘，盖紧瓶塞，振摇至碘全部溶解，加入 270mL 吡啶，

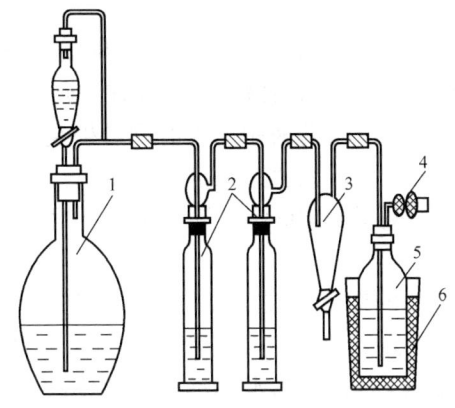

图6-1 二氧化硫发生装置
1—二氧化硫气体发生器 2—浓硫酸洗瓶 3—分离器
4—干燥管 5—盛有碘、吡啶溶液的吸收瓶 6—冰浴

摇匀,于冰水浴中冷却,缓慢通入二氧化硫,增重达65g左右,盖紧瓶塞,摇匀,于暗处放置24h以上。

8）水标准溶液（0.002g/mL）：准确称取0.2g水,称准至0.0002g,置于100mL容量瓶中,用甲醇稀释至刻度,摇匀。

3. 仪器及装置

滴定装置如图6-2所示。安装前,玻璃器皿均应于130℃烘干。安装时应注意密封,凡与空气相通处均应与硅胶干燥管相接。

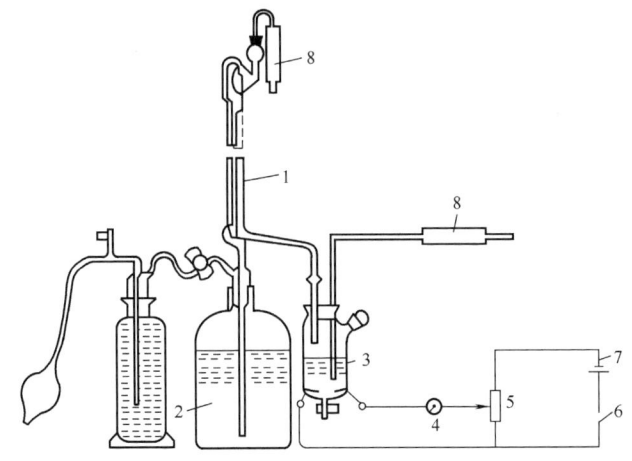

图6-2 滴定装置
1—12mL自动滴定管 2—试剂瓶 3—滴定管 4—电流计或检流计
5—可变电阻 6—开关 7—1.5~2.0V蓄电池组 8—干燥管

4. 操作步骤

（1）终点的确定　本方法规定用"永停"法确定终点，其原理为：在浸入溶液中的两铂电极间加一电压，若溶液中有水存在，则阴极去极化，两电极之间无电流通过。滴定至终点时，若溶液中同时有碘及碘化物存在，则阴极去极化，溶液导电，电流突然增加至一最大值并稳定1min以上，此时即为终点。

无色的样品也可用目测法确定终点。滴定至终点时，因有过量碘存在，溶液由浅黄色变为棕黄色。

（2）卡尔·费休试剂的标定　在反应瓶中加一定体积（浸没铂电极）的甲醇，在搅拌下用卡尔·费休试剂滴定至终点，加5mL甲醇，滴定至终点并记录卡尔·费休试剂的用量（V_1），此为水标准溶液的空白溶剂。加5mL水标准溶液，滴定至终点并记录卡尔·费休试剂的用量（V_2）。卡尔·费休试剂滴定度的计算公式为

$$T = \frac{m}{V_2 - V_1} \tag{6-13}$$

式中　T——卡尔·费休试剂的滴定度（g/mL）；

m——水标准溶液中水的质量（g）；

V_1——滴定空白溶剂时卡尔·费休试剂的用量（mL）；

V_2——滴定水标准溶液时卡尔·费休试剂的用量（mL）。

（3）样品中水分的测定　在反应瓶中加一定体积（浸没铂电极）的甲醇或产品标准中所规定的样品溶剂，在搅拌下用卡尔·费休试剂滴定至终点，迅速加入产品标准中规定数量的样品，滴定至终点并记录卡尔·费休试剂的用量（V_1）。样品中水的质量分数的计算公式为

$$w(H_2O) = \frac{V_1 T}{m} \times 100\% \tag{6-14}$$

或

$$w(H_2O) = \frac{V_1 T}{V_2 \rho} \times 100\% \tag{6-15}$$

式中　V_1——滴定样品时卡尔·费休试剂的用量（mL）；

T——卡尔·费休试剂的滴定度（g/mL）；

m——加入样品的质量（g）；

V_2——加入液体样品的体积（mL）；

ρ——液体样品的密度（g/mL）。

● 训练4　用分光光度法测定尿素中缩二脲的含量

1. 基本原理

缩二脲在硫酸铜、酒石酸钾钠的碱性溶液中生成紫红色配位化合物，在波长

为 550nm 处测定其吸光度。

2. 试剂和溶液

分析中，除非另有说明，限用分析纯试剂、蒸馏水或相同纯度的水。

1）硫酸铜（$CuSO_4 \cdot 5H_2O$）：15g/L 溶液。

2）酒石酸钾钠（$NaKC_4H_4O_6 \cdot 4H_2O$）：50g/L 碱性溶液。

3）氨水：100g/L 溶液。

4）缩二脲：2.00g/L 标准溶液。

① 缩二脲提纯：先用氨水洗涤缩二脲，然后用水洗涤，再用丙酮洗涤以除去水，最后于 105℃ 左右的干燥箱中干燥。

② 2.00g/L 缩二脲标准溶液的配制：称量提纯后的缩二脲 1.000g，溶于 450mL 水中，用硫酸或氢氧化钠溶液调节溶液的 pH = 7，定量移入 500mL 容量瓶中，稀释至刻度，混匀。此溶液 1mL 含缩二脲 2.00mg。

3. 仪器

1）恒温水浴。

2）分光光度计。

4. 分析步骤

（1）标准曲线的绘制

1）标准比色溶液的制备：适用于 3cm 光径长度比色皿的光度测量。

按表 6-2 所示量，将缩二脲标准溶液（2.00g/L）注入 8 个 100mL 容量瓶中，每个容量瓶用水稀释至 50mL，然后依次加入 20.0mL 酒石酸钾钠碱性溶液和 20.0mL 硫酸铜溶液，摇匀，稀释至刻度，把容量瓶浸入 30℃ ±5℃ 的水浴中约 20min，不时摇动。

表 6-2　缩二脲标准溶液中缩二脲的含量

缩二脲标准溶液的体积/mL	缩二脲的对应量/mg
0	0
2.50	5.00
5.00	10.0
10.0	20.0
15.0	30.0
20.0	40.0
25.0	50.0
30.0	60.0

2）吸光度的测定：在 30min 内，以缩二脲吸光度为零的溶液作为参比溶液，在波长 550nm 处，用分光光度计测定标准比色溶液的吸光度。

3）标准曲线的绘制：以 100mL 标准比色溶液中所含缩二脲的毫克数为横坐

标,以相应的吸光度为纵坐标,绘制曲线。

(2) 测定

1) 试样及试液的制备:称量约50g试样,精确到0.01g,置于250mL烧杯中,加水约100mL,溶解,用硫酸或氢氧化钠溶液调节溶液的pH=7,将溶液定量移入250mL容量瓶中,稀释至刻度,摇匀。

分取含有20~50mg缩二脲的上述试液置于100mL容量瓶中,然后依次加入20.0mL酒石酸钾钠碱性溶液和20.0mL硫酸铜溶液,摇匀,稀释至刻度,把容量瓶浸入30℃±5℃的水浴中约20min,不时摇动。

2) 空白试验:按上述操作步骤进行空白试验,除不用样品外,操作顺序和应用的试剂与测定试样时相同。

3) 吸光度的测定:与标准曲线绘制方法相同,对试验溶液及空白试验溶液进行光度测定,测定其吸光度。

5. 分析结果的计算

从标准曲线查出所测吸光度对应的缩二脲的量。试样中缩二脲含量(以质量分数表示)的计算公式为

$$w(缩二脲) = \frac{(m_1 - m_2) \times 10^{-3}}{m} \times 100\% \quad (6-16)$$

式中　m_1——分取的试液测得的缩二脲的质量(mg);

　　　m_2——分取的空白试液测得的缩二脲的质量(mg);

　　　m——试样的质量(g)。

● **训练5　用卡尔·费休法测定农药中水分的含量**

1. 卡尔·费休化学滴定法

(1) 基本原理　将样品分散在甲醇中,用已知水当量的标准卡尔·费休试剂滴定。

(2) 试剂和溶液

① 无水甲醇。

② 无水吡啶。

③ 碘:重升华,放在硫酸干燥器内48h后再用。

④ 硅胶:含变色指示剂。

⑤ 二氧化硫:将浓硫酸滴加到盛有亚硫酸钠(或亚硫酸氢钠)的糊状水溶液的支管烧瓶中,生成的二氧化硫经冷井(见图6-3)冷至液状(冷井外部加干冰和乙醇或冰和食盐的混合物)。使用前把盛有液体二氧化硫的冷井放在空气中汽化,并通过浓硫酸和氯化钙干燥塔进行干燥。

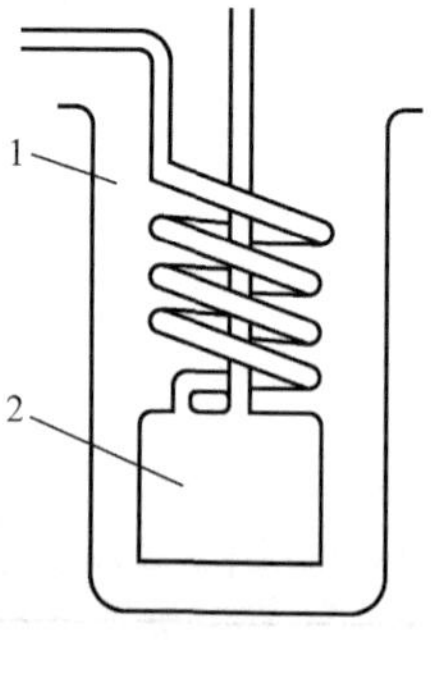

图6-3　冷井
1—广口保温瓶
2—250mL冷井

⑥ 酒石酸钠。

⑦ 卡尔·费休试剂（有吡啶）：将 63g 碘溶解在干燥的 100mL 无水吡啶中，置于冰中冷却，向溶液中通入二氧化硫直至增重 32.3g 为止，避免吸收环境潮气，补充无水甲醇至 500mL 后，放置 24h。此卡尔·费休试剂的水当量约为 5.2mg/mL。也可使用市售的无吡啶卡尔·费休试剂。

(3) 仪器

① 滴定装置：参见图 6-2。

② 试剂瓶：250mL，配有 10mL 自动滴定管，用吸球将卡尔·费休试剂压入滴定管中，通过安放适当的干燥管防止吸潮。

③ 反应瓶：约 60mL，装有两个铂电极，待滴定的样品通过入口管或用磨口塞控制开闭的侧口加入，在滴定过程中，用电磁搅拌。

④ 1.5V 或 2.0V 蓄电池组：与一个约 2000Ω 的可变电阻并联。铂电极上串联一个微安表。调节可变电阻，使 0.2mL 过量的卡尔·费休试剂流过铂电极的适宜初始电流不超过 20mV 电压产生的电流。每加一次卡尔·费休试剂，微安表指针偏转一次，但很快恢复到原来的位置。到达终点时，微安表指针偏转的时间持续较长。微安表的满刻度偏转量不大于 100μA。

(4) 卡尔·费休试剂的标定

① 以二水酒石酸钠为基准物：加 20mL 甲醇于滴定容器中，用卡尔·费休试剂滴定至终点，不记录需要的体积，此时迅速加入 0.15~0.20g（精确至 0.0002g）酒石酸钠，搅拌至完全溶解（约 3min），然后以 1mL/min 的速度滴加卡尔·费休试剂至终点。

卡尔·费休试剂水当量 c_1(mg/mL) 的计算公式为

$$c_1 = \frac{36 \times m \times 1000}{230 \times V} \tag{6-17}$$

式中　230——酒石酸钠的相对分子质量；

　　　36——水的相对分子质量的 2 倍；

　　　m——酒石酸钠的质量 (g)；

　　　V——消耗卡尔·费休试剂的体积 (mL)。

② 以水为基准物：加 20mL 甲醇于滴定容器中，用卡尔·费休试剂滴定至终点，迅速用 0.25mL 注射器向滴定瓶中加入 35~40mg（精确至 0.0002g）水，搅拌 1min 后，用卡尔·费休试剂滴定至终点。

卡尔·费休试剂水当量 c_2(mg/mL) 的计算公式为

$$c_2 = \frac{m \times 1000}{V} \tag{6-18}$$

式中　m——水的质量 (g)；

V——消耗卡尔·费休试剂的体积（mL）。

（5）测定步骤 加20mL甲醇于滴定瓶中，用卡尔·费休试剂滴定至终点，迅速加入已称量的试样（精确至0.01g，含水5~15mg），搅拌1min，然后以1mL/min的速度滴加卡尔·费休试剂至终点。

试样中水含量（以质量分数计）的计算公式为

$$w(H_2O) = \frac{c \times V}{m \times 1000} \times 100\% \tag{6-19}$$

式中 c——卡尔·费休试剂的水当量（mg/mL）；

V——消耗卡尔·费休试剂的体积（mL）；

m——试样的质量（g）。

2. 卡尔·费休-库仑滴定仪器测定法

（1）试剂和溶液 卡尔·费休试剂（包括有吡啶和无吡啶）：市售。

（2）仪器 微量水分测定仪：与化学滴定法精度相当。

（3）测定步骤 按具体仪器使用说明书进行。

● 训练6 用库仑滴定法测定煤炭中硫的含量

1. 基本原理

煤样在催化剂作用下，于空气流中燃烧分解，使煤中的硫生成二氧化硫并被碘化钾溶液吸收，以电解碘化钾溶液所产生的碘进行滴定，根据电解所消耗的电量计算煤炭中全硫的含量。

2. 试剂和材料

1）三氧化钨。

2）变色硅胶：工业品。

3）电解液：碘化钾（GB/T 1272—2007）、溴化钾（GB/T 649—1999）各5g、冰乙酸（GB/T 676—2007）10mL，溶于250~300mL水中。

4）燃烧舟：长70~77mm，素瓷或刚玉制品。

3. 仪器设备

1）库仑测硫仪。

2）管式高温炉：能加热到1200℃以上，并有90mm以上长的高温（1150℃±5℃）带，附有铂铑-铂热电偶测温及控温管，炉内装有耐温1300℃以上的异径燃烧管。

3）电解池和电磁搅拌器：电解池高120~180mm，容量不少于400mL，内有面积约为150mm²的铂电解电极对和面积约为15mm²的铂指示电极对。指示电极响应时间应小于1s，电磁搅拌器转速约为500 r/min且连续可调。

4）库仑积分器：在0~350mA电解电流范围内积分线性误差应小于

±0.1%,配有 4~6 位数字显示器和打印机。

5)送样程序控制器:可按指定的程序前进、后退。

6)空气供应及净化装置:由电磁泵和净化管组成,供气量约为 1500 mL/min,净化管内装氢氧化钠及变色硅胶。

4. 分析步骤

(1)试验准备 将管式高温炉升温至 1150℃,用另一组铂铑-铂热电偶高温计测定燃烧管中高温带的位置长度及 500℃ 的位置。

调节送样程序控制器,使煤样预分解及高温分解的位置分别处于 500℃ 和 1150℃ 处。

在燃烧管出口处充填洗净、干燥的玻璃纤维棉,在距出口端 80~100mm 处充填厚度约为 3mm 的硅酸铝棉。

将程序控制器、管式高温炉、库仑积分器、电解池、电磁搅拌器和空气供应及净化装置组装在一起,燃烧管、活塞及电解池之间连接时应口对口地紧接并用硅橡胶管封住。

开动抽气泵和供气泵,将抽气流量调节到 1000mL/min,然后关闭电解池与燃烧管间的活塞,若抽气量降到 500mL/min 以下,则证明仪器各部件及各接口气密性良好,否则需检查各部件及其接口。

(2)测定手续

① 将管式高温炉升温并控制在 1150℃±5℃。

② 开动供气泵和抽气泵并将抽气流量调节到 100mL/min,在抽气条件下将 250~300mL 电解液加入电解池内,开动电磁搅拌器。

③ 在瓷舟中装入少量非测定用的煤样,按下列第④步所述进行测定(终点电位调整试验)。若试验结束后库仑积分器的显示值为 0,则应再次测定,直至显示值不为 0。

④ 于瓷舟中称取粒度小于 0.2mm 的空气干燥煤样 0.05g(称准至 0.0002g),在煤样上盖一薄层三氧化钨,将瓷舟置于送样的石英托盘上,开启送样程序控制器,煤样即自动送进炉内,库仑滴定随即开始。试验结束后,库仑积分器显示出硫的毫克数或百分含量并由打印机打出。

5. 结果表示

当库仑积分器最终显示数为硫的毫克数时,硫含量(以质量分数计)的计算公式为

$$w(S) = \frac{m_1}{m} \times 100\% \qquad (6\text{-}20)$$

式中 $w(S)$ ——空气干燥煤样中全硫含量;

m_1 ——库仑积分器的显示值(mg);

m——煤样质量(mg)。

• 训练 7　用分光光度法测定化工产品中铁的含量

1. 基本原理

在室温下,试样中的铁以抗坏血酸将三价铁还原成二价铁后,在 pH 值为 2~9 时,二价铁与邻菲罗啉生成橙红色配位化合物,于波长 510nm 处测定其吸光度。

2. 试剂和溶液

在分析过程中,除非另有说明,限用分析纯试剂、蒸馏水或相当纯度的水。测定中所用制剂,在没有注明其他规定时,均按 GB/T 603—2002 的规定制备。

1) 乙酸-乙酸钠缓冲溶液:pH≈4.5,按 GB/T 603—2002 配制。

2) 抗坏血酸:2% 溶液,使用期限为 10 天。

3) 邻菲罗啉:质量分数为 0.2% 的溶液,避光保存,仅能使用无色溶液。

4) 硫酸铁铵 $[NH_4Fe(SO)_2 \cdot 12H_2O]$。

5) 铁标准溶液:1mL 含有 0.100mg 铁。

6) 铁标准使用溶液:1mL 含有 0.010mg 铁。

3. 仪器

分光光度计:配以 3cm 厚的玻璃比色皿。

4. 操作步骤

(1) 称样和试样的制备　称样的量和制备试液的方法在有关的产品标准中另有规定。

(2) 试液空白试验　在测定试液的同时,用制备试液的全部试剂和同样用量制备试剂空白溶液,稀释至同一体积,移取与测定时同样体积的试剂空白溶液进行空白试验。

(3) 标准曲线的绘制

1) 标准比色溶液的配制:按表 6-3 所指范围,在一系列 100mL 容量瓶中,分别加入给定体积的铁标准使用液。

表 6-3　铁标准溶液与铁含量的关系

容量瓶编号	铁标准溶液用量/mL	对应的铁含量/μg
1	0	0
2	1.00	10
3	2.00	20
4	4.00	40
5	6.00	60
6	8.00	80

将各容量瓶加水至约 60mL，用盐酸溶液或氨水调节溶液的 pH 值接近 2（用精密 pH 试纸检验），加 2.5mL 抗坏血酸溶液和 10mL 缓冲溶液，然后于 2～6 号容量瓶中各加入 5mL 邻菲罗啉溶液显色。

上述各容量瓶中的溶液均用水稀释至刻度，摇匀。

2）吸光度的测定：以未加邻菲罗啉溶液显色的标准比色溶液作参比，在波长 510nm 处，将分光光度计的吸光度调节至零后，分别测定各显色标准比色溶液的吸光度。

3）绘制标准曲线：以 100mL 标准比色溶液中所含铁的微克数为横坐标，以对应的吸光度为纵坐标，绘制标准曲线。

(4) 测定样品

1）显色：取一定量的试液，其中铁含量在 60mL 中不超过 500μg，另取同样体积的试剂空白溶液，分别置于 100mL 容量瓶中，必要时加水至约 60mL，用盐酸溶液或氨水调节 pH 值至接近 2（用精密 pH 试验检验），再各加入 2.5mL 抗坏血酸溶液、10mL 缓冲溶液、5mL 邻菲罗啉溶液显色。两个容量瓶中的溶液均用水稀释至刻度，摇匀。

2）吸光度的测定：以未加邻菲罗啉溶液显色的试液作参比，在波长 510nm 处，将分光光度计的吸光度调节至零后，测定显色试液的吸光度。

5. 结果表示

以每千克样品中铁的毫克数（mg/kg）表示的铁的含量，计算公式为

$$X = \frac{m_1 d}{m_0} \tag{6-21}$$

式中 m_0——试样质量（g）；

m_1——所取显色试液中测得的铁含量（μg）；

d——试液体积与用于显色反应的分样试液体积的比值。

取平行测定结果的算术平均值作为测定结果。

● 训练 8　用分光光度法测定洗涤剂中各种磷酸盐的含量

1. 基本原理

在浓度为 0.4～1.4mol/L 的硝酸溶液中，正磷酸能定量与钼酸铵作用，生成磷钼杂多酸（磷钼黄），磷钼黄可被乙酸丁酯从 1.0～1.4mol/L 的硝酸溶液中定量萃取，从而与干扰元素砷、硅及过量试剂钼酸铵分离。加入氯化亚锡-抗坏血酸溶液，将磷钼黄还原为磷钼蓝。根据磷钼蓝颜色的深浅，可用分光光度法或目视比色法测定磷酸盐的含量。

2. 试剂

本方法所用杂质标准溶液、制剂及制品按 GB/T 602—2002、GB/T 603—

2002 的规定配制。

实验用水应符合 GB/T 6682—2008 中二级水的规格。

3. 仪器和装置

分光光度计：符合 GB/T 9721—2006 的规定。

4. 操作步骤

按产品标准的规定取样并制备试液（必要时用饱和2,4-二硝基酚指示液作指示剂调节试液的 pH 值）：取 10mL 试液，加 10mL 硝酸溶液（13%），此时溶液的酸度 $c(H^+)$ 应为 1.0~1.2mol/L，然后加 2mL 钼酸铵溶液（100g/L），于室温下放置 20min，再加入 10mL 乙酸丁酯，萃取，静置分层，弃去水相，有机相用盐酸溶液（5%）洗涤两次，每次 5mL，分出水相，在有机相中加入 0.2mL 氯化亚锡-抗坏血酸溶液，轻轻摇动，静置分层，弃去水相，于有机相中加入 1mL 无水乙醇，混匀。将试液所呈蓝色与标准比较。

标准是取规定量的磷酸盐杂质标准溶液，稀释至 10mL，与同体积试液同时同样处理。

若用分光光度法测定，则应按下述条件操作：测定波长为 720nm，用 1cm 比色皿，以试剂空白为参比。

标准系列溶液的配制：吸取不同量的磷酸盐杂质标准溶液，稀释至 10mL，与同体积试液同时同样处理。

第四节 性能测试专项检测

一、性能测试的工作原理

1. 折光率的测定

（1）基本知识　折光率是有机化合物的重要物理常数之一。作为液体化合物纯度的标志，它比沸点更可靠。通过测定溶液的折光率，还可定量分析溶液的浓度。

光线自一种透明介质进入另一透明介质的时候，由于两种介质的密度不同，光的行进速度发生变化，即发生折射现象。

物质的折光率不但与它的结构和光线有关，而且受温度、压力等因素的影响。所以表示折光率时，必须注明所用的光线和测定时的温度，常用 n_D^{20} 表示。

折光率 n_D^{20}：折光率是指在钠光谱 D 线、20℃ 的条件下，空气中的光速与被测物中的光速的比值；或光自空气通过被测物时的入射角的正弦与折射角的正弦的比值。

(2) 方法原理 当光从折光率为 n 的被测物质进入折光率为 N 的棱镜时，入射角为 i，折射角为 r，则

$$\frac{\sin i}{\sin r} = \frac{N}{n} \tag{6-22}$$

在阿贝折光仪中，入射角 i = 90，代入式（6-22）得

$$\frac{1}{\sin r} = \frac{N}{n}$$

$$n = N\sin r \tag{6-23}$$

棱镜的折光率 N 为已知值，因此通过测量折射角 r 即可求出被测物质的折光率 n。

(3) 阿贝折光仪 阿贝折光仪如图6-4所示。

2. 比旋光本领的测定

(1) 基本知识 当有机化合物的分子中含有不对称碳原子时，就表现出旋光性，例如蔗糖、葡萄糖等，多达几万种。这类具有光学活性的物质称为旋光性物质。

比旋光本领是旋光性物质在一定条件下的特征物理常数。按照一般方法测得旋光性物质的旋光本领，根据公式计算实际的比旋光本领，与文献上的标准比旋光本领对照，以进行定性鉴定。比旋光本领也可用于测定旋光性物质的纯度或溶液的浓度。

比旋光本领 α_m（20℃，D）：在液层长度为 1dm，质量浓度为 1g/mL，温度为20℃及用钠光谱 D 线波长（589.3nm）测定时的旋光度，单位为 [（°）·m^2/kg]。

(2) 旋光度的测定 当自然光通过一种特制的玻璃片（偏振片或尼科尔棱镜）时，透过的光线只限制在一个平面内振动，这种光称为偏振光。偏振光的振动平面叫做偏振面。自然光和偏振光如图6-5所示。旋光仪中的起偏镜的作用就是将自然光变成偏振光。

旋光仪的工作原理如图6-6所示。从光源发出的自然光通过起偏镜，变为在

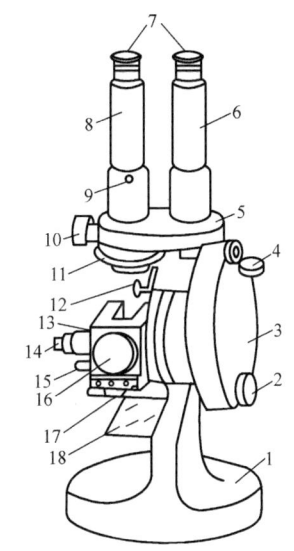

图 6-4 阿贝折光仪
1—底座 2—棱镜转动手轮
3—圆盘组（内有刻度板）
4—小反光镜 5—支架
6—读数镜筒 7—目镜
8—望远镜筒 9—示值调节螺钉
10—阿米西棱镜手轮
11—色散值刻度盘
12—棱镜锁紧手柄 13—棱镜组
14—温度计座 15—恒温水浴接头
16—保护罩 17—主轴 18—反光镜

单一方向上振动的偏振光,当此偏振光通过盛有旋光性物质的旋光管时,振动方向旋转了一定的角度,此时偏振光不再能全部通过检偏镜。调节附有刻度盘的检偏镜,使最大量的光线通过(相当于检偏镜和起偏镜平行时的光线通过量),检偏镜所旋转的度数和方向显示在刻度盘上,即为该物质实测的旋光度 α。图 6-7 所示为 WXG—4 型旋光仪。

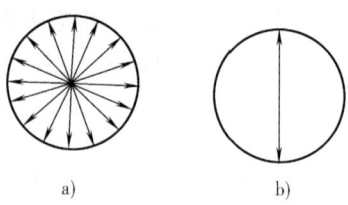

图 6-5 自然光和偏振光
a) 自然光 b) 偏振光

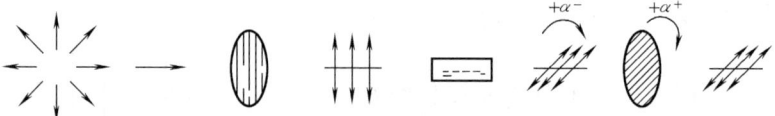

图 6-6 旋光仪工作原理

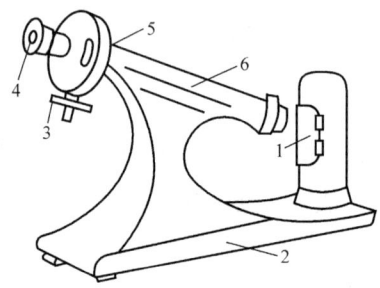

图 6-7 WXG—4 型旋光仪
1—钠光源 2—支座 3—刻度盘转动手轮 4—目镜 5—刻度盘 6—旋光管

液体的比旋光本领的计算公式为

$$\alpha_m(20℃,D) = \frac{100\alpha}{l\rho} \tag{6-24}$$

式中 α_m（20℃，D）——20℃ 时用,用钠光谱 D 线波长测定时的比旋光度 [(°)·m²/kg]；

　　　α——测得的旋光度（°）；

　　　l——旋光管的长度（dm）；

　　　ρ——液体在 20℃ 时的密度（g/mL）。

3. 闪点的测定

闪点是有机化合物特别是易燃性物质的一个重要物理常数。不同类型的物质有不同的闪点值。闪点是预示出现火灾和爆炸危险性程度的指标,是确定易燃性物质使用和储存条件的重要依据。另外，闪点也是燃料类物质质量的一个重要指标。

（1）基本概念　在规定条件下，易燃性物质受热后所产生的油蒸气与周围空气形成混合气体，在遇到明火时发生瞬间着火（闪火现象）时的最低温度称为该物质的闪点。能发生连续5s以上的燃烧现象的最低温度称为燃点。闪点是着火燃烧的前奏，是预示出现火灾和爆炸危险性程度的指标。闪点越低，越容易发生爆炸和火灾事故，应特别注意防护。在生产、运输和使用易燃物品时，应按闪点的高低确定其运送、储存和使用的条件以及各种防火安全措施。

闪点的测定有开口杯法和闭口杯法两种。开口杯法是将样品暴露在空气中进行，而闭口杯法则有杯盖将样品和空气分隔，处于封闭状态。因此，测定同一样品时，开口杯法的测定结果要比闭口杯法的测定结果高 20~30℃。一般情况下，高闪点的物质采用开口杯法测定，低闪点的物质采用闭口杯法测定。

由于闪点的测定是条件试验，因此所用仪器规格及操作手续必须按照国家标准进行。

（2）测定原理　将试样放在仪器中，在规定条件下加热蒸发，当其蒸气密度达到一定数值时，测定试样遇到火源后出现闪火现象时的温度。

闭口杯法和开口杯法的区别是仪器不同、加热和引火条件不同。闭口杯法中试样在密闭油杯中加热，只在点火的瞬时才打开杯盖；开口杯法中试样在敞口杯中加热，蒸发的气体可以自由向空气中扩散，测得的闪点较闭口杯法测得的闪点高。

4. 化肥颗粒平均抗压力的测定

（1）基本知识　为了让农作物逐步吸收养分，生产的化肥颗粒要求具有一定的抗压力。

（2）测定原理　选取 30 粒具有一定颗粒度的肥料，测定每一颗肥料的抗压力，然后取其平均值。该方法适用于各种流程生产的颗粒状硝酸磷肥颗粒度的测定。

颗粒平均抗压力 $\overline{N}$ 的计算公式为

$$\overline{N} = \frac{\sum_{i=1}^{30} N_i}{30} \qquad (6\text{-}25)$$

式中　N_i——每颗肥料耐压力（N）；
　　　$\overline{N}$——颗粒平均抗压力（N）。

5. 农药乳液稳定性的测定方法

（1）基本知识　乳油是加水稀释后形成乳状液（乳白色）的油状物，由原药、溶剂、乳化剂、稳定剂等组成。乳油的外观应是透明油状液体，无沉淀。但有些乳油可以呈不透明状态，有些农药如乐果等易出现结晶，但稍微加热或摇动后结晶可溶解。不同农药乳油有不同的颜色，颜色不正常的农药，其质量有可能存在问题。例如，乐果乳油呈淡黄色或淡棕黄色单相透明液体，体积分数为20%的敌稗乳油呈黄褐色至棕红色单相液体。乳油的质量标准除外观外，其稳定性和湿润展着性是可以考察的指标。

（2）测定原理　乳油用水稀释一定倍数（200倍、500倍、1000倍）后于室温下静止30～60min，上无浮油、下无沉淀即为稳定性合格。如果要检查某种乳油的质量，则应采用标准的方法对各项指标逐一检验。

本方法适用于农药乳油、水乳剂和微乳剂等制剂乳油稳定性的测定。

6. 光泽度的测定

（1）基本知识　光泽度是物体表面方向性选择反射的性质。这一性质决定了呈现在物体表面所能见到的强反射光或物体镜像的程度。一般常以镜面光泽度来表示材料的光泽度。所谓镜面光泽度，是指在规定的入射角下，试样的镜面反射率与同一条件下基准面的镜面反射率之比，用百分数表示，一般情况下省略百分号，以光泽单位表示。根据入射光的角度不同，可分为20°、45°、85°镜面光泽度。当入射角增加时，任何表面的光泽度都增加。所以在测定镜面光泽度时，必须确定入射光角度，或者说在表示材料镜面光泽度时，必须指明角度。

（2）测定原理　光泽度可由光泽度仪进行测定。光泽度仪一般由光泽探测头和读数装置两部分组成。如图6-8所示，光泽度仪内装一个白炽光源、一个聚光镜和一个投影仪或源镜头。这些器件产生的入射光束直接照射到试样上，一台灵敏的光电检测器汇集反射光并产生一个电信号，信号放大后激发一只模拟仪表或数字显示式仪表以示出光泽度值。

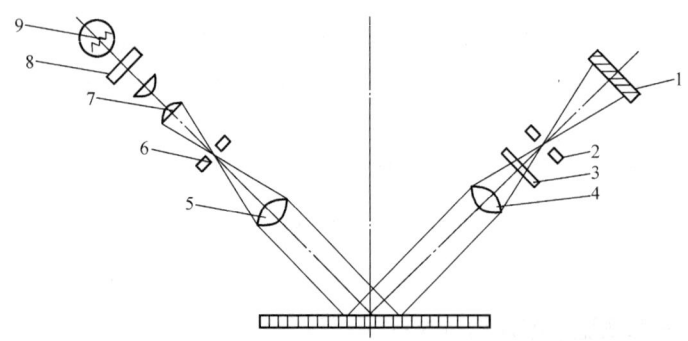

图6-8　光泽度仪构造示意图

1—接收器　2—接收器光阑　3—视见函数修正滤光片　4—接收滤镜　5—入射滤镜
6—光源滤镜　7—聚光镜　8—光源光谱修正滤光片　9—光源

使用光泽度仪时，打开仪器开关并放置在黑玻璃基准标准板上，调节控制旋钮，使光泽度仪指示出基准对应值，再用工作标准板检查仪器的线性情况，然后把传感器放在试样表面上，从显示器可直接读取光泽度值。

7. 涂膜附着力的测定

（1）基本知识　涂料的附着力是指涂膜与被涂物表面通过物理和化学力的作用结合在一起的坚固程度。该项技术指标表明了涂料对基材的粘接程度，对涂料的耐久性有较大影响。评级较低（1级、2级）时性能好，级数越高性能越差。

（2）测定原理　工厂里测定涂膜附着力的实用分析方法有划圈法和划格法。

1）划圈法

① 测定方法：涂膜对底材粘接的牢固度即附着力，按圆滚线划痕范围内的涂膜完整程度评定，以级表示。

② 仪器设备与材料

a. 马口铁板：50mm×100mm×（0.2~0.3）mm。

b. 四倍放大镜。

c. 漆刷：宽度为25~35mm。

d. 附着力测定仪：实验台丝杠螺距为1.5mm，其转动与转针同步；转针采用"三五"牌唱针，空载压力为200g，荷重盘上可放砝码，其质量为100g、200g、500g、1000g；转针回转半径可调，标准回转半径为5.25mm。

2）划格法

① 方法要点：将涂层按格阵图形切割并划穿至底材，评价色漆、清漆及有关产品的涂层从底材分离的抗性。

本方法是有关涂层对底材附着力的影响因素可采用的性能测定方法，而不能把这个方法当作测定附着力的方法。

② 仪器设备

a. 切割刀具：可使用某种单刀机械切割装置、单刀或多刀手工切割刀具或其他合适器械，刃口角为30°，刃口厚度为50~100μm。

b. 软毛刷。

c. 粘胶带。

8. 洗涤剂去污力的测定

GB/T13174—2008中规定了洗涤剂去污力的测定方法。其测定原理和过程为：在去污试验机内于规定温度和洗涤时间下，用一定硬度的水配制成确定浓度的洗涤剂溶液，对各类污渍试片进行洗涤，并用白度计在选定波长下测定试片洗涤前后的白度值，以试片白度差评价洗涤剂的去污作用。

二、性能测试技能训练

● 训练1 折光率的测定

1. 试剂

水：校正仪器用水应符合 GB/T 6682—2008《分析实验室用水规格和试验方法》中二级水的规格。

2. 仪器

1）折光仪：阿贝折光仪，精密度为 ±0.0002。

2）恒温水浴及循环泵：可向棱镜提供温度为 20.0℃ ±0.1℃ 的循环水。

3. 分析步骤

参照 GB/T 614—2006《化学试剂折光率测定通用方法》，折光率的测定按下列步骤进行：

1）将恒温水浴与棱镜连接，调节恒温水浴温度，使棱镜温度保持在 20.0℃ ±0.1℃。

2）用 GB/T 6682—2008 中规定的二级水或工作样块校正阿贝折光仪。二级水的折光率 n_D^{20} =1.3330。工作样块的折光率及仪器校正方法见仪器说明书。

3）测定前必须清洗棱镜表面，可用乙醇、乙醚或乙醇和乙醚的混合液清洗，再用镜头纸或医药棉将溶剂吸干。

4）用滴管向棱镜表面滴加数滴 20℃ 左右的样品，立即闭合棱镜并旋紧，应使样品均匀、无气泡并充满视场，待棱镜温度计读数恢复到 (20.0±0.1)℃。

5）调节反光镜使视场明亮。旋转读数手轮，使视场中出现明暗界线，同时旋转色散棱镜（阿米西棱镜）手轮，使界线处所呈彩色完全消失，再调节旋转手轮，使明暗界线在十字线中心，观察读数镜视场右边所指示的刻度值，即为所测折光率值。

6）读出折光率值，估读至小数点后第四位。

4. 注意事项

1）要特别注意保护棱镜镜面，滴加液体时应防止滴管口划镜面。

2）擦拭镜面时，只允许用擦镜头纸轻擦。测试完毕，也要用丙酮洗净镜面。

3）不能测量带有酸性、碱性或腐蚀性的液体。

4）测量完毕，拆下连接恒温槽的胶皮管，将棱镜夹套内的水排尽。

5）若无恒温槽，则所得数据要加以修正，通常温度升高 1℃，液态化合物折光率降低 $3.5 \times 10^{-4} \sim 5.5 \times 10^{-4}$。

第六章 检验与测定

● 训练2 比旋光本领的测定

1. 仪器

1）旋光仪：可读准至0.01°。

2）旋光管：其长度的测量精度为±0.1mm。

2. 分析步骤

参照GB/T 613—2007《化学试剂 比旋光本领（比旋光度）测定通用方法》，按以下步骤进行：

1）按产品标准的规定取样并配制溶液。

2）按仪器说明书的规定调整旋光仪，待仪器稳定后，用纯溶剂校准旋光仪的零点。

3）将待测液体充满洁净、干燥的旋光管，小心地排出气泡，将盖旋紧后放入旋光仪内，然后在20℃±0.5℃的条件下，按仪器说明书的规定进行操作并读取旋光度，准确至0.01°，左旋以负号"-"表示，右旋以正号"+"表示。

3. 结果表示

$$\alpha_m (20℃, D) = \frac{100\alpha}{l\rho}$$

4. 方法讨论

1）不论是校正仪器零点还是测定试样，旋转刻度盘时都必须极其缓慢，否则就观察不到视场亮度的变化，通常零点校正的绝对值在1°以内。

2）当不知试样的旋光性时，应先确定其旋光性方向，再进行测定。此外，试液必须清晰透明，当出现浑浊或悬浮物时，必须在处理成清液后测定。

3）仪器应放在空气流通和温度适宜的地方，以免光学部件、偏振片受潮发霉而使其性能衰退。

4）钠光灯管使用时间不宜超过4h，长时间使用时应用电风扇吹风或关熄10~15min，待冷却后再使用。

● 训练3 闪点的测定

1. 用开口杯法测定闪点

（1）仪器 开口杯闪点测定器如图6-9所示。

1）内坩埚：用优质碳素结构钢制成，上口内径为（64±1）mm，底部内径为（38±1）mm，高度为（47±1）mm，厚度约为1mm，内壁刻有两道环状标线，与坩埚上口边缘的距离分别为12mm和18mm。

2）外坩埚：用优质碳素结构钢制成，上口内径为（100±5）mm，底部内径为（56±2）mm，高度为（50±5）mm，厚度约为1mm。

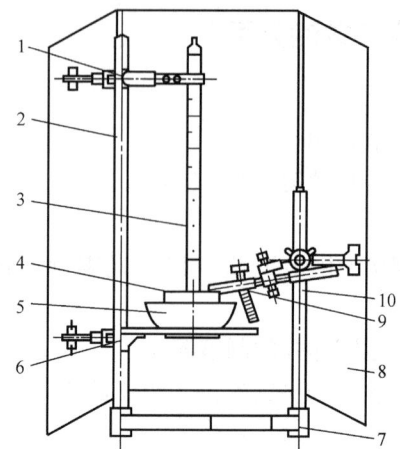

图 6-9 开口杯闪点测定器
1—温度计夹 2—支柱 3—温度计 4—内坩埚 5—外坩埚 6—坩埚托
7—底座 8—保护罩 9—点火器 10—点火器支柱

3)点火器喷嘴:直径为 0.8~1.0mm,应能调节火焰长度,使火焰呈 3~4mm 近似球形,并能沿坩埚水平面任意移动。

4)温度计。

5)保护罩:用镀锌铁皮制成,高 550~650mm,罩身内壁涂成黑色,并且三面能围着测定仪。

6)铁支架、铁环、铁夹:铁支架高度约为 520mm,铁环直径为 70~80mm,铁夹能使温度计垂直地伸插在内坩埚中央。

(2)样品 磷酸三甲苯酯或其他样品。

(3)准备工作

1)试样水分的含量大于 0.1%(质量分数)时,必须脱水。脱水处理是指在试样中加入新煅烧并冷却的食盐、硫酸钠或无水氯化钙。

2)闪点低于 100℃的试样脱水时不必加热,其他试样允许加热至 50~80℃时用脱水剂脱水。

3)脱水后取上层澄清部分供试验使用。

(4)分析步骤

1)内坩埚用无铅汽油洗涤并干燥后,在外坩埚内铺一层经过煅烧的细砂,厚度为 5~8mm。对于闪点高于 300℃的试样,允许砂层稍薄一些,但必须保持升温速度在到达闪点前 40℃时为 (4±1)℃/min。将内坩埚置于外坩埚的中央,在内外坩埚之间填充细砂至距内坩埚边缘约 12mm。

2)向内坩埚中倾注试样至标线:闪点在 210℃和 210℃以下的试样则至上标线

(液面距坩埚口部边缘 12mm);闪点在 210℃ 以上的试样至下标线(液面距坩埚口部边缘 18mm)。装入试样时注意不要溅出,也不要使其沾在液面以上的内壁上。

3)将坩埚置于铁环中,插入温度计,并使水银球到达试样深度的 1/2 处。点燃点火器,调整火焰为球形(直径为 3~4mm)。

4)将仪器放置在避风、阴暗处,围好防护罩。

5)加热外坩埚,使试样逐渐升高温度。当试样达到预计闪点前 60℃ 时,调整加热速度,当试样温度达到闪点前 40℃ 时升温速度应控制为每分钟升高 4℃±1℃。

6)当达到预计闪点前约 10℃ 时,移动点火器的火焰至距试样液面 10~14mm 处,并沿着内坩埚上边缘水平方向从坩埚一边移到另一边,时间为 2~3s。试样温度每升高 2℃,重复点火试验一次。

7)当试样表面上方最初出现蓝色火焰时,立即从温度计读出温度作为该试样的闪点,同时记录大气压力。

(5)结果计算　将平行测定两个结果的算术平均值作为试样的闪点。根据国家标准规定,平行测定的两次闪点差,当闪点在 150℃ 以下时不应超过 4℃,当闪点在 150℃ 以上时不应超过 6℃。

(6)压力校正　根据 GB/T 267—1988 所述的开口闪点的校正方法,对所测得的闪点进行压力校正。

2. 用闭口杯法测定闪点

本方法适用于测定石油产品在规定时间内用闭口杯加热到它的蒸气与空气的混合气接触火焰发生闪火时的最低温度。

(1)测定仪器和样品

1)闭口杯闪点测定器,如图 6-10 所示。

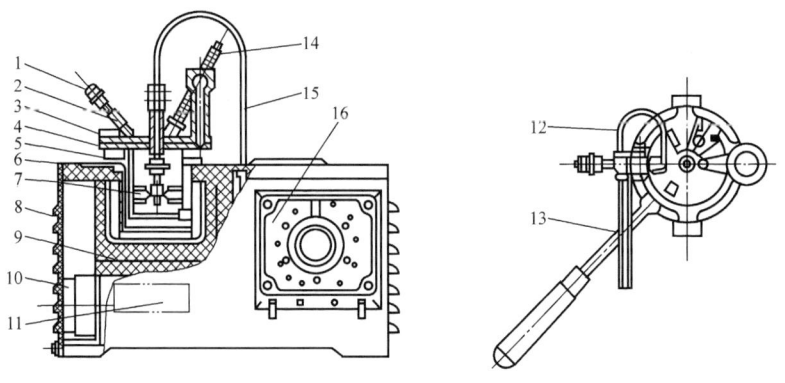

图 6-10　闭口杯闪点测定器

1—点火器调节螺钉　2—点火器　3—滑板　4—油杯盖　5—油杯　6—浴套
7—搅拌器　8—壳体　9—电炉盘　10—电动机　11—铭牌　12—点火管
13—油杯手柄　14—温度计　15—传动软轴　16—开关箱

① 浴套：铸铁容器，内径为260mm，底部与油杯间的空隙为1.6~3.2mm，用电炉或煤气灯直接加热。

② 油杯：黄铜制成的平底筒形容器，内壁刻有用于规定试样液位的标线。油杯盖也是由黄铜制成的，应与油杯配合良好。

③ 点火器：其喷孔直径为0.8~1.0mm，应能将火焰调整至接近球形（其直径为3~4mm）。

④ 保护罩：保护罩用镀锌铁皮制成，其高度为550~650mm，罩身内壁涂成黑色。

2）样品：丁酸丁酯。

(2) 分析步骤

1）油杯用无铅汽油洗涤后用空气吹干。将试样注入油杯中至标线处，盖上清洁干燥的杯盖，插入温度计，并将油杯放入浴套中，点燃点火器，调整火焰呈球形（直径为3~4mm）。

2）开启加热器，调整加热速度：对于闪点低于50℃的试样，升温速度应为每分钟升高1℃，并不断地搅拌试样；对于闪点高于50℃的试样，开始加热速度要均匀上升，并定期搅拌。到预计闪点前40℃时，调整加热速度，使试样温度达到闪点前20℃时，能控制升温速度为每分钟升高2~3℃，还要不断地搅拌。

3）当达到预计闪点前10℃左右时，开始点火试验。对于闪点低于104℃的试样，每升高1℃点火一次；对于闪点高于104℃的试样，每升高2℃点火一次。注意：点火时停止搅拌，但点火后应继续搅拌。

4）点火时扭动滑板及点火器控制手柄，使滑板滑开，将点火器伸入杯口，使火焰在0.5s内降到杯口，留在这一位置1s立即迅速回到原位。若无闪火现象，则按上述方法每升高1℃（闪点低于104℃的试样）或2℃（闪点高于104℃的试样）重复进行点火试验。

5）当第一次在试液面上方出现蓝色火焰时，记录温度。当出现第一次闪点时，应按上述要求继续试验。若在出现闪点温度后的下一个温度点能继续闪火，则认为测定结果有效。若再次试验时不出现闪火，则应更换试样重新试验。

(3) 结果计算　闪点的高低受外界大气压力的影响。当大气压力降低时，油品易挥发，故闪点会随之降低；反之，当大气压力升高时，闪点会随之升高。压力每变化0.133kPa，闪点平均变化0.033~0.036℃，所以规定以101.325kPa压力下测定的闪点为标准闪点。

在不同大气压力条件下测得的闪点需进行压力校正，可按GB 261—2008所列经验公式进行校正。

(4) 注意事项

1）升温速度对闪点的测定结果影响较大。

2）火源的高度及在试样上方停留的时间也会影响闪点测定的结果。

3）点火的频率也会影响闪点的测定结果。

4）试样中含有水分时，必须脱水后才能进行实验。

5）有些试样的蒸气或热分解产物是有害有毒的，应在通风橱内进行试验，但闪点测定时要求避风进行，故一般要求在闪点前50~60℃时调节通风，既能使试样的蒸气排出，又能使试样上面无空气流通。

● 训练4　化肥颗粒平均抗压力的测定

1. 仪器

1）药物天平：感量为0.5g。

2）实验筛：孔径为2.0mm×2.8mm，并附有筛盖和筛底盘，符合GB/T 6003.1—2012《试验筛　技术要求和检验　第1部分：金属丝编织网试验筛》或GB/T 6003.2—2012《试验筛　技术要求和检验　第2部分：金属穿孔板试验筛》中R40/3系列的要求。

3）振筛器：能垂直上下和水平振动。

4）强度测定仪：灵敏度为0.5N。

2. 分析步骤

将筛子按孔径大小依次叠好，称取缩分的实验室样品200g，精确到1g，置于2.8mm筛子上，盖好筛盖，置于振筛器上，夹紧，振动5min，任意选取2.8~2.0mm筛子间的硝酸磷肥颗粒30粒，逐个测定颗粒被压碎时的抗压力（N）。

3. 结果计算

颗粒平均抗压力为

$$\overline{N} = \frac{\sum_{i=1}^{30} N_i}{30}$$

式中　N_i——每颗肥料的抗压力（N）；

$\overline{N}$——颗粒平均抗压力（N）。

● 训练5　农药乳液稳定性的测定

1. 试剂和溶液

1）无水氯化钙。

2）碳酸钙：使用前在400℃下烘干。

3）氯化镁（含六个结晶水）：使用前在200℃下烘干2h。

4）盐酸。

5）标准硬水：硬度以碳酸钙计为0.324g/L，配制方法如下：

方法一：称取无水氯化钙 0.304g 和带结晶水的氯化镁 0.139g 置于 1000mL 的容量瓶中，用蒸馏水溶解稀释至刻度。

方法二：称取 2.740g 碳酸钙及 0.276g 氧化镁，用少量 2mol/L 的盐酸溶解，在水浴上蒸发至干以除去多余的盐酸，然后用蒸馏水将残留物完全转移至 100mL 容量瓶中，并用蒸馏水稀释至刻度，再取出 10mL 该溶液置于 1000mL 容量瓶中，用蒸馏水稀释至刻度。

方法三：

① 溶液 A：0.04mol/L 的钙离子溶液。其配制方法为：准确称取碳酸钙 4.000g 置于 800mL 烧杯中，加入少量水润湿，然后缓缓加入 1.0mol/L 的盐酸 82mL，充分搅拌混合，待碳酸钙全部溶解后，加水 400mL，煮沸除去二氧化碳，冷却至室温，加入 2 滴甲基红指示液，用 1mol/L 的氨水中和至橙色，将此溶液转移到 1000mL 容量瓶中，用水定容后摇匀，备用。

② 溶液 B：0.04mol/L 的镁离子溶液。其配制方法为：准确称取氧化镁 1.631g 置于 800mL 烧杯中，加少量水润湿，然后缓缓加入浓度为 1.0mol/L 的盐酸 82mL，充分搅拌混合并缓慢加热，待氧化镁全部溶解后，加蒸馏水 400mL，煮沸除去二氧化碳，冷却至室温后，加入 2 滴甲基红指示剂溶液，用 1mol/L 的氨水中和至橙色，将此溶液转移到 1000mL 容量瓶中，用水定容后摇匀，备用。

③ 标准硬水配制　移取 68.5mL 溶液 A 和 17.0mL 溶液 B 置于 1000mL 烧杯中，加入 800mL 水，滴加 0.1mol/L 的氢氧化钠溶液或 0.1mol/L 的盐酸溶液，调节溶液 pH 值为 6.0~7.0，将溶液转移到 1000mL 容量瓶中定容并摇匀，备用。

以上三种方法可任选一种。

2. 仪器

1）量筒：100mL，内径为 28mm±2mm，高度为 250mm±5mm。

2）烧杯：250mL，直径为 60~65mm。

3）玻璃搅拌棒：直径为 6~8mm。

4）移液管：刻度精确至 0.02mL。

5）恒温水浴。

3. 测定方法

在 250mL 烧杯中，加入 100mL 标准硬水，用移液管吸取适量乳剂试样，在不断搅拌的情况下慢慢加入硬水中（按各产品规定的稀释浓度），使其配成 100mL 乳状液。加完乳剂后，继续用 2~3r/s 的速度搅拌 30s，立即将乳状液移至清洁、干燥的 100mL 量筒中，并将量筒置于恒温水浴内，温度在 30℃±2℃ 范围内，静置 1h。

4. 性能判断

静置 1h 后取出，观察乳状液分离情况，若在量筒中无浮油（膏）、沉油和

第六章 检验与测定

沉淀析出,则判定乳液稳定性合格。

● 训练6 光泽度的测定

1. 仪器和试剂

(1) 仪器

1) 光泽度仪。

2) 基准标准板:折射率为 1.567 的光滑黑玻璃,基准标准板的镜面光泽度为 100 光泽度单位。

3) 工作标准板:以陶瓷、玻璃或搪瓷等材料制成,其镜面光泽度由基准标准板和标准光泽仪标定。

(2) 试样 塑料、陶瓷、搪瓷、地砖、墙砖等材料,表面应光滑平整、无脏物或划伤等缺陷,其尺寸为 100mm×100mm。

2. 分析步骤

1) 接通仪器电源,并使之稳定 30min 左右。

2) 将光泽探头的测量窗口置于基准标准板上,调节读数装置使读数显示为基准板的标称值。

3) 将光泽探测头的测量窗口置于工作标准板上,仪器的读数显示应符合工作标准板的标称光泽度值(显示值与标称值不能超过 ±1.5 光泽单位)。

4) 充分清洁样品的测试部位,必要时用清洁的软纱布沾上镜头清洁剂后,擦去表面的油污杂质。

5) 以样品中心为圆心、半径为 25mm 的圆周上的四个平分点为测试点,将光泽探测头的测量窗口置于测试点上,逐个读出各点的光泽度显示值,取其平均值作为测定结果。

3. 结果表示

由仪器直接读出。

4. 方法讨论

1) 标准板必须保持清洁,不得损伤其表面,使用时应拿其边缘,切勿触摸表面。清洗时,切忌用硬毛刷或纸等擦抹,应采用一般光学镜片清洗液清洗表面,不用时应放在密封干燥的容器内。此外,标准板必须定期检验和重新标定。

2) 测定透明样品时,应选用乌黑的底板作背衬,放在透明样品的背后。

● 训练7 涂膜附着力的测定

漆膜附着力的测定主要有划圈法和划格法。

1. 划圈法

(1) 分析步骤 按涂膜一般制备法在马口铁板上(或按产品标准规定的底

材）制备样板3块，待涂膜实干后于恒温恒湿的条件下测定。测前先检查测定仪的针头，若不锐利则应予以更换。提起半截螺母，抽出实验台即可换针。当发现划痕与标准回转半径不符时，应调整，其方法是松开卡针盘后面的螺栓，回转半径调整螺栓，适当移动卡针盘后，依次紧固上述螺栓，将划痕与标准圆滚线图比较，若仍不符合要求，则应重新调整，当直径与标准回转半径为5.25mm的圆滚线相同时，调整完毕。

将样板正放在实验台上，拧紧固定样板调整螺栓，向后移动升降棒，使针尖接触到涂膜。若划痕未露底，则应酌加砝码。按顺时针方向均匀摇动摇柄，转速以80~100r/min为宜，圆滚线划痕标准图长度为7.0~8.0cm。向前移动升降棒，使卡针盘提线，松开固定样板的有关螺栓，取出样板，用漆刷除去划痕上的漆屑，以四倍放大镜检查划痕并评级。

(2) 评级方法　以样板上划痕的上侧为检查的目标，依次评出1、2、3、4、5、6、7等七个部位，相应分为7个等级，按顺序检查各部位的涂膜完整程度，若某一部位的格子有70%以上完好，则认定该部位是完好的。若部位1的涂膜完好，附着力最佳，则定为一级；若部位1的涂膜坏损而部位2的涂膜完好，附着力次之，则定为二级。依次类推，七级为附着力最差。

2. 划格法

将涂层按格阵图形切割并恰穿至底材时，评价色漆、清漆及有关产品的涂层从底材分离的抗性。

(1) 分析步骤　按产品标准规定在薄钢板或马口铁板、铝板、玻璃板上制备出试板，除另有规定外，在温度为21~25℃、相对湿度为45%~55%的环境中放置至少16h，并在同样的环境中进行试验。

选定相应的切割数（6或11，由有关方面商定）和切割间距（1mm或2mm，由有关方面商定）。采用机械切割时应将试板紧固在刀具上部加适当质量的砝码，直至正好能穿透涂层而触及底材，按选定间距调好刀具的平移距离，起动往复运动平台，即可进行一次切割，然后自动抬起刀具，平移至调定的距离，再进行第二次切割，如此继续。完成一个方面的指定切割数后停机，将平台旋转90°重复上述切割过程，即可获得格阵图形。切割速度应为20~50mm/s。采用手工切割时，用力要均匀，速度要平稳无颤动。

用软毛刷沿格阵两对角线方向轻轻地往复各刷5次，在特定情况下，经商定可以利用粘胶带对格阵部位进行撕拉。粘胶带的黏附性能、粘贴及撕下的方法等按商定进行。

(2) 检查　用正常视力查看试验涂层的切割表面，与表6-4说明进行对比，根据对比结果定级。

第六章 检验与测定

表6-4 检查结果分级

分 级	说 明
0	切割边缘完全平滑，无格脱落
1	在切口交叉处涂层有少许薄片分离，但划格区受影响明显不大于5%
2	切口边缘或交叉处涂层脱落明显大于5%，但受影响明显不大于15%
3	涂层沿切割边缘部分或全部以大碎片脱落，或在格子不同部位上部分或全部剥落，明显大于15%，但受影响明显不大于35%
4	涂层沿切割边缘有大碎片脱落，或一些地方部分或全部剥落，明显大于35%，但受影响明显不大于65%
5	大于第4级的严重剥落

（3）试验结果 至少在试板3个不同位置上完成试验。若3个位置的试验结果不一致，则应在另外3个位置上重复试验，同时记录全部结果。

● 训练8 洗涤剂去污力的测定

1. 试剂及材料

1）体积分数为95%的乙醇：分析纯（GB/T 679—2002）。

2）阿拉伯树胶粉。

3）炭黑（GB 3778—2003）。

4）蓖麻油（中华人民共和国药典，2000年版，一部）。

5）液状石蜡（中华人民共和国药典，2000年版，二部）。

6）羊毛脂（中华人民共和国药典，2000年，二部）。

7）磷脂：油的质量分数为35%～37%，丙酮不溶物的质量分数为63%～65%。

8）氯化钙（$CaCl_2$）。

9）硫酸镁（$MgSO_4 \cdot 7H_2O$）：分析纯（GB/T 671—1998）。

10）漂白布（经纬度32×32工业漂白市，全国统一材料）。

11）中性皂基。

2. 仪器

1）瓶式去污试验机：轴转速为42r/min，瓶托轴半径为44mm。

2）去污用玻璃瓶：直径为7cm，高度为12cm，容积为400mL。

3）橡胶弹子：直径约为14mm，20粒质量为38～40g。

4）白度计。

5）搅拌器直流电动机：220V，150W，3000r/min。

6）双叶片搅拌桨：用不锈钢制作，叶片宽度为30mm，高度为15mm，厚度为 1mm，两片距离为 25mm，互相垂直，如图 6-11 所示。

7）电炉：500W，温度可调。

8）瓷研钵：内径为 12cm。

9）大搪瓷盘：长度为 46cm，宽度为 36cm。

10）搪瓷杯：容量为 1000mL，内径为 12cm，高度为 12cm。

11）烧杯：400mL。

3. 分析步骤

（1）白布处理　将漂白布沿经纬线裁成 27cm×44cm 的长方形块，共裁 24 块，用 7000mL 质量分数为 0.8%的氢氧化钠溶液煮沸 1h，倾去溶液，用自来水漂洗几次，直至洗液对 pH 试纸呈中性，再用蒸馏水漂洗几次，然后用 7000mL 质量分数为 0.13%的中性皂基溶液煮沸 0.5h，再用清水漂洗（漂洗至肥皂全部洗清为止），最后用蒸馏水漂洗几次，将此布烫平备用。

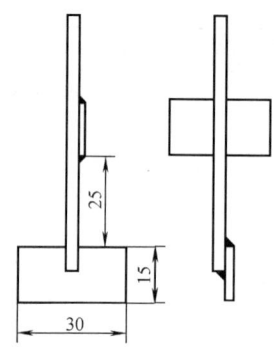

图 6-11　双叶片搅拌桨

（2）炭黑污液的制备　炭黑污液是阿拉伯树胶与炭黑在乙醇中的悬浮液，制备方法为：称取 3.2g 阿拉伯树胶置于 50mL 烧杯中，加 15mL 蒸馏水加热溶解，然后称 2.3g 炭黑置于瓷研钵中，加入 10mL 乙醇（φ = 95%）润湿，再加 25mL 水，稍混匀后，即开始研磨，共研 30min。研磨完毕，将溶解好的阿拉伯树胶移入研钵中，研磨 2min，然后用少量蒸馏水将烧杯中的剩余物洗入研钵中，一并转入 400mL 烧杯中，再用蒸馏水将研钵中的炭黑全部洗入 400mL 烧杯中，总溶液量约为 150mL，在室温下搅拌 0.5h（搅拌器转速约为 1200r/mim）。搅拌完毕用蒸馏水稀释到 750mL，再加乙醇（φ = 95%）750mL，共 1500mL，摇匀，即制成炭黑污液。

（3）油污液的制备　油污液即为染布用的污液，是蓖麻油、液状石蜡和羊毛脂等按质量比混合而成的混合物，用磷脂作为乳化剂，磷脂与混合油质量之比为 2:1。乳化好坏直接影响油污液的质量，也直接影响染布的深浅，将磷脂与混合油加入炭黑污液中，搅拌制成染布所需的油污液。制备方法为：称取 10g 磷脂置于 100mL 烧杯中，加入 25mL 乙醇（φ = 50%），在水浴中加热溶解，待全部溶化后，加入 5g 混合油，用玻璃棒混匀备用。另取炭黑污液 500mL（用前摇匀）置于 1000 mL 搪瓷杯中，将搅拌桨装在搪瓷杯正中，使桨叶下檐离杯底 10mm，搪瓷杯外用水浴加热保温。开启搅拌器，控制转速为 1200r/min，待搪瓷杯中的炭黑污液升温到 55℃后，开始慢慢滴入已溶解好的磷脂与混合油，加完后再用 25mL 乙醇（φ = 50%）洗下烧杯中的剩余物。滴加磷脂与混合油的时间共 10min，然后再继续搅拌 30mm（保持温度于 55℃），此油污液即可供染布用。

(4) 油污布的染制　将上述油污液冷却到46℃，用两层纱布滤去上层泡沫，倒入略微倾斜的搪瓷盘中，轻轻吹去少量泡沫，即开始染布。染布时将白布短边浸入油污液中很快拖过，垂直拉起静止1min，将布掉个头，用图钉钉在木条上晾干，将搪瓷盘中油污液倒入搪瓷杯中，置于阴暗处供第二次染污用。在第一次染污的布干后，将搪瓷杯中的油污液加热到46℃，再倒入搪瓷盘中进行第二次染污，操作同第一次，但布面要翻转和调向。500mL油污液最多只能染3块布片（每片27cm×44cm），若需要平行开四车染4块布，则可将炭黑污液增加到600mL，相应增加混合油量至6g，增加磷脂量至12g，搅拌时间增加到40min。此设备最多只能制备600mL油污液，不能再增加。

(5) 白度的测量　将处理好的白布折叠成8层，用以白度实物标准校准过的白度计逐层测量白度（每层测量均保持8层叠合），取平均值作为白布的白度。将每块染好的污布裁成24个直径为6cm的圆布片，将染污圆布片组配成平均黑度相近的6组，每组4片，用于一个样品的去污试验。每组4片相叠逐一从上到下转移测量洗前的白度，经去污试验洗涤后再用同样的方法测量洗后的白度。

若使用的白度计光照面积小，应对布片正反两面的5个不同部位测量白度值；若白度计光照面积大，则可只对正反两面的中心测定白度值。白度值以波长457nm处的反射率表示。

(6) 硬水的配制　洗涤实验中洗涤剂溶液采用250mg/kg的硬水配制，其钙与镁离子比为6∶4。配制方法为：称取16.7g氯化钙，24.7g硫酸镁，用纯水配制10L，即为2500mg/kg硬水，使用时取1L冲至10L即为250mg/kg硬水。

(7) 洗涤试验　洗涤试验在瓶式去污机内进行，每个试样至少要用4只去污瓶做平行试验（瓶中放有直径为14mm的橡皮弹子20粒）。

试验时先向去污瓶内分别倒入300mL配好的试样与标样洗涤剂溶液（用250mg/kg硬水配制的体积分数为0.2%的溶液），在预热槽中预热到43℃，各放入一片测定过白度的染污圆布片，再将去污瓶装入转轴托架中，在45℃下转动1h，取出布片用自来水冲洗，然后按次序摆放在搪瓷盘中，晾干后测定白度。

为了将试样与标准洗衣粉作去污力比较，必须将标准洗衣粉与试样以相同条件或按产品标准规定分别配成洗涤液，各用4片染污圆布片做同机去污试验，取得各自平均去污值 R（%），计算去污力比值。

4. 去污试验结果的计算

(1) 去污值 R（%）的计算

$$R(\%) = \frac{F_2 - F_1}{F_0 - F_1} \times 100$$

式中　F_0——未染污白布光谱反射率（%）；

F_1——染污试片洗前光谱反射率（%）；

F_2——染污试片洗后光谱反射率（%）。

结果保留一位小数。

（2）相对标准粉去污比值（P）的计算

$$P = \frac{R}{R_0}$$

式中 R_0——标准洗衣粉的去污值（%）；

R——试样的去污值（%）。

结果保留一位小数。

◈◈◈ 第五节 微生物专项检测

一、工作原理

1. 化妆品中粪大肠菌群的测定原理

（1）概述 粪大肠菌群是一群需氧及兼性厌氧，在44.5℃培养24~48h能发酵乳糖产酸并产气的革兰氏阴性无芽孢杆菌。粪大肠菌群不是细菌分类学上的名词，而是常用的一群卫生指示菌。该菌群包括大肠埃希菌属、柠檬酸杆菌属、克帝白氏菌属、肠杆菌属等。粪大肠菌群主要存在于温血动物粪便中，随粪便排出体外，可直接或间接污染环境及食物、饮用水、化妆品、药品等。若从化妆品产品中检出粪大肠菌群，则表明该产品受到粪便污染，可能存在肠道致病微生物并引起疾病，是评价化妆品卫生质量的重要指标之一。国际上广泛用此菌作为卫生指示菌。粪大肠菌群数目代表粪便污染的程度，反映了对人体危害的大小。

（2）测定原理 根据粪大肠菌群于44.5℃培养24~48h能发酵乳糖产酸并产气、细菌为革兰氏阴性无芽孢杆菌、能在选择性培养基上产生典型菌群、可分解色氨酸产生靛基质等有关特性进行检验，若发现典型菌群并经证实为革兰氏阴性短杆菌、靛基质试验呈阳性，则可报告被检样品中检出粪大肠菌群。

2. 化妆品中金黄色葡萄球菌的测定原理

（1）概述 金黄色葡萄球菌在外界分布较广，抵抗力也较强，能引起人体局部化脓性病灶，严重时可导致败血症，因此化妆品中检验金黄色葡萄球菌有重要意义。

（2）测定原理 根据金黄色葡萄球菌能发酵甘露醇产酸、血浆凝固酶试验呈阳性、革兰氏阳性葡萄球菌等有关特性进行检验，在平板上发现有可疑菌落生长，经染色镜检，证明为革兰氏阳性葡萄球菌，并能发酵甘露醇产酸。血浆凝固酶试验呈阳性者，可报告被检样品检出金黄色葡萄球菌。

3. 化妆品中绿脓杆菌的测定原理

（1）概述 绿脓杆菌即铜绿色假单胞菌，也称为绿脓假单胞菌，可产生蓝绿色素和荧光色素。一般情况下该菌不致病，在特殊条件下可引起皮肤化脓感染、泌尿道感染、中耳炎等。外伤及烧伤患者感染后最易引起化脓，并可引起败血症。化妆品是以涂抹、喷洒或其他类似的方法施于人体表面任何部位以达到清洁、消除不良气味、护肤、美容和修饰目的的产品。为保证消费者安全，化妆品中不应检出绿脓杆菌。

（2）测定原理 根据绿脓杆菌能产生绿脓菌素、可液化明胶、将硝酸盐还原为亚硝酸盐、42℃条件下能生长、氧化酶阳性、革兰氏阴性杆菌等有关特性进行检验，被检样品经增菌分离培养后，经证实为革兰氏阴性杆菌，氧化酶及绿脓菌素试验皆为阳性者，即可报告被检样品中检出有绿脓杆菌。当绿脓菌素试验呈阴性而液化明胶、硝酸盐还原产气和42℃生长试验皆为阳性时，仍可报告被检样品中有绿脓杆菌。

二、技能训练

• 训练1 化妆品中粪大肠菌群的测定

粪大肠菌群来源于人和温血动物的粪便。若化妆品中检出粪大肠菌群，则表明该化妆品已被粪便污染，有可能存在其他肠道致病菌或寄生虫等病原体的危险。因此，粪大肠菌被列为重要的卫生指标菌。

1. 方法提要

根据粪大肠菌群所具有的生物特性，如革兰氏阴性无芽孢杆菌在44℃培养24~48h能发酵乳糖产酸并产气，能在选择性培养基上产生典型菌群，能分解色氨酸产生靛基质等。

2. 培养基和试剂

（1）乳糖胆盐培养基

1）成分：蛋白胨20g，猪胆盐5g，乳糖5g，质量分数为0.4%的溴甲酚紫水溶液2.5mL，蒸馏水1000mL。

2）制法：将蛋白胨、胆盐及乳糖溶于蒸馏水中，调pH值到7.4，加入指示剂，混匀，分装试管（每支试管中加一个小倒管），于115℃（10lb⊖）灭菌20min。

（2）双倍浓度乳糖胆盐培养基 按上述乳糖胆盐培养基成分，除蒸馏水量

⊖ 1lb≈0.45kg。

不变外,其他成分量加倍。

(3) 伊红美蓝(EMB)琼脂

1) 成分:蛋白胨 10g,乳糖 10g,磷酸氢二钾 5g,琼脂 20g,质量分数为 2% 的伊红水溶液 20mL,质量分数为 0.5% 的美蓝水溶液 13mL,蒸馏水 1000mL。

2) 制法:先将琼脂加到 900mL 蒸馏水中,加热溶解,然后加入磷酸氢二钾蛋白胨,混匀,使之溶解,再以蒸馏水补至 1000mL,校正 pH 值为 7.2~7.4,分装于烧瓶内,于 121℃(15lb)15min 的条件下高压灭菌备用。临用时加入乳糖并加热溶化琼脂,冷至 60℃ 左右以无菌操作加入灭菌的伊红美蓝溶液,摇匀,倾注于平皿中备用。

(4) 蛋白胨水(靛基质试验用)

1) 成分:蛋白胨(或胰蛋白胨)20g,氯化钠 5g,蒸馏水 1000mL。

2) 制法:将上述成分加热溶化,调 pH 值为 7.0~7.2,分装于小试管中,于 121℃(15lb)高压灭菌 15min。

(5) 靛基质试剂

1) 柯凡克试剂:将 5g 对二甲氨基苯甲醛溶解于 75mL 戊醇中,然后缓慢加入浓盐酸 25mL。

2) 试验方法:接种细菌于蛋白胨水中,于 44℃ 培养 24h,然后沿管壁加柯凡克试剂 0.3~0.5mL,轻摇试管,呈阳性者在试剂层显深玫瑰红色。

(6) 革兰氏染色法

1) 染色液的制备

① 结晶紫染色液:将 1g 结晶紫溶于 20mL 乙醇($\varphi=95\%$)中,然后与 80mL 质量分数为 1% 的草酸铵溶液混合。

② 革兰氏碘液:将 1g 碘与 2g 碘化钾进行混合,然后加入蒸馏水少许,充分振摇,待完全溶解后,再加蒸馏水至 300mL。

③ 脱色液:乙醇($\varphi=95\%$)。

④ 复染液

a. 沙黄复染液:将 0.25g 沙黄溶解于 10mL 的乙醇($\varphi=95\%$)中,然后用蒸馏水稀释至 100mL。

b. 稀石炭酸复红液:称取碱性复红 10g 研细,加乙醇($\varphi=95\%$)100mL,放置过夜,用滤纸过滤,然后取该液 10mL,加质量分数为 5% 的石炭酸水溶液 90mL 混合,即为石炭酸复红液,再取此液 10mL,加水 90mL,即为稀石炭酸复红液。

2) 染色法

① 将涂片在火焰上固定,滴加结晶紫染色液,染 1min,水洗。

② 滴加革兰氏碘液,作用 1min,水洗。

③ 滴加乙醇（$\varphi=95\%$），脱色约30s，或将酒精滴满整个涂片，立即倾去，再用酒精滴满整个涂片，脱色10s，水洗。

④ 滴加复染液复染1min，水洗，待干，镜检。

3）染色结果

革兰氏阳性菌呈紫色，革兰氏阴性菌呈红色。

注意：若用1∶10（体积比）稀释的石炭酸复红染色液作复染液，则复染时间仅需10s。

3. 仪器

恒温水浴或隔水式恒温箱（44℃）、温度计、显微镜、载玻片、接种环、电炉、pH计或pH试纸、高压消毒锅、灭温吸管、灭菌平皿。

4. 操作步骤

1）取10mL 1∶10（体积比）稀释的样品，加到10mL双倍浓度的乳糖胆盐培养基中，置于44℃培养箱中培养24～48h，若既不产酸也不产气，则报告为粪大肠菌群阴性；若产酸产气，则划线接种到伊红美蓝琼脂平板上，于37℃培养18～24h。同时取该培养液1～2滴接种到蛋白胨水中，于44℃培养24h。

经培养后，在上述平板上观察有无典型菌群生长。大肠菌群在伊红美蓝琼脂培养基上的典型菌群呈深紫黑色，圆形，边缘整齐，表面光滑湿润，常具有金属光泽。也有的呈紫黑色，不带或略带金属光泽或粉紫色，中心较深常为大肠菌群，应注意挑选。

2）挑取上述可疑菌群，涂片做革兰氏染色镜检。

3）在蛋白胨水培养液中加入靛基质试剂约0.5mL，观察靛基质反应，阳性者液面呈玫瑰红色，阴性反应液面呈试剂本色。

5. 检验结果报告

平板上有典型菌群，并经证实为革兰氏阴性短杆菌，靛基质试验呈阳性，则可报告被检样品中检出粪大肠菌群。

● 训练2　化妆品中金黄色葡萄球菌的测定

金黄色葡萄球菌在外界分布较广，抵抗力也较强，能引起人体局部化脓性病灶，严重时可导致败血症，因此化妆品中检验金黄色葡萄球菌有重要意义。

1. 方法提要

根据该菌特有的形态及培养特性，应用Baird Parker平板进行分离。该平板中的氯化锂可抑制革兰氏阴性细菌生长，丙酮酸钠可刺激金黄色葡萄球菌生长，以提高检出率，并利用分解甘露醇和血浆凝固酶等特征，以兹鉴别。

2. 培养基和试剂

（1）培养基　SCDLP液体培养基。

(2) 质量分数为 7.5% 的氯化钠肉汤

1) 成分：蛋白胨 10g，牛肉膏 3g，氯化钠 75g，蒸馏水 1000mL。

2) 制法：将上述成分加热溶解，调 pH 值为 7.4，分装，于 121℃（15lb）高压灭菌 15min。

(3) Baird Parker 平板

1) 成分：胰蛋白胨 10g，牛肉膏 3g，酵母浸膏 1g，丙酮酸钠 10g，甘氨酸 12g，氯化锂（$LiCl \cdot 6H_2O$）5g，琼脂 20g，蒸馏水 950mL（pH = 7.0 ± 0.2）。

2) 增菌剂的配制：质量分数为 30% 的卵黄盐水 50mL 与除菌过滤的质量分数为 1% 的亚碲酸钾溶液 10mL 混合，保存于冰箱内。

3) 制法：将各成分加到蒸馏水中，加热煮沸完全溶解，冷至 25℃ 校正 pH 值。分装为每瓶 95mL，于 121℃ 高压灭菌 15min。临用时加热溶化琼脂，每 95mL 中加入预热至 50℃ 的卵黄亚碲酸钾增菌剂 5mL，摇匀后倾注平板。培养基应是致密不透明的，使用前在冰箱中储存不得超过 48h。

(4) 血琼脂培养基

1) 成分：营养琼脂 100mL，脱纤维羊血（或兔血）10mL。

2) 制法：将营养琼脂加热熔化，待冷至 50℃ 左右以无菌操作加入脱纤维羊血，摇匀，制成平板，置于冰箱内备用。

(5) 甘露醇发酵培养基

1) 成分：蛋白胨 10g，氯化钠 5g，甘露醇 10g，牛肉膏 5g，质量分数为 0.2% 的溴麝香草酚蓝溶液 12mL，蒸馏水 1000mL。

2) 制法：将蛋白胨、氯化钠、牛肉膏加到蒸馏水中，加热溶解，调 pH = 7.4，加入甘露醇和指示剂，混匀后分装于试管中，于 115℃（10lb）灭菌 20min 备用。

(6) 兔（人）血浆的制备　取质量分数为 3.8% 的柠檬酸钠溶液〔121℃（15lb）30min 灭菌〕1 份，加兔（人）全血 4 份，混匀静置，以 2000 ~ 3000r/min 的转速离心 3 ~ 5min，血球下沉，取上面的血浆。

3. 设备和材料

显微镜、培养箱、离心机、灭菌吸管（1mL、5mL、10mL）、灭菌试管。

4. 操作步骤

(1) 增菌　取 1∶10 稀释的样品 10mL 接种到 90mL SCDLP 液体培养基中，置于 37℃ 培养箱内培养 24h。

注意：若无此培养基，也可用质量分数为 7.5% 的氯化钠肉汤；检验含防腐剂的化妆品时，可在 1000mL 此培养基中加 1g 卵磷脂、7g 吐温 80。

(2) 分离　自上述增菌培养液中取 1 ~ 2 接种环，划线接种在 Baird Parker 氏培养基（若无此培养基，也可划线接种到血琼脂平板）中，于 37℃ 培养 24 ~

48h。菌群在血琼脂平板上呈金黄色，大而突起，圆形，不透明，表面光滑，周围有溶血圈；在 Baird Parker 氏培养基上为圆形，光滑，凸起，湿润，直径为2~3mm，颜色呈灰色到黑色，边缘为淡色，周围为一混浊带，在其外层有一透明带。用接种针接触菌群似有奶油树胶的软度。偶然会遇到非脂肪溶解的类似菌群，但无混浊带及透明带。挑取单个菌群分纯在血琼脂平板上，于37℃培养24h。

（3）染色镜检　挑选分纯菌群，涂片，进行革兰氏染色，镜检。金黄色葡萄球菌为革兰氏阳性菌，排列成葡萄状，无芽孢，无夹膜；致病性葡萄球菌菌体较小，直径为 $0.5 \sim 1 \mu m$。

（4）甘露醇发酵试验　取上述分纯菌群接种到甘露醇发酵培养基中，于37℃培养24h，金黄色葡萄球菌应能发酵甘露醇产酸。

（5）血浆凝固酶试验

1）玻片法：取清洁干燥的载玻片，在一端滴加一滴灭菌生理盐水，在另一端滴加一滴血浆，用接种环挑取待检菌群，分别在生理盐水及血浆中充分研磨混合。血浆与菌苔混悬液在5min内出现团块或颗粒状凝块，而盐水滴仍呈均匀混浊无凝固现象者为阳性；若两者均无凝固现象，则为阴性。当玻片试验呈阴性反应或盐水滴与血浆滴均有凝固现象时，再进行试管凝固酶试验。

2）试管法：吸取 1:4 新鲜血浆 0.5mL，放入灭菌小试管中，再加入待检菌的 24h 肉汤培养物 0.5mL，混匀，放于37℃恒温箱或水浴中，每0.5h观察一次，24h之内若呈现凝块则为阳性。同时以已知血浆凝固酶阳性和阴性菌株肉汤培养物及肉汤培养基各 0.5mL，分别加入灭菌小试管内与 0.5mL 1:4 血浆混匀，作为对照。

5. 检验结果报告

凡在上述选择平板上有可疑菌落生长，经染色镜检，证明为革兰氏阳性葡萄球菌，并能发酵甘露醇产酸，血浆凝固酶试验呈阳性者，可报告被检样品检出金黄色葡萄球菌。

● **训练3　化妆品中绿脓杆菌的测定**

绿脓杆菌在自然界分布很广，空气、水、土壤中均有存在。它对人有致病力，常引起人皮肤化脓感染，特别是烧伤、烫伤、眼部疾病患者被感染后，常使病情恶化，并可引起败血症。因此，在化妆品卫生标准中规定不得检出绿脓杆菌。

1. 方法提要

根据该菌的生物学特征，如革兰氏阴性杆菌，氧化酶阳性，能产生绿脓菌素，能液化明胶，可将硝酸盐还原为亚硝酸盐，在42℃条件下生长等，可与类似菌相区别。

2. 培养基和试剂

（1）SCDLP 液体培养基　见 GB 7918.1—1987《化妆品微生物标准检验方法　总则》。

（2）十六烷三甲基溴化铵培养基

1）成分：牛肉膏 3g，蛋白胨 10g，氯化钠 5g，十六烷三甲基溴化铵 0.3g，琼脂 20g，蒸馏水 1000mL。

2）制法：除琼脂外，将上述成分混合加热溶解，调 pH 值为 7.4~7.6，加入琼脂，于 115℃（10lb）灭菌 20min 后，制成平板备用。

（3）乙酰胺培养基

1）成分：乙酰胺 10.0g，氯化钠 5.0g，无水磷酸氢二钾 1.39g，无水磷酸二氢钾 0.73g，硫酸镁（$MgSO_4 \cdot 7H_2O$）0.5g，酚红 0.012g，琼脂 20g，蒸馏水 1000mL。

2）制法：除琼脂和酚红外，将其他成分加到蒸馏水中，加热分解，调 pH 值为 7.2，加入琼脂、酚红，于 121℃（15lb）高压灭菌 20min 后，制成平板备用。

（4）绿脓菌色素测定用培养基

1）成分：蛋白胨 20g，氯化镁 1.4g，硫酸钾 10g，琼脂 18g，甘油（化学纯）10g，蒸馏水 1000mL。

2）制法：将蛋白胨、氯化镁和硫酸钾加到蒸馏水中，加热使其溶解，调 pH 值至 7.4，加入琼脂和甘油，加热溶解，分装于试管内，于 115℃（10lb）高压灭菌 20min 后，制成斜面备用。

（5）明胶培养基

1）成分：牛肉膏 3g，蛋白胨 5g，明胶 120g，蒸馏水 1000mL。

2）制法：取各成分加在蒸馏水中浸泡 20min，随时搅拌加热使其溶解，调 pH 值至 7.4，分装于试管内，于 115℃（10lb）灭菌 20min 后，直立制成高层备用。

（6）硝酸盐蛋白胨水培养基

1）成分：蛋白胨 10g，酵母浸膏 3g，硝酸钾 2g，亚硝酸钠 0.5g，蒸馏水 1000mL。

2）制法：将蛋白胨和酵母浸膏加到蒸馏水中，加热使其溶解，调 pH 值为 7.2，煮沸过滤后补足液量，加入硝酸钾和亚硝酸钠，溶解混匀，分装到加有小倒管的试管中，于 115℃（10lb）灭菌 20min 后备用。

（7）普通琼脂斜面培养基

1）成分：蛋白胨 10g，牛肉膏 3g，氯化钠 5g，琼脂 15g，蒸馏水 1000mL。

2）制法：除琼脂外，将其余成分溶解于蒸馏水中，调 pH 值为 7.2~7.4，加入琼脂,加热使其溶解,分装于试管中,于121℃(15lb)高压灭菌15min后,制成斜面备用。

3. 仪器

培养箱(37℃、42℃)、灭温平皿、灭温刻度吸管、显微镜、接种针、接种环、高压消毒锅。

4. 操作步骤

(1) 增菌培养 取1:10(体积比)样品稀释液10mL加到90mL的SCDLP液体培养基中,置于37℃培养18~24h。若有绿脓杆菌生长,则培养液表面多有一层薄菌膜,培养液常呈黄绿色或蓝绿色。

注意:当无SCDLP液体培养基时,可用普通肉汤培养基;检验含防腐剂的化妆品时,在每1000mL普通肉汤中加1g卵磷脂、7g吐温80。

(2) 分离培养 从培养液的薄菌膜处挑取培养物,划线接种在十六烷三甲基溴化铵琼脂平板上,于37℃培养18~24h。当绿脓杆菌在此培养基上时,其菌群扁平无定型,向周边扩散或略有蔓延,表面湿润,菌群呈灰白色,菌群周围培养基常扩散有水溶性色素。此培养基选择性强,大肠艾希氏菌不能生长,革兰氏阳性菌生长较差。

当缺乏十六烷三甲基溴化铵琼脂时,也可用乙酰胺培养基进行分离,将菌液划线接种于平皿中,于37℃培养24h。绿脓杆菌在此培养菌上生长良好,菌群扁平,边缘不整,菌群周围培养基略带粉红色,其他菌不生长。

(3) 染色镜检 挑取可疑的菌群,涂片,进行革兰氏染色,镜检为革兰氏阴性者应进行氧化酶试验。

(4) 氧化酶试验 取一小块洁净的白色滤纸片放在灭菌平皿内,用无菌玻璃棒挑取绿脓杆菌的可疑菌群涂在滤纸片上,然后再其上滴加一滴新配制的质量分数为1%的二甲基对苯二胺试液,在15~30s之内,若出现粉红色或紫红色,则为氧化酶试验阳性;若培养物不变色,则为氧化酶试验阴性。

(5) 绿脓菌素试验 取可疑菌群2个或3个,分别接种在绿脓菌素测定用培养基上,于37℃培养24h,加入氯仿3~5mL,充分振荡使培养物中的绿脓菌素溶解于氯仿提取液内,待氯仿提取液呈蓝色时,用吸管将氯仿移到另一试管中并加入1mol/L的盐酸1mL左右,振荡后,静置片刻,若上层盐酸液内出现粉红色到紫红色,则为阳性,表示被检物中有绿脓菌素存在。

(6) 硝酸盐还原产气试验 挑取被检的纯培养物,接种在硝酸盐胨水培养基中,于37℃培养24h,观察结果。凡在硝酸盐胨水培养基内的小倒管中有气体者,即为阳性,表明该菌能还原硝酸盐,并将亚硝酸盐分解产生氮气。

(7) 明胶液化试验 取绿脓杆菌可疑菌群的纯培养物,穿刺接种在明胶培养基内,于37℃培养24h,取出放入冰箱中停留10~30min,若仍呈溶解状,则为明胶液化试验阳性，凝固不溶者为阴性。

（8）42℃生长试验 挑取纯培养物，接种在普通琼脂斜面培养基上，放在41~42℃培养箱中培养24~48h，绿脓杆菌能生长，为阳性，而近似的荧光假单胞菌则不能生长。

5. 检验结果报告

被检样品在增菌分离培养后，经证实为革兰氏阴性杆菌，氧化酶及绿脓菌素试验皆为阳性者，即可报告被检样品中检出绿脓杆菌。当绿脓菌素试验呈阴性而液化明胶、硝酸盐还原产气和42℃生长试验皆为阳性时，仍可报告被检样品中有绿脓杆菌。

第六节 对照试验和空白试验

一、对照试验

对照试验是检定测定方法是否存在系统误差的方法之一。例如，在进行新的分析方法研究时，可用标准试样检验方法的准确度。如果用所拟定的方法分析若干种标准试样均能得到满意的结果，则说明这种方法是可靠的。或者用国家规定的标准方法或公认可靠的"经典"分析方法分析同一试样，将分析结果同所拟定的方法所得到的结果进行对照，如果一致，则说明新方法可靠。在化工分析中，对照试验还用来检查操作是否正确和仪器是否正常。在分析试样的同时，用同样的方法作标准分析，如果分析标样的结果符合"公差"要求，则说明操作与仪器均无问题，试样的分析结果是可靠的。另外，为了检查分析人员之间是否存在系统误差和其他方面的问题，可将一部分试样重复安排在不同分析人员之间互相进行对照试验，这种方法称为"内检"。将部分试样送交其他单位进行对照分析，称为"外检"。

二、空白试验

空白试验可消除或减少由试剂、蒸馏水或器皿带入的杂质所造成的系统误差。空白试验是在不加入试样的情况下，按与测定试样相同的步骤和条件进行的试验。试验所得结果称为空白值。从试样的测定结果中扣除空白值，就可得到比较可靠的分析结果。空白值应该是一个恒定值，但有些情况下重现性不好。例如，在沉淀分离过程中，沉淀的量越多，吸附的杂质也越多，沉淀吸附杂质的量不恒定，要消除这个系统误差比较困难。另外，空白值不应很大，否则从测定值中扣除空白值来计算的误差较大。这时要通过提纯试剂和选用适当的器皿来减小空白值。对于微量和痕量测定，一般化验室的器皿和试剂所引起的系统误差是很可观的，更需要做空白试验。

复习思考题

1. 什么是液-液萃取分离？它有什么特点？
2. 减压蒸馏适合于哪些物质的分离？它的装置主要包括哪些？
3. 常用的分解试样的方法有哪些？
4. 什么是熔融法？它有何特点？
5. 滴定管、容量瓶、移液管的校正方法有哪些？各有什么特点？
6. 有机或无机复混肥料中总磷含量测定的原理是什么？
7. 卡尔·费休法测定水分的原理是什么？
8. 冷原子吸收法测定化妆品中汞的原理是什么？
9. 怎样用分光光度法测定洗涤剂中的各种磷酸盐？
10. 电位滴定法测定过磷酸钙中游离酸的原理是什么？
11. 如何测定旋光度？
12. 什么叫闪点？闪点的测定有哪些方法？
13. 什么叫粘度？它通常分为哪些种类？
14. 什么是白度？测定白度的原理是什么？
15. 化妆品中的粪大肠菌群测定的意义有哪些？
16. 化妆品中金黄色葡萄球菌的测定原理是什么？
17. 什么叫空白试验？什么叫对照试验？它们的意义何在？

第 七 章

测 后 工 作

> **培训学习目标**　通过本章的学习,学员应能够根据检验结果有效数字位数的要求,正确进行数据的记录和处理;能够根据相关标准要求,判定测定结果;能够正确地填写实验报告并进行检查、复核。

◆◆◆ 第一节　测试报告数据处理知识

一、对照试验结果计算校正系数

1. 定量分析的误差

定量分析的任务是测定试样中组分的含量,测定的结果只有达到一定的准确度,才能满足生产和科学研究的需要。显然,不准确的分析结果将会导致生产损失、资源浪费、科学上的错误结论。

在分析测试过程中,主、客观条件的限制,使得测定结果不可能与真实含量完全一致。即使是技术很熟练的人,用同一最完善的分析方法和最精密的仪器,对同一试样仔细地进行多次分析,其结果也不会完全一样,而是在一定范围内波动。这就说明分析过程中客观上存在难于避免的误差。因此,人们在进行定量分析时,不仅要得到被测组分的含量,而且必须对分析结果进行评价,判断分析结果的可靠程度,检查产生误差的原因,以便采取相应措施减小误差,使分析结果尽量接近客观真实值。

(1) 误差的表征——准确度与精密度　准确度是指分析结果与真实值相接近的程度。它们之间的差值越小,分析结果的准确度越高。

为了获得可靠的分析结果,在实际分析中,人们总是在相同条件下测定几份平行试样，然后取平均值，如果几个数据比较接近，则说明分析的精密度高。所谓的精密度，就是几次平行测定结果相互接近的程度。

如何从精密度和准确度两方面评价分析结果呢？图 7-1 是甲、乙、丙、丁四人分析同一水泥试样中氧化钙含量的结果示意图。

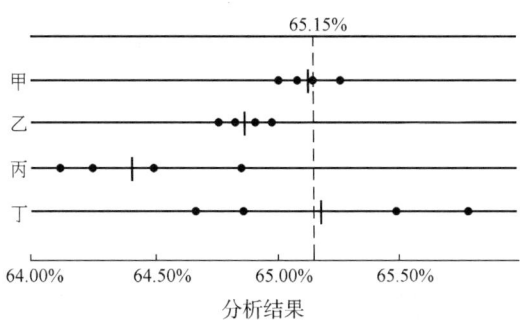

图 7-1　不同人员分析同一试样的结果比较
注：● 表示个别测定值，│ 表示平均值。

图 7-1 中 65.15% 处的虚线表示真实值，由此可评价四人的分析结果如下：甲所得结果准确度与精密度均好，结果可靠；乙的精密度虽高，但准确度较低；丙的精密度与准确度均很差；丁的平均值虽接近于真实值，但几个数据彼此相差甚远，仅是由于正负误差相互抵消才凑巧使结果接近真实值，因此其结果也是不可靠的。综上所述：

1）精密度是保证准确度的先决条件。精密度差，所测结果不可靠，就失去了衡量准确度的前提。

2）高的精密度不一定能保证高的准确度，但可以找出精密而不准确的原因，然后加以校正，就可以使测定结果既精密又准确。

（2）误差的表示

1）误差：准确度的高低用误差来衡量。误差表示测定结果与真实值的差异。两者的差异越小，误差就越小，即准确度越高。误差一般用绝对误差和相对误差来表示。绝对误差 E 表示测定值 x_i 与真实值 u 之差，即

$$E = x_i - u \tag{7-1}$$

相对误差 RE 是指绝对误差在真实值中所占的百分率，即

$$RE = \frac{E}{u} \times 100\% \tag{7-2}$$

绝对误差和相对误差都有正值和负值，分别表示分析结果偏高或偏低。由于相对误差能反映误差在真实值中所占的比例，故常用相对误差来表示或比较各种情况下测定结果的准确度。

2) 偏差：在实际分析工作中，并不知道真实值，一般是取多次平行测定值的算术平均值$\bar{x}$来表示分析结果，即

$$\bar{x} = \frac{x_1 + x_2 + \cdots + x_n}{n} = \frac{1}{n}\sum_{i=1}^{n}x_i \qquad (7\text{-}3)$$

各次测定值与平均值之差称为偏差。偏差的大小可表示分析结果的精密度，偏差越小说明测定值的精密度越高。偏差分为绝对偏差和相对偏差。

绝对偏差： $$d_i = x_i - \bar{x} \qquad (7\text{-}4)$$

相对偏差： $$Rd_i = \frac{d_i}{\bar{x}} \times 100\% \qquad (7\text{-}5)$$

3) 公差：公差是生产部门对分析结果允许误差的一种限量，又称为允许误差。如果分析结果超出公差范围则称为"超差"。若遇到这种情况，则该项分析应该重做。公差范围一般是根据生产需要和实际情况而确定的。所谓根据实际情况，是指试样组成的复杂情况和所用分析方法的准确程度。对于每一项具体的分析工作，各主管部门都规定了公差范围。例如，国家标准规定了钢铁分析中碳的质量分数的公差范围，见表7-1。

表7-1 钢铁分析中碳的质量分数的公差范围（用绝对误差表示）

碳的质量分数范围（%）	0.10~0.20	0.20~0.50	0.50~1.00	1.00~2.00	2.00~3.00	3.00~4.00	>4.00
公差（%）	±0.015	±0.020	±0.025	±0.035	±0.045	±0.050	±0.060

(3) 误差产生的原因　误差按性质的不同可分为两类：系统误差（或称为可测量误差）和偶然误差（或称为随机误差）。

系统误差：这是测定过程中某些经常性的原因所造成的误差。它对分析结果影响比较恒定，会在同一条件下的重复测定中重复地显示出来，使测定结果系统地偏高或系统地偏低（能有高的精密度而不会有高的准确度）。例如，用未经校正的砝码进行称量时，在几次称量中用同一个砝码，误差就会重复出现，而且误差的大小也不变。此外，系统误差对分析结果的影响并不恒定，甚至在试验条件变化时误差的正负值也有所改变。例如，标准溶液因温度变化而影响溶液的体积，从而使其浓度变化，这种影响即属于不恒定的影响。但如果掌握了溶液体积因温度变化而变化的规律，就可以对分析结果作适当的校正，使这种误差接近于消除。由于这类误差不论是恒定的还是非恒定的，都可找出产生误差的原因和估计误差的大小，所以它又称为可测误差。

系统误差按产生的原因不同，可分为以下几种：

1) 方法误差：由于分析方法本身不够完善而引入的误差。例如，重量分析中由于沉淀溶解损失而产生的误差，在滴定分析中由于指示剂选择得不够恰当而

造成的误差等都属于方法误差。

2）仪器误差：仪器本身的缺陷造成的误差。例如，天平两臂不相等，砝码、滴定管、容量瓶等未经校正，在使用过程中就会引入误差。

3）试剂误差：如果试剂不纯或者所用的去离子水不合格，引入微量的待测组分或对测定有干扰的杂质，就会造成误差。

4）主观误差：由于操作人员主观原因造成的误差。例如，对终点颜色的判别不同，有的偏深，有的偏浅；又如，用吸管取样进行平行滴定时，有人总是想使第二份滴定结果与前一份滴定结果相吻合，在接近终点时，就不自觉地受这种"先入为主"的影响，从而产生主观误差。

5）偶然误差：虽然操作者仔细进行操作，外界条件也尽量保持一致，但是测得的一系列数据往往仍有差别，并且所得数据误差的正负不定，有些数据包含正误差，也有些数据包含负误差，这类误差属于偶然误差。这类误差是由某些偶然原因造成的，如室温、气压、湿度等的偶然波动，滴定管读数的小数点后第二位读数不一致。这类误差在操作中不能完全避免。

6）过失误差：对于初学者，除了会产生上述两类误差外，往往还可能由于工作上的粗枝大叶、不遵守操作规程等而造成过失误差，如器皿不洁净，丢失试液，用错试剂，看错砝码，记录及计算错误等。这些都属于不应有的过失，会对分析结果带来严重影响，必须注意避免。

（4）误差的避免　从误差的分类和各种误差产生的原因来看，只有熟练操作并尽可能地减少系统误差和随机误差，才能提高分析结果的准确度。减免误差的主要方法分述如下：

1）对照试验：这是用来检验系统误差的有效方法。进行对照试验时，常用已知准确含量的标准试样（或标准溶液），按同样的方法进行分析测定，以进行对照，也可以用不同的分析方法，或者由不同单位的化验人员分析同一试样来互相对照。

在生产中，常常在分析试样的同时，用同样的方法做标样分析，以检查操作是否正确和仪器是否正常。若分析标样的结果符合"公差"规定，则说明操作与仪器均符合要求，试样的分析结果是可靠的。

2）空白试验：在不加试样的情况下，按照试样的分析步骤和条件进行的测定叫做空白试验，得到的结果称为"空白值"。从试样的分析结果中扣除空白值，就可以得到更接近于真实含量的分析结果。

由试剂、蒸馏水、试验器皿和环境带入的杂质所引起的系统误差，可以通过空白试验来校正。空白值过大时，必须采取对试剂进行提纯或改用适当器皿等措施来降低。

3）校准仪器：在日常分析工作中，因仪器出厂时已进行过校正，只要仪器保管妥善,一般可不必进行校准。

在准确度要求较高的分析中,对所用的仪器如滴定管、移液管、容量瓶、天平砝码等,必须进行校准,求出校正值,并在计算结果时采用,以消除由仪器带来的误差。

4)方法校正:某些分析方法的系统误差可用其他方法直接校正。例如,在重量分析中,使被测组分沉淀完全是不可能的,必须采用其他方法对溶解损失进行校正。例如,在沉淀硅酸后,可再用比色法测定残留在滤液中的少量硅,在准确度要求高时,应将滤液中该组分的比色测定结果加到重量分析结果中去。

5)进行多次平行测定:这是减小随机误差的有效方法。随机误差初看起来似乎没有规律性,但事实上偶然中包含有必然性,经过人们大量的实践发现,当测量次数很多时,随机误差的分布服从一般的统计规律:

① 大小相近的正误差和负误差出现的机会相等,即绝对值相近而符号相反的误差是以同等的机会出现的。

② 小误差出现的频率较高,而大误差出现的频率较低。

上述规律可用正态分布曲线表示,如图所示。图7-2 中的横坐标代表误差的大小,以标准偏差 σ 为单位,纵坐标代表误差发生的频率。

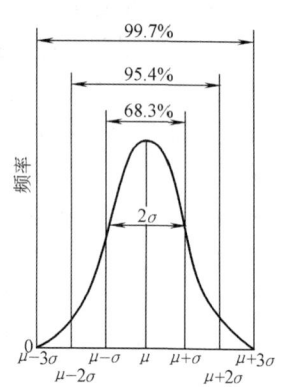

图 7-2 误差的正态分布曲线

可见,在消除系统误差的情况下,平行测定的次数越多,测得值的算术平均值就越接近真值。显然,无限多次测定的平均值 μ,在校正了系统误差的情况下,即为真值。因此,适当增加测定次数,取其平均值,可以减小偶然误差。

偶然误差的大小可由精密度表现出来。一般来说,测定结果的精密度越高,说明其偶然误差越小;反之,精密度越差,说明测定中 x 的偶然误差越大。

2. 数据集中趋势的表示方法

根据有限次测定数据来估计真值,通常采用算术平均值或中位数来表示数据分布的集中趋势。

(1)算术平均值 $\bar{x}$ 对某试样进行 n 次平行测定,测定数据为 x_1, x_2 … x_n,则

$$\bar{x} = \frac{x_1 + x_2 + \cdots + x_n}{n} = \frac{1}{n}\sum_{i=1}^{n} x_i \tag{7-6}$$

根据随机误差的分布特性,绝对值相等的正、负误差出现的概率相等,所以算术平均值 $\bar{x}$ 是真值的最佳估计值。当测定次数无限增多时,所得的平均值即为

总体平均值 μ。

$$\mu = \lim_{n \to \infty} \frac{1}{n} \sum_{i=1}^{n} x_i \tag{7-7}$$

（2）中位数　中位数是指一组平行测定值按由小到大的顺序排列时的中间值。当测定次数 n 为奇数时，位于序列正中间的那个数就是中位数；当测定次数 n 为偶数时，中位数为正中间相邻的两个测定值的平均值。

中位数不受离群值大小的影响，但用以表示集中趋势不如平均值好，通常只有当平行测定次数较少而又有离群较远的可疑值时，才用中位数来代表分析结果。

3. **数据分散程度的表示方法**

随机误差的存在影响测量的精密度，通常采用平均偏差或标准偏差来表示数据的分散程度。

（1）平均偏差 $\bar{d}$　计算平均偏差 $\bar{d}$ 时，应先计算各次测定值相对于平均值的偏差，即

$$d_i = x_i - \bar{x} \quad (i = 1, 2, \cdots, n) \tag{7-8}$$

然后求其绝对值之和的平均值，即

$$\bar{d} = \frac{1}{n} \sum_{i=1}^{n} |d_i| = \frac{1}{n} \sum_{i=1}^{n} |x_i - \bar{x}| \tag{7-9}$$

相对平均偏差则为

$$\frac{\bar{d}}{\bar{x}} \times 100\% \tag{7-10}$$

（2）标准偏差　标准偏差又称为均方根偏差。当测定次数趋于无穷大时，总体标准偏差 σ 的表达式为

$$\sigma = \sqrt{\frac{\sum_{i=1}^{n} (x_i - u)^2}{n}} \tag{7-11}$$

其中，u 为总体平均值，在校正系统误差的情况下 u 即为真值。

在一般的分析工作中，有限测定次数下的标准偏差 s 的表达式为

$$s = \sqrt{\frac{\sum_{i=1}^{n} (x_i - \bar{x})^2}{n - 1}} \tag{7-12}$$

相对标准偏差也称为变异系数（CV），其计算式为

$$CV = \frac{s}{\bar{x}} \times 100\% \tag{7-13}$$

用标准偏差表示精密度比用算术平均偏差表示更合理，因为将单次测定值的偏差平方以后，较大的偏差能显著地反映出来，故能更好地反映数据的分散程

度。例如，有甲、乙两组数据，其各次测定的偏差分别为：

甲组：+0.11，-0.73*，+0.24，+0.51*，-0.14，0.00，+0.30，-0.21

$$n_1 = 8 \qquad \bar{d}_1 = 0.28 \qquad s_1 = 0.38$$

乙组：+0.18，+0.26，-0.25，-0.37，+0.32，-0.28，+0.31，-0.27

$$n_2 = 8 \qquad \bar{d}_2 = 0.28 \qquad s_2 = 0.29$$

甲、乙两组数据的平均偏差相同，但可以明显看出甲组数据较为分散，因其中有两个较大的偏差（标有*号者），因此用平均偏差反映不出这两组数据的好坏。但是当用标准偏差表示时，甲组数据的标准偏差明显偏大，因而精密度较低。

（3）平均值的标准偏差　一系列测定（每次做 n 个平行测定）的平均值 $\bar{x}_1$，$\bar{x}_2$，…，$\bar{x}_n$，其波动情况也遵从正态分布，这时应用平均值的标准偏差来表示平均值的精密度。统计学已证明，对有限次测定，其平均值的标准偏差 s_x 为

$$s_x = \frac{s}{\sqrt{n}} \tag{7-14}$$

式（7-14）表明，平均值的标准偏差与测定次数的平方根成反比，增加测定次数可以提高测定的精密度，但实际上增加测定次数所取得的效果是有限的，当测定次数大于10时，变化已很小。在实际工作中测定次数无需过多，通常4~6次已足够了。

二、分析结果的判断

在定量分析工作中，经常重复地对试样进行测定，然后求出平均值。但多次测出的数据是否都参加平均值的计算，则需进行判断。如果在消除了系统误差之后，所测出的数据出现显著的大值与小值，那么这样的数据是值得怀疑的，称之为可疑值。对可疑值应做以下判断：

（1）确知原因的可疑值应弃去不用　若操作过程中有明显的过失，如称样时的损失、溶样有溅出、滴定时滴定剂有泄漏等，则该次测定结果必是可疑值。在复查分析结果时，对能找出原因的可疑值应弃去不用。

（2）不知原因的可疑值　应按 Q 检验法和 $4\bar{d}$ 检验法进行判断，决定取舍。

1）Q 检验法：当测定次数大于或等于3次且小于或等于10次时，根据所要求的置信度，按照下列步骤，检验可疑数据是否应弃去：

① 将各数据按递增的顺序排列：x_1，x_2，…，x_n。

② 求出最大值与最小值之差：$x_n - x_1$。

③ 求出可疑数据与其最邻近数据之间的差：$x_n - x_{n-1}$ 或 $x_2 - x_1$。

④ 求出 $Q = \dfrac{x_n - x_{n-1}}{x_n - x_1}$ 或 $Q = \dfrac{x_2 - x_1}{x_n - x_1}$。

⑤ 根据测定次数 n 和要求的置信度，查表 7-2，得 $Q_表$。

⑥ 将 Q 与 $Q_表$ 相比，若 $Q > Q_表$，则舍去可疑值，否则应予保留。

表 7-2　舍弃可疑数据的 Q 值（置信度 90% 和 95%）

测定次数	3	4	5	6	7	8	9	10
$Q_{0.90}$	0.94	0.76	0.64	0.56	0.51	0.47	0.44	0.41
$Q_{0.95}$	1.53	1.05	0.86	0.76	0.69	0.64	0.60	0.58

在三个以上的数据中，需要对一个以上的数据用 Q 检验法决定取舍时，首先应检查相差较大的数。

2) $4\bar{d}$ 检验法：对于一些试验数据，也可用 $4\bar{d}$ 法判断可疑值的取舍。首先求出可疑值除外的其余数据的平均值 $\bar{x}$ 和平均偏差 $\bar{d}$，然后将可疑值与平均值进行比较，若绝对差值大于 $4\bar{d}$，则可疑值舍去，否则保留。

用 $4\bar{d}$ 法处理可疑数据的取舍是存有较大误差的，但是，由于这种方法比较简单，不必查表，故至今仍为人们所采用。显然，这种方法只能用于处理一些要求不高的试验数据。

◆◆◆ 第二节　检验报告的填写、检查及复核

一、对原始记录的要求

对测量值进行读数和记录时，应注意以下几个问题：

1) 在测定过程中，要将各种测量数据及时、真实、准确而清楚地记录下来，并应用一定的表格形式，使数据记录有条理，且不易遗漏。

2) 对于指针式显示仪表，读数时应使视线通过指针与刻度标尺盘垂直，读取指针对准的刻度值。有些仪表刻度盘上附有镜面，读数时只要使指针与镜面内的指针像重合即可读数。对于记录式显示仪表（如记录仪），记录纸上的数值可以从记录纸上的印格读出，也可使用米尺测读。

3) 记录测量数据时，应注意其有效数字的位数。例如，用分光光度计测量溶液的吸光度时，若吸光度值在 0.8 以下，则应记录至 0.001；若吸光度值大于 0.8 而小于 1.5，则要求记录至 0.01；若吸光度值在 1.5 以上，则失去了准确读数的实际意义。对于其他等分刻度的量器和显示仪表，应记录所示的全部有效数字，即要求记录至最小分度值的后一位（末一位是最小分度值内的估计值）。

4）记录的原始数据不得随意涂改，若需废弃某些记录的数据，则应将其划掉重记。应将所得的数据交有关人员审阅后进行计算，不允许私自抄凑数据。

二、对检验方法的验证

1. 正确选择分析方法的重要性

化学分析的目的在于向生产部门和市场管理监督部门提供准确、可靠的分析数据，以便生产部门根据这些数据对原料的质量进行控制，制订合理的工艺条件，保证生产正常进行，以较低的成本生产出符合质量标准和卫生标准的产品。市场管理监督部门则根据这些数据对被检样品的品质和质量作出正确、客观的判断和评定。

2. 选择分析方法应考虑的因素

样品中待测成分的分析方法往往很多，怎样选择最恰当的分析方法是需要周密考虑的。一般来说，应该综合考虑下列各因素：

（1）分析要求的准确度和精密度　不同分析方法的灵敏度、选择性、准确度、精密度各不相同，要根据生产和科研工作对分析结果要求的准确度和精密度来选择适当的分析方法。

（2）分析方法的繁简和速度　不同分析方法的操作步骤的繁简程度和所需时间及劳力各不相同，每样次分析的费用也不同，因此要根据待测样品的数目和要求取得分析结果的时间等来选择适当的分析方法。当同一样品需要测定几种成分时，应尽可能选用能用同一份样品处理液同时测定该几种成分的方法，以达到简便、快速的目的。

（3）样品的特性　各种样品中待测成分的形态和含量不同，可能存在的干扰物质及其含量不同，样品的溶解和待测成分提取的难易程度也不相同。要根据样品的这些特征来选择制备待测液、定量某成分和消除干扰的适宜方法。

（4）现有条件　分析工作一般在实验室内进行，各级实验室的设备条件和技术条件也不相同，应根据具体条件来选择适当的分析方法。

在具体情况下究竟选用哪一种方法，必须综合考虑上述各项因素，但首先必须了解各类方法的特点，如方法的精密度、准确度、灵敏度等，以便加以比较。

3. 分析方法的评价

在研究一个分析方法时，通常用精密度、准确度和灵敏度这三项指标评价。精密度表示了测定结果的可靠性，准确度反映了测定结果的准确性。

某一分析方法的准确度，可通过测定标准试样的误差，或做回收试验计算回收率，以误差或回收率来判断。

在回收试验中，加入已知量的标准物的样品，称为加标样品。未加标准物质的样品称为未知样品。在相同条件下用同种方法对加标样品和未知样品进行预处理和测定，按式（7-15）计算出加入标准物质的回收率。

$$p = \frac{x_1 - x_0}{m} \times 100\% \tag{7-15}$$

式中　p——加入标准物质的回收率（%）；

　　　m——加入标准物质的量；

　　　x_1——标准样品的测定值；

　　　x_0——未知样品的测定值。

灵敏度是指分析方法所能检测到的最低量。不同的分析方法有不同的灵敏度，一般仪器分析法具有较高的灵敏度，而化学分析法（重量分析和容量分析）灵敏度相对较低。

在选择分析方法时，要根据待测成分的含量范围选择适宜的方法。一般地说，当待测成分含量低时，必须选用灵敏度高的方法；含量高时宜选用灵敏度低的方法，以减少由于稀释倍数太大所引起的误差。由此可见，灵敏度的高低并不是评价分析方法好坏的绝对标准，一味追求选用高灵敏度的方法是不合理的。

三、检验报告的内容

1. 检验报告的一般构成

一份简明、严谨、整洁的检验报告是测定结果的记录和总结的综合反映。检验报告一般包括：

1）检验报告的总顺序号、每页编号、总页数。

2）受检单位名称。

3）检验报告的题目。

4）样品说明：包括生产厂名、型号规格、产品批号或出厂日期、取样地点、编号、日期、方法等。

5）检验所依据的标准编号与名称。

6）试验情况的必要说明。

7）试验结果与标准要求的比较。

8）检验结论：对样品或整批产品质量是否合格作出明确判断。

9）必要时，试验结果应辅以图片、图表表示。

10）对试验中出现的疑点加以说明，如实记录试验过程中的意外情况。

11）检验报告的编写人、审核人和批准人应签字，并加盖检测中心印章。

12）检验报告的批准日期。

2. 对检验报告的要求

1）检验记录是出具检验报告书的原始依据。为保证检验工作的科学性和规范化，检验原始记录必须用蓝黑墨水或碳素笔书写，做到记录原始、数据真实、字迹清晰、资料完整。

2）原始检验记录应按页编号，按规定归档保存，内容不得私自泄露。

3）检验报告不允许更改。

4）检验报告书是对产品质量作出的技术鉴定，是具有法律效力的技术文件，应及时归档。

5）全部检测数据均采用法定计量单位。

3. 分析（试验）数据的处理

分析（试验）数据的处理是指对原始试验数据的进一步分析计算，包括绘制图形或表格、数理统计、计算分析结果等，必要时应该用简要文字说明。在数据处理中，计算、作图与试验测定数据的误差必须一致，以免在数据处理中带来更大的结果误差。

试验数据用图形表示，可以使测量数据间的相互关系表达得更简明直观，易显出最高点、最低点、转折点等，利用图形可直接或间接求得分析结果，便于应用。因此，正确地标绘图形是试验后数据处理的重要环节，必须十分重视作图的方法和技术。

现将标绘时的要点介绍如下：

（1）选择合适的坐标纸　在分析中最常用的是直角坐标纸。如果一个坐标是测量值的对数，则可用单对数坐标纸，如直接电位法中，电位与浓度关系曲线的绘制。

（2）坐标的确定　用直角坐标纸时，以横坐标 x 轴代表试验误差较小且便于测量和控制的自变量，如标准溶液的浓度、入射光的波长等，以纵坐标 y 轴代表因变量，如溶液的吸光度、电池的电动势等。

（3）比例尺（坐标标度）的选择　坐标轴比例尺的选择极为重要，由于比例尺的改变，曲线形状也将随之改变。若选择不当，则可使曲线的某些相当于极大、极小或转折点的特殊部分看不清楚。

比例尺选择的一般原则如下：

1）要能表示全部有效数字，以便从图形上读出的量的准确度与测量的准确度相适应。

2）应使绘出的直线或近乎直线的曲线的倾斜角度在45°左右。

3）为了方便易读又便于计算，凡主线间分为十等份的直角坐标纸，各等分线间的距离表示数量1、2、5是适宜的，应避免使用3、6、7或9等数字。

4）坐标的起始点（原点）不一定是零。在一组数据中自变量和因变量都有最高值和最低值，可用低于最低测量值的某一整数作起点，以高于最高测量值的某一整数作终点，以充分利用坐标纸，使作图较为紧凑。

（4）图纸的标绘

1）在纵轴的左面和横轴的下面，注明该轴所代表的变量名称和单位，并每隔一定距离标明变量的数值，即分度值，以便作图及读数，但不要将试验测量数值写在轴旁。注意：分度值的有效数字一般应与测量数据的有效数字相同。

2）测得数据的描点可用小圆圈或小圆点标出。若在一张图纸上绘几条曲线，则每组数据应选用不同的符号代表，标记的中心应与数据的坐标重合，但一张图纸上不宜标绘过多。

3）根据坐标纸上各试验点的分布情况作出光滑连续的曲线。绘线时，如果两个量呈线性关系，则按点的分布情况作一直线，所绘的直线应与各点接近，但不一定通过所有点，因为试验中不可避免地存在着误差。在绘制曲线时，也应按此原则。一般来讲，曲线上不应有突然弯曲和不连续的地方。

4）曲线的具体绘法：先用淡铅笔手描一条曲线，再用曲线板依曲线逐段描光滑，并注意各段描线的衔接，使整条曲线连续。

（5）图名和说明　绘好图后应标上图名和测量的主要条件，并标写试验者的姓名、日期。

复习思考题

1. 下列情况分别引起什么误差？如果是系统误差，应如何消除？
1）砝码被腐蚀。
2）天平的两臂不等长。
3）滴定管未校准。
4）容量瓶和移液管不配套。
5）在称样时试样吸收了少量水分。
6）试剂里含有微量的被测组分。
7）天平的零点突然有变动。
8）读取滴定管读数时，最后一位数字估计不准。
9）重量法测定 SiO_2 时，试液中硅酸沉淀不完全。

2. 解释下列各名词的意义：
绝对误差，相对误差，绝对偏差，相对偏差，平均偏差，标准偏差，准确度，精密度，公差，超差。

3. 滴定管读数误差为 ±0.01mL，滴定体积为：①2.00mL；②20.00mL；③40.00mL。试计算相对误差各为多少。

4. 天平称量的相对误差为 ±0.1%，称量：①0.5g；②1g；③2g。试计算绝对误差各为多少。

5. 有一铜矿试样，经两次测定，所得铜的质量分数分别为 24.87% 和 24.93%，而铜的实际质量分数为 24.95%，求分析结果的绝对误差和相对误差（公差为 ±0.10%）。

6. 某铁矿石中铁的质量分数为 39.19%，若甲分析结果是 39.12%，39.15%，39.18%；

乙分析结果是：39.18%，39.23%，39.25%。试比较甲、乙二人分析结果的准确度和精密度。

7. 按 GB/T 534—2002 的规定，检测工业硫酸中硫酸的质量分数，公差（允许误差）为 ±0.20%。今有一批硫酸，甲的测定结果为 98.05%，98.37%；乙的测定结果为 98.10%，98.51%。问甲、乙二人的测定结果中，哪一个合格？由合格者确定的硫酸质量分数是多少？

8. 某试样经分析测得锰的质量分数为 41.24%，41.27%，41.23%，41.26%。试计算分析结果的平均值、相对平均偏差和标准偏差。

9. 钢中铬的质量分数的五次测定结果是：1.12%，1.15%，1.11%，1.16%，1.12%。试计算标准偏差、相对标准偏差。

10. 石灰石中铁的质量分数的四次测定结果为：1.61%，1.53%，1.54%，1.83%。试用 Q 检验法和 $4\bar{d}$ 检验法检验是否有应舍弃的可疑数据（置信度为 90%）？

第 八 章

修验仪器设备

培训学习目标 通过本章的学习，学员应明确仪器设备维护保养的意义、内容和要求，熟悉自动电位滴定仪、分光光度计等仪器的基本结构，能够掌握自动电位滴定仪、分光光度计、旋光仪、阿贝折光仪等常用物性测试仪器的维护保养方法，能够针对这些仪器设备所出现的故障，找出故障原因，并进行简单维修。

◆◆◆ 第一节 仪器设备故障的排除

一、自动电位滴定仪的常见故障及排除方法（表8-1）

表8-1 DZ—2型自动电位滴定仪的常见故障及排除方法

故障现象	故障原因	排除方法
1. 打开电源后，指示灯不亮但其他正常	指示灯坏	换新指示灯
2. 打开电源后，指示灯不亮，但灯泡未坏	① 电源插头及接线存在断线、脱焊现象 ② 接触不良 ③ 若插头、插座接触良好，但无6.3V电压输出，则可判断为变压器一次侧或二次侧6.3V的绕组断线	①重新接线并焊好 ②找出接触不良处，清除氧化层，使接触良好 ③修理或更换变压器
3. 在调节终点时，电表指针不动	读数开关未按下	按下读数开关

（续）

故障现象	故障原因	排除方法
4. 按"滴定开始"开关后，"终点"电珠或"滴定"电珠不亮	电珠失效或供电电路有故障	必须调换新电珠或检修指示灯供电线路
5. "终点"电珠和"滴定"电珠均亮，但无滴液滴入	① 若电磁阀插头未插错并完全插入了，则为电磁阀故障 ② 若电磁阀关闭后仍有滴液滴入，则说明电磁阀有漏滴现象	① 可重新调节支头螺钉 ② 将电磁阀头从阀体上旋下，用小螺钉旋具旋动"调节螺钉"和用手旋动"支头螺钉"到使电磁阀关闭时无漏滴，而开通时滴液可滴下的位置为止
6. 电磁阀无漏滴，而有过量滴定现象	滴定控制器故障	将预控制指数适当调大一点（但不宜调得太大，以免滴定时间过长），或将仪器送厂修理

二、分光光度计的常见故障及排除方法（表8-2和表8-3）

表8-2　721型分光光度计的常见故障及排除方法

故障现象	故障原因	排除方法
1. 接通电源后，指示灯及光源灯都不亮，电表无偏转	① 熔丝熔断 ② 电源开关接触不良或损坏 ③ 电源变压器一次绕组已断	① 更换同样规格的熔丝 ② 修理或更换电源开关 ③ 重新绕制或更换新的变压器
2. 仪器接通电源后，指示灯不亮	① 灯泡与灯座之间受振动而接触不良 ② 指示灯已坏 ③ 电源变压器一次绕组中一组6V输出线已断	① 卸下灯罩，旋紧指示灯 ② 卸下灯罩，更换新灯泡 ③ 重新焊接或绕制变压器
3. 光源灯不亮	① 光源灯泡已坏 ② 稳压电源输出导线脱焊，使灯泡上无电压 ③ 稳压电源的保护线路因输出端短路过载而使输出端关闭 ④ 稳压电源印制电路板插座松脱或接触不良 ⑤ 稳压电路中大功率管之类的元件损坏	① 更换同规格的新灯泡 ② 找出脱线处重新焊接 ③ 按接线图进行检查，寻找出故障并将其排除 ④ 将印刷电路板向下插紧，使之接触良好 ⑤ 按电路图寻找故障元件并拆除更换

第八章 修验仪器设备

(续)

故障现象	故障原因	排除方法
4. 光源不稳	灯丝接触不良	观察灯丝匝间是否有闪光,若有,则更换相同规格的新灯泡
5. 光源灯暗、亮不能控制	调整管坏或2kΩ多圈电位器坏	检查电源输出是否为17V,有负载时是否为19V,稳压后输出的可调直流电压是否为3.7~11.5V,若不对,则可更换相应的元件
6. 波长调节旋钮过紧,波长读数盘转不动	① 轴与轴套卡死 ② 转轴与轴套座有毛刺卡住,致使波长盘卡死	① 拆下轴上的卡圈,修去毛刺,用细砂纸轻轻磨光,使轴与轴套配合良好 ② 拆下凸轮转轴(轴套座不必拆下),修去转轴毛刺,再用细砂纸精磨,加一点润滑油,装上垫圈,按原样装好
7. 旋动波长调节旋钮,波长盘已动,但出射光无变化	① 橡胶摩擦轮打滑 ② 波长读数盘上紧固螺母松脱(这主要是转轴与套座卡住的缘故)	① 橡胶摩擦轮的轴套孔是偏正的,导致转轴上下移动,可先松开螺母,将其调到适当位置后再拧紧 橡胶轮使用日久,会磨光打滑,可用刀子刮一下橡胶口,使其增加摩擦力 ② 取出并检查转轴与套座的配合情况,修去毛刺,使之配合良好后,再紧固波长读数盘的螺母(仍需重新检查光斑是否正常,否则要重新调节校准)
8. 波长在580nm处,出射光不是黄色,而是其他颜色	波长不准(波长指示值与实际出射光谱不符)	通过调节准直镜的波长调节螺杆校正,若仍不行,则需按单色器光调部分进行调节,并重新校正波长
9. 仪器在未接通电源时,读数电表指针不在"0"位	仪器机械零点变动	调节电表机械零位,使指针回复"0"位
10. 电表指针无偏转	① 电表活动线圈不通(电表线圈内阻约为2kΩ) ② 仪器内部放大系统导线有脱焊或断线情况	① 将电表取下修理或更换新的电表,型号和规格为:16C14型,100μA ② 按电路图查出脱焊断线处,重焊或接上断线

219

（续）

故障现象	故障原因	排除方法
11. 光电管暗盒前光门未打开时电表指针偏转到右面100%处，无法调回"0"位	光电管暗盒内硅胶受潮所致	取下硅胶筒，更换或烘干硅胶，并用电吹风向硅胶筒送入适量的干燥热风，使光电管暗盒去潮，即可达到调"0"效果
12. 由低到高变换灵敏度挡，电表"0"位相差过大（超过15格，即15%），但随着仪器稳定时间的加长而又有好转	光电管暗盒内硅胶受潮所致	处理方法同故障11
13. 电表指针从"0"到"100%"均左、右摇摆不定，并且光门开启时比关闭时晃动得更厉害	① 稳压电源失灵 ② 仪器光源灯附近有较严重的气浪波动 ③ 仪器光电管暗盒内硅胶受潮	① 按线路分别检测各部分元件的工作状态，找出损坏的元件，用同规格型号的新元件更换 ② 可将仪器移置于室内气流流速很小的地方 ③ 更换硅胶，吹干光电管暗盒
14. 电表指针在仪器使用过程中"0"点经常变化	① 每次关闭光电管暗盒前的光门时，电表的指针均位移于"0"位，用手指轻轻弹击电表盖能使指针回到"0"处，证明电表变差过大 ② 调"0"电位器使用较久而接触不良 ③ 光电管暗盒前的光门口或硅胶处有漏光，光因周围物体的运动而变化	① 将电表取下进行电表尖的研磨修理 ② 更换一只新的150Ω调零电位器 ③ 用纸板或黑布遮光以寻找漏光处并将其排除故障
15. 仪器在测定过程中于100%处经常变动	① 光源不稳定 ② 光电管暗盒前的光门没有全部开启，原因是机箱变形而光门顶杆的长度不够，而未能使光门全部顶开 ③ 比色槽定位不精密、松动，引起每次移位不一致，使重现性差 ④ 比色皿在比色槽框架内安放的位置不一致，有松动移位的可能，或比色皿玻璃表面有溶液泛出，影响透光 ⑤ 光源灯玻璃壳部分和金属灯头部分松动	① 检修稳压电源部分，更换已损坏的元件；除去光电管暗盒的潮气或更换光电管 ② 对仪器机箱进行校正或更换一根新的长度足够的光门顶杆 ③ 重新校正比色槽定位部件的安放位置 ④ 用擦镜纸或柔软的绸布将比色皿重新擦拭干净，然后将比色皿沿靠近出光孔比色槽框架的一边安放，上面用定位夹定位 ⑤ 更换新灯泡

第八章 修验仪器设备

(续)

故障现象	故障原因	排除方法
16. 光源灯玻璃壳发白或发黑	光源灯质量变坏	更换新灯泡
17. 旋转100%旋钮时，仪器电表无变化或乱动	① 若灯泡光亮度不随电位器的调节而变化，则是多圈电位器损坏或旋钮与多圈电位器轴松脱 ② 电表指针被卡住 ③ 多圈电位器接触不良或结构松脱	① 若多圈电位器损坏，则可更换同规格的新电位器；若旋钮与轴松脱，则要重新将其装好 ② 修理电表 ③ 更换多圈电位器
18. 光源灯亮但无单色光	① 进光处反射镜脱位 ② 准直镜脱位 ③ 棱镜固定松动	① 调整反射角度 ② 打开仪器底部单色光器的部件盖，按仪器结构介绍的方法进行修复 ③ 送生产厂修复
19. 仪器接通电源后，电表指针大幅度偏向"0"位以下，调零电位器不能调节复"0"位	① 七芯插头、插座接线脱落 ② 放大器电路系统中存在脱焊现象或元件损坏之处 ③ 调零电位器已坏	① 将脱落处重新接好 ② 按线路图对放大器进行检查，找出脱焊处重新焊好，若有元件损坏，则更换新件 ③ 更换新的电位器
20. 进行比色测定时，仪器准确性差	由于仪器在运输或搬动过程中受振动而使单色光波长偏移	按波长校正方法对波长进行校正
21. 进行比色测定时，仪器灵敏度低	① 光源灯泡发黑，质量变差 ② 光学元件受污染	① 更换新灯泡 ② 用无水乙醇-乙醚混合液清洗光学元件

表8-3　751G型分光光度计的常见故障及排除方法

故障现象	故障原因	排除方法
1. 指零电表指针无反应	① 放大器稳压电源无输出（稳压电源损坏或熔丝熔断） ② 20芯连接线脱焊 ③ 指零电表线圈损坏 ④ 电表指针停在不正确位置，有卡住现象	① 修理稳压电源或更换熔丝 ② 将脱焊处重新焊好 ③ 用万用表电阻挡轻触主机插座，电表指针若无反应，则是线圈断路，可更换一只100μA同型号的电流表 ④ 将选择开关放在"关"的位置，借助电表上机械零点的转动，重新调节指针在零点位置

221

(续)

故障现象	故障原因	排除方法
2. 电表指针偏向右边,用"暗电流调节"不能调至中间位置	① 稳压电源有故障 ② 放大器故障 ③ 选择开关接触不良或导线断开	① 检修稳压电源 ② 检修放大器 ③ 重修或焊接好
3. 电表指针偏向左边,用"暗电流调节"不能调至中间位置	① 暗电流补偿电源损坏或接触不良 ② 暗电流补偿电源损坏 ③ 稳压电源故障 ④ 高阻值电阻受潮 ⑤ 放大器故障 ⑥ 光电管表面受潮或暗电流过大	① 经检修,若暗电流补偿电源损坏,则可对其进行修理;若接触不良,则可进行清洗并重新焊接 ② 更换电位器 ③ 逐级测量电压,修理稳压电源 ④ 打开暗盒盖,用脱脂棉球蘸乙醚擦洗电阻表面,再用电吹风烘干,若阻值已改变,则需要更换电阻 ⑤ 修理放大器 ⑥ 若光电管表面受潮,则可用无水乙醇擦除表面水分,并晾干;若光电管暗电流过大,则只能更换光电管
4. 指针调至中间位置时,指针左右来回摆动,不稳定	① 稳压电源或放大器有故障 ② 高阻值电阻受潮 ③ 光电管开关或光闸门开关接触不良 ④ 外界电源波动过大 ⑤ 光电管损坏,性能不稳定 ⑥ 光源灯发射不稳定	① 修理稳压电源或放大器 ② 清洗表面并吹干,若阻值已改变,则进行更换 ③ 用脱脂棉球蘸乙醚溶剂清洗开关接触点,调整开关弹簧片并加硅油使之接触良好。若仍无效,则更换新开关 ④ 加装稳压器(≥1kV·A) ⑤ 更换光电管 ⑥ 按更换光源灯、修理稳压电源、更换光电管的顺序查找原因,排除故障
5. 指针调至中间位置后持续向左或向右移动	① 整机接地不良 ② 光电管暗盒受潮 ③ 放大器故障 ④ 光电管衰老	① 应在实验室外单独接地,可将金属棒埋入地下2m深左右,再用较粗的金属线引入主机作地线 ② 先用蘸无水乙醇的棉球擦净,再吹干 ③ 修理放大器 ④ 降低光电管电压,若衰老严重,则需更换光电管

（续）

故障现象	故障原因	排除方法
6. 将指针调至中间位置时，指针剧烈抖动	① 直流电源纹波电压过高 ② 光电管工作电压过高	① 修理稳压电源，使电压降至正常值 ② 调节电位器至电位器中心抽头对地电压约为8V左右
7. 调节狭缝至最大处，才能将电表指针调回到中间位置	① 波长的选择与光源不符 ② 光源反射镜或准直镜被沾污 ③ 光源发射能量减弱	① 选用合适的波长，波长在320nm以上时使用钨灯，在320nm以下时使用氢弧灯 ② 不能用任何纱布、绸布或棉球擦洗，只能用干净的洗耳球吹或用其他压缩气体吹，若表面脱落，则重新镀铝 ③ 其现象主要是氢弧灯发光不在中间位置，并有散光现象；钨灯表面发黑，引起光能量的散射和吸收。这只能更换新的光源灯，并重新校正
8. 开启光闸门，调节狭缝至最大处，但仍不能将电表指针调回至中间位置	① 氢弧灯稳流电源或钨灯稳压电源损坏，无输出电流或电压 ② 光源灯损坏 ③ 光源灯反射镜未对准光路	① 修理稳流或稳压电源 ② 更换光源灯 ③ 调整光路，使反射镜对准光路
9. 开启光闸门，调节狭缝至最小处，仍不能将电表指针调至中间位置	狭缝调节失灵，闭合不严或盛放比色皿的暗箱漏光	将光源灯关闭，若电表指针向相反的方向偏转，则原因是狭缝闭合不严，否则就是漏光。若缝闭合不严，则要进行调节；若漏光，则其主要原因是暗箱在装配时固定螺钉未旋紧，可在接缝处贴上黑色纸条遮光
10. 仅一只光电管能补偿暗电流	另一光电管接触不良或已损坏	使之接触良好或更换同型号的光电管，应注意：检查光电管滑板上的接触情况时不能用手触碰绝缘层和电阻
11. 电表指针先位于中间，之后又迅速偏转	2kΩ 电阻损坏	更换电阻

（续）

故障现象	故障原因	排除方法
12. 暗电流校"0"后，开启光闸门不能用灵敏度调节旋钮和改变狭缝宽度的办法将电表指针调零	① 光源灯性能不良 ② 狭缝失灵 ③ 比色皿暗箱漏光 ④ 灵敏度调节电位器损坏	① 更换新灯 ② 检修、调校狭缝 ③ 在漏光处贴黑纸条遮光 ④ 更换同规格的电位器
13. 仅在大的狭缝宽度或灵敏度旋钮附近才能调节零点至平衡	① 光源灯调节不良 ② 滤光片滑板位置不正确 ③ 暗电流闸门未完全开启 ④ 反光镜被沾污 ⑤ 光电管损坏 ⑥ 狭缝未开启 ⑦ 反光镜位置不对	① 重新调节光源灯 ② 纠正滑板位置 ③ 查找原因使之开启完全 ④ 用洗耳球吹去灰尘 ⑤ 更换好的光电管 ⑥ 检修、调校狭缝 ⑦ 纠正反光镜位置
14. 安上一个光电管，电表指针产生不稳定地摇摆，对另一光电管却又静止不动	① 某一光电管接触不良 ② 某一光电管损坏 ③ 光电管座壳中的绝缘被污染	① 将光电管的滑板来回移动数次，以改善接触 ② 更换新的光电管 ③ 用乙醚擦洗被沾污处
15. 两个光电管中的任何一个使平衡电表指针产生不稳定摆动	① 插头松动或光电管接地不良 ② 光电管暗盒内有潮气 ③ 光电管暗盒漏光 ④ 绝缘板表面有漏电现象 ⑤ 钨灯损坏或导线焊接不良	① 检查插头和接地情况并排除 ② 更换光电管暗盒内的硅胶，若潮气严重，则需吹干 ③ 找出漏光处，用黑蜡封好 ④ 用乙醚擦净 $2k\Omega$ 电阻表面 ⑤ 更换钨灯或重新焊接
16. 溶液测定时不服从比尔定律，消光值读数偏低	① 单色光不纯（因棱镜和石英窗口受潮以及狭缝过大而引起） ② 波长与波长指示值不符 ③ 校正电阻变值	① 棱镜及窗口可用棉球蘸少许无水乙醇轻擦，然后吹干，不能用粗糙的布等擦洗；狭缝过大是由光源能量减弱所致，可用换光源灯的办法解决 ② 用氢弧灯的 656.3nm 和 486.1nm 两条谱线对波长进行校正 ③ 更换校正电阻

第二节 仪器的使用及维护

一、性能测试设备的使用及维护

1. WZX—1 型光学度盘旋光仪

WZX—1 型光学度盘旋光仪的使用和维护应注意以下事项：

1）仪器应放在通风和干燥及温度适宜的地方，以免受潮发霉。

2）仪器连续使用时间不宜超过 4h，若使用时间过长，则中间应关熄 10~15min，待钠光灯冷却后，再继续使用，或用电风扇吹冷，减少灯管受热程度，以免亮度下降和寿命降低。

3）试管用后要及时将溶液倒出，用蒸馏水洗涤干净，擦干藏好，所有光学元件不能用手直接擦拭，应用柔软的绒布擦拭。

4）仪器停用时，应用塑料套保护；装箱时，应按固定位置放入箱内并压紧。

2. 阿贝折光仪

（1）阿贝折光仪的校准及使用方法

1）校正方法：通常用测定蒸馏水折射率的方法进行校准，在 20℃下折光仪应表示出折射率为 1.33299 或可溶性固形物含量为 0%。若校正时温度不是 20℃，则应查出该温度下蒸馏水的折射率再进行校准。对于高刻度值部分，用具有一定折射率的标准玻璃块（仪器附件）校准，方法是打开进光棱镜，在校准玻璃块的抛光面上滴一滴溴化萘，将其粘在折射棱镜表面上，使标准玻璃块抛光的一端向下，以接受光线。测得的折射率应与标准玻璃块的折射率一致。校准时若有偏差，则可先使读数指示蒸馏水或标准玻璃块的折射率值，再调节分界线调节螺钉，使明暗分界线恰好通过十字线交叉点。

2）使用方法

① 分开两面棱镜，以脱脂棉球蘸取酒精擦净，挥干乙醇，滴1~2滴样液于下面的棱镜平面中央，迅速闭合两棱镜，调节反光镜，使两镜筒内视野最亮。

② 由目镜观察，转动棱镜旋钮使视野中出现明暗两部分。

③ 旋转色散补偿器旋钮，使视野中只有黑白两色。

④ 旋转棱镜旋钮，使明暗分界线处于十字线交叉点。

⑤ 从读数镜筒中读取折射率或质量分数。

⑥ 测定样液温度。

⑦ 打开棱镜，用水、乙醇或乙醚擦净棱镜表面及其他各机件。

(2) 维护与保养

1) 仪器应置放于干燥、空气流通的室内,以免光学零件受潮后生霉。

2) 当测试腐蚀性液体时应及时做好清洗工作(包括光学零件、金属零件以及油漆表面),防止侵蚀损坏。仪器使用完毕后必须做好清洁工作,放入木箱内,木箱内应存有干燥剂(变色硅胶)以吸收潮气。

3) 被测试样中不应有硬性杂质,当测试固体试样时,应防止折射棱镜表面拉毛或产生压痕。

4) 经常保持仪器清洁,严禁用油手或裸手触及光学零件。若光学零件表面有灰尘,则可用高级麂皮或长纤维的脱脂棉轻擦后再用电吹风将其吹去。若光学零件表面沾上了油垢,则应及时用酒精乙醚混合液擦洗干净。

5) 仪器应避免强烈振动或撞击,以防止光学零件损伤及影响精度。

3. 闪点测定仪

(1) 闭口杯法

1) 使用要求:仪器应按使用说明书的规定操作。

2) 注意事项

① 为便于观察闪火并有效地避免气流和光线的影响,闪点测定仪应置于避风和较暗的地点,并在四周加防护屏。

② 测定闭口闪点时,高粘度难蒸发的润滑油中若混入微量(千分之几)的任何低沸点产品,如汽油或煤油,则闪点会急剧降低数十度。因此,用汽油洗过的油杯要烤干或用空气吹干,取样用的容器勿带入低沸点馏分的石油产品。

③ 测定闪点的方法可根据润滑油在使用时所处的条件不同而定。例如,对粘度大和用于封闭机构的润滑油,以及粘度小的轻油(重柴油、高速机械油、变压器油、缝纫机油等),可采用闭口杯法。

若技术条件有特殊规定,则应按规定的方法测定。

(2) 开口杯法

1) 使用要求:仪器应按使用说明书的规定操作。

2) 注意事项

① 油液中水的质量分数大于 0.1% 时,其脱水方法可参见"闭口杯法"。闪点高于 100℃ 的油液,可加热至 50~80℃ 后,用脱水剂进行脱水。

② 测定中若发现闪火现象不明显,则应注意观察,勿将油液蒸气的闪火与点火器火焰的闪火混淆。遇此情况时,应待油温升高 2℃ 后再点火证实。

③ 测定闪点和燃点的方法可根据润滑油使用时所处条件而定。用来润滑敞开部位的润滑油,如燃料油,机械油、专用锭子油、气缸油、冷冻机油等,可采用开口杯法测定其闪点和燃点。若技术条件中有特殊规定,则应按规定选择测定方法。

第八章　修验仪器设备

4. 恩氏粘度计

使用要求及注意事项如下：

1）仪器应按 GB/T 266—1988《石油产品恩氏粘度测定法》的规定使用。

2）使用中对仪器的水值应定期较正，符合规定方可使用。

3）内锅、内壁清洗后应用空气吹干或用洁净的滤纸吸干。

4）在使用仪器的过程中，内锅上面的座口与内锅盖座口的相应部分盖合时，均应保证干燥。

二、自动电位滴定仪的使用及维护

下面以 ZD—2 型自动电位滴定仪为例介绍自动电位滴定仪的组装、调试和使用维护。

1. 操作方法

1）仪器的组装：将 ZD—2 型自动电位滴定仪放在左面，ZD—1 型自动电位滴定仪放在右面，用双头连接插头连接两仪器，然后安装金属滴定架，装好电磁阀、滴定夹和电极夹，将电磁阀接线插头插入电磁控制阀座。

2）滴定管、玻璃毛细管及电极的安装：将装入滴定剂的滴定管用滴定夹夹住，将其出口与电磁阀上的乳胶管的上端连接，将乳胶管的下端与玻璃毛细管连接，将毛细管夹在电极夹的小夹口内，将指示电极和参比电极接到仪器上，将指示电极夹在电极夹右夹上，参比电极夹在左夹上，并将电极夹升至一定高度。准确移取一定量的试液置于一个高型烧杯中，放入搅拌棒，若试液体积太小，则可加入适当蒸馏水，将此烧杯放在电磁搅拌器的塑料托座上。

2. 自动滴定

1）打开 ZD—2 型自动电位滴定仪的电源开关，预热后按下读数开关，旋动校正器，使电表指针恰好指在 pH=7 处，或者左面零位或右面零位处。校零后松开读数开关。

2）若进行酸碱滴定，此时应将选择器置于"pH 测量"挡，将温度补偿旋钮调至被测溶液的温度位置上，然后将两电极插入标准缓冲液中，按下读数开关，旋动校正器，使电表指针恰好指在该标准液的 pH 值上，松开读数开关，指针应指在 pH=7 上，再按下读数开关时，指针应指在标准液 pH 值上。如此反复校正几次，最后松开读数开关，将电极抬起冲洗干净。

3）将 ZD—2 型自动电位滴定仪上的选择器置于"终点"位置，旋转预定终点调节器，使电表指针恰好指在终点电动势或 pH 值上，此旋钮调好后不得再动，然后将选择器置于"pH 滴定"或"mV 滴定"挡。

4）滴定选择开关的调节：滴定选择开关的位置取决于滴液的性质及电极连接的位置，通常可按表 8-4 调节开关的位置。

表 8-4　开关位置与滴液性质及电极极性的关系

滴液性质	电极极性	开关位置
氧化剂	铂电极接"-"，甘汞电极或钨电极接"+"	"+"
还原剂	铂电极接"-"，甘汞电极或钨电极接"+"	"-"
酸	玻璃电极或锑电极接"-"，甘汞电极接"+"	"+"
碱	玻璃电极或锑电极接"-"，甘汞电极接"+"	"-"
银盐	银电极接"-"，甘汞电极接"+"	"+"
卤素化合物	银电极接"-"，甘汞电极接"+"	"-"

5）预控制调节器的调节：将预控制调节器调节在适当位置上，以使滴定剂流速适当并保证滴定的准确度。通常氧化还原滴定、强酸强碱中和滴定、沉淀滴定可调节在较大位置，此时流速较快。强碱弱酸或强酸弱碱的滴定可调节在中间位置，弱酸弱碱的滴定放在起始位置，此时滴定剂流速最小。

6）打开 ZD—1 型自动电位滴定仪的电源开关，先将工作开关置于"手动"位置，再将毛细管放入另一空烧杯中，按下"滴定开始"开关，滴定剂流出，调节滴定管液面零点。松开开关，滴定剂停止流出，然后将工作开关置于"滴定"位置。

7）将电极和毛细管插入盛有试液的烧杯中，注意电极位置要适当，防止搅拌棒转动时碰破电极。

8）打开搅拌器开关，旋动转速调节器，使搅拌棒转速从慢逐渐加快。使用左边电磁阀时，将选择开关置于"1"处；使用右边电磁阀时，将选择开关置于至"2"处。

9）按下 ZD—2 型自动电位滴定仪上的读数开关，电表指示出滴定前的电池电动势或 pH 值，然后按下 ZD—1 型自动电位滴定仪上的"滴定开始"开关，此时自动滴定开始，终点指示灯亮，滴定指示灯亮或时亮时暗，到达终点时，指示灯熄灭，滴定剂停止加入，滴定完成。松开读数开关，从滴定管上读取所消耗的滴定剂的毫升数。

10）测定完毕，依次将搅拌器电源开关、ZD—1 型自动电位滴定仪的电源开关、ZD-2 型自动电位滴定仪的电源开关关闭，将搅拌器转速旋钮和预控制调节旋钮逆时针旋到底，最后将电极抬起冲洗干净。

3. 手动滴定

1）进行手动滴定时，不必调节预定终点调节器，可直接将选择器置于"mV 滴定"或"pH 滴定"挡，将工作开关置于"手动"位置，其他各步骤的操作与自动滴定相同。

2）按下读数开关，记下初始 mV 值或 pH 值，然后按下"滴定开始"开关，滴定开始。每加一定量滴定剂,就松开一次"滴定开始"开关,并记录相应的 mV 值或 pH 值,这样就得到一系列 mV(pH)-V 数据,通过绘制 mV(pH)-V 曲线或一阶微商曲线,求出终点电动势和终点体积。

4. 酸度或电极电位的控制

将 ZD—1 型自动电位滴定仪上的工作开关置于"控制"位置,其他各步骤的操作与自动滴定完全相同,但到达控制 pH 值或电极电位值后,"终点"指示灯不会自动熄灭。

三、分光光度计的使用及维护

1. 721—B 型分光光度计的维护

1)测定过程中若波长改变,则应重新将透光度调为零(机械零点),并用空白溶液将仪器的"100% T"调为 100,将 A 调为 0。如果大幅度改变测试波长,则需等数分钟后才能正常工作。这是因为波长变化较大时光能量变化急剧,光电管受光后响应缓慢,需一段光响应平衡时间,待数字表稳定后再测定。

2)仪器连续测定时间太长时,光电管易发生疲劳效应,此时应将仪器关闭一段时间,然后再继续使用。

3)仪器灵敏度挡的选择原则:在保证用空白溶液能较好调到 100% 透光度的情况下,应尽可能采用灵敏度较低的挡,这样仪器稳定性高。

2. 752C 型紫外-可见分光光度计的维护

1)仪器使用完毕后,用随机提供的塑料套置住,在套子内应放数袋硅胶,以免灯室受潮,反射镜发霉或沾污而影响仪器质量。

2)经常注意仪器左侧干燥筒内的防潮硅胶是否变色,若发现硅胶颜色变红,则应将其取出调换或烘干至蓝色,待冷却后再置入。

3)每套仪器所配套的比色皿不能与其他仪器上的比色皿单个调换。比色皿每次使用完毕后,应立即用蒸馏水洗净,用细软而易吸水的布或镜头纸擦干,存于比色皿的盒内。

4)仪器工作数月后要校正一下波长,用镨汝滤光片测 529nm 和 808nm 处的两个吸收峰。若测出的吸收峰与名义值不同,则可卸下波长手轮,打开盖板,调节波长分度盘标。

校正方法:将镨钕滤光片放置在比色皿架中,移入光路,用手慢慢旋动波长旋钮,在 529nm(或 808nm)的附近观察数字显示器,当显示读数为最小值时即得镨钕滤光片的吸收峰,即仪器波长值应等于 529nm(808nm),允许误差为 ±2nm。

5)光源灯的更换与调整:更换和调换光源灯时,应戴上手套,以防沾污灯的玻璃壳。

① 光源灯的更换：切断电源，卸下光源室盖子，即可更换灯泡。

a. 钨灯的更换：用附件中的扳手将灯卸下，换上新的灯泡。

b. 氢灯（或氘灯）的更换：用螺钉旋具将胶木接线架上的三根氢灯引线松开，松开氢灯座固定螺钉，取出氢灯座，松开夹紧螺钉，换上新的氢灯（或氘灯）调整 X 距离，至 50mm 左右，重新拧紧螺钉，将氢灯座装入光源室内。

② 光源灯的调整

a. 钨灯的调整：点亮钨灯，将波长置于 550nm，然后调节它的位置，直到成像在入射狭缝的中心（这时数字显示器的读数为最大值）。

b. 氢灯（或氘灯）的调整：点亮氢灯，使波长为 200nm，然后调节它的位置，直到成像在入射狭缝的中心（这时数字显示器的读数为最大值）。

复习思考题

1. 使用折光仪时应注意哪些问题？
2. 721 型分光光度计的一般故障有哪些？有什么现象？产生的原因可能有哪些？如何排除？
3. 751G 型分光光度计的一般故障有哪些？有什么现象？产生的原因有哪些？如何排除？
4. 自动电位滴定仪接通电源后，指示灯不亮的原因有哪些？如何排除该故障？
5. 电磁阀有漏滴现象时应如何处理？

第九章

实验室安全知识

培训学习目标 通过本章的学习,学员要掌握实验室常规安全知识,了解化验室防火、防爆与灭火常识,能针对不同的起火原因合理选择并使用消防器材,了解机械伤、烧伤、灼伤及触电的急救知识,会正确使用气体钢瓶、通风柜及实验室中的电器,掌握化学中毒急救知识,了解实验室中废液、废渣的处理方法,并养成安全试验的良好习惯。

◇◇◇ 第一节 实验室常规安全问题

对于分析实验室的工作人员,除了需要了解、掌握有关用电、化学危险品以及气瓶使用的安全知识外,在日常工作中还要遵守一些常规的、涉及安全问题的常识和规则。

一、实验室一般安全守则

1)实验室要经常保持整齐、清洁。仪器、试剂、工具存放有序,实验台面干净,使用的仪器摆放合理。混乱、无序往往是引发事故的重要原因之一。

2)严格按照技术规程和有关分析程序进行工作。对每天的工作安排要做到心中有数,安排合理,使工作能紧张有序地进行。

3)进行有潜在危险的工作时,如危险物料的现场取样、易燃易爆物品的处理、焚烧废料等,必须有第二者陪伴。陪伴者应位于能看清操作者工作情况的地方,并注意观察操作的全过程。

4)打开久置未用的浓硝酸、浓盐酸、浓氨水的瓶塞时,应着防护用品,瓶口不要对着人,宜在通风柜中进行。热天打开易挥发溶剂瓶塞时,应先用冷水冷却。瓶塞若难以打开，尤其是磨口塞，则不可猛力敲击。

5）稀释浓硫酸时，应将稀释用容器（如烧杯、锥形瓶等，绝不可直接用细口瓶）置于塑料盆中，将浓硫酸慢慢分批加入水中，并不时搅拌，待冷至近室温时再转入细口储液瓶中，绝不可将水倒入酸中。

6）蒸馏或加热易燃液体时，绝不可使用明火，一般也不要蒸干。操作过程中不要离开人，以防温度过高或冷却水临时中断而引发事故。

7）化验室的每瓶试剂必须贴有名、实一致的标签，绝不允许在瓶内盛装与标签内容不相符的试剂。

8）工作时要穿工作服，进行危险性操作时要加着防护用具。试验工作服不宜穿出室外。

9）实验室内禁止抽烟、进食。

10）试验完后要认真洗手，离开实验室时要认真检查，停水、断电、熄灯、锁门。

二、实验室安全必备用品

1）必须配置适用的灭火器材，就近放在便于取用的地方定期检查，若失效，则要及时更换。

2）根据各室工作内容，配置相应的防护用具和急救药品，如防护眼镜、橡胶手套、防毒口罩，常用的红药水、紫药水、碘酒、创可贴、稀小苏打溶液、硼酸溶液、消毒纱布、药棉、医用镊子、剪刀等。

三、化学试剂管理办法

化验室的化学药品及试剂溶液品种很多。化学药品大多具有一定的毒性及危险性，对其加强管理不仅是保证分析数据质量的需要，而且是确保安全的需要。

化验室只宜存放少量短期内需用的药品。化学药品要按无机物、有机物、生物培养剂分类存放，无机物按酸、碱、盐分类存放，盐类按金属活泼性顺序分类存放，生物培养剂按培养菌群不同分类存放。其中，属于危险化学药品中的剧毒品应锁在专门的毒品柜中，由专门人员加锁保管，实行领用经申请、审批、双人登记签字的制度。

1. 属于危险品的化学药品

1）易爆和不稳定物质：如浓过氧化氢、有机过氧化物等。

2）氧化性物质：如氧化性酸，过氧化氢也属于此类。

3）可燃性物质：除易燃的气体、液体、固体外，还包括在潮气中会产生可燃物的物质，如碱金属的氢化物、碳化钙及接触空气自燃的物质（如白磷）等。

4）有毒物质。

5）腐蚀性物质，如酸、碱等。

6）放射性物质。

2. 化验室试剂存放、使用要求

1）易燃易爆试剂应储存于铁柜（壁厚在1mm以上）中，柜子的顶部都有通风口。严禁在化验室存放体积大于20L的瓶装易燃液体。易燃易爆药品不要放在冰箱内（防爆冰箱除外）。

2）相互混合或接触后可以产生激烈反应、燃烧、爆炸、放出有毒气体的两种或两种以上的化合物称为不相容化合物，不能混放。这种化合物多为强氧化性物质与还原性物质。

3）腐蚀性试剂宜放在塑料或搪瓷的盘或桶中，以防因瓶子破裂而造成事故。

4）要注意化学药品的存放期限，一些试剂在存放过程中会逐渐变质，甚至形成危害。

5）药品柜和试剂溶液均应避免阳光直晒及靠近暖气等热源。要求避光的试剂应装于棕色瓶中或用黑纸或黑布包好存于暗柜中。

6）发现试剂瓶上标签掉落或将要模糊时，应立即贴好标签。无标签或标签无法辨认的试剂都要当成危险物品重新鉴别后小心处理，不可随便乱扔，以免引起严重后果。

7）化学试剂应定位放置，用后复位，并节约使用，但多余的化学试剂不准倒回原瓶。

四、剧毒品的保管、发放、使用、处理管理制度

为了严格剧毒品的储存、保管和使用，防止意外流失，造成不良后果和危害，特制定剧毒品的管理制度，具体如下：

1）剧毒品仓库和保存箱必须由两人同时管理，双锁，两人同时到场才能开锁。

2）剧毒品保管人员必须熟悉剧毒品的有关物理化学性质，以便做好仓库温度控制与通风调解。

3）严格执行化学试剂在库检查制度，对库存试剂必须进行定期检查，当发现有变质或异常现象时要进行原因分析，提出改进储存条件和保护措施，并及时通知有关部门处理。

4）对剧毒品发放本着先入先出的原则，发放时应准确登记（试剂的计量、发放时间和经手人）。

5）领用单位必须双人领取、双人送还，否则剧毒品仓库保管员有权不予

发放。

6）领用剧毒品试剂时必须提前申请上报，做到用多少领多少，并一次配制成使用试剂。

7）使用剧毒试剂时一定要严格遵守分析操作规程。

8）使用剧毒试剂的人员必须穿好工作服，戴好防护眼镜、手套等劳动保护用品。

9）对于使用后产生的废液，不准随便倒入水池内，应倒入指定的废液桶或瓶内。废液必须当天处理，不得存放。

10）产生的废液要在指定的安全区域用化学方法处理，要建立废液处理记录。记录内容包括：废液量、处理方法、处理时间、地点、处理人。

五、气瓶的安全使用

1. 瓶装气体的分类

瓶装气体按 GB/T 16163—2012《瓶装气体分类》的规定分类。

1）按其临界温度可划分为三类：① 永久气体，如氧气（-118℃）、氢气（132.4℃）、氯气（144.0℃）；② 液化气体，如 NH_3、Cl_2、H_2S 等；③ 溶解气体，如乙炔。

2）按照气体化学性质的安全性能分类，通常分为：① 剧毒气体，如 F_2、Cl_2；② 易燃气体，如 H_2、CO、C_2H_2；③ 助燃气体，如 O_2、N_2O；④ 不燃气体，如 N_2、Ar、He、CO_2。

2. 气瓶的安全使用

为了安全使用气瓶，气瓶本身必须是安全的。钢瓶生产、检验的标记必须明确、合格。不论盛装哪种气体的气瓶，在其肩部都有喷以白色薄漆的钢印标记，记有该瓶生产、检验及有关使用的一些基本数据，必须与实际相符。降压或报废的钢瓶，除在检验单位的后面打上相应的标志外，还应在气瓶制造厂打的工作压力标志前面，打上降压或报废标志。

气瓶的安全使用规则如下：

1）气瓶的存放位置应符合阴凉、干燥、严禁明火、远离热源、不受日光曝晒、室内通风良好等条件。除不燃气体外，一律不得进入实验楼内。

2）存放和使用中的气瓶一般都应直立，并有固定支架，防止倒下。存放的气瓶的安全帽必须旋紧。

3）存放剧毒气体或相互混合能引起燃烧爆炸气体的钢瓶，必须单独放置在单间内，并在该室附近设置防毒、消防器材。

4）搬运气瓶时严禁摔掷、敲击、剧烈震动，瓶外必须有两个橡胶防震圈，戴上并旋紧安全帽。严禁滚动乙炔瓶。

5）使用时必须安装减压表。减压表按气体性质分类，如氧气表可用于 O_2、N_2、Ar、H_2、空气等，螺纹是右旋的（俗称正扣）；氢气表可用于 H_2、CO 等可燃气体，螺纹是左旋的（俗称反扣）。乙炔表则为乙炔气瓶专用。

6）安装减压表时，应先用手旋进，证明确已入扣后，再用扳手旋紧，一般应旋进 6~7 扣。用皂液检查，应严密不漏气。

7）开启钢瓶前，应先关闭分压表。开启钢瓶时动作要轻，用力要匀。在总表已显示瓶内压力后，再开启分表，调节输出压力至所需值。

8）瓶内气体不得全部用尽，剩余压力一般不得小于 0.2MPa，以备充气单位检验取样，也可防止空气反渗入瓶内。

◆◆◆ 第二节 烧伤、灼伤的急救知识

一、一般烧伤的急救知识

一般烧伤包括烫伤和火伤。按其伤势的轻重可以分为三级：一级烧伤，红肿；二级烧伤，皮肤起泡；三级烧伤，组织破坏，皮肤呈现棕色或黑色。烫伤有时呈白色。

急救的主要目的是使受伤皮肤表面不受感染。当身体烧伤的表面积较大时，应将伤者衣服脱去（必要时应用剪刀剪开衣服，防止伤及皮肉），用消毒纱布和洁净的布被单盖好身体，立即送医院治疗。烧伤者的身体损失大量水分，因此必须及时补给大量温热饮料（可以在 100mL 水中加食盐 0.3g、碳酸氢钠 0.15g、糖精 0.04g）或盐开水，以防患者休克。对正在休克期的伤员，不能未作处理即送医院，这会加重休克，最好请医护人员前来抢救。送伤者至医院时要防寒、防暑、防疫，必要时还要输液或止痛。

对四肢及躯干二度烧伤，面积不大者，可以用薄油纱布覆盖在已清洗（可先用无菌生理盐水洗，再用 1:2000 的新洁尔液冲洗）拭干的创面，并用几层纱布包裹，隔天即需更换敷料，最好去医院处理。

烧伤面积大的三度烧伤患者，应尽可能采用暴露疗法，不宜包扎，应由医生在医院进行治疗。

简单烧伤的治疗方法：轻度烧伤时，可用清凉乳剂（清石灰 500g 加蒸馏水 2000mL，搅拌、沉淀，取上层清液与等体积芝麻油混合）涂于伤处，必要时进行包扎；二度烧伤时，可选用质量分数为 5% 的新制丹宁溶液，用纱布浸湿包扎，或立即在伤处涂以獾油。注意：千万别将烫伤引起的水泡弄破，以防感染。

二、化学灼伤的急救知识

化学灼伤时，应迅速脱掉衣服，清除皮肤上的化学药品，并用大量干净的水冲洗，再用清除这种有害药品的特种溶剂、溶液或药剂仔细处理，严重的应送医院治疗。

假如是眼睛受到化学灼伤，最好的方法是立即用洗涤器的水流洗涤，洗涤时要避免水流直射眼球，也不要揉搓眼睛。在用大量的细水流洗涤后，如果是碱灼伤，再用质量分数为20%的硼酸溶液淋洗；如果是酸灼伤，则用质量分数为3%的碳酸氢钠溶液淋洗。

第三节 触电的急救知识

一、电击伤知识

电击伤俗称触电，是由于电流通过人体所致。其局部表现为不同程度的烧伤、出血、焦黑等现象，烧伤区与正常组织界线清楚，或全身机能障碍，如休克、呼吸和心跳停止。致死原因是由于电流引起脑（延髓的呼吸中枢）的高度抑制及心肌的抑制，心室纤维性颤动。触电后的损伤与电压、电流以及导体接触体表的情况有关。电压高、电流强、电阻小而体表潮湿，易致死；如果电流仅从一侧肢体或体表传导入地，或肢体干燥、电阻大，则可能引起烧伤而未必死亡。

二、触电的急救原则

1）发现有人触电后，应立即切断电源，拉下电闸，或用不导电的竹、木棍将导电体与触电者分开。在未切断电源或触电者未脱离电源时，切不可触摸触电者。

2）对呼吸和心跳停止者，应立即进行拳击复苏或口对口的人工呼吸和心脏胸外按压，直至呼吸和心跳恢复为止。若呼吸不能恢复，则人工呼吸至少应坚持4h，出现尸僵和尸斑时才可放弃抢救。有条件时直接给予氧气吸入则更佳。

3）在就地抢救的同时，尽快呼叫医务人员或向有关医疗单位求援。

三、用电基本知识

在化验室使用各种电器设备时，要注意安全用电，以避免触电和用电事故。因此，必须掌握一些用电基本知识，严格遵守用电规则。

1）化验室供电总功率要能满足室内同时用电负载的总功率并适当留有余

地，供电电压要与负载额定电压相符。

2）接地要良好。要将电器设备上正常工作时不带电的金属部分与接地体之间用导线很好地连接。电器应使用漏电保护器。

3）大型精密仪器的供电电压要稳定。一般市电供电电压在200～240V间波动。当供电质量不符合仪器需要时，应配备稳压电源，有的还要求同时具备滤波功能。精密仪器大多需要有良好的接地线。

4）大型精密仪器、大功率用电设备必须采用单独控制开关，不要几台设备只用一个控制开关。

5）电源或熔断器中熔丝烧断时，应根据熔断的状况，初步判断原因（超负荷抑或短路），检查、排除故障后，再更换熔断器的熔丝。不要随意增大熔断器中熔丝的额定电流，更不准用铜丝代替熔断器的熔丝。

6）高温电热设备（如高温炉、电炉）一定要放置在隔热的水泥台上，绝不可直接放在木质等可燃材质的工作台上。

四、静电防护

静电是一种处于静止状态的电荷。静电会损害大型仪器的高性能元器件，危及仪器的安全，也会因放电时瞬间产生的冲击性电流给人体造成伤害，虽不会因电流危及生命，但严重时能使人摔倒。电子元器件放电火花会引起易燃气体燃烧或爆炸，因此必须加以防护。防静电的措施主要有以下几种：

1）防静电区内不要使用塑料、橡胶地板、地毯等绝缘性能好的地面材料，应铺设导电性地板。

2）在易燃易爆场所，应穿着用导电纤维材料制成的防静电工作服、防静电鞋（$R<150\mathrm{k}\Omega$）、手套等，不要穿化纤类织物、胶鞋及绝缘底鞋。

3）高压带电体应有屏蔽措施，以防人体感应产生静电。

4）进入易产生静电的实验室前，应先徒手触摸一下金属接地棒，以消除人体从室外带来的静电。在坐着工作的场合，可在手腕上带接地腕带。

5）不停旋转的电器设备，如真空泵、压缩机等，其外壳必须良好接地。

第四节　机械伤的急救知识

人们身体的各个部位都可能受到机械伤害。有些机械伤害会造成人体多处受伤，后果非常严重。现场急救对抢救受伤者非常关键。如果现场急救正确及时，不仅可以减轻伤者的痛苦，降低事故的严重程度，而且可以为争取抢救时间，挽救人的生命。作为一名化验员，时常会出现在正进行各种机械操作的生产现场，当然会遇到一些不安全因素，所以学一些有关机械伤害的急救知识，对自己和对同事都是非常有用的。

一、伤害急救的基本要点

1）发生机械伤害事故后，现场人员不要害怕和慌乱，要保持冷静，迅速对受伤人员进行检查。

急救检查时应先看伤者的神志和呼吸情况，接着摸脉搏、听心跳，再查瞳孔，有条件者测血压，检查局部有无创伤、出血、骨折、畸形等变化，根据伤者的情况，有针对性地采取人工呼吸、心脏胸外按压、止血、包扎、固定等临时应急措施。

2）迅速拨打急救电话，向医疗救护单位求援。应记住急救电话，我国通用的医疗急救电话为120，但除了120以外，各地还有一些其他的急救电话，也要适当留意。在发生伤害事故后，要迅速拨打急救电话。拨打急救电话时，要注意以下问题：

① 在电话中应向医生讲清伤员的确切地点、联系方法（如电话号码）、行驶路线。

② 简要说明伤员的受伤情况、症状等，并询问在救护车到来之前应该做些什么。

③ 派人到路口迎候救护人员。

3）遵循"先救命、后救肢"的原则，优先处理颅脑伤、胸伤、肝、脾破裂等危及生命的内脏伤，然后处理肢体出血、骨折等伤。

4）检查伤者呼吸道是否被舌头、分泌物或其他异物堵塞。

5）如果呼吸已经停止，则应立即实施人工呼吸。

6）如果脉搏不存在，心脏停止跳动，则应立即进行心肺复苏。

7）如果伤者出血，则应进行必要的止血及包扎。

8）对于大多数伤员，可以毫无顾忌地抬送医院，但对于颈部、背部严重受损者要慎重，以防止其进一步受伤。

9）让伤者平卧并保持安静，若伤者呕吐且颈部没有骨折时，应将其头部侧向一边以防止噎塞。

10）动作轻缓地检查患者，必要时剪开衣服，避免因突然挪动而增加患者痛苦。

11）救护人员既要安慰患者，自己也应尽量保持镇静，以消除患者的恐惧。

12）不要给昏迷或半昏迷者喝水，以防液体进入呼吸道而导致窒息，也不要用拍击或摇动的方式试图唤醒昏迷者。

二、现场急救技术

1. 人工呼吸

口对口（鼻）吹气法是现场急救中采用最多的一种人工呼吸方法。其具体操作方法是：

1）对伤者进行初步处理。将需要进行人工呼吸的伤者放在通风良好、空气新鲜、气温适宜的地方，解开伤者的衣领、裤带、内衣，清除口鼻分泌物、呕吐物及其他杂物，保证呼吸道畅通。

2）使伤者仰卧，施救人员位于其头部一侧，捏住伤者的鼻孔，施救人员深吸气后，将自己的嘴紧贴伤员的嘴吹入气体，之后，离开伤员的嘴，放开鼻孔，用一只手压伤员胸部，助其呼出体内气体。如此有节律地反复进行，每分钟进行15次。吹气时不要用力过度，以免造成伤员肺泡破裂。

3）吹气时，应配合对伤员进行胸外心脏按压。一般地，吹一次气后，做4次胸外心脏按压。

2. 心肺复苏

胸外心脏按压是心脏复苏的主要方法，即通过压迫胸骨，对心脏给予间接按压，使心脏排出血液，进而使血液循环，以恢复心脏的自主跳动。其具体操作方法是：

1）让需要进行胸外心脏按压的伤者仰卧在平整的地面或木板上。

2）施救人员位于伤者一侧，双手重叠放在伤者胸部两乳正中间，用力向下挤压胸骨，使胸骨下陷 3～4cm，然后迅速放松，放松时手不离开胸部。如此反复有节律地进行，其按压速度为每分钟 60～80 次。

3. 止血

当伤者身体有外伤出血现象时，应及时采取止血措施。常用的止血方法有以下几种：

（1）伤口加压法　这种方法主要用于出血量不太大的一般伤口，通过对伤口的加压和包扎，减少出血，让血液凝固。

（2）手压止血法　临时用手指或手掌压迫伤口靠近心端的动脉，将动脉压向深部的骨头上，阻断血液的流通，从而达到临时止血的目的。

（3）止血带法　这种方法适合在四肢伤口大量出血时使用，主要有布止血带绞紧止血、布止血带加垫止血、橡胶止血带止血三种。使用止血带法止血时，绑扎松紧要适宜，以出血停止、远端不能摸到脉搏为好。

4. 搬运转送

转送是危重伤病员经过现场急救后由救护人员安全送往医院的过程，是现场急救过程中的重要环节，因此必须寻找合适的担架，准备必要的途中急救力量和器材，尽可能使用调度速度快、震动小的运输工具。

◆◆◆ 第五节 化学中毒急救知识

毒害性化学试剂通称为毒害品，是指进入人体血液后导致疾病或死亡的物品。不同毒害品的致毒途径和毒害程度都不同。

化验工作中接触到的化学药品很多是对人体有毒的。有些气体、蒸气、烟雾及粉尘能通过呼吸道进入人体，如 CO、HCN、Cl_2、酸雾、NH_3 等；有些则可经未洗净的手，在饮水、进食时经消化道进入人体，如氰化物、汞盐、砷化物等；有些是触及皮肤及五官黏膜而进入人体，如汞、SO_2、SO_3、氮的氧化物、苯胺等；有些化学药品可由多种途径进入人体。有些毒物对人体的毒害可能是慢性的、积累性的，如汞、砷、铅、苯、酚、卤代烃等。它们起初进入人体时，量很少，症状不明显，往往被忽视，直到长期接触以后，才出现中毒的症状，因此必须给予足够的重视。

化验人员了解毒害品性质、侵入途径、中毒症状和急救方法，可以减少化学毒害品引起的中毒事故。一旦发生中毒事故，就能争分夺秒地采取正确的自救措施，力求在毒害品被身体吸收之前实现抢救，使毒物对人体的损伤减至最小。

一、中毒与毒物分级

1. 中毒途径

毒害品可通过下列三种途径使人中毒：

（1）呼吸系统　分散于空气中的挥发性毒害品及粉尘通过呼吸经肺部进入血液，并随着血液循环分散到人体各部位引起全身中毒。

（2）消化系统　操作时触及毒物的手未洗净就拿取食物、饮料等而将毒害品带入口腔、胃、肠道，引起中毒。也有因误食毒害品而中毒的。

（3）接触中毒　毒害品由皮肤渗入或通过皮肤上的伤口进入人体，经血液循环而使人中毒。这类毒害品多属于脂溶性、水溶性毒害品，如硝类化合物、氨基化物、有机磷化物、氰化物等。所以，实验室一定要通风良好，尽力降低空气中有害物质的含量。凡涉及毒害品的操作必须认真、小心，手上不能有伤口，操作完后一定要仔细洗手；产生有毒害性气体的操作，一定要在通风柜中进行。

2. 毒性参数

通过测定某物质对细胞的损害程度，可以衡量该物质的毒性。这种数据一般难以测准，且都是在特定动物体上试验后将其结果外推到人体来评定的。尽管如此，它仍有一定的参考价值。目前的毒性参数主要有两种：

(1) 半致死量（LD_{50}）　指喂食一组试验动物（如白鼠或豚鼠），使其死亡半数的毒物量，常以 mg/kg 表示。

(2) 半致死浓度（LC_{50}）　指试验动物吸入某毒物一定时间后，使其半数死亡时该毒物在空气中的质量浓度，常以 mg/m^3 表示。

在生产中常以操作场所空气中某毒物的最高允许浓度为毒性参数。该浓度是操作者每天工作 8h，持续一周、一月或限定的某段时间内而不会造成明显毒害作用的毒物浓度。

3. 毒物危害级别

我国国家标准 GBZ 230—2010《职业性接触毒物危害程度分级》，根据急性毒性、影响毒性作用的因素、毒性效应、实际危害后果 4 大类 9 项指标进行综合分析，将危害程度分为轻度危害、中度危害、高度危害和极度危害。

二、急救措施

急救措施是指机体受到化学毒物急性损害时所应采取的现场自救、互救措施，一般不涉及就医后的进一步治疗措施。在现场急救中应重点注意以下几个问题：

1) 施救者要做好个体防护，配戴合适的防护器具。

2) 迅速将患者移至空气新鲜处，松开其衣领和腰带，取出口中义齿和异物，保持呼吸道通畅；对于呼吸困难和有紫绀者，应给予吸氧，注意保暖。

3) 若有呼吸心跳停止者，则应立即在现场进行人工呼吸和胸外心脏按压术，一般不要轻易放弃。对氰化物等剧毒物质中毒者，不要进行口对口人工呼吸。

4) 某些毒物中毒的特殊解毒剂应在现场即刻使用，如氰化物中毒时应吸入亚硝酸异戊酯。

5) 皮肤接触强腐蚀性和易经皮肤吸收引起中毒的物质时，要迅速脱去污染的衣着，立即用大量流动的清水或肥皂水彻底清洗。清洗时应注意头发、手足、指甲及皮肤皱褶处，冲洗时间不少于 15min。

6) 眼睛受污染时，应用流水彻底冲洗，对有刺激性和腐蚀性物质的冲洗时间不少于 15min。冲洗时应将眼睑提起，注意将结膜囊内的化学物质全部冲出，要边冲洗边转动眼球。

7) 口服中毒患者应首先催吐。在催吐前应给其饮 500~600mL 的水（空胃不易引吐），然后用手指或钝物刺激舌根部和咽后壁，即可引起呕吐。催吐要反复数次，直到呕吐物纯为饮入的清水为止。若食入的为强酸、强碱等腐蚀性毒物，则不能催吐，应饮牛奶或蛋清，以保护胃黏膜。食入石油产品后也不能催吐。

8)迅速将患者送往就近医疗部门做进一步检查和治疗。在护送途中,应密切观察患者呼吸、心跳、脉搏等生命体征,某些急救措施(如输氧、人工心肺复苏等)不能中断。

第六节 化验室防火、防爆与灭火常识

化验室内有许多易燃易爆的物品,不按照规范进行操作或有意外情况出现,都会导致火灾甚至发生爆炸事故。作为化学检验人员,必须要掌握有关防火、防爆的各种知识和技能。

一、防火常识

1)对易燃、易爆等危险化学试剂要单独存放。存放柜的顶部要通风,置于阴凉通风位置。实验室内严禁存放体积大于20L的瓶装易燃液体。

2)使用易挥发易燃液体试剂(如乙醚、丙酮、石油醚等)时,要保持室内通风良好。绝不可在明火附近倾倒、转移这类试剂!

3)进行加热、灼烧、蒸馏等操作时,必须严格遵守操作规程。加热易燃溶剂时必须用水浴或封闭式电炉,严禁用灯焰或电炉直接加热!

4)蒸馏可燃液体时,操作人不能离开或做别的事,要时刻注意仪器和冷凝器的情况。需往蒸馏器内补充液体时,应先停止加热,放冷后再进行。

5)点燃煤气灯时,应先关风门,后点火,再调节风量;停用时要先闭风门,再关煤气,要防止煤气灯内燃。

6)使用酒精灯时,灯内燃料最多不得超过灯体容积的2/3,不足1/4时应先灭灯后再添加酒精。点火时要用火柴点,绝不可用另一个点着的灯去引燃。灭灯时要用灯帽盖灭,绝不可用嘴去吹,以免引燃灯内酒精。

7)易燃液体的废液要用专用容器收集后统一处理,绝不可直接倒入下水道,以免引发爆炸事故。

8)电炉不可直接放在木制实验台上长时间连续使用。加热设备周围严禁放置可燃、易燃物及挥发性易燃液体。

9)同时使用多台较大功率的电器(如马弗炉、烘箱、电炉、电热板)时,要注意线路与电闸能承受的功率,最好是将较大功率的电热设备分流安装于不同的电路上。

10)要定期检查电器设备、电源线路是否正常。严格遵守安全用电规程,防止因电火花、短路、超负荷而引起火灾。

二、防爆常识

化验室内产生爆炸的原因有两种：一种是器皿内与大气间的压力差大；另一种是相应区域内的压力急剧升降。在使用危险物质时，为了消除爆炸的可能性或防止人身事故，应该遵守下列原则：在工作地点使用预防爆炸或减少其危害后果的仪器和设备；定期检验压力调节器或安全阀；用于进行有爆炸危险工作的通风橱内的玻璃要用金属网保护。

在任何情况下对于危险物质，必须取用能保证试验结果的必要精确性或可靠性的最小量，并且不能直接用火加热。

在有爆炸性物质存在时，使用带磨口塞的玻璃瓶是非常危险的，因为关闭或开启磨口塞时产生的摩擦有可能引起爆炸。因此，必须用软木塞或橡胶塞并保持其充分清洁。

三、灭火常识

1. 火灾的类型及灭火器的选用

在火灾发生初期，火势较小，如果能正确使用灭火器材，就能将火灾消灭在初起阶段，不至于使小火酿成大灾，从而避免重大损失。

依据燃烧特性划分，火灾有五种类型。对不同的火灾，其性质不同，应选用的灭火器材和灭火方法也就不同。灭火器的种类很多，按其移动方式可分为手提式和推车式，按驱动灭火剂的动力源可分为储气瓶式、储压式、化学反应式，按所充装的灭火剂的类型又可分为泡沫灭火器、干粉灭火器、卤代烷灭火器、二氧化碳灭火器、酸碱灭火器、清水灭火器等。各类火灾所适用的灭火器如下：

A 类火灾：指固定物质火灾，这种物质往往具有有机物质的性质，一般在燃烧时能产生灼热的余烬，如木材、棉毛、麻、纸张火灾等。这类火灾可选用清水灭火器、酸碱灭火器、化学泡沫灭火器、磷盐干粉灭火器、卤代烷 1211 和 1301 灭火器，不能使用钠盐干粉灭火器、二氧化碳灭火器。

B 类火灾：指液体火灾和可熔化的固体物质火灾，如汽油、煤油、柴油、原油、甲醇、乙醇、沥青、石蜡等火灾。这类火灾可选用干粉灭火器、卤代烷 1211 灭火器和 1301 灭火器、二氧化碳灭火器。泡沫灭火器只适用于油类火灾，而不适用于极性溶剂火灾。

C 类火灾：指可燃气体火灾，如煤气、天然气、甲烷、乙烷、丙烷、氢气等火灾。这类火灾可选用干粉灭火器、卤代烷 1211 和 1301 灭火器、二氧化碳灭火器，不能使用水型灭火器和泡沫灭火器。

D 类火灾：指金属火灾，如钾、钠、镁、铝镁合金等火灾。目前还没有针对这类火灾的有效灭火器。

E 类火灾：指带电物体燃烧的火灾，可选用卤代烷 1211 和 1301 灭火器、干粉灭火器、二氧化碳灭火器。

2. 灭火器的使用方法

各种灭火器是扑救火灾的有力武器。在平时的学习培训中，应掌握其正确的使用方法。常见的灭火器有泡沫灭火器、干粉灭火器、1211 灭火器和二氧化碳灭火器。下面分别介绍这几种灭火器的使用方法。

(1) 泡沫灭火器 泡沫灭火器喷出的是一种体积和密度均较小的泡沫群，密度远远小于一般的易燃液体，可以漂浮在液体表面，使燃烧物与空气隔开，达到灭火的目的。因此，它最适应于扑救固体火灾。因为泡沫有一定的黏性，能粘在固体表面，所以对扑救固体火灾也有一定的效果。使用泡沫灭火器时，首先要检查喷嘴是否被异物堵塞，如有异物，则要用铁丝捅通，然后用手指捂住喷嘴将筒身上下颠倒几次，就会有泡沫喷出。应当注意的是不可将筒底、筒盖对着人体，以防止发生爆炸而伤人。

(2) 干粉灭火器 干粉灭火器是以二氧化碳为动力将粉末喷出而扑救火灾的。由于筒内的干粉是一种细而轻的泡沫，所以能覆盖在燃烧的物体上，隔绝燃烧体与空气而达到灭火。因为干粉不导电，又无毒，无腐蚀作用，所以干粉灭火器可用于扑救带电设备的火灾，也可用于扑救贵重、档案资料和燃烧体的火灾。使用干粉灭火器时，首先要拆除铅封，拔掉安全销，手提灭火器喷射体，用力紧握压把启开阀门，储存在钢瓶内的干粉即从喷嘴猛力喷出。

(3) 1211 灭火器 1211 灭火器是利用装在筒内的高压氮气将 1211 灭火剂喷出而进行灭火的。它属于储压式，是我国目前使用最广的一种灭火器。1211 灭火剂是一种低沸点的气体，具有毒性小、灭火效率高、久储不变质的特点，适应于扑救各种易燃可燃烧体、气体、固体及带电设备的火灾。使用 1211 灭火器时，首先要拆除铅封，拔掉安全销，将喷嘴对准着火点，用力紧握压把启开阀门，使储压在钢瓶内的灭火剂从喷嘴处猛力喷出。

(4) 二氧化碳灭火器 二氧化碳灭火器是将其内部所充装的高压液态二氧化碳喷出而进行灭火的。由于二氧化碳灭火剂具有绝缘性好，灭火后不留痕迹的特点，因此适用于扑救贵重仪器和设备、图书资料、仪器仪表及 600V 以下的带电设备的初起火灾。二氧化碳灭火器的使用很简单，只要一手拿好喇叭筒对准火源，另一手打开开关即可。

各种灭火器存放都要取拿方便。冬季要注意防冻保温，防止喷口的阻塞，真正做到有备无患。

3. 灭火方法

(1) 气体灭火 当逸散的气体燃烧时，最好的灭火办法是切断气源，而不是直接灭火。若先灭火而未切断气源，则气体继续外漏会形成爆炸性气氛，遇火星会发生爆炸，其损害要比没有形成爆炸性气氛之前大得多。

（2）液体和固体灭火　液体和固体化学物质的灭火比较复杂，要根据物质本身的化学性和物理性质来确定具体的灭火方法。低闪点易燃液体的主要灭火剂为泡沫、二氧化碳、干粉和砂土，用水灭火无效，而且闪点越低越无效；一般易燃固体，水是首选的灭火剂，但对一些遇湿易燃、自燃的活性化学物质，往往遇水会发生剧烈的化学反应，增大火势，这类物质只能用干粉和砂土灭火，严禁用水；有些物质遇水会发生化学反应放出有毒气体，危及灭火人员的生命，此时应选用适当的灭火剂。

复习思考题

1. 打开久置未用的浓硝酸、浓盐酸、浓氨水的瓶塞时，应注意些什么？
2. 稀释浓硫酸时，应注意些什么？
3. 实验室应配置哪些相应的防护用具和急救药品？
4. 开启钢瓶前应注意什么问题？
5. 发生化学灼伤时，应如何处理？
6. 如何更换熔断器的熔丝？能否用铜丝代替熔断器的熔丝？
7. 防止电击的措施主要有哪些？
8. 防静电的措施主要有哪些？
9. 同时使用多台较大功率的电器时应注意哪些问题？
10. 常用的止血方法有哪几种？
11. 中毒途径有哪几种？
12. 什么是半致死量和半致死浓度？
13. 拨打急救电话时，要注意哪些问题？

试 题 库

知识要求试题

一、判断题（对的画 √，错的画 ×）

1. 盐类水解后的溶液一定呈酸性或碱性，不可能出现中性。（　）
2. 过氧化氢只能在酸性、中性条件下充当氧化剂。（　）
3. 电极电位值为正值时说明该电对中的氧化型得到电子能力较 H^+ 强。（　）
4. 氧化还原反应时电极电位相差最大的两电对先反应。（　）
5. 能斯特方程式中氧化型的浓度应包括 OH^- 和 H^+ 等的浓度。（　）
6. 温度对氧化还原反应的速度几乎无影响。（　）
7. 专属指示剂自身就是一种氧化剂或还原剂。（　）
8. 高锰酸钾是一种强氧化剂，介质不同，其还原产物也不一样。（　）
9. 用 $Na_2C_2O_4$ 标定 $KMnO_4$ 溶液时，速度应始终较快。（　）
10. $K_2Cr_2O_7$ 标准溶液可直接配制，而且配制好 $K_2Cr_2O_7$ 的标准溶液可长期保存在密闭容器中。（　）
11. 由于固体 I_2 溶解度小，易挥发，因此常将 I_2 溶于 KI 溶液中。（　）
12. 间接碘量法中淀粉指示剂的加入时间根据个人习惯而定。（　）
13. 溴酸钾法主要用于有机物的测定。（　）
14. 配制 I_2 标准溶液时，加入 KI 的目的是增大 I_2 的溶解度，以降低 I_2 的挥发和提高淀粉指示剂的灵敏度。（　）
15. 过氧化氢既可做氧化剂，又可做还原剂。（　）
16. 用 $KMnO_4$ 滴定草酸时，加入第一滴 $KMnO_4$ 时，颜色消失很慢，这是由于溶液中还没有生成能使反应加速的 Mn^{2+}。（　）
17. 影响氧化还原反应速度的主要因素有反应物的浓度、酸度、温度和催

化剂。 ( )
18. $KMnO_4$ 溶液作为滴定剂时,必须装在棕色酸式滴定管中。 ( )
19. 当用草酸钠标定高锰酸钾溶液时,溶液加热的温度不得超过45℃。 ( )
20. EDTA 配位滴定主要应用于无机物的定量分析。 ( )
21. EDTA 与金属离子形成的配位化合物均为无色。 ( )
22. 溶液的 pH 值越小,金属离子与 EDTA 的配位反应能力越低。 ( )
23. 金属指示剂本身的颜色不受溶液 pH 值的影响。 ( )
24. 金属指示剂的封闭是由于指示剂与金属离子生成的配位化合物过于稳定而造成的。 ( )
25. 金属指示剂的僵化是由于指示剂与金属离子形成的配位化合物溶解度很小等而造成的。 ( )
26. 酸效应越大,滴定突跃范围越小。 ( )
27. 条件稳定常数越大,滴定突跃范围越大。 ( )
28. 提高配位滴定选择性,其实质就是减小干扰离子与滴定用的配位剂的条件稳定常数。 ( )
29. 两种离子共存时,通过控制溶液酸度来选择性地滴定被测金属离子应满足的条件是 $\lg K'_{MY} - \lg K'_{NY} \geq 5$。 ( )
30. 用 EDTA 测定 Ca^{2+}、Mg^{2+} 总量时,以铬黑T作指示剂,pH 值应控制在 pH = 12。 ( )
31. 用掩蔽法提高配位滴定的选择性,其实质是降低干扰离子的浓度。 ( )
32. 只要金属离子能与 EDTA 形成配位化合物,就能用 EDTA 直接滴定。 ( )
33. 由于 EDTA 分子中含有氨氮和羧氧两种配位能力很强的配位原子,所以它能和许多金属离子形成环状结构的配位化合物,且稳定性较高。 ( )
34. 对一定的金属离子来说,溶液的酸度一定,溶液中存在的其他配位剂浓度越高,则该金属与 EDTA 配位化合物的条件稳定常数 K'_{MY} 越大。 ( )
35. 配位滴定法除 EDTA 外没有其他合适的配位剂作标准溶液。 ( )
36. 在一定的条件下,用 EDTA 滴定某一金属离子,被滴定的金属离子浓度 $c(M)$ 越大,则滴定突跃范围越大。 ( )
37. 在配位滴定中,通常 EDTA 溶液都用酸式滴定管盛装。 ( )
38. 配位化合物的稳定常数 $K_稳$ 为一不变的常数,与溶液的酸度无关。 ( )
39. 在用莫尔法测定 Cl^- 时,若溶液酸度过低,则会使结果由于 AgO 的生成

而产生误差。( )
40. 佛尔哈德法通常在 0.1~1mol/L 的 HNO_3 溶液中进行。 ( )
41. 吸附指示剂是根据生成化合物的种类不同来指示滴定终点的。 ( )
42. 形成难溶化合物的溶度积越小,其滴定突跃范围越大。 ( )
43. 莫尔法中,滴定时应剧烈摇动,以免因产生吸附而产生较大误差。
( )
44. 莫尔法中,既可以采用直接滴定法,也可以采用返滴定法。 ( )
45. 佛尔哈德法中,既可以采用直接滴定法,也可以采用返滴定法。( )
46. $AgNO_3$ 溶液应装在棕色瓶中。 ( )
47. 用佛尔哈德法测定氯含量时,在溶液中加入硝基苯或 1,2-二氯乙烷的作用是避免 AgCl 转化为 AgSCN。 ( )
48. 根据同离子效应,在进行沉淀时,加入沉淀剂过量得越多,则沉淀越完全,所以沉淀剂的加入量越多越好。 ( )
49. 为了获得纯净的沉淀,洗涤沉淀时洗涤的次数越多,以及每次用的洗涤液越多,则杂质含量越少,结果的准确度越高。 ( )
50. 要得到颗粒较大的晶形沉淀,沉淀剂必须过量,因此沉淀反应应在较浓的溶液中进行。 ( )
51. 在分析数据中,所有的"0"均为有效数字。 ( )
52. 随机误差影响测定结果的精密度。 ( )
53. 系统误差总是出现,偶然误差偶然出现。 ( )
54. 容量分析要求越准确越好,所以记录测量值的有效数字位数越多越好。
( )
55. 移液管转移溶液后,残留在其中的溶液量不同是偶然误差。 ( )
56. 分析纯氢氧化钠(固体)可用于直接配制标准溶液。 ( )
57. 分析纯氢氧化钠可以作为基准物质。 ( )
58. 滴定分析结果计算的根据是标准溶液的浓度和滴定时消耗的溶液的体积。 ( )
59. 试验中可用直接法配制 HCl 标准溶液。 ( )
60. 容量瓶与移液管不配套会引起偶然误差。 ( )
61. 滴定分析的相对误差一般可达到 0.1% 左右,用 50mL 滴定管滴定时,所耗用溶液的体积应控制在 20mL 以上。 ( )
62. 薄层色谱法分离时,吸附剂的极性和活性都要适当。 ( )
63. 在萃取分离法中,萃取两次比萃取一次的 E 要大得多,所以萃取的次数越多越好。 ( )
64. 在萃取分离中,只要分配比大,萃取效率就高。 ( )

65. 对某一种组分的分析,只有一种方法是正确的。	( )
66. 某物质或某一化学组分的定量测定,有时可用多种分析方法完成。
	( )
67. 分析工作者在选择分析方法时,主要应遵循节约的原则,分析的成本越低越好。	( )
68. 对同一样品的分析,为了得到准确的分析结果,应由几个分析工作者分别采用几种不同的分析法进行分析,取平均值报告结果。	( )
69. 如果把适当颜色的两种光按一定强度比例混合,则可成为白光,这两种颜色的光称为互补色光,如绿色光与紫红色光互补。	( )
70. 如果显色剂有色,则要求有色化合物与显色剂之间的颜色差别要大,以减小试剂空白值,提高测定的准确度。通常把两种有色物质最大吸收波长之差称为对比度。一般要求显色剂与有色化合物的对比度 $\Delta \lambda$ 在 60nm 以上。 (   )
71. 当一束白光通过 $KMnO_4$ 溶液时,该溶液选择性地吸收了绿色光,所以 $KMnO_4$ 溶液呈现紫红色。	( )
72. 朗伯-比尔定律的应用条件:一是必须使用单色光;二是吸收发生在均匀的介质上;三是吸收过程中,吸收物质相互不发生作用。	( )
73. 有色物质的吸光度 A 是透光率的倒数。	( )
74. 在分光光度分析中,入射光强度与透射光强度之比称为吸光度,吸光度的倒数的对数为透光率。	( )
75. 分光光度法中,可选择不同厚度的比色皿以将吸光度控制在合适的范围内。	( )
76. 有色溶液的吸光度为 0,其透光率也为 0。	( )
77. 在多组分的体系中,在某一波长下,如果各种对光有吸收的物质之间没有相互作用,则体系在该波长的总吸光度等于单个组分吸光度的和。	( )
78. 显色时间越长越好。	( )
79. 透光物质不吸收任何光,黑色物质吸收所有光。	( )
80. 吸收池在使用后应立即洗净,当被有色物质污染时,可用铬酸洗液洗涤。	( )
81. 在分光光度法中,有机溶剂常常可以降低有色物质的溶解度,增加有色物质的离解度,从而提高测定灵敏度。	( )
82. 显色剂用量和溶液的酸度是影响显色反应的重要因素。	( )
83. 玻璃电极在使用前需在蒸馏水中浸泡 24h 以上,目的是清洗电极。
	( )
84. 标准氢电极是常用的指示电极。	( )
85. 用玻璃电极测定溶液的 pH 值时,必须首先进行定位校正。	( )

86. 电位滴定法与化学分析法的区别是终点指示方法不同。 (   )
87. pH 玻璃电极膜电位的产生是由于溶液中氢膜和玻璃膜水合层中的氢离子的交换作用。 (   )
88. 库仑分析法分为恒电位库仑分析法和恒电流库仑分析法两种。 (   )
89. 在铜锌原电池中,锌极为正极,铜极为负极。 (   )

二、选择题（将正确答案的序号填入括号内）

（一）单项选择题

1. 分析数据的可靠性随着平行测定次数的增加而提高,但达到一定次数后,再增加测定次数也就没有意义了。这一次数为（   ）。
   A. 2　　　　　　B. 8　　　　　　C. 10　　　　　　D. 20

2. 将 pH = 13.0 的 NaOH 溶液与 pH = 1.0 的 HCl 溶液以等体积混合,混合后溶液的 pH 值为（   ）。
   A. 12.0　　　　　B. 7.0　　　　　C. 8.0　　　　　D. 6.5

3. 用纯水把下列溶液稀释 10 倍后,其中 pH 值变化最大的是（   ）。
   A. 0.1 mol/L 的 HCl　　　　　　B. 1 mol/L 的 $NH_3 \cdot H_2O$
   C. 0.1 mol/L 的 HAc　　　　　　D. 1 mol/L 的 HAc + 1 mol/L 的 NaAc

4. 在 Fe^{3+}、Al^{3+}、Ca^{2+}、Mg^{2+} 的混合溶液中,用 EDTA 法测定 Ca^{2+}、Mg^{2+},要消除 Fe^{3+}、Al^{3+} 的干扰,最有效可靠的方法是（   ）。
   A. 沉淀掩蔽法　　　　　　B. 配位掩蔽法
   C. 氧化还原掩蔽法　　　　D. 萃取分离法

5. 在间接碘量法中,加入淀粉指示剂的适宜时间是（   ）。
   A. 滴定近终点时　　　　　　B. 滴定开始时
   C. 滴入标准溶液近 30% 时　　D. 滴入标准溶液至 50% 时

6. 测定铁矿石中铁含量时,加入磷酸的主要目的是（   ）。
   A. 加快反应速度
   B. 防止析出 $Fe(OH)_3$ 沉淀
   C. 提高溶液的酸度
   D. 使 Fe^{3+} 生成无色的配离子,便于终点观察

7. Cr^{3+} 的绿色会影响对重铬酸钾法终点的观察,常采取的措施是（   ）。
   A. 加掩蔽剂　　　　　　B. 使 Cr^{3+} 沉淀后分离
   C. 加有机溶剂萃取　　　D. 加较多的水稀释

8. 对于（   ）,在读取滴定管读数时,读液面周边的最高点。
   A. $KMnO_4$ 标准溶液　　　B. $Na_2S_2O_3$ 标准溶液
   C. Ce^{4+} 标准溶液　　　　D. $KBrO_3$ 标准溶液

9. 用法扬司法测定氯含量时，在荧光黄指示剂中加入糊精的目的是（　　）。
   A. 加快沉淀的凝聚　　　　　　B. 减小沉淀吸附
   C. 保护胶体　　　　　　　　　D. 加速沉淀的转化

10. 应用佛尔哈德法测定 Cl^- 时，若没有加入硝基苯，则测定结果将会（　　）。
    A. 偏高　　B. 偏低　　C. 无影响　　D. 难预测

11. 以 H_2SO_4 作为 Ba^{2+} 的沉淀剂，其过量的适宜百分数为（　　）。
    A. 100%～200%　　　　　　　B. 10%～20%
    C. 20%～30%　　　　　　　　D. 50%～100%

12. 重量分析中使用的"无灰滤纸"，是指每张滤纸的灰分重量为（　　）。
    A. 没有重量　　　　　　　　　B. 小于0.2mg
    C. 等于2mg　　　　　　　　　D. 大于0.2mg

13. 用 30mL CCl_4 萃取等体积水溶液中的 I_2（分配比为8.5），下列萃取方法中最为合理的是（　　）。
    A. 30mL，1次　　　　　　　　B. 10mL，3次
    C. 5mL，6次　　　　　　　　　D. 2mL，5次

14. 常压状态的气体通常使用（　　）采样。
    A. 流水抽气法　　　　　　　　B. 封闭液采样法
    C. 抽空容器采样法　　　　　　D. 抽气泵减压法

15. 选样时分样筛的用途是（　　）。
    A. 分离不同粒度的物料　　　　B. 缩分固体物料
    C. 分解固体样　　　　　　　　D. 破碎固体物料

16. 分析试样保留存查的时间为（　　）。
    A. 3～6h　　　　　　　　　　B. 3～6个月
    C. 3～6天　　　　　　　　　　D. 3～6年

17. 采得的分析试样应用（　　）的方式供测定和保留存查。
    A. 一样一份　　　　　　　　　B. 一样两份
    C. 一样三份　　　　　　　　　D. 一样多份

18. 分析测试中常用的分解方法主要有（　　）。
    A. 酸溶法和碱溶法　　　　　　B. 常温溶解法和高温溶解法
    C. 溶解法和熔融法　　　　　　D. 溶解法和火焰法

19. 某有色溶液，当用1cm吸收池时，其透光率为 T，若改用2cm吸收池，则透光率应为（　　）。
    A. $2T$　　B. $2\lg T$　　C. $\sqrt{T}$　　D. T^2

20. 在电位法中,指示电极的电位应与被测离子的浓度（　　）。
    A. 无关　　　　　　　　　　B. 符合能斯特公式的关系
    C. 成正比　　　　　　　　　D. 符合扩散电流公式的关系
21. 玻璃电极在使用前一定要在水中浸泡24h以上,其目的是（　　）。
    A. 清洗电极　　　　　　　　B. 活化电极
    C. 校正电极　　　　　　　　D. 除去杂质
22. 用EDTA溶液电位滴定Co^{2+}溶液时,可选用的指示电极为（　　）。
    A. 玻璃电极
    B. 晶体膜铜电极
    C. 铂电极
    D. 晶体膜铜电极加Cu^{2+}-EDTA溶液
23. 一种遵守朗伯-比耳定律的溶液,吸收池厚度不变,测得透光度为40%,如果该溶液浓度增加1倍,则该溶液的透光度为（　　）。
    A. 20%　　　B. 32%　　　C. 80%　　　D. 16%
24. 用邻菲罗啉分光光度法测定样品中铁的含量时,加入抗坏血酸的目的是（　　）。
    A. 调节酸度　　　　　　　　B. 掩蔽杂质离子
    C. 将Fe^{2+}氧化为Fe^{3+}　　D. 将Fe^{3+}还原为Fe^{2+}
25. 目视比色法中,常用标准系列溶液比较（　　）。
    A. 入射光的强度
    B. 透过溶液后的光强度
    C. 透过溶液后的吸收光强度
    D. 一定厚度溶液的颜色深浅
26. 某溶液本身的颜色是红色,那么它吸收的颜色是（　　）。
    A. 黄色　　　B. 绿色　　　C. 青色　　　D. 紫色

（二）多项选择题

1. 基准物质应具备（　　）等条件。
   A. 稳定　　　　　　　　　　B. 必须有足够的纯度
   C. 易溶解　　　　　　　　　D. 最好具有较大的摩尔质量
2. 下列物质中（　　）只能用间接法配制一定浓度的标准溶液。
   A. $KMnO_4$　　　　　　　　B. NaOH
   C. H_2SO_4　　　　　　　　D. $H_2C_2O_4 \cdot 2H_2O$
3. EDTA滴定Ca^{2+}的pCa突跃范围本应较大,但实际滴定中却表现为很小,这可能是由于滴定时（　　）。
   A. 溶液的pH值太高了

B. 被滴定物浓度太小了

C. 指示剂变色范围太宽了

D. 反应产物的副反应严重了

4. 下列氧化剂中，当增加反应酸度时电极电位会增大的是（　　）。

A. I_2　　B. KIO_3　　C. $FeCl_3$　　D. $K_2Cr_2O_7$

5. 碘量法中使用碘量瓶的目的是（　　）。

A. 防止碘的挥发　　　　　　B. 防止溶液与空气接触

C. 提高测定的灵敏度　　　　D. 防止溶液溅出

6. 在碘量法中为了减少 I_2 的挥发，常采用的措施有（　　）。

A. 使用碘量瓶

B. 将溶液酸度控制在 pH＞8

C. 适当加热增加 I_2 的溶解度，减少挥发

D. 加入过量的 KI

7. 下列物质中不能用直接法配制标准溶液的是（　　）。

A. $K_2Cr_2O_7$　　　　　　　B. $Na_2S_2O_3 \cdot 5H_2O$

C. I_2　　　　　　　　　　D. $CeSO_4 \cdot 2(NH_4)_2SO_4 \cdot 2H_2O$

8. 下列各条件中不是晶形沉淀所要求的沉淀条件的是（　　）。

A. 沉淀作用宜在较浓溶液中进行

B. 应在不断地搅拌下加入沉淀剂

C. 沉淀作用宜在冷溶液中进行

D. 应进行沉淀的陈化

9. 实验室中，离子交换树脂常用于（　　）。

A. 鉴定阳离子　　　　　　　B. 富集微量物质

C. 净化水以制备纯水　　　　D. 作干燥剂或气体净化剂

10. 在电化学分析法中，经常被测量的电学参数有（　　）。

A. 电动势　　B. 电流　　C. 电导　　D. 电容

11. 可用作参比电极的有（　　）。

A. 标准氢电极　　　　　　　B. 气敏电极

C. 银-氯化银电极　　　　　　D. 玻璃电极

三、计算题

1. 标定某溶液浓度的四次结果是：0.2041mol/L，0.2049mol/L，0.2039mol/L，0.2043 mol/L。计算其测定结果的算术平均值、平均偏差、相对平均偏差、标准偏差和相对标准偏差。

2. 对轴承合金中锑的质量分数进行了十次测定，得到下列结果：15.48%，

15.51%，15.52%，15.53%，15.52%，15.56%，15.53%，15.54%，15.68%，15.56%。试用 Q 检验法判断有无可疑值需弃去（置信度为90%）。

3. 称取分析纯试剂 $K_2Cr_2O_7$ 14.709g，配制成500mL溶液，试计算：1）$K_2Cr_2O_7$ 溶液的物质的量浓度；2）$K_2Cr_2O_7$ 溶液对 Fe、Fe_2O_3 和 Fe_3O_4 的滴定度。

4. 称取大理石试样 0.2303g，溶于酸中，调节酸度后加入过量的 $(NH_4)_2C_2O_4$ 溶液，使 Ca^{2+} 沉淀为 CaC_2O_4，过滤、洗涤，将沉淀溶于稀 H_2SO_4 中。溶解后的溶液用 $c\left(\frac{1}{5}KMnO_4\right) = 0.2012\text{mol/L}$ 的 $KMnO_4$ 标准溶液滴定，消耗 22.30mL。计算大理石中 $CaCO_3$ 的质量分数。

5. 计算下列溶液的 pH 值：
1）0.1mol/L 的 HAc 与 0.1mol/L 的 NaOH 等体积混合溶液。
2）0.01mol/L 的氨水与 0.01mol/L 的 HCl 等体积混合溶液。
3）0.1mol/L 的 HAc 与 0.1mol/L 的 NaAc 等体积混合溶液。
4）50mL 0.30mol/L 的 HAc 与 25mL 的 0.20mol/L 的 NaOH 混合溶液。
5）0.1mol/L 的 $NaHCO_3$ 溶液（$K_{a1} = 4.2 \times 10^{-7}$、$K_{a2} = 5.6 \times 10^{-11}$）。

6. 欲配制 pH = 5.0 的 HAc – NaAc 缓冲溶液 1000mL，已称取 $NaAc \cdot 3H_2O$ 100g，问需加浓度为 15mol/L 的冰乙酸多少毫升？

7. 将 25.00mL 食醋样品（$\rho = 1.06\text{g/mL}$）准确稀释至 250.0mL，每次取 25.00mL，以酚酞为指示剂用 0.09000mol/L 的 NaOH 溶液滴定，结果平均消耗 NaOH 溶液 21.25mL。计算乙酸的质量分数。

8. 将 1.000g 钢样中的 S 转化成 SO_3，然后被 50.00mL 0.01000mol/L 的 NaOH 溶液吸收，过量的 NaOH 再用 0.01400mol/L 的 HCl 溶液滴定，用去 22.65mL。计算钢样中的 S 含量。

9. 称取混合碱样品 0.6839g，以酚酞为指示剂，用 0.2000mol/L 的 HCl 标准滴定溶液滴定至终点，用去 HCl 溶液 23.10mL，再加甲基橙指示剂，继续滴定至终点，又消耗 HCl 溶液 26.81mL。求混合碱的组成及各组分的含量。

10. 计算用 0.02mol/L 的 EDTA 滴定 0.02mol/L 的 Cu^{2+} 时的最高允许酸度。

11. 计算 pH = 5.0 时，Co^{2+} 和 EDTA 配位化合物的条件稳定常数（不考虑水解等副反应）。当 Co^{2+} 浓度为 0.02mol/L 时，能否用 EDTA 准确滴定？

12. 称取铝盐试样 1.2500g，溶解后加 0.050mol/L 的 EDTA 溶液 25.00mL，在适当条件下反应后，调节溶液 pH 值为 5~6，以二甲酚橙为指示剂，用 0.020mol/L 的 Zn^{2+} 标准溶液回滴过量的 EDTA，耗用 Zn^{2+} 标准溶液 21.50mL。计算铝盐中铝的质量分数。

13. 测定水的总硬度时，吸取水样 100.00mL，以 EBT 为指示剂，在 pH = 10

的氨缓冲溶液中，用去 0.01000mol/L 的 EDTA 标准溶液 2.14mL。计算水的硬度（以 CaO 计，用 mg/L 表示）。

14. 测定某试液中 Fe^{2+}、Fe^{3+} 的含量，吸取 25.00mL 该试液，在 pH = 10 时用浓度为 0.01500mol/L 的 EDTA 标准溶液滴定，耗用 15.40mL，调至 pH = 6，继续滴定，又耗用 14.10mL 溶液。计算两者的浓度（以 mg/mL 表示）。

15. MnO_4^- 在酸性溶液中的半反应为

$$MnO_4^- + 8H^+ + 5e = Mn^{2+} + 4H_2O \quad \varphi^{\theta}_{MnO_4^-/Mn^{2+}} = 1.51V$$

已知 $c(MnO_4^-) = 0.10mol/L$，$c(Mn^{2+}) = 0.001mol/L$，$c(H^+) = 1.0mol/L$，计算该电对的电极电位。

16. 称取 $Na_2SO_3 \cdot 5H_2O$ 试样 0.3878g，将其溶解，加入 50.00mL $c\left(\frac{1}{2}I_2\right) = 0.09770mol/L$ 的 I_2 溶液处理，剩余的 I_2 需要用 25.40mL $c(Na_2S_2O_3) = 0.1008mol/L$ 的 $Na_2S_2O_3$ 标准滴定溶液滴定至终点。计算试样中 Na_2SO_3 的含量。

17. 称取软锰矿 0.3216g，$Na_2C_2O_4$（分析纯）0.3685g，共置于同一烧杯中，加入 H_2SO_4，加热，待反应完全后，用 0.02400mol/L 的 $KMnO_4$ 溶液滴定剩余的 $Na_2C_2O_4$，消耗 $KMnO_4$ 溶液 11.26mL。计算软锰矿中 MnO_2 的质量分数。

18. 称取含有苯酚的试样 0.5000g，溶解后加入 0.1000mol/L 的 $KBrO_3$ 溶液（其中含有过量 KBr）25.00mL，并加 HCl 酸化，放置。待反应完全后，加入 KI。滴定析出的 I_2 消耗了 0.1003mol/L $Na_2S_2O_3$ 溶液 29.91mL。计算试样中苯酚的含量。

19. 量取 H_2O_2 的试液 3.00mL 置于 250mL 容量瓶中，加水稀释至刻度，摇匀后吸出 25.00mL 置于锥形瓶中，加硫酸酸化后，用 $c\left(\frac{1}{5}KMnO_4\right) = 0.1366mol/L$ 的高锰酸钾标准溶液滴定至终点，消耗了 35.86mL。试计算试液中 H_2O_2 的含量。

20. 将 40.00mL 0.1020mol/L 的 $AgNO_3$ 溶液加到 25.00mL $BaCl_2$ 溶液中，剩余的 $AgNO_3$ 溶液需用 15.00mL 0.09800mol/L 的 NH_4SCN 溶液返滴定。问 25.00mL $BaCl_2$ 溶液中含 $BaCl_2$ 的质量为多少？

21. 称取一纯盐 KIO_x 0.5000g，将其还原为碘化物后用 0.1000 mol/L 的 $AgNO_3$ 溶液滴定，用去 23.36mL。求该盐的化学式。

22. 测定某试样中 MgO 的含量时，先将 Mg^{2+} 沉淀为 $MgNH_4PO_4$，再灼烧成 $Mg_2P_2O_7$，称量。若试样质量为 0.2400g，得到 $Mg_2P_2O_7$ 的质量为 0.1930g，计算试样中 MgO 的质量分数为多少。

23. 含有 0.120g 碘的 KI 溶液 100mL，25℃ 时用 25mL CCl_4 与之一起振摇，假设碘在 CCl_4 和 KI 溶液之间的分配达到平衡后，在水中测得有 0.00539g I_2，试计算碘的分配系数。

24. 有含 I_2 为 5.0mg 的水溶液 50mL，用 40mL CCl_4 分别按全量一次萃取和每次用 20mL 分两次萃取。计算萃取后溶液中剩余 I_2 的量及萃取率各为多少。（已知 I_2 在两相中的分配比 D 为 85）

25. 100mL 0.100mol/L 的 HA 弱酸溶液，用 25.0mL 乙醚萃取，萃取后取出 25.0mL 水相，需 20.0mL 0.0500mol/L 的 NaOH 溶液与之中和。计算 HA 在有机相与水相中的分配比为多少。

26. Sr-8 羟基喹啉配位化合物，从 pH=11 的水相中萃取到三氯甲烷，其分配比为 10，假如水相与三氯甲烷的体积相等，从水相中除去质量分数为 99.99% 的锶，需要萃取多少次？

27. 用甲基紫－CCl_4 萃取剂，以离子缔合萃取体系萃取 50.0mL 含 Tl^{3+} 的溶液时，已知分配比 $D=60$，用 20mL 萃取溶剂萃取。其中，学生甲用 20mL 一次全量萃取，而学生乙用 20mL 分四次萃取，每次 5mL。问学生乙的萃取率比学生甲的萃取率提高了多少？

28. 用薄层色谱法的上行展开法分离 UO_2^{2+} 和 La^{3+} 时，以乙醇（$\varphi=95\%$）与 2 mol/L 的 HNO_3 的体积比为 3:1 的溶剂为展开剂。经过一定时间的展开后，溶剂前沿与原点的距离为 35.0cm。用偶氮胂Ⅲ显色后，测得 UO_2^{2+} 斑点中心与原点的距离为 15.5cm，La^{3+} 斑点中心与原点的距离为 27.8cm。问分离 UO_2^{2+}、La^{3+} 的比移值 R_f 各为多少？

29. 440nm 处和 545nm 处用分光光度法在 1cm 吸收池中测得浓度为 $8.33×10^{-4}$mol/L 的 K_2CrO_4 标准溶液的吸光度分别为 0.308 和 0.009，又测得浓度为 $3.77×10^{-4}$mol/L 的溶液的吸光度为 0.035 和 0.886，并且在上述两波长处测得某 K_2CrO_4 和 $KMnO_4$ 混合吸光度分别为 0.385 和 0.653。计算该混合液中 K_2CrO_4 和 $KMnO_4$ 物质的量浓度分别为多少。

30. 有一杯 100mL 的未知溶液，将饱和甘汞电极与氟离子选择电极插入后，测得电动势为 -0.105V，然后加入 0.1000mol/L 的 NaF 标准溶液 2.00mL，再测其电动势为 -0.080V，该电极斜率为 53mV。试计算原未知溶液中的 F^- 浓度。

四、简答题

1. 酸度和酸的浓度是不是同一概念？为什么？
2. 选择酸碱指示剂的原则是什么？
3. 为什么烧碱中常含有 Na_2CO_3？怎样才能分别测出 Na_2CO_3 和 NaOH 的含量？
4. 在配位滴定中为什么常常需要使用缓冲溶液？
5. 测定水中硬度时应如何控制溶液的 pH 值？

6. 氧化还原滴定法所使用的指示剂有哪几种类型？举例说明。
7. 能否在100℃温度时用 $Na_2C_2O_4$ 标准溶液标定 $KMnO_4$ 溶液？为什么？
8. 间接碘量法为什么必须在中性或弱酸性溶液中进行？
9. 什么叫沉淀滴定法？用于沉淀滴定的反应必须符合哪些条件？
10. 吸附指示剂的作用原理是什么？
11. 莫尔法中指示剂 K_2CrO_4 的用量对测定结果有无影响？为什么？
12. 有机沉淀剂与无机沉淀剂比较有何优点？
13. 对选择沉淀剂有什么要求？
14. 烘干和灼烧的目的是什么？
15. 什么叫回收率？分离时对常量和微量组分的回收率的要求有哪些？
16. 何谓萃取效率？何谓单次萃取和多次萃取？其萃取效率如何？
17. 选择萃取条件时应考虑哪些因素？
18. 用离子选择性电极法测量离子浓度时，加入 TISAB 的作用是什么？
19. 朗伯-比尔定律为什么只有在稀溶液中才能成立？
20. 申请计量认证的单位必须提供哪些文件？
21. 用基准 Na_2CO_3 标定 HCl 溶液时，为什么要在近终点时加热除去 CO_2？
22. 在什么情况下用流水抽气泵减压法采集气样？
23. 什么是液-液萃取分离？它有什么特点？
24. 什么叫闪点？测定闪点的方法有哪些？
25. 什么是粪大肠菌群？
26. 如何减少随机误差？
27. WZX—1型光学度盘旋光仪能否连续使用4h以上？为什么？
28. 分光光度计灵敏度挡的选择原则是什么？
29. 打开久置未用的浓硝酸、浓盐酸、浓氨水的瓶塞时应注意哪些问题？
30. 发生化学灼伤时应如何处理？

技能要求试题

一、用邻二氮菲分光光度法测定石灰石中微量的铁

1. 准备要求

（1）仪器的准备

1）721 型分光光度计。

2）容量瓶：50mL，8 只。

3）移液管：10mL，1 支；5mL，4 支。

（2）试剂的准备

1）HCl 溶液：6mol/L。

2）盐酸羟胺溶液：质量分数为 10%（新鲜配制）。

3）邻二氮菲溶液：质量分数为 0.1%（新鲜配制）。

4）100μg/mL 铁标准溶液：准确称取 0.8634g 铁盐$NH_4Fe(SO_4)_2 \cdot 12H_2O$，置于烧杯中，加入 20mL HCl（6mol/L）和少量水，溶解后，定量转移入 1L 容量瓶中，加水稀释至刻度，充分摇匀。

5）10μg/mL 铁标准溶液：用移液管移取上述铁标准溶液 10.00mL，置于 100mL 容量瓶中，加 2.0mL HCl（6mol/L），然后加水稀释至刻度，充分摇匀。

6）pH≈5.0 的乙酸-乙酸钠缓冲溶液：称取 136g 乙酸钠，加水使之溶解，在其中加入 120mL 冰乙酸，加水稀释至 500mL。

（3）仪器的洗涤与校正

1）考核中所用玻璃仪器均需按照洗涤要求清洗干净。

2）考核中所用分析天平的砝码、移液管及容量瓶事前均需校正。

3）所用水均为三级水。

（4）仪器的检查　考核前应认真检查、核对仪器，做到仪器完好、无缺。

2. 考核内容

（1）考核要求

1）邻二氮菲 – Fe^{2+} 吸收曲线的绘制：用移液管分别吸取铁标准溶液（10μg/mL）0.0mL、2.0mL、4.0mL，分别放入 3 只 50mL 容量瓶中，加入 1mL 质量分数为 10% 的盐酸羟胺溶液、2.0mL 质量分数为 0.1% 的邻二氮菲溶液和 5mL 乙酸-乙酸钠缓冲溶液，加水稀释至刻度，充分摇匀，放置 5min，用 3cm 比色皿，以试剂溶液为参比液（即在 0.00mL 铁标准溶液中加入相同试剂），在

721型分光光度计中，于440～560nm波长范围内分别测定其吸光度值（A值）。在临近最大吸收波长处附近应间隔波长510nm测其A值，其他各处可间隔波长20～40nm测其A值，然后以波长为横坐标，以所测A值为纵坐标，绘制吸收曲线，并找出最大吸收峰的波长，以λ_{max}表示。

2）标准曲线的绘制：用移液管分别移取铁标准溶液0.0mL、1.0mL、2.0mL、4.0mL、6.0mL、8.0mL、10.0mL（10μg/mL），分别放入7只50mL容量瓶中，分别加入1mL 10%盐酸羟胺溶液，稍摇动，再分别加入2.0mL 0.1%邻二氮菲溶液及5mL乙酸-乙酸铵缓冲溶液，加水稀释至刻度，充分摇匀，放置5min后，用3cm比色皿，以不加铁的标准溶液为参比液，选择λ_{max}为测定波长，测其A值，然后以铁量为横坐标，A值为纵坐标，绘制标准曲线。

3）石灰石中微量铁的测定：准确称取试样0.4～0.5g（若铁含量较高，则适当减少称样量）置于小烧杯中，滴加少量水使之润湿，盖上表面皿，滴加3mol/L的HCl溶液至试样溶解，将溶液定量转入50mL容量瓶中，用少量水淋洗表面皿及烧杯，一并转入容量瓶中，然后依次加入1mL质量分数为10%的盐酸羟胺溶液、2mL质量分数为0.1%的邻二氮菲、5mL乙酸-乙酸铵缓冲溶液，加水稀释至刻度，摇匀，放置5min，用3cm比色皿，以不加铁的标准溶液为参比液，选择λ_{max}为测定波长，测定A值，从标准曲线上查出铁含量，再计算试样中铁的质量分数。

4）测定结果的计算。

5）其他要求：正确使用分光光度计、分析天平、容量瓶及移液管；准确计算测定结果。

（2）时间定额　120min内完成所有考核内容。

（3）安全文明操作

1）正确执行实验室安全操作规程。

2）遵守实验室规则，认真、如实记录试验数据。

3）保持实验台面及周围环境整洁，仪器、用品摆放整齐。

3．评分标准（见表1）

表1　用邻二氮菲分光光度法测石灰石中微量铁的评分标准

序号	操作项目	考核内容	配分	评分标准	考核记录	扣分	得分
1	显色反应	显色反应操作过程	15	移液管、容量瓶等玻璃仪器洗涤与使用不当，扣1～5分			
				标准系列溶液的制备及显色反应步骤不当，扣1～5分			
				定容操作（稀释至刻度、准确度、摇匀）不当，扣1～5分			

(续)

序号	操作项目	考核内容	配分	评分标准	考核记录	扣分	得分
2	仪器操作过程	开机过程	12	将灵敏度旋钮置于"1"挡,未按规定操作,扣2分			
				将A、T、C选择开关置于"T"挡,未按规定操作,扣2分			
				按下W灯电源开关,未按规定操作,扣2分			
				打开样品室盖,仪器预热20min,未按规定操作,扣2分			
				调节"0%T"旋钮,使数字表显示"000.0",未按规定操作,扣2分			
				调节波长至需要值,未按规定操作,扣2分			
		比色皿操作	10	洗涤荡洗,未按规定操作,扣2分			
				装溶液,未按规定操作,扣2分			
				揩干,未按规定操作,扣2分			
				放入,未按规定操作,扣2分			
				拿法,未按规定操作,扣2分			
		测量过程	18	将空白溶液推入光路,未按规定操作,扣3分			
				盖上样品室盖,未按规定操作,扣3分			
				调"100%T"旋钮,使数字表显示"100.0",若调不到100,则应增大灵敏度,未按规定操作,扣3分			
				将A、T、C选择开关置于"A"挡,调节A旋钮,使数字表显示A值为000.0,未按规定操作,扣3分			
				依次推入待测溶液,测A值,记录A值,未按规定操作,扣3分			
				更换溶液,检查A值的零点,继续测A值,未按规定操作,扣3分			
		关机过程	10	取出比色皿,洗净,擦干,放入盒内,未按规定操作,扣3分			
				关主机电源,未按规定操作,扣2分			
				将灵敏度旋钮、"0%T"和"100%T"旋钮复零,未按规定操作,扣3分			
				拔下电源插头,罩上罩子,未按规定操作,扣2分			

(续)

序号	操作项目	考核内容	配分	评分标准	考核记录	扣分	得分
3	试验结果	数据处理	20	数据记录有误，扣5分			
				工作曲线绘制（浓度单位、坐标选取、斜率、线性等）有误，扣5分			
				计算公式有误，扣5分			
				计算结果准确度有误，扣5分			
4	操作时间	按时完成操作	10	未按时完成，酌情扣5～10分			
5	安全文明生产	台面及试验条理性	5	实验台面不整洁（无杂物、无水迹等），扣1分			
				物品摆放不规范，扣1分			
				仪器维护（仪器上无液滴、灰尘等）不当，扣1分			
				安全操作情况不规范，出现事故，扣5分			
				附近环境不整洁（地面等），扣1分			
6	分数合计		100				

二、镍盐中镍含量的测定

1. 准备要求

（1）仪器的准备 一般实验室仪器。

（2）试剂的准备

1）氨水：1+1溶液。

2）硫酸溶液：6mol/L。

3）乙酸-乙酸铵缓冲溶液：称取乙酸铵20g，以适量水溶解，加1+1乙酸溶液5mL，用水稀释至100mL。

4）硫酸铜（$CuSO_4 \cdot 5H_2O$）：固体。

5）PAN指示液：1g/L乙醇溶液。

6）刚果红试纸。

7）EDTA标准滴定溶液：0.02mol/L（准确浓度）。

（3）仪器的洗涤与校正

1）考核中所用玻璃仪器均需按照洗涤要求清洗干净。

2）考核中所用分析天平的砝码、滴定管、移液管及容量瓶事前均需校正。

3) 所用水均为三级水。

(4) 仪器的检查 考核前应认真检查、核对仪器,做到仪器完好、无缺。

2. 考核内容

(1) 考核要求

1) 硫酸铜标准溶液的标定:称取 1.25g $CuSO_4 \cdot 5H_2O$,溶于少量稀 H_2SO_4 中,移入 250mL 容量瓶中,用水稀释至刻度,摇匀。

用移液管移取 25.00mL 准确浓度的 EDTA 标准滴定溶液,置于 250mL 锥形瓶中,加入 50mL 水和 20mL 乙酸-乙酸铵缓冲溶液,煮沸,取下,立即加入 10 滴 PAN 指示液,迅速用硫酸铜标准溶液滴定至溶液呈紫红色为终点,记下消耗硫酸铜标准溶液的体积。

硫酸铜标准溶液浓度的计算公式为

$$c(CuSO_4) = \frac{c(EDTA) \, V(EDTA)}{V(CuSO_4)}$$

式中 $c(CuSO_4)$ ——硫酸铜标准溶液的浓度 (mol/L);

$c(EDTA)$ ——EDTA 标准滴定溶液的浓度 (mol/L);

$V(CuSO_4)$ ——标定时消耗硫酸铜标准溶液的体积 (L);

$V(EDTA)$ ——滴定时所取 EDTA 标准滴定溶液的体积 (L)。

2) 样品溶液的制备:准确称取镍盐试样(含 Ni 量在 30mg 以内)置于小烧杯中,加 50mL 水,溶解并转入 100mL 容量瓶中,稀释至刻度,摇匀。

3) 镍含量的测定:用移液管移取 10.00mL 样品溶液置于 250mL 锥形瓶中,加入 0.02mol/L 的 EDTA 标准滴定溶液 30.00mL,用 1+1 氨水调节,使刚果红试纸变红,加 20mL 乙酸-乙酸铵缓冲溶液,煮沸,取下,立即加入 10 滴 PAN 指示液,迅速用硫酸铜标准溶液滴定至溶液由绿色变成紫蓝色为终点,记下消耗硫酸铜标准溶液的体积。

4) 测定结果的计算:镍质量分数的计算公式为

$$w(Ni) = \frac{[c(EDTA) \, V(EDTA) - c(CuSO_4) \, V(CuSO_4)] \, M(Ni)}{m \frac{10}{100}} \times 100\%$$

式中 $c(EDTA)$ ——EDTA 标准滴定溶液的浓度 (mol/L);

$V(EDTA)$ ——EDTA 标准滴定溶液的体积 (L);

$c(CuSO_4)$ ——硫酸铜标准溶液的浓度 (mol/L);

$V(CuSO_4)$ ——消耗硫酸铜标准溶液的体积 (L);

$M(Ni)$ ——Ni 的摩尔质量 (g/mol);

m ——试样的质量 (g)。

5) 其他要求:正确使用分析天平、容量瓶、移液管及滴定管;准确计算测定结果。

（2）时间定额　120min 内完成所有考核内容。

（3）安全文明操作

1）正确执行实验室安全操作规程。

2）遵守实验室规则，认真、如实记录试验数据。

3）保持实验台面及周围环境整洁，仪器、用品摆放整齐。

三、过氧化氢含量的测定

1. 准备要求

（1）仪器的准备　一般实验室仪器。

（2）试剂的准备

1）$KMnO_4$：固体。

2）无水 $Na_2C_2O_4$：基准试机。

3）硫酸溶液：8+92。

4）硫酸溶液：质量分数为 20%。

5）过氧化氢溶液：体积分数约为 30%。

（3）仪器的洗涤与校正

1）考核中所用玻璃仪器均需按照洗涤要求清洗干净。

2）考核中所用分析天平的砝码、滴定管、移液管及容量瓶事前均需校正。

3）所用水均为三级水。

（4）仪器的检查　考核前应认真检查、核对仪器，做到仪器完好、无缺。

2. 考核内容

（1）考核要求

1）$KMnO_4$ 标准滴定溶液的标定：称取 3.3g 高锰酸钾，溶于 1050mL 水中，缓缓煮沸 15min，冷却，于暗处放置两周，然后用已处理过的 4 号玻璃滤坩过滤，储存于棕色瓶中。

称取 0.25g 于 105～110℃ 电烘箱中干燥至恒重的工作基准试剂草酸钠，溶于 100mL 8+92 硫酸溶液中，用配制好的 $KMnO_4$ 标准滴定溶液滴定，近终点时加热至约 65℃，继续滴定至溶液呈粉红色，并保持 30s。同时做空白试验。

$KMnO_4$ 标准滴定溶液浓度的计算公式为

$$c\left(\frac{1}{5}KMnO_4\right) = \frac{m1000}{(V_1 - V_2)\,M}$$

式中　$c\left(\dfrac{1}{5}KMnO_4\right)$——高锰酸钾标准滴定溶液的浓度（mol/L）；

m——草酸钠质量的准确值（g）；

V_1——消耗高锰酸钾标准滴定溶液的体积（mL）；

V_2——空白试验时消耗高锰酸钾标准滴定溶液的体积（mL）；

M——草酸钠的摩尔质量（g/mol）$\left[M\left(\dfrac{1}{2}Na_2C_2O_4\right)=66.999g/mol\right]$。

2）样品溶液的制备：移取1.8mL体积分数为30%过氧化氢溶液，置于250mL容量瓶中，稀释至刻度，充分摇匀。

3）过氧化氢含量的测定：用移液管移取25.00mL样品溶液，置于250mL锥形瓶中，加10mL H_2SO_4 溶液（20%），用 $c\left(\dfrac{1}{5}KMnO_4\right)=0.1mol/L$ 的 $KMnO_4$ 标准滴定溶液滴定至溶液呈微红色，并保持30s不褪色为终点，记录消耗 $KMnO_4$ 标准滴定溶液的体积。

4）测定结果的计算。过氧化氢质量分数的计算公式为

$$w(H_2O_2)=\dfrac{c\left(\dfrac{1}{5}KMnO_4\right)V(KMnO_4)\ M\left(\dfrac{1}{2}H_2O_2\right)}{m\dfrac{25}{250}}\times 100\%$$

式中 $c\left(\dfrac{1}{5}KMnO_4\right)$ ——高锰酸钾标准滴定溶液的浓度（mol/L）；

$V(KMnO_4)$ ——滴定时消耗 $KMnO_4$ 标准滴定溶液的体积（L）；

$M\left(\dfrac{1}{2}H_2O_2\right)$ ——$\dfrac{1}{2}H_2O_2$ 的摩尔质量（g/mol）；

m ——H_2O_2 试样的质量（g）。

5）其他要求：正确使用分析天平、容量瓶、移液管及滴定管；准确计算测定结果。

(2) 时间定额　120min内完成所有考核内容。

(3) 安全文明操作

1）正确执行实验室安全操作规程。

2）遵守实验室规则，认真、如实记录试验数据。

3）保持实验台面及周围环境整洁，仪器、用品摆放整齐。

四、水中氯含量的测定

1. 准备要求

(1) 仪器的准备　一般实验室仪器。

(2) 试剂的准备

1) $AgNO_3$：固体。
2) K_2CrO_4 指示液：50g/L 水溶液。
3) 氯化钠：基准试剂。
4) 水试样（自来水或天然水）。
(3) 仪器的洗涤与校正
1) 考核中所用玻璃仪器均需按照洗涤要求清洗干净。
2) 考核中所用分析天平的砝码、滴定管、移液管及容量瓶事前均需校正。
3) 所用水均为三级水。
(4) 仪器的检查　考核前应认真检查、核对仪器，做到仪器完好、无缺。
2. 考核内容
(1) 考核要求
1) $AgNO_3$ 标准滴定溶液的标定 [$c(AgNO_3) = 0.1$ mol/L]：称取 8.25g 硝酸银溶于 500mL 不含 Cl^- 的蒸馏水中，储存于带玻璃塞的棕色试剂瓶中，摇匀，置于暗处。

准确称取 NaCl 基准试剂 0.12~0.15g，放入锥形瓶中，加 50mL 水溶解，然后加 1mL K_2CrO_4 指示液，在充分摇动下，用配制好的 $AgNO_3$ 标准滴定溶液滴定至溶液微呈砖红色即为终点，记下消耗的 $AgNO_3$ 标准滴定溶液的体积。

$AgNO_3$ 标准滴定溶液浓度的计算公式为

$$c(AgNO_3) = \frac{m(NaCl)}{M(NaCl) \, V(AgNO_3)}$$

式中　$c(AgNO_3)$ ——$AgNO_3$ 标准滴定溶液的浓度 (mol/L)；
　　　$V(AgNO_3)$ ——滴定时消耗 $AgNO_3$ 标准滴定溶液的体积 (L)；
　　　$m(NaCl)$ ——基准物质 NaCl 的质量 (g)；
　　　$M(NaCl)$ ——氯化钠的摩尔质量 (g/mol) [$M(NaCl) = 58.442$ g/mol]。

2) 0.05mol/L 的 $AgNO_3$ 标准滴定溶液的配制：用移液管移取 50.00mL 0.1mol/L 的 $AgNO_3$ 标准滴定溶液置于 100mL 容量瓶中，稀释至刻度，摇匀。

3) 水中氯含量的测定：用移液管移取 10.00mL 水样置于 250mL 锥形瓶中，加 2mL K_2CrO_4 指示液，在充分摇动下，用配制好的 $AgNO_3$ 标准滴定溶液 [$c(AgNO_3) = 0.05$ mol/L] 滴定至溶液微呈砖红色即为终点，记下消耗的 $AgNO_3$ 标准滴定溶液的体积。

4) 测定结果的计算：水中氯含量 (mg/L) 的计算公式为

$$X = \frac{c(AgNO_3) \, V(AgNO_3) \, M(Cl)}{V(水样)} \times 1000$$

式中 c(AgNO₃)——AgNO₃ 标准滴定溶液的浓度（mol/L）；
　　 V(AgNO₃)——滴定时消耗 AgNO₃ 标准滴定溶液的体积（L）；
　　 M(Cl)——Cl 的摩尔质量（g/mol）；
　　 V(水样)——水样体积（L）。

5) 其他要求：正确使用分析天平、容量瓶、移液管及滴定管；准确计算测定结果。

(2) 时间定额　120min 内完成所有考核内容。

(3) 安全文明操作

1) 正确执行实验室安全操作规程。

2) 遵守实验室规则，认真、如实记录试验数据。

3) 保持实验台面及周围环境整洁，仪器、用品摆放整齐。

五、工业废水中微量挥发酚的测定

1. 准备要求

(1) 仪器的准备

1) 分光光度计。

2) 容量瓶：50mL，7 只。

3) 移液管：10mL，1 支；5mL，2 支；2mL，2 支。

4) 蒸馏装置一套（全玻璃磨口蒸馏器）。

(2) 试剂的准备

1) KBrO₃-KBr 溶液：0.01667mol/L。

2) Na₂S₂O₃ 溶液：0.0125mol/L。

3) 淀粉溶液：质量分数为 1%。

4) CuSO₄ 溶液：质量分数为 10%。

5) 浓 H₂SO₄ 溶液：1.84g/mL。

6) 甲基橙指示液：质量分数为 0.1%。

7) 铁氰化钾溶液：质量分数为 8%，储存在棕色瓶中，放入冰箱内。

8) 氨-氯化铵缓冲溶液（pH=9.8）：称取 20g 氯化铵溶于 100mL 浓氨水中，稀释至 200mL。

9) 4-氨基安替比林溶液（质量分数为 2%）：称取 2g 4-氨基安替比林，溶于水中，稀释至 100mL，储于棕色瓶中，置于冰箱内保存，可使用一周。

10) 酚的精制：将酚置于 50～700℃ 热水浴中使之溶解后，移入 100mL 蒸馏瓶中，在通风橱内加热蒸馏，弃去初馏的带色馏出液，收集 182～184℃ 无色馏出液，密封瓶口，置于暗处保存，或者放入冰箱内。

11) 1.0μg/mL 酚标准溶液：称取 1.000g 精制的酚，加水溶解，定量转入

1000mL 棕色容量瓶中，加水稀释至 1000mL，标定后存于冰箱中。标定方法如下：移取 10.00mL 待标定的酚溶液置于 250mL 碘量瓶中，准确加入 10.00mL 0.01667mol/L 的 $KBrO_3$-KBr 溶液，加入 50mL 水及 5mL 浓盐酸，盖紧瓶盖，充分摇匀，15min 后，加入 1g KI 固体，放置暗处约 5min，然后用 0.0125mol/L 的 $Na_2S_2O_3$ 标准溶液滴定至溶液呈浅黄色，加入 1mL 淀粉溶液，继续滴定至溶液的蓝色恰好消失即为终点。

用无酚水按上述方法进行同样的试验，测定其空白值。

(3) 仪器的洗涤与校正

1) 考核中所用玻璃仪器均需按照洗涤要求清洗干净。

2) 考核中所用分析天平的砝码、移液管及容量瓶事前均需校正。

3) 所用水均为三级水。

(4) 仪器的检查 考核前应认真检查、核对仪器，做到仪器完好、无缺。

2. 考核内容

(1) 考核要求

1) 标准曲线的绘制：于 50mL 容量瓶或比色管中分别加入 0.0mL、0.5mL、1.0mL、2.0mL、5.0mL、10.0mL 标准酚溶液（含酚 0.010mg/mL），加入 2.5mL 缓冲溶液和 1mL 4-氨基安替比林溶液，混匀，加入 1mL 铁氰化钾溶液，混匀，加水稀释至刻度，放置 10min，以试剂溶液为参比液，于 510nm 处用 1cm 比色皿测定吸光度 A 值，以酚量为横坐标，A 值为纵坐标，绘制标准曲线。

2) 样品溶液的制备：量取 250mL 废水样置于玻璃蒸馏器内，加入 5mL $CuSO_4$ 溶液，用硫酸溶液调节溶液 pH≤4.0，放入一些玻璃珠，蒸馏，用 250mL 容量瓶收集馏出液，当馏出液体积为 220～230mL 时停止加热，待液面静止后，向蒸馏瓶内加 25mL 蒸馏水，再蒸馏至馏出液的液面达容量瓶的标线为止。

3) 酚含量的测定：移取适量的馏出液，按制作标准曲线方法显色，然后测定 A 值，计算酚的含量，以 mg/L 表示。

4) 测定结果的计算。

5) 其他要求：正确使用分光光度计、分析天平、容量瓶及移液管；准确计算测定结果。

(2) 时间定额 120min 内完成所有考核内容。

(3) 安全文明操作

1) 正确执行实验室安全操作规程。

2) 遵守实验室规则，认真、如实记录试验数据。

3) 保持实验台面及周围环境整洁，仪器、用品摆放整齐。

3. 配分、评分标准（参见表1）

六、用电位滴定法测定过磷酸钙中的游离酸

1. 准备要求

(1) 仪器的准备　一般实验室仪器。

1) 振荡器：转速为 35～40r/min。

2) 微量滴定管：5mL 或 10mL。

3) 酸度计：附有电磁搅拌器、甘汞电极和玻璃电极。

(2) 试剂的准备

1) 氢氧化钠标准滴定溶液：0.1mol/L。

2) 不含二氧化碳的蒸馏水。

(3) 仪器的洗涤与校正

1) 考核中所用玻璃仪器均需按照洗涤要求清洗干净。

2) 考核中所用分析天平的砝码、移液管及容量瓶事前均需校正。

3) 所用水均为三级水。

(4) 仪器的检查　考核前应认真检查、核对仪器，做到仪器完好、无缺。

2. 考核内容

(1) 考核要求

1) 样品溶液的制备：称取 5g 试样（精确至 0.001g），移入 500mL 容量瓶中，加入 200mL 不含二氧化碳的蒸馏水，盖上瓶塞，在振荡器上振荡 15min，用不含二氧化碳的蒸馏水稀释至刻度，混匀，用干燥滤纸和漏斗过滤，弃去最初的部分滤液。

2) 游离酸含量的测定：用移液管移取 50.0mL 上述滤液置于 250mL 烧杯中，用不含二氧化碳的蒸馏水稀释至 150mL，然后将烧杯置于电磁搅拌器上，将甘汞电极和玻璃电极浸入溶液中，放入搅拌子，在搅拌下，用氢氧化钠标准溶液滴定至已定位的酸度计读数为 4.5。

3) 测定结果的计算：磷酸钙中游离酸（以 P_2O_5 计）的质量分数为

$$w(P_2O_5) = \frac{cV0.071}{m_0 \dfrac{50}{500}} \times 100\%$$

式中　c——氢氧化钠标准滴定溶液的浓度（mol/L）；

　　　V——滴定用氢氧化钠标准滴定溶液的体积（mL）；

　　　m_0——试样质量（g）；

　　0.071——与 1.00mL 氢氧化钠滴定溶液 [c(NaOH) = 1.000mol/L] 相当的，以克表示的五氧化二磷的质量（g/mmol）。

所得结果应保留两位小数。

4）其他要求：正确使用酸度计、微量滴定管、振荡器、容量瓶及移液管；准确计算测定结果。

（2）时间定额　120min 内完成所有考核内容。

（3）安全文明操作

1）正确执行实验室安全操作规程。

2）遵守实验室规则，认真、如实记录试验数据。

3）保持实验台面及周围环境整洁，仪器、用品摆放整齐。

七、化学试剂中折光率的测定

1. 准备要求

（1）仪器的准备

1）折光仪：阿贝型，精密度为 ±0.0002。

2）恒温水浴及循环泵：可向棱镜提供温度为 20.0℃ ±0.1℃ 的循环水。

（2）试剂的准备　校正仪器用水应符合 GB/T 6682—2008 中二级水的规定。

（3）仪器的检查　考核前应认真检查、核对仪器，做到仪器完好无缺。

2. 考核内容

（1）考核步骤

1）将恒温水浴与棱镜连接，调节恒温水浴温度，使棱镜温度保持在 20.0℃ ±0.1℃。

2）用二级水或标准玻璃块校正折光仪，校正方法及标准玻璃块的折光率由仪器说明书给出。二级水的折光率 $n_D^{20} = 1.3330$。

3）在每次测定前都应清洗棱镜表面。若无特殊说明，则可用适当的易挥发性溶剂清洗棱镜表面，再用镜头纸或医药棉将溶剂吸干。

4）用滴管向棱镜表面滴加数滴 20℃ 左右的样品，立即闭合棱镜并旋紧，应使样品均匀、无气泡并充满视场，待棱镜温度计读数恢复到 20.0℃ ±0.1℃。

5）调节反光镜使视场明亮。调节棱镜组旋钮，使视场中出现明暗界线，调节补偿棱镜旋钮，使界线处所呈彩色完全消失，再调节棱镜组旋钮，使明暗界线与叉丝中心重合。

6）读出折光率值，估读至小数点后第四位。

7）其他要求

① 要特别注意保护棱镜镜面，滴加液体时防止滴管口划镜面。

② 每次擦拭镜面时，只许用擦镜头纸轻擦。测试完毕，也要用丙酮洗净镜面，待干燥后才能合笼棱镜。

③ 不能测量带有酸性、碱性或腐蚀性的液体。

④ 测量完毕，拆下连接恒温槽的胶皮管，排尽棱镜夹套内的水。

（2）时间定额　120min 内完成所有考核内容。

（3）安全文明操作

1）正确执行实验室安全操作规程。

2）遵守实验室规则，认真、如实记录试验数据。

3）保持实验台面及周围环境整洁，仪器、用品摆放整齐。

八、化学试剂比旋光本领的测定

1. 准备要求

（1）仪器的准备

1）旋光仪：可读准至 0.01°。

2）旋光管：其长度的测量精度为 ±0.1mm。

（2）仪器的检查　考核前应认真检查、核对仪器，做到仪器完好无缺。

2. 考核内容

（1）考核步骤

1）按产品标准的规定取样并配制溶液。

2）按仪器说明书的规定调整旋光仪，待仪器稳定后，用纯溶剂校准旋光仪的零点。

3）将待测液体或溶液充满洁净、干燥的旋光管，小心地排出气泡，将盖旋紧后放入旋光仪内，在 20℃ ±0.5℃ 的条件下，按仪器说明书的规定进行操作并读取旋光度，准确至 0.01°，左旋以负号表示，右旋以正号表示。

4）结果计算：液体的比旋光本领为 α_m（20℃，D）$= \dfrac{100\alpha}{l\rho}$

5）其他要求

① 不论是校正仪器零点还是测定试样，旋转刻度盘时都必须极其缓慢，否则就观察不到视场亮度的变化。通常零点校正的绝对值在 1°以内。

② 当不知试样的旋光性时，应先确定其旋光性方向，再进行测定。此外，试液必须清晰透明，当出现浑浊或悬浮物时，必须处理成清液后测定。

③ 仪器应放在空气流通和温度适宜的地方，以免光学部件、偏振片受潮发霉而使性能衰退。

④ 钠光灯管使用时间不宜超过 4h，长时间使用时应用电风扇吹风或关熄 10~15min，待冷却后再使用。

（2）时间定额　120min 内完成所有考核内容。

（3）安全文明操作

1）正确执行实验室安全操作规程。

2）遵守实验室规则，认真、如实记录试验数据。

3）保持实验台面及周围环境整洁，仪器、用品摆放整齐。

九、化妆品中粪大肠菌群的测定

1. 准备要求

（1）仪器的准备　44℃恒温水浴或隔水式恒温箱、温度计、显微镜、载玻片、接种环、电炉、锥形瓶、试管、小倒管、pH计或pH试纸、高压消毒锅、灭温吸管、灭菌平皿。

（2）培养基和试剂

1）乳糖胆盐培养基

① 成分：蛋白胨20g，猪胆盐5g，乳糖5g，0.4%溴甲酚紫水溶液2.5mL，蒸馏水1000mL。

② 制法：将蛋白胨、胆盐及乳糖溶于蒸馏水中，调pH值到7.4，加入指示剂，混匀，分装试管（每支试管中加一个小倒管），于115℃（10lb）灭菌20min。

2）双倍浓度乳糖胆盐培养基：按上述乳糖胆盐培养基成分，蒸馏水量不变，其他成分量加倍。

3）伊红美蓝（EMB）琼脂

① 成分：蛋白胨10g，乳糖10g，磷酸氢二钾5g，琼脂20g，质量分数为2%的伊红水溶液20mL，质量分数为0.5%的美蓝水溶液13mL，蒸馏水1000mL。

② 制法：先将琼脂加到900mL蒸馏水中，加热溶解，然后加入磷酸氢二钾蛋白胨，混匀，使之溶解，再用蒸馏水补足至1000mL，然后校正pH值为7.2～7.4，分装于烧瓶内，于121℃（15lb）高压灭菌15min备用。临用时加入乳糖并加热溶化琼脂，冷至60℃左右以无菌操作加入灭菌的伊红美蓝溶液，摇匀，倾注平皿备用。

4）蛋白胨水（用于靛基质试验）

① 成分：蛋白胨（或胰蛋白胨）20g，氯化钠5g，蒸馏水1000mL。

② 制法：将上述成分加热溶化，调pH值为7.0～7.2，分装小试管，于121℃（15lb）高压灭菌15min。

5）靛基质试剂

① 柯凡克试剂：将5g对二甲氨基苯甲醛溶解于75mL戊醇中，然后缓慢加入浓盐酸25mL。

② 试验方法：将细菌接种于蛋白胨水中，于44℃培养24h，然后沿管壁加柯凡克试剂0.3～0.5mL，轻摇试管。阳性者于试剂层显深玫瑰红色。

6）革兰氏染色法

① 染色液的制备

a. 结晶紫染色液

成分：结晶紫 1g，乙醇（体积分数为95%）20mL，草酸铵（质量分数为1%）水溶液 80mL。

制法：将结晶紫溶于乙醇（体积分数为95%）中，然后与草酸铵溶液（质量分数为1%）混合。

b. 革兰氏碘液

成分：碘 1g，碘化钾 2g，蒸馏水 300mL。

制法：将碘与碘化钾先进行混合，加入蒸馏水少许，充分振摇，待完全溶解后，再加蒸馏水至 300mL。

c. 脱色液：乙醇（体积分数为95%）。

d. 复染液

Ⅰ 沙黄复染液：将 0.25g 沙黄溶解于 10mL 乙醇（体积分数为95%）中，然后用蒸馏水稀释至 100mL。

Ⅱ 稀石炭酸复红液：称取碱性复红 10g 研细，加乙醇（体积分数为95%）100mL，放置过夜，用滤纸过滤。取该液 10mL，加石炭酸（质量分数为5%）水溶液 90mL 混合，即为石炭酸复红液，再将此液 10mL 加水 90mL，即为稀石炭酸复红液。

② 染色法

a. 将涂片在火焰上固定，滴加结晶紫染色液，染 1min，水洗。

b. 滴加革兰氏碘液，作用 1min，水洗。

c. 滴加乙醇（体积分数为95%）脱色，约 30s，或将乙醇（体积分数为95%）滴满整个涂片，立即倾去，再用乙醇（体积分数为95%）滴满整个涂片，脱色 10s，水洗。

d. 滴加复染液，复染 1min，水洗，干燥后镜检。

③ 染色结果：革兰氏阳性菌呈紫色，革兰氏阴性菌呈红色。

注意：若用 1∶10（体积比）的稀释石炭酸复红染色液作为复染液，则复染时间仅需 10s。

(3) 仪器的检查　考核前应认真检查、核对仪器，做到仪器完好无缺。

2. 考核内容

(1) 考核步骤

1) 取 10mL 1∶10（体积比）稀释的样品，加到 10mL 双倍浓度的乳糖胆盐培养基中，置于 44℃ 培养箱中培养 24~48h，若既不产酸也不产气，则报告为粪大肠菌群阴性；若产酸产气，则划线接种到伊红美蓝琼脂平板上，于 37℃ 培养 18~24h。同时取该培养液 1~2 滴接种到蛋白胨水中，于 44℃ 培养 24h。

经培养后，在上述平板上观察有无典型菌落生长。大肠菌群在伊红美蓝琼脂培养基上的典型菌落呈深紫黑色，圆形，边缘整齐，表面光滑湿润，常具有金属光泽。也有的呈紫黑色，不带或略带金属光泽或粉紫色，中心较深，常为大肠菌群，应注意挑选。

2）挑取上述可疑菌落，涂片做革兰氏染色镜检。

3）在蛋白胨水培养液中加入靛基质试剂约 0.5mL，观察靛基质反应，阳性者液面呈玫瑰红色，阴性反应液面呈试剂本色。

4）检验结果报告：平板上有典型菌落，并经证实为革兰氏阴性短杆菌，靛基质试验呈阳性，则可报告被检样品中检出粪大肠菌群。

（2）时间定额 120min 内完成所有考核内容。

（3）安全文明操作

1）正确执行实验室安全操作规程。

2）遵守实验室规则，认真、如实记录试验数据。

3）保持实验台面及周围环境整洁，仪器、用品摆放整齐。

模拟试卷样例

一、选择题（将正确答案的序号填入括号内；共20分）

（一）单项选择题（每题1分，共10分）

1. 在相同条件下，不加待测样品进行的试验叫做（   ）。
   A. 空白试验   B. 对照试验   C. 回收试验   D. 校正试验

2. 已知在分析天平上称量时有 ±0.1mg 的误差，滴定管读数有 ±0.01mL 的误差，现称取 0.4237g 试样，经溶解后用去 21.18mL，设仅考虑测定过程中称量和滴定管读数两项误差，则分析结果的最大相对误差是（   ）。
   A. ±0.0708%   B. ±0.07%   C. ±0.1416%   D. ±0.1%

3. 关于酸碱指示剂，下列说法错误的是（   ）。
   A. 指示剂本身是有机弱酸或弱碱
   B. 指示剂本身易溶于水和乙醇溶液
   C. HIn 与 In 的颜色差异越大越好
   D. 指示剂的变色范围必须全部落在滴定突跃范围之内

4. 以 EDTA 滴定石灰石中 CaO 的含量时，采用 0.02mol/L 的 EDTA 溶液滴定。设试样中 CaO 的质量分数为 50%，试样溶解后定容至 250mL，移取 25mL 进行滴定，则试样称取量（单位为 g）宜为（   ）。[已知 M（CaO）=56.08g/mol]
   A. 0.4~0.8   B. 0.2~0.4   C. 0.1 左右   D. 1.2~2.4

5. 直接碘量法应控制的条件是（   ）。
   A. 强酸性条件   B. 强碱性条件
   C. 中性或弱酸性条件   D. 什么条件都可以

6. 下列有关莫尔法的叙述中，错误的是（   ）。
   A. 由于卤化银沉淀吸附被滴定的卤离子而使滴定终点提前
   B. AgI 吸附 I^- 比 AgBr 吸附 Br^- 更严重
   C. S^{2-}、CO_3^{2-} 等离子的存在会干扰莫尔法测定卤离子
   D. 莫尔法既可用 $AgNO_3$ 滴定卤离子，也可用 NaCl 滴定 Ag^+

7. 重量分析中使用的"无灰滤纸"，是指每张滤纸的灰分重量为（   ）。
   A. 没有重量   B. 小于 0.2mg   C. 等于 2mg   D. 大于 0.2mg

8. 按一般光度法用纯溶剂作参比溶液时，测得某试液的透光度为 10%。若参比溶液换为透光度为 20% 的标准溶液，其他条件不变，则试液的透光度将变

为（　　）。

　　A. 5%　　　　B. 8%　　　　C. 40%　　　　D. 50%

9. pH 玻璃电极不能测定的试液是（　　）。

　　A. 酸性溶液　　B. 碱性溶液　　C. 含 F^- 的溶液　　D. 泥水

10. 欲分离墨水试样中的各种成分，下面技术中最适用的是（　　）。

　　A. 过滤　　　　B. 滴定　　　　C. 纸色谱　　　　D. 蒸馏

（二）多项选择题（每题 2 分，共 10 分）

1. 碘量法中使用碘量瓶的目的是（　　）。

　　A. 提高测定的灵敏度　　　　　B. 防止碘的挥发

　　C. 防止溶液与空气接触　　　　D. 防止溶液溅出

2. 用重铬酸钾法测定铁矿石中铁的含量时，常于试液中加入硫磷混酸，其目的是（　　）。

　　A. 增加溶液中 H^+ 的浓度

　　B. 形成缓冲溶液

　　C. 消除 Fe^{3+} 的黄色，有利于终点颜色的观察

　　D. 降低 Fe^{3+}/Fe^{2+} 电对电压，增大化学计量点附近的电位突跃，使反应更完全

3. 下述情况中对测定结果产生正误差的是（　　）。

　　A. 用直接法以盐酸标准滴定溶液滴定某碱样时溶液挂壁

　　B. 以 $K_2Cr_2O_7$ 为基准物质用碘量法标定 $Na_2S_2O_3$ 溶液时，滴定速度过快，并过早读数

　　C. 用于标定标准滴定溶液的基准物质在称量时吸潮了（直接滴定法）

　　D. 以 EDTA 标准滴定溶液测定 Ca^{2+}、Mg^{2+} 的含量时，滴定速度过快

4. 具有（　　）活性基团的树脂为阳离子交换树脂。

　　A. $R-SO_3^-H^+$　　　　　　　B. $R-COOH$

　　C. $R-N(CH_3)_2$　　　　　　　D. $R-NH_3^+OH$

5. 当有害气体在车间内大量逸散时，分析员正确的做法是（　　）。

　　A. 查找毒气泄漏来源，关闭有关阀门

　　B. 戴防毒面具跑出车间

　　C. 用湿毛巾捂住口鼻，逆风向跑出车间

　　D. 用湿毛巾捂住口鼻，顺风向跑出车间

二、填空题（将正确的答案填在横线上；每空 1 分，共 18 分）

1. 甲基橙的变色范围为＿＿＿＿，酚酞的变色范围为＿＿＿＿。

2. 空白试验可以消除试剂、蒸馏水和器皿等引入的杂质所造成的＿＿＿＿，

对照试验是检查_____的有效方法。

3. 使用 $K_2S_2O_7$ 熔剂时，温度不宜_____，时间不宜太长，目的是避免_____。

4. 在铜锌原电池中，锌极为_____极，铜极为_____极。

5. 酸度计是将_____插在被测溶液中，组成一个电化学电池，其电动势与溶液 pH 值有关。

6. 分光光度法中通常应控制吸光度在_____之间。

7. 用分光光度法测定水中的微量铁，当 $b=1cm$ 时，测得透光率 $T_1=80\%$，则当 $b=2cm$ 时透光率 $T_2=$_____。

8. 莫尔法是在_____条件下，用_____作指示剂，用_____作为标准溶液的一种银量法。

9. 标定硫代硫酸钠一般可选择_____作基准物，标定高锰酸钾标准溶液一般选用_____作基准物，标定硝酸银用_____作基准物。

10. 配制 NaOH 标准溶液时，要用煮沸过的纯水的目的是_____；配制 $KMnO_4$ 标准溶液时，要煮沸新配制溶液的目的是_____；配制 $Na_2S_2O_3$ 标准溶液时，要将水煮沸并冷却的目的是_____。

三、判断题（对的画√，错的画×；每题1分，共10分）

1. 随机误差是可以测量出来的。（ ）
2. pH = 1 的 HCl 溶液和 pH = 2 的 HCl 溶液等体积混合后溶液的 pH = 1.5。（ ）
3. 直接碘量法的终点是从蓝色变为无色。（ ）
4. 当玻璃电极测定 pH < 1 的溶液时，pH 值读数偏高，叫做"酸差"；当测定 pH > 10 的溶液时，pH 值偏低，叫做"碱差"。（ ）
5. 1211 灭火器是扑灭所有各类火灾的最有效的武器。（ ）
6. 萃取分离法只可以分离在水相和有机相中溶解度相差比较大的组分。（ ）
7. 测定水硬度必须在氨性缓冲溶液中进行。（ ）
8. 硝酸银标准溶液应保存在棕色瓶中。（ ）
9. 在氧化还原滴定法中，$KMnO_4$ 法是用 $KMnO_4$ 自身的颜色来判断滴定终点到达的。（ ）
10. 配位化合物的稳定常数 $K_稳$ 为不变的数，它与溶液酸度无关。（ ）

四、简答题（每题分5，共分20）

1. 用间接碘量法测铜合金中 Cu 的含量时，在近终点时为什么要加入 KSCN

溶液?

2. 酸碱滴定的化学计量点的 pH 值都是 7 吗？请举例说明。

3. 用莫尔法测 Cl^- 时，为什么要在中性或弱碱性溶液中进行？

4. 吸收池按材质可分为哪几种？各在何种情况下使用？吸收池在使用时需注意哪些问题？

五、计算题（每题分 8，共分 32）

1. 将 0.2115g 含铝试样溶解后，加入 30.00mL 0.02082 mol/L 的 EDTA 标准滴定溶液，Al^{3+} 与 EDTA 配位完全后，再用 0.01005 mol/L 的 Zn^{2+} 标准滴定溶液返滴定，消耗 Zn^{2+} 标准滴定溶液 7.20mL。计算 Al_2O_3 的质量分数。[M（Al_2O_3）= 101.96 g/mol]

2. 试剂厂生产的 $FeCl_3 \cdot 6H_2O$ 试剂，国家规定二级产品的含量不低于 99.0%，三级品的含量不低于 98.0%。为检验产品质量，称取 0.5000g 样品，溶于水后，加 3mL HCl 和 2g KI，最后用 0.1000mol/L 的 $Na_2S_2O_3$ 标准滴定溶液滴定，消耗 18.17mL。问该产品属于哪一级？

3. 称取 5.0380g 烧碱样品溶于水中，用硝酸调节 pH 值后，定容于 250mL 容量瓶中，摇匀后，吸取 25.00mL 置于锥形瓶中，加入 25.00mL 0.1043mol/L 的 $AgNO_3$ 溶液，沉淀完全后加入 5mL 邻苯二甲酸二丁酯，用 0.1015mol/L 的 NH_4SCN 标准溶液回滴，用去 21.45mL。计算烧碱中 NaCl 的百分含量。

4. 称取 0.500g 钢样溶解后使其中的锰氧化为 MnO_4^-，在 100mL 容量瓶中稀释至刻度，将此溶液在 525nm 处用 2cm 比色皿测得其吸光度为 0.620。已知 MnO_4^- 在 525nm 处的 ε 为 2235L/(mol·cm)，计算钢样中锰的质量分数。

答 案 部 分

知识要求试题答案

一、判断题

1. × 2. × 3. ✓ 4. ✓ 5. ✓ 6. × 7. × 8. ✓ 9. × 10. ✓
11. ✓ 12. × 13. ✓ 14. ✓ 15. ✓ 16. ✓ 17. ✓ 18. ✓ 19. × 20. ✓
21. × 22. ✓ 23. × 24. ✓ 25. ✓ 26. ✓ 27. ✓ 28. ✓ 29. × 30. ×
31. ✓ 32. × 33. ✓ 34. ✓ 35. ✓ 36. ✓ 37. ✓ 38. ✓ 39. ✓ 40. ✓
41. × 42. ✓ 43. ✓ 44. × 45. ✓ 46. ✓ 47. ✓ 48. × 49. × 50. ×
51. ✓ 52. ✓ 53. ✓ 54. ✓ 55. ✓ 56. ✓ 57. ✓ 58. ✓ 59. ✓ 60. ×
61. ✓ 62. ✓ 63. × 64. × 65. × 66. ✓ 67. ✓ 68. ✓ 69. ✓ 70. ✓
71. ✓ 72. ✓ 73. ✓ 74. ✓ 75. ✓ 76. × 77. ✓ 78. ✓ 79. ✓ 80. ×
81. × 82. ✓ 83. × 84. × 85. ✓ 86. ✓ 87. ✓ 88. × 89. ×

二、选择题

（一）单项选择题

1. D 2. B 3. A 4. B 5. A 6. D 7. D 8. A 9. C 10. B
11. C 12. B 13. B 14. B 15. A 16. A 17. C 18. C 19. D 20. B
21. B 22. D 23. D 24. D 25. D 26. C

（二）多项选择题

1. ABD   2. ABC   3. ABD   4. BC   5. AB   6. AD
7. BC   8. AC   9. BC   10. ABC 11. AC

三、计算题

1. 解 平均值为 $\bar{x} = \dfrac{x_1 + x_2 + \cdots + x_n}{n}$

$= \dfrac{(0.2041 + 0.2049 + 0.2039 + 0.2043)}{4}\text{mol/L}$

$$= 0.2043 \text{mol/L}$$

平均偏差为

$$\bar{d} = \frac{|d_1|+|d_2|+\cdots+|d_n|}{n}$$

$$= \frac{|0.0002|+|0.0006|+|0.0004|+|0.0000|}{4} \text{mol/L}$$

$$= 0.0003 \text{mol/L}$$

相对平均偏差 $\frac{\bar{d}}{\bar{x}} = \frac{0.0003}{0.2043} \times 100\% = 0.15\%$

标准偏差

$$S = \sqrt{\frac{\sum_{i=1}^{n}(x_i-\bar{x})^2}{n-1}}$$

$$= \sqrt{\frac{(0.0002)^2+(0.0006)^2+(0.0004)^2+(0.0000)^2}{4-1}} \text{mol/L}$$

$$= 0.0004 \text{mol/L}$$

相对标准偏差 $CV = \frac{S}{\bar{x}} \times 100\% = \frac{0.0004}{0.2043} \times 100\% = 0.20\%$

2. 解 （1）首先将各数按递增顺序排列：15.48%，15.51%，15.52%，15.52%，15.53%，15.53%，15.54%，15.56%，15.56%，15.68%。

（2）求出最大值与最小值之差

$$x_n - x_1 = 15.68\% - 15.48\% = 0.20\%$$

（3）求出可疑数据与最邻近数据之差

$$x_n - x_{n-1} = 15.68\% - 15.56\% = 0.12\%$$

（4）计算 Q 值：$Q = \frac{x_n - x_{n-1}}{x_n - x_1} = \frac{0.12\%}{0.20\%} = 0.60$

（5）查表可知：$n=10$ 时，$Q_{0.90}=0.41$，$Q > Q_表$，所以最高值15.68%必须弃去。

此时，分析结果的范围为15.48%~15.56%，$n=9$。

同样，可以检查最低值15.48%：$Q = \frac{15.51\% - 15.48\%}{15.56\% - 15.48\%} = 0.38$

查表可知：$n=9$ 时，$Q_{0.90}=0.44$，$Q < Q_表$，故最低值15.48%应予保留。

综上可知：有可疑值，15.68%需弃去。

3. 解 （1）$c\left(\frac{1}{6}K_2Cr_2O_7\right) = \frac{m(K_2Cr_2O_7)}{M\left(\frac{1}{6}K_2Cr_2O_7\right)V(K_2Cr_2O_7)}$

$$= \frac{14.709}{\frac{294.2}{6} \times \frac{500}{1000}} \text{mol/L}$$

$$= 0.6000 \text{mol/L}$$

(2) $T(\text{Fe}/\text{K}_2\text{Cr}_2\text{O}_7) = \frac{c\left(\frac{1}{6}\text{K}_2\text{Cr}_2\text{O}_7\right)M(\text{Fe})}{1000} = \frac{0.6000 \times 55.85}{1000}\text{g/mL}$

$$= 0.003351 \text{g/mL}$$

$T(\text{Fe}_2\text{O}_3/\text{K}_2\text{Cr}_2\text{O}_7) = \frac{c\left(\frac{1}{6}\text{K}_2\text{Cr}_2\text{O}_7\right)M\left(\frac{1}{2}\text{Fe}_2\text{O}_3\right)}{1000} = \frac{0.6000 \times \frac{159.7}{2}}{1000}\text{g/mL}$

$$= 0.004791 \text{g/mL}$$

$T(\text{Fe}_3\text{O}_4/\text{K}_2\text{Cr}_2\text{O}_7) = \frac{c\left(\frac{1}{6}\text{K}_2\text{Cr}_2\text{O}_7\right)M\left(\frac{1}{3}\text{Fe}_3\text{O}_4\right)}{1000}$

$$= \frac{0.6000 \times \frac{231.55}{3}}{1000}\text{g/mL}$$

$$= 0.004631 \text{g/mL}$$

4. 解 $w(\text{CaCO}_3) = \dfrac{\frac{1}{2}c\left(\frac{1}{5}\text{KMnO}_4\right)V\left(\frac{1}{5}\text{KMnO}_4\right)M(\text{CaCO}_3)}{m} \times 100\%$

$$= \frac{\frac{1}{2} \times 0.2012 \times 22.30 \times 10^{-3} \times 100.09}{0.2303} \times 100\%$$

$$= 97.50\%$$

5. 解 (1) 由于 $c(\text{NaAc})/K_b > 10^5$,$c(\text{NaAc})K_a > 10K_w$,所以可以使用最简式计算,即

$[\text{OH}^-] = \sqrt{c(\text{NaAc})K_b} = \sqrt{0.05 \times 0.56 \times 10^{-9}}\text{mol/L}$
$= 0.53 \times 10^{-5}\text{mol/L}$

pOH = 5.28

pH = 8.72

(2) 由于 $c(\text{NH}_4\text{Cl})/K_a > 10^5$,$c(\text{NaAc})/K_b > 10K_w$,所以可以使用最简式计算,即

$[\text{H}^+] = \sqrt{c(\text{NH}_4\text{Cl})K_a} = \sqrt{0.005 \times 0.56 \times 10^{-9}}\text{mol/L}$
$= 0.17 \times 10^{-5}\text{mol/L}$

pH = 5.78

(3) $pH = pK_a + \lg\dfrac{c(Ac)}{c(HAc)} = -\lg(1.8\times10^{-5}) + \lg\dfrac{0.05}{0.05} = 4.74$

(4) $c(NaAc) = \dfrac{0.20\times25}{50+25}\text{mol/L} = 0.067\text{mol/L}$

$c(HAc) = \dfrac{0.30\times50 - 0.20\times25}{50+25}\text{mol/L} = 0.13\text{mol/L}$

$pH = pK_a + \lg\dfrac{c(Ac)}{c(HAc)} = -\lg(1.8\times10^{-5}) + \lg\dfrac{0.067}{0.13} = 4.45$

(5) 由于 $cK_{a2} > 10K_w$,$c/K_{a1} > 10$,所以可以使用最简式计算,即

$[H^+] = \sqrt{K_{a1}K_{a2}} = \sqrt{4.2\times10^{-7}\times5.6\times10^{-11}}\text{mol/L}$

$= 4.85\times10^{-9}\text{mol/L}$

$pH = 8.31$

6. 解 $c(HAc) = \dfrac{\dfrac{m(NaAc)}{M(NaAc)V}\times10^{-5}}{1.8\times10^{-5}}$

$= \dfrac{\dfrac{100}{136.08\times1000\times10^{-3}}\times10^{-5}}{1.8\times10^{-5}}\text{mol/L}$

$= 0.4083\text{mol/L}$

$V_1 = \dfrac{c(HAc)_2 V_2}{c(HAc)_1} = \dfrac{0.4083\text{mol/L}\times1000\text{mL}}{15\text{mol/L}} = 27.2\text{mL}$

7. 解 $w(HAc) = \dfrac{c(NaOH)V(NaOH)M(HAc)}{\dfrac{\rho V_1 V_2}{V_3}}\times100\%$

$= \dfrac{0.09000\times21.25\times10^{-3}\times60.05}{1.06\times25.00\times\dfrac{25.00}{250.0}}\times100\%$

$= 4.334\%$

8. 解

$w(S) = \dfrac{\dfrac{1}{2}[c(NaOH)V(NaOH) - c(HCl)V(HCl)]M(S)}{m}\times100\%$

$= \dfrac{\dfrac{1}{2}\times[0.01000\times50.00 - 0.01400\times22.65]\times10^{-3}\times32.066}{1.000}$

$\times100\% = 0.29\%$

9. 解 此混合碱组成是 $NaHCO_3$ 和 Na_2CO_3。

$$w(\text{NaHCO}_3) = \frac{c(\text{HCl})(V_2 - V_1)M(\text{NaHCO}_3)}{m} \times 100\%$$

$$= \frac{0.2000 \times (26.81 - 23.10) \times 10^{-3} \times 84.01}{0.6839} \times 100\%$$

$$= 9.11\%$$

$$w(\text{Na}_2\text{CO}_3) = \frac{\frac{1}{2}c(\text{HCl})2V_1 M(\text{Na}_2\text{CO}_3)}{m} \times 100\%$$

$$= \frac{\frac{1}{2} \times 0.2000 \times 2 \times 23.10 \times 10^{-3} \times 105.99}{0.6839} \times 100\%$$

$$= 71.60\%$$

10. 解 $\lg\alpha_{Y(H)} = \lg K_{CuY} - 8 = 18.80 - 8 = 10.80$；pH = 2.91

11. 解 $\lg K'_{CoY} = \lg K_{CoY} - \lg\alpha_{Y(H)} = 16.31 - 6.45 = 9.86$

因为 $\lg cK'_{CoY} > 6$，所以在 pH = 5.0 时能用 EDTA 准确滴定。

12. 解

$$w(\text{Al}) = \frac{[c(\text{EDTA})V(\text{EDTA}) - c(\text{Zn}^{2+})V(\text{Zn}^{2+})]M(\text{Al})}{m} \times 100\%$$

$$= \frac{(0.050 \times 25.00 - 0.020 \times 21.50) \times 10^{-3} \times 26.98}{1.2500} \times 100\%$$

$$= 1.77\%$$

13. 解 水的硬度$(\text{CaO, mg/L}) = \frac{0.01000 \times 2.14 \times 56.08}{100.00}\text{g/L}$

$$= 12.0\text{mg/L}$$

14. 解 $c(\text{Fe}^{2+}) = \frac{c(\text{EDTA})V_1 M(\text{Fe})}{V}$

$$= \frac{0.01500 \times 15.40 \times 55.845}{25.00}\text{mg/mL}$$

$$= 0.5160\text{mg/mL}$$

$$c(\text{Fe}^{3+}) = \frac{c(\text{EDTA})V_2 M(\text{Fe})}{V}$$

$$= \frac{0.01500 \times 14.10 \times 55.845}{25.00}\text{mg/mL}$$

$$= 0.4724\text{mg/mL}$$

15. 解

$$\varphi_{\text{MnO}_4^-/\text{Mn}^{2+}} = \varphi^{\theta}_{\text{MnO}_4^-/\text{Mn}^{2+}} + \frac{0.059}{n}\lg\frac{c(\text{MnO}_4^-)c^8(\text{H}^+)}{c(\text{Mn}^{2+})}$$

$$= 1.51\text{V} + \frac{0.059}{5}\lg\frac{0.10 \times (1.0)^8}{0.001}\text{V} = 1.53\text{V}$$

16. 解

$$w(\text{Na}_2\text{S}_2\text{O}_3) = \frac{\left[c\left(\frac{1}{2}\text{I}_2\right)V(\text{I}_2) - c(\text{Na}_2\text{S}_2\text{O}_3)V(\text{Na}_2\text{S}_2\text{O}_3)\right] \times M\left(\frac{1}{2}\text{Na}_2\text{SO}_3\right)}{m \times 1000} \times 100\%$$

$$= \frac{(0.09770 \times 50.00 - 0.1008 \times 25.40) \times 63.02}{0.3878 \times 1000} \times 100\% = 37.78\%$$

17. 解

$$w(\text{MnO}_2) = \frac{\left[\frac{2m(\text{Na}_2\text{C}_2\text{O}_4)}{M(\text{Na}_2\text{C}_2\text{O}_4)} - 5c(\text{KMnO}_4)V(\text{KMnO}_4)\right]M\left(\frac{1}{2}\text{MnO}_2\right)}{m} \times 100\%$$

$$= \frac{\left(\frac{2 \times 0.3685}{134.0} - 5 \times 0.02400 \times 11.26 \times 10^{-3}\right) \times \frac{86.94}{2}}{0.3216} \times 100\%$$

$$= 56.08\%$$

18. 解

$$w(\text{C}_6\text{H}_6\text{O}) = \frac{\left[c\left(\frac{1}{6}\text{KBrO}_3\right)V(\text{KBrO}_3) - c(\text{Na}_2\text{S}_2\text{O}_3)V(\text{Na}_2\text{S}_2\text{O}_3)\right]M\left(\frac{1}{6}\text{C}_6\text{H}_6\text{O}\right)}{m_S \times 1000}$$

$$\times 100\%$$

$$= \frac{(6 \times 0.1000 \times 25.00 - 0.1003 \times 29.91) \times \frac{94.11}{6}}{0.5000 \times 1000} \times 100\% = 37.64\%$$

19. 解

$$\rho(\text{H}_2\text{O}_2) = \frac{c\left(\frac{1}{5}\text{KMnO}_4\right)V(\text{KMnO}_4)M\left(\frac{1}{2}\text{H}_2\text{O}_2\right)}{V(\text{H}_2\text{O}_2)}$$

$$= \frac{0.1366 \times 35.86 \times 10^{-3} \times \frac{1}{2} \times 34.02}{3.00 \times 10^{-3} \times \frac{25.00}{250}}\text{g/L}$$

$$= 277.7\text{g/L}$$

20. 解

$$m(\text{BaCl}_2) = [c(\text{AgNO}_3)V(\text{AgNO}_3) - c(\text{NH}_4\text{SCN})V(\text{NH}_4\text{SCN})]M\left(\frac{1}{2}\text{BaCl}_2\right)$$

$$= (0.1020 \times 40.00 - 0.09800 \times 15.00) \times 10^{-3} \times \frac{1}{2} \times 208.24\text{g}$$

= 0.2718g

21. 解 $M(KIO_x) = \dfrac{m(KIO_x) \times 10^3}{c(AgNO_3)V(AgNO_3)}$

$= \dfrac{0.5000 \times 10^3}{0.1000 \times 23.36}$g/mol $= 214.04$g/mol

$x = \dfrac{214.04 - 39.098 - 126.9}{15.999} = 3.00$

所以该盐的化学式为盐 KIO_3

22. 解 $F = \dfrac{M(MgO)}{M\left(\dfrac{1}{2}Mg_2P_2O_7\right)} = \dfrac{40.30}{222.6 \times \dfrac{1}{2}}$

$w(MgO) = \dfrac{m_{称} \times F}{m_S}100\% = \dfrac{0.1930 \times \dfrac{2 \times 40.30}{222.6}}{0.2400} \times 100\% = 29.12\%$

23. 解 因为 0.00539g I_2 存在于 KI 水溶液中，则进入 CCl_4 中的 I_2 质量为

0.120g - 0.00539g = 0.115g

碘的分配系数为

$K_D = \dfrac{[I_2]_{有}}{[I_2]_{水}} = \dfrac{\dfrac{0.115}{25}}{\dfrac{0.00539}{100}} = 85$

24. 解 用 40mL CCl_4 一次萃取：

$m_n = m_0 \times \left(\dfrac{V_{水}}{DV_{有} + V_{水}}\right)^n; m_1 = 5.0 \times \dfrac{50}{85 \times 40 + 50}$mg $= 0.072$mg

$E = \left[1 - \left(\dfrac{V_{水}}{DV_{有} + V_{水}}\right)^n\right]; E_1 = 1 - \dfrac{0.072}{5.0} = 98.6\%$

每次用 20mL CCl_4 连续萃取两次：

$m_2 = 5.0 \times \left(\dfrac{50}{85 \times 40 + 50}\right)^2$mg $= 0.0040$mg

$E_2 = \left[1 - \left(\dfrac{0.0040}{5.0}\right)^2\right] = 99.9\%$

25. 解 因为萃取后 HA 在 25.0mL 水相中的量为

20.0×0.0500mmol $= 1.00$mmol

则 HA 在 25.0mL 乙醚相中的量为

(100×0.100)mol $- (100/25) \times 1.00$mol $= 6.00$mmol

所以 HA 在有机相中的量与水相中的量之比值为

$D = \dfrac{[HA]_{有}}{[HA]_{水}} = \dfrac{6.00}{1.00} = 6$

26. 解 利用萃取多次后的萃取率计算公式

$$E = \left[1 - \left(\frac{V_{水}}{DV_{有} + V_{水}}\right)^n\right]$$

则有 $0.9999 = \left[1 - \left(\frac{1}{10+1}\right)^n\right] \times 100\%$

求解，解得 $n = 4$

27. 解 萃取一次后的萃取效率为

$$E = \frac{D}{D + \frac{V_{水}}{V_{有}}} \times 100\% = \frac{60}{60 + \frac{50}{20}} \times 100\% = 96\%$$

利用萃取多次后的萃取率计算公式计算学生乙的萃取率为

$$E = \left[1 - \left(\frac{V_{水}}{DV_{有} + V_{水}}\right)^n\right] = \left[1 - \left(\frac{50}{60 \times 5 + 50}\right)^4\right] \times 100\% = 99.96\%$$

可见，学生乙比学生甲的萃取率提高了约 4%。

28. 解 UO_2^{2+} 的比移值 $R_f = \frac{a}{b} = \frac{15.5}{35.0} = 0.443$

La^{3+} 的比移值 $R_f = \frac{a}{b} = \frac{27.8}{35.0} = 0.794$

29. 解 $\varepsilon_{K_2Cr_2O_7}^{440} = \frac{0.308}{8.33 \times 10^{-4} \times 1} L/(mol \cdot cm)$

$= 369.75 L/(mol \cdot cm)$

$\varepsilon_{K_2Cr_2O_7}^{545} = \frac{0.009}{8.33 \times 10^{-4} \times 1} L/(mol \cdot cm) = 10.80 L/(mol \cdot cm)$

$\varepsilon_{KMnO_4}^{440} = \frac{0.035}{3.77 \times 10^{-4} \times 1} L/(mol \cdot cm) = 92.84 L/(mol \cdot cm)$

$\varepsilon_{KMnO_4}^{545} = \frac{0.886}{3.77 \times 10^{-4} \times 1} L/(mol \cdot cm)$

$= 2.35 \times 10^3 L/(mol \cdot cm)$

$A_{总}^{440} = \varepsilon_{K_2Cr_2O_7}^{440} bc(K_2Cr_2O_7) + \varepsilon_{KMnO_4}^{440} bc(KMnO_4)$

$A_{总}^{545} = \varepsilon_{K_2Cr_2O_7}^{545} bc(K_2Cr_2O_7) + \varepsilon_{KMnO_4}^{545} bc(KMnO_4)$

$0.385 = 369.75 c(K_2Cr_2O_7) + 92.84 c(KMnO_4)$ (1)

$0.653 = 10.80 c(K_2Cr_2O_7) + 2.35 \times 10^3 c(KMnO_4)$ (2)

由(1)和(2)可得：$c(K_2Cr_2O_7) = 9.72 \times 10^{-4}$ mol/L

$c(KMnO_4) = 2.72 \times 10^{-4}$ mol/L

30. 解 $\Delta c = \frac{c_S V_S}{V_x + V_S} = \frac{0.1000 \times 2.00}{100 + 2.00}$ mol/L $= 1.96 \times 10^{-3}$ mol/L

$$\Delta E = -0.080\text{V} + 0.105\text{V} = 0.025\text{V}$$

$$c_x = \frac{\Delta c}{10^{\Delta E/s}-1} = \frac{1.96\times 10^{-3}}{10^{0.025/0.053}-1}\text{mol/L} = 1.06\times 10^{-3}\text{mol/L}$$

四、简答题

1. 答：不是同一概念。酸度是指溶液中 H^+ 的浓度（准确地说是 H^+ 的活度）。酸的浓度是指 1L 溶液中所含某种酸的物质的量，即总浓度，包括未离解和已离解酸的浓度。

2. 答：指示剂的变色范围全部或大部分落在滴定突跃范围内。

3. 答：在生产和储藏过程中，因吸收空气中的 CO_2 而产生部分 Na_2CO_3，可采用双指示剂法测定烧碱中 NaOH 和 Na_2CO_3 的含量。

4. 答：控制溶液的酸度，使溶液酸度基本保持不变。

5. 答：用氨-氯化铵缓冲溶液来控制。

6. 答：有三种类型。（1）自身指示剂，如高锰酸钾；（2）氧化还原指示剂，如次甲基蓝；（3）专属指示剂，如可溶性淀粉。

7. 答：不能。因为温度超过 90℃ 时 $H_2C_2O_4$ 容易分解，导致标定结果偏高。

8. 答：因为在碱性溶液中 I_2 与 $S_2O_3^{2-}$ 将发生反应，即

$$S_2O_3^{2-} + 4I_2 + 10OH^- = 2SO_4^{2-} + 8I^- + 5H_2O$$

同时，I_2 在碱性溶液中发生歧化反应，即

$$3I_2 + 6OH^- = IO_3^- + 5I^- + 3H_2O$$

在强酸性溶液中，$Na_2S_2O_3$ 溶液会发生分解反应，即

$$S_2O_3^{2-} + 2H^+ = SO_2 + S + H_2O$$

同时，I^- 在酸性溶液中易被空气中的 O_2 氧化，即

$$4I^- + 4H^+ + O_2 = 2I_2 + 2H_2O$$

9. 答：沉淀滴定法是以沉淀反应为基础的滴定分析方法。用于沉淀滴定反应必须符合以下条件：（1）沉淀的溶解度必须很小，要求反应能定量进行；（2）反应快速，不易形成过饱和溶液；（3）有确定重点的简单方法。

10. 答：吸附指示剂的阴离子被吸附在胶体微粒表面之后，分子结构发生变形，引起吸附指示剂颜色变化，从而指示终点的到达。

11. 答：有影响。如果 K_2CrO_4 指示剂的浓度过高或过低，沉淀 Ag_2CrO_4 沉淀析出就会提前或滞后。

12. 答：有机沉淀剂具有较大的相对分子质量和较高的选择性，形成的沉淀具有较小的溶解度，并具有鲜艳的颜色和便于洗涤的结构，也容易转化为称量形式。使用有机沉淀剂，一方面能够降低沉淀的溶解度，同时还可以减少共沉淀现象及形成混晶的概率。

13. 答：（1）沉淀剂应为易挥发或易分解的物质，在灼烧时可以除去；（2）沉淀剂应具有较高的选择性。

14. 答：烘干可除去沉淀中的水分和挥发性物质，同时使沉淀组成达到恒定。灼烧可除去沉淀中的水分、挥发性物质和滤纸等，还可以使初始生成的沉淀在高温下转化为组成恒定的称量形式。

15. 答：欲测组分的回收率是指欲测组分经分离或富集后所得的含量与它在试样中的原始含量的比值（数值以%表示）。对常量组分的测定，要求回收率大于99.9%；而对于微量组分的测定，回收率可为95%，甚至更低。

16. 答：萃取效率是指物质在有机相中的总物质的量占两相中的总物质的量的百分率（数值以%表示）。它表示萃取的完全程度。单次萃取，萃取效率不高；多次萃取，萃取效率较高。

17. 答：（1）溶剂纯度要高，减小因溶剂而引入杂质；（2）沸点宜低，便于分离后浓缩；（3）被萃取物质在萃取剂中溶解度要大，而杂质在其中的溶解度要小；（4）密度大小适宜，易于两相分层；（5）性质稳定、毒性小。

18. 答：分别调节标准液和待测液的离子强度和酸度，以掩蔽干扰离子。

19. 答：由于在高浓度（通常大于 $0.01mol/L$）时，吸收质点之间的平均距离缩小到一定程度，邻近质点彼此的电荷分布都会相互受到影响，此影响能改变它们对特定辐射的吸收能力，相互影响程度取决于 c，因此，此现象可导致 A 与 c 线性关系发生偏差。

20. 答：（1）产品质量检验机构计量认证申请书；（2）产品质量检验机构仪器设备一览表；（3）产品质量检验机构质量管理手册。

21. 答：Na_2CO_3 与 HCl 发生反应生成的 CO_2 溶于水中，使溶液成为酸性，使终点提前到达。

22. 答：在气体的负压不太高时可用。

23. 答：液-液萃取分离法，简称萃取分离法。它是利用物质在两种不互溶（或仅微溶）的溶剂中溶解度的差异，达到分离纯化目的的一种分离试样的方法。该方法所需仪器设备简单，操作比较方便，分离效果好，既能用于大量元素的分离，又适合于微量元素的分离与富集。

24. 答：闪点是有机化合物特别是易燃性物质的一个重要物理常数，不同类型的物质有不同的闪点值。测定闪点的方法有开口杯法和闭口杯法。

25. 答：粪大肠菌群是一群需氧及兼性厌氧，在 $44.5℃$ 培养 $24\sim48h$ 能发酵乳糖产酸并产气的革兰氏阴性无芽孢杆菌。

26. 答：进行多次平行测定。

27. 答：不能。因为如使用时间过长，灯管的亮度会下降，寿命也会降低。

28. 答：在保证用空白溶液能较好地调到100%透光度的情况下，应尽可能采用灵敏度较低挡,这样仪器稳定性高。

29. 答:应着防护用品,瓶口不要对着人,宜在通风柜中进行。

30. 答:化学灼伤时,应迅速解开衣服,清除皮肤上的化学药品,并用大量干净的水冲洗。

模拟试卷样例答案

一、选择题

(一) 单项选择题

1. A 2. B 3. D 4. A 5. C 6. D 7. B 8. D 9. C 10. C

(二) 多项选择题

1. BC 2. CD 3. AC 4. AB 5. BC

二、填空题

1. 3.1~4.4;8.0~9.6 2. 系统误差;系统误差
3. 超过500℃;SO_3 大量挥发和硫酸盐分解为难溶性氧化物
4. 负;正 5. 玻璃电极与参比电极 6. 0.2~0.7 7. 64%
8. 中性或弱碱性;K_2CrO_4;$AgNO_3$ 9. 重铬酸钾;草酸钠;氯化钠
10. 除 CO_2;促进反应,使溶液更加稳定;除 CO_2 和杀菌

三、判断题

1. × 2. × 3. × 4. √ 5. × 6. × 7. √ 8. √ 9. √ 10. ×

四、简答题

1. 答:$2Cu^{2+} + 4I^- = 2CuI\downarrow + I_2$;$I_2 + 2S_2O_3^{2-} = 2I^- + S_4O_6^{2-}$

CuI 沉淀强烈吸附 I_2,使终点提前,测定结果偏低。为了消除 CuI 的吸附,将 CuI 转化为溶解度更小的 CuSCN,转化过程中释放出的 I^- 又可利用,这样可使用更少量的 KI 而使反应进行得更完全。其转化反应式为

$$CuI + SCN^- = CuSCN\downarrow + I^-$$

2. 答:不对。在强酸强碱间滴定时,应该为7;在强酸(强碱)滴定弱碱(弱酸)时,就不一定了。例如,用 NaOH 滴定 CH_3COOH 时,化学计量点的 pH 值由 CH_3COONa 决定,此时 pH>7;用 HCl 滴定 $NH_3 \cdot H_2O$ 时,pH 值在化学计量点时由 NH_4Cl 决定,此时 pH<7。

3. 答:在酸性溶液中,CrO_4^{2-} 转化为 $Cr_2O_7^{2-}$,使 CrO_4^{2-} 浓度降低,影响

Ag_2CrO_4 沉淀的形成,降低了指示剂的灵敏度;如果溶液的碱性太强,则将析出 Ag_2O 沉淀。

4. 答:光学玻璃和石英玻璃两种。玻璃吸收池用于可见光区,石英吸收池用于紫外光区。拿取时只能用手指接触两侧的毛玻璃,不可接触光学面;不能将光学面与硬物或赃物接触,只能用擦镜纸擦拭光学面。

五、计算题

1. 13.31%   2. 三级   3. 4.99%   4. 0.153%

附　录

附录A　常用缓冲溶液的配制方法

pH值	配 制 方 法
0	1mol/L 的 HCl 溶液①
1	0.1mol/L 的 HCl 溶液
2	0.01mol/L 的 HCl 溶液
3.6	8g NaAc·3H_2O，溶于适量水中，加 6mol/L HAc 溶液 134mL，稀释至 500mL
4.0	将 60mL 冰乙酸和 16g 无水乙酸钠溶于 100mL 水中，稀释至 500mL
4.5	将 30mL 冰乙酸和 30g 无水乙酸钠溶于 100mL 水中，稀释至 500mL
5.0	将 30mL 冰乙酸和 60g 无水乙酸钠溶于 100mL 水中，稀释至 500mL
5.4	将 40g 六次甲基四胺溶于 90mL 水中，加入 20mL 6mol/L 的 HCl 溶液
5.7	将 100g NaAc·3H_2O 溶于适量水中，加 13mL 6mol/L 的 HAc 溶液，稀释至 500mL
7	将 77g NH_4Ac 溶于适量水中，稀释至 500mL
7.5	将 66g NH_4Cl 溶于适量水中，加浓氨水 1.4mL，稀释至 500mL
8.0	将 50g NH_4Cl 溶于适量水中，加浓氨水 3.5mL，稀释至 500mL
8.5	将 40g NH_4Cl 溶于适量水中，加浓氨水 8.8mL，稀释至 500mL
9.0	将 35g NH_4Cl 溶于适量水中，加浓氨水 24mL，稀释至 500mL
9.5	将 30g NH_4Cl 溶于适量水中，加浓氨水 65mL，稀释至 500mL
10	将 27g NH_4Cl 溶于适量水中，加浓氨水 175mL，稀释至 500mL
11	将 3g NH_4Cl 溶于适量水中，加浓氨水 207mL，稀释至 500mL
12	0.01mol/L 的 NaOH 溶液②
13	0.1mol/L 的 NaOH 溶液

① 不能有 Cl^- 存在时，可用硝酸。
② 不能有 Na^+ 存在时，可用 KOH 溶液。

附录

附录 B 不同温度下标准滴定溶液体积的补正值

（单位：mL/L）

温度/℃	水及 0.05mol/L 以下的各种水溶液	0.1mol/L 及 0.2mol/L 的各种水溶液	盐酸溶液 c(HCl) =0.05mol/L	盐酸溶液 c(HCl) =1mol/L	硫酸溶液 $c(\frac{1}{2}H_2SO_4)$= 0.5mol/L, 氢氧化钠溶液 c(NaOH) =0.5mol/L	硫酸溶液 $c(\frac{1}{2}H_2SO_4)$ =1mol/L, 氢氧化钠溶液 c(NaOH) =1mol/L	碳酸钠溶液 $c(\frac{1}{2}Na_2CO_3)$ =1mol/L	氢氧化钾-乙醇溶液 c(KOH) =0.1mol/L
5	+1.38	+1.7	+1.9	+2.3	+2.4	+3.6	+3.3	—
6	+1.38	+1.7	+1.9	+2.2	+2.3	+3.4	+3.2	—
7	+1.36	+1.6	+1.8	+2.2	+2.2	+3.2	+3.0	—
8	+1.33	+1.6	+1.8	+2.1	+2.2	+3.0	+2.8	—
9	+1.29	+1.5	+1.7	+2.0	+2.1	+2.7	+2.6	—
10	+1.23	+1.5	+1.6	+1.9	+2.0	+2.5	+2.4	+10.8
11	+1.17	+1.4	+1.5	+1.8	+1.8	+2.3	+2.2	+9.6
12	+1.10	+1.3	+1.4	+1.6	+1.7	+2.0	+2.0	+8.5
13	+0.99	+1.1	+1.2	+1.4	+1.5	+1.8	+1.8	+7.4
14	+0.88	+1.0	+1.1	+1.2	+1.3	+1.6	+1.5	6.5
15	+0.77	+0.9	+0.9	+1.0	+1.1	+1.3	+1.3	+5.2
16	+0.64	+0.7	+0.8	+0.8	+0.9	+1.1	+1.1	+4.2
17	+0.50	+0.6	+0.6	+0.6	+0.7	+0.8	+0.8	+3.1
18	+0.34	+0.4	+0.4	+0.4	+0.5	+0.6	+0.6	+2.1
19	+0.18	+0.2	+0.2	+0.2	+0.2	+0.3	+0.3	+1.0

(续)

温度/℃	水及 0.05mol/L 以下的各种水溶液	0.1mol/L 及 0.2mol/L 的各种水溶液	盐酸溶液 $c(HCl)$ =0.05mol/L	盐酸溶液 $c(HCl)$ =1mol/L	硫酸溶液 $c(\frac{1}{2}H_2SO_4)$=0.5mol/L, 氢氧化钠溶液 $c(NaOH)$=0.5mol/L	硫酸溶液 $c(\frac{1}{2}H_2SO_4)$=1mol/L, 氢氧化钠溶液 $c(NaOH)$=1mol/L	碳酸钠溶液 $c(\frac{1}{2}Na_2CO_3)$=1mol/L	氢氧化钾-乙醇溶液 $c(KOH)$=0.1mol/L
20	0.00	0.00	0.0	0.0	0.0	0.00	0.0	0.0
21	-0.18	-0.2	-0.2	-0.2	-0.2	-0.3	-0.3	-1.1
22	-0.38	-0.4	-0.4	-0.5	-0.5	-0.6	-0.6	-2.2
23	-0.58	-0.6	-0.7	-0.7	-0.8	-0.9	-0.9	-3.3
24	-0.80	-0.9	-0.9	-1.0	-1.0	-1.2	-1.2	-4.2
25	-1.03	-1.1	-1.1	-1.2	-1.3	-1.5	-1.5	-5.3
26	-1.26	-1.4	-1.4	-1.4	-1.5	-1.8	-1.8	-6.4
27	-1.51	-1.7	-1.7	-1.7	-1.8	-2.1	-2.1	-7.5
28	-1.76	-2.0	-2.0	-2.0	-2.1	-2.4	-2.4	-8.5
29	-2.01	-2.3	-2.3	-2.3	-2.4	-2.8	-2.8	-9.6
30	-2.30	-2.5	-2.5	-2.6	-2.8	-3.2	-3.1	-10.6
31	-2.58	-2.7	-2.7	-2.9	-3.1	-3.5	—	-11.6
32	-2.86	-3.0	-3.0	-3.2	-3.4	-3.9	—	-12.6
33	-3.04	-3.2	-3.3	-3.5	-3.7	-4.2	—	-13.7
34	-3.47	-3.7	-3.6	-3.8	-4.1	-4.6	—	-14.8
35	-3.78	-4.0	-4.0	-4.1	-4.4	-5.0	—	-16.0
36	-4.10	-4.3	-4.3	-4.4	-4.7	-5.3	—	-17.0

注：1. 本表数值是以20℃为标准温度以实测法测出。
2. 表中带有"+""-"号数值是以20℃为分界，室温低于20℃的补正值为"+"，高于20℃的补正值为"-"。
3. 本表的用法：如1L硫酸溶液 $[c(\frac{1}{2}H_2SO_4)=1mol/L]$ 由25℃换算为20℃时，其体积补正值为-1.5mL，故40.00mL换算为20℃时的体积为

$V_{20}=40.00mL-\frac{1.5}{1000}\times 40.00mL=39.94mL$。

参 考 文 献

[1] 高职高专化学教材编写组. 分析化学 [M]. 3版. 北京：高等教育出版社，2011.
[2] 姜洪文. 分析化学 [M]. 3版. 北京：化学工业出版社，2009.
[3] 凌昌都，顾明华. 无机物定量分析基础 [M]. 2版. 北京：化学工业出版社，2011.
[4] 张铁垣. 化验工作实用手册 [M]. 2版. 北京：化学工业出版社，2008.
[5] 季剑波，凌昌都. 定量化学分析例题与习题 [M]. 2版. 北京：化学工业出版社，2009.
[6] 杭州大学化学系分析化学教研室. 分析化学手册：第一分册 [M]. 2版. 北京：化学工业出版社，2003.
[7] 陈必友，李启华. 工厂分析化验手册 [M]. 北京：化学工业出版社，2002.
[8] 夏玉宇. 化验员实用手册 [M]. 北京：化学工业出版社，2004.
[9] 徐昌华. 化验员必读 [M]. 南京：江苏科学技术出版社，2000.
[10] 郑星泉，周淑玉. 化妆品卫生检验手册 [M]. 北京：化学工业出版社，2003.
[11] 吕春绪，诸松渊. 化验室工作手册 [M]. 南京：江苏科学技术出版社，1994.
[12] 王桂芝，李楚芝. 分析化学实验 [M]. 北京：化学工业出版社，2006.
[13] 杨新星. 工业分析技术 [M]. 北京：化学工业出版社，2000.
[14] 苗凤琴，于世林. 分析化学实验 [M]. 3版. 北京：化学工业出版社，2010.
[15] 陈晓竹，陈宏. 物性分析技术及仪表 [M]. 北京：机械工业出版社，2002.
[16] 骆巨新. 分析实验室装备手册 [M]. 北京：化学工业出版社，2003.
[17] 刘珍，黄沛成，于世林. 化验员读本：上册 [M]. 4版. 北京：化学工业出版社，2004.
[18] 刘珍，黄沛成，于世林. 化验员读本：下册 [M]. 4版. 北京：化学工业出版社，2004.
[19] 黄一石. 仪器分析 [M]. 2版. 北京：化学工业出版社，2009.
[20] 胡必明. 化工分析工 [M]. 北京：化学工业出版社，2003.
[21] 刘瑞雪. 化验员习题集 [M]. 2版. 北京：化学工业出版社，2006.
[22] 武汉大学. 分析化学 [M]. 5版. 北京：高等教育出版社，2006.
[23] 徐宝财. 日用化学品与原材料分析手册 [M]. 北京：化学工业出版社，2002.

国家职业资格培训教材

丛书介绍：深受读者喜爱的经典培训教材，依据最新国家职业标准，按初级、中级、高级、技师（含高级技师）分册编写，以技能培训为主线，理论与技能有机结合，书末有配套的试题库和答案。所有教材均免费提供 PPT 电子教案，部分教材配有 VCD 实景操作光盘（注：标注★的图书配有 VCD 实景操作光盘）。

读者对象：本套教材是各级职业技能鉴定培训机构、企业培训部门、再就业和农民工培训机构的理想教材，也可作为技工学校、职业高中、各种短训班的专业课教材。

- ◆ 机械识图
- ◆ 机械制图
- ◆ 金属材料及热处理知识
- ◆ 公差配合与测量
- ◆ 机械基础（初级、中级、高级）
- ◆ 液气压传动
- ◆ 数控技术与 AutoCAD 应用
- ◆ 机床夹具设计与制造
- ◆ 测量与机械零件测绘
- ◆ 管理与论文写作
- ◆ 钳工常识
- ◆ 电工常识
- ◆ 电工识图
- ◆ 电工基础
- ◆ 电子技术基础
- ◆ 建筑识图
- ◆ 建筑装饰材料
- ◆ 车工（初级★、中级、高级、技师和高级技师）
- ◆ 铣工（初级★、中级、高级、技师和高级技师）
- ◆ 磨工（初级、中级、高级、技师和高级技师）
- ◆ 钳工（初级★、中级、高级、技师和高级技师）
- ◆ 机修钳工（初级、中级、高级、技师和高级技师）
- ◆ 锻造工（初级、中级、高级、技师和高级技师）
- ◆ 模具工（中级、高级、技师和高级技师）
- ◆ 数控车工（中级★、高级★、技师和高级技师）
- ◆ 数控铣工/加工中心操作工（中级★、高级★、技师和高级技师）
- ◆ 铸造工（初级、中级、高级、技师和高级技师）
- ◆ 冷作钣金工（初级、中级、高级、技师和高级技师）
- ◆ 焊工（初级★、中级★、高级★、技师和高级技师★）
- ◆ 热处理工（初级、中级、高级、技师和高级技师）
- ◆ 涂装工（初级、中级、高级、技师和高级技师）
- ◆ 电镀工（初级、中级、高级、技师

和高级技师）
- ◆ 锅炉操作工（初级、中级、高级、技师和高级技师）
- ◆ 数控机床维修工（中级、高级和技师）
- ◆ 汽车驾驶员（初级、中级、高级、技师）
- ◆ 汽车修理工（初级★、中级、高级、技师和高级技师）
- ◆ 摩托车维修工（初级、中级、高级）
- ◆ 制冷设备维修工（初级、中级、高级、技师和高级技师）
- ◆ 电气设备安装工（初级、中级、高级、技师和高级技师）
- ◆ 值班电工（初级、中级、高级、技师和高级技师）
- ◆ 维修电工（初级★、中级★、高级、技师和高级技师）
- ◆ 家用电器产品维修工（初级、中级、高级）
- ◆ 家用电子产品维修工（初级、中级、高级、技师和高级技师）
- ◆ 可编程序控制系统设计师（一级、二级、三级、四级）
- ◆ 无损检测员（基础知识、超声波探伤、射线探伤、磁粉探伤）
- ◆ 化学检验工（初级、中级、高级、技师和高级技师）
- ◆ 食品检验工（初级、中级、高级、技师和高级技师）
- ◆ 制图员（土建）
- ◆ 起重工（初级、中级、高级、技师）
- ◆ 测量放线工（初级、中级、高级、技师和高级技师）
- ◆ 架子工（初级、中级、高级）
- ◆ 混凝土工（初级、中级、高级）
- ◆ 钢筋工（初级、中级、高级、技师）
- ◆ 管工（初级、中级、高级、技师和高级技师）
- ◆ 木工（初级、中级、高级、技师）
- ◆ 砌筑工（初级、中级、高级、技师）
- ◆ 中央空调系统操作员（初级、中级、高级、技师）
- ◆ 物业管理员（物业管理基础、物业管理员、助理物业管理师、物业管理师）
- ◆ 物流师（助理物流师、物流师、高级物流师）
- ◆ 室内装饰设计员（室内装饰设计员、室内装饰设计师、高级室内装饰设计师）
- ◆ 电切削工（初级、中级、高级、技师和高级技师）
- ◆ 汽车装配工
- ◆ 电梯安装工
- ◆ 电梯维修工

变压器行业特有工种国家职业资格培训教程

丛书介绍： 由相关国家职业标准的制定者——机械工业职业技能鉴定指导中心组织编写，是配套用于国家职业技能鉴定的指定教材，覆盖变压器行业5个特有工种，共 10 种。

读者对象：可作为相关企业培训部门、各级职业技能鉴定培训机构的鉴定培训教材，也可作为变压器行业从业人员学习、考证用书，还可作为技工学校、职业高中、各种短训班的教材。

- ◆ 变压器基础知识
- ◆ 绕组制造工（基础知识）
- ◆ 绕组制造工（初级 中级 高级技能）
- ◆ 绕组制造工（技师 高级技师技能）
- ◆ 干式变压器装配工（初级、中级、高级技能）
- ◆ 变压器装配工（初级、中级、高级、技师、高级技师技能）
- ◆ 变压器试验工（初级、中级、高级、技师、高级技师技能）
- ◆ 互感器装配工（初级、中级、高级、技师、高级技师技能）
- ◆ 绝缘制品件装配工（初级、中级、高级、技师、高级技师技能）
- ◆ 铁心叠装工（初级、中级、高级、技师、高级技师技能）

国家职业资格培训教材——理论鉴定培训系列

丛书介绍：以国家职业技能标准为依据，按机电行业主要职业（工种）的中级、高级理论鉴定考核要求编写，着眼于理论知识的培训。

读者对象：可作为各级职业技能鉴定培训机构、企业培训部门的培训教材，也可作为职业技术院校、技工院校、各种短训班的专业课教材，还可作为个人的学习用书。

- ◆ 车工（中级）鉴定培训教材
- ◆ 车工（高级）鉴定培训教材
- ◆ 铣工（中级）鉴定培训教材
- ◆ 铣工（高级）鉴定培训教材
- ◆ 磨工（中级）鉴定培训教材
- ◆ 磨工（高级）鉴定培训教材
- ◆ 钳工（中级）鉴定培训教材
- ◆ 钳工（高级）鉴定培训教材
- ◆ 机修钳工（中级）鉴定培训教材
- ◆ 机修钳工（高级）鉴定培训教材
- ◆ 焊工（中级）鉴定培训教材
- ◆ 焊工（高级）鉴定培训教材
- ◆ 热处理工（中级）鉴定培训教材
- ◆ 热处理工（高级）鉴定培训教材
- ◆ 铸造工（中级）鉴定培训教材
- ◆ 铸造工（高级）鉴定培训教材
- ◆ 电镀工（中级）鉴定培训教材
- ◆ 电镀工（高级）鉴定培训教材
- ◆ 维修电工（中级）鉴定培训教材
- ◆ 维修电工（高级）鉴定培训教材
- ◆ 汽车修理工（中级）鉴定培训教材
- ◆ 汽车修理工（高级）鉴定培训教材
- ◆ 涂装工（中级）鉴定培训教材
- ◆ 涂装工（高级）鉴定培训教材

- ◆ 制冷设备维修工（中级）鉴定培训教材
- ◆ 制冷设备维修工（高级）鉴定培训教材

国家职业资格培训教材——操作技能鉴定实战详解系列

丛书介绍： 用于国家职业技能鉴定操作技能考试前的强化训练。特色：
- ● 重点突出，具有针对性——依据技能考核鉴定点设计，目的明确。
- ● 内容全面，具有典型性——图样、评分表、准备清单，完整齐全。
- ● 解析详细，具有实用性——工艺分析、操作步骤和重点解析详细。
- ● 练考结合，具有实战性——单项训练题、综合训练题，步步提升。

读者对象： 可作为各级职业技能鉴定培训机构、企业培训部门的考前培训教材，也可供职业技能鉴定部门在鉴定命题时参考，也可作为读者考前复习和自测使用的复习用书，还可作为职业技术院校、技工院校、各种短训班的专业课教材。

- ◆ 车工（中级）操作技能鉴定实战详解
- ◆ 车工（高级）操作技能鉴定实战详解
- ◆ 车工（技师、高级技师）操作技能鉴定实战详解
- ◆ 铣工（中级）操作技能鉴定实战详解
- ◆ 铣工（高级）操作技能鉴定实战详解
- ◆ 钳工（中级）操作技能鉴定实战详解
- ◆ 钳工（高级）操作技能鉴定实战详解
- ◆ 钳工（技师、高级技师）操作技能鉴定实战详解
- ◆ 数控车工（中级）操作技能鉴定实战详解
- ◆ 数控车工（高级）操作技能鉴定实战详解
- ◆ 数控车工（技师、高级技师）操作技能鉴定实战详解
- ◆ 数控铣工/加工中心操作工（中级）操作技能鉴定实战详解
- ◆ 数控铣工/加工中心操作工（高级）操作技能鉴定实战详解
- ◆ 数控铣工/加工中心操作工（技师、高级技师）操作技能鉴定实战详解
- ◆ 焊工（中级）操作技能鉴定实战详解
- ◆ 焊工（高级）操作技能鉴定实战详解
- ◆ 焊工（技师、高级技师）操作技能鉴定实战详解
- ◆ 维修电工（中级）操作技能鉴定实战详解
- ◆ 维修电工（高级）操作技能鉴定实战详解
- ◆ 维修电工（技师、高级技师）操作技能鉴定实战详解

- ◆ 汽车修理工（中级）操作技能鉴定实战详解
- ◆ 汽车修理工（高级）操作技能鉴定实战详解

技能鉴定考核试题库

丛书介绍： 根据各职业（工种）鉴定考核要求分级编写，试题针对性、通用性、实用性强。

读者对象： 可作为企业培训部门、各级职业技能鉴定机构、再就业培训机构培训考核用书，也可供技工学校、职业高中、各种短训班培训考核使用，还可作为个人读者学习自测用书。

- ◆ 机械识图与制图鉴定考核试题库
- ◆ 机械基础技能鉴定考核试题库
- ◆ 电工基础技能鉴定考核试题库
- ◆ 车工职业技能鉴定考核试题库
- ◆ 铣工职业技能鉴定考核试题库
- ◆ 磨工职业技能鉴定考核试题库
- ◆ 数控车工职业技能鉴定考核试题库
- ◆ 数控铣工/加工中心操作工职业技能鉴定考核试题库
- ◆ 模具工职业技能鉴定考核试题库
- ◆ 钳工职业技能鉴定考核试题库
- ◆ 机修钳工职业技能鉴定考核试题库
- ◆ 汽车修理工职业技能鉴定考核试题库
- ◆ 制冷设备维修工职业技能鉴定考核试题库
- ◆ 维修电工职业技能鉴定考核试题库
- ◆ 铸造工职业技能鉴定考核试题库
- ◆ 焊工职业技能鉴定考核试题库
- ◆ 冷作钣金工职业技能鉴定考核试题库
- ◆ 热处理工职业技能鉴定考核试题库
- ◆ 涂装工职业技能鉴定考核试题库

机电类技师培训教材

丛书介绍： 以国家职业标准中对各工种技师的要求为依据，以便于培训为前提，紧扣职业技能鉴定培训要求编写。加强了高难度生产加工，复杂设备的安装、调试和维修，技术质量难题的分析和解决，复杂工艺的编制，故障诊断与排除以及论文写作和答辩的内容。书中均配有培训目标、复习思考题、培训内容、试题库、答案、技能鉴定模拟试卷样例。

读者对象： 可作为职业技能鉴定培训机构、企业培训部门、技师学院培训鉴定教材，也可供读者自学及考前复习和自测使用。

- ◆ 公共基础知识
- ◆ 电工与电子技术

- ◆ 机械制图与零件测绘
- ◆ 金属材料与加工工艺
- ◆ 机械基础与现代制造技术
- ◆ 技师论文写作、点评、答辩指导
- ◆ 车工技师鉴定培训教材
- ◆ 铣工技师鉴定培训教材
- ◆ 钳工技师鉴定培训教材
- ◆ 焊工技师鉴定培训教材
- ◆ 电工技师鉴定培训教材
- ◆ 铸造工技师鉴定培训教材
- ◆ 涂装工技师鉴定培训教材
- ◆ 模具工技师鉴定培训教材
- ◆ 机修钳工技师鉴定培训教材
- ◆ 热处理工技师鉴定培训教材
- ◆ 维修电工技师鉴定培训教材
- ◆ 数控车工技师鉴定培训教材
- ◆ 数控铣工技师鉴定培训教材
- ◆ 冷作钣金工技师鉴定培训教材
- ◆ 汽车修理工技师鉴定培训教材
- ◆ 制冷设备维修工技师鉴定培训教材

特种作业人员安全技术培训考核教材

丛书介绍：依据《特种作业人员安全技术培训大纲及考核标准》编写，内容包含法律法规、安全培训、案例分析、考核复习题及答案。

读者对象：可用作各级各类安全生产培训部门、企业培训部门、培训机构安全生产培训和考核的教材，也可作为各类企事业单位安全管理和相关技术人员的参考书。

- ◆ 起重机司索指挥作业
- ◆ 企业内机动车辆驾驶员
- ◆ 起重机司机
- ◆ 金属焊接与切割作业
- ◆ 电工作业
- ◆ 压力容器操作
- ◆ 锅炉司炉作业
- ◆ 电梯作业
- ◆ 制冷与空调作业
- ◆ 登高作业

读者信息反馈表

亲爱的读者：

您好！感谢您购买《化学检验工（中级）第 2 版》（凌昌都 主编）一书。为了更好地为您服务，我们希望了解您的需求以及对我社教材的意见和建议，愿这小小的表格在我们之间架起一座沟通的桥梁。另外，如果您在培训中选用了本教材，我们将免费为您提供与本教材配套的电子课件。

姓　名		所在单位名称	
性　别		所从事工作（或专业）	
通信地址		邮编	
办公电话		移动电话	
E-mail		QQ	

1. 您选择图书时主要考虑的因素（在相应项后面画√）：
   出版社（　）　内容（　）　价格（　）　其他：_____

2. 您选择我们图书的途径（在相应项后面画√）：
   书目（　）　书店（　）　网站（　）　朋友推介（　）　其他：_____

希望我们与您经常保持联系的方式：
□电子邮件信息　　□定期邮寄书目　　□通过编辑联络　　□定期电话咨询

您关注（或需要）哪些类图书和教材：

您对本书的意见和建议（欢迎您指出本书的疏漏之处）：

您近期的著书计划：

请联系我们——

地　　址　北京市西城区百万庄大街 22 号　机械工业出版社技能教育分社
邮　　编　100037
社长电话　（010）88379083　88379080
传　　真　（010）68329397
营销编辑　（010）88379534　88379535
免费电子课件索取方式：
网上下载　www.cmpedu.com
邮箱索取　jnfs@cmpbook.com